Treasures for Scholars Worldwide

国家社会科学基金重大招标项目

中国西南少数民族地区濒危文字文献调查研究丛书

赵丽明 主编

争伍东巴文献的发现、解读与研究

赵丽明 夏津京
杨宇豪 张 琰 编著

上

GUANGXI NORMAL UNIVERSITY PRESS
广西师范大学出版社
·桂林·

ZHENGWU DONGBA WENXIAN DE FAXIAN JIEDU YU YANJIU

项目统筹：鲁朝阳		助理编辑：张亚朋 尚玉清	
项目管理：肖爱景 马艳超		责任校对：陈振林	
责任编辑：肖承清 徐良妍		责任技编：王增元	
黄婷婷 柴方召		书籍设计：徐俊霞	
刘　扬		俸萍利 [广大迅风艺术]	

图书在版编目（CIP）数据

争伍东巴文献的发现、解读与研究：全2册 / 赵丽明等编著. —桂林：广西师范大学出版社，2021.10

（中国西南少数民族地区濒危文字文献调查研究丛书 / 赵丽明主编）

ISBN 978-7-5598-3458-4

Ⅰ. ①争… Ⅱ. ①赵… Ⅲ. ①东巴文－研究 Ⅳ. ①H257

中国版本图书馆 CIP 数据核字（2020）第 252701 号

广西师范大学出版社出版发行

（广西桂林市五里店路 9 号　邮政编码：541004）
（网址：http://www.bbtpress.com）

出版人：黄轩庄

全国新华书店经销

广西广大印务有限责任公司印刷

（桂林市临桂区秧塘工业园西城大道北侧广西师范大学出版社集团有限公司创意产业园内　邮政编码：541199）

开本：880 mm × 1 240 mm　1/16

印张：65　　字数：1 521 千字

2021 年 10 月第 1 版　　2021 年 10 月第 1 次印刷

定价：2400.00 元（全 2 册）

如发现印装质量问题，影响阅读，请与出版社发行部门联系调换。

清华大学中国西南地区濒危文化研究中心

编委会

赵丽明　　孙宏开　　宋兆麟　　夏津京　　杨宇豪　　张　琰

克若里　　噶　突　　生　根　　甲阿若　　李加凯　　何沛然

张新辉　　朱怀宇　　丁　茗　　王福德　　郭晓青　　万国华

降初扎西　打珍拉初　呷　龙　　娜　姆　　衣　下　　崔　曦

李碧琪　　夏朗都吉　杨宝荣　　阿　基　　沈云遥　　徐　焰

张立红

总　序

清华大学赵丽明教授和我共同主持了国家社会科学基金2010年度立项的重大招标项目"中国西南地区濒危文字抢救、整理与研究"（批准号10&ZD123）。[1] 此项目的子课题由纳西族东巴文民间文书译注、普米族韩规经书译注、羌族释比经书《刷勒日》译注、彝族他留经书译注、壮族八宝歌书译注、水族水书文献译注、尔苏沙巴经书译注、木雅经书译注、纳木依帕孜经书译注、贵琼公麻经书译注等十多个子项目组成。

早在20世纪50年代，中国科学院和中央民族事务委员会组织了七个工作队，对少数民族语言文字进行全国性大规模的普遍调查，当时的主要任务是通过对全国的少数民族语言文字调查研究，在掌握大量第一手资料的基础上，为无文字的民族创制文字，为文字不完备的民族改革或改进其文字。其中第七工作队主要调查研究藏族以及周边的羌、普米（当时称西番）、嘉绒、门巴、珞巴等族群的语言。在此次调查过程中，我们就已经在四川西部和云南西北部发现了这一带宗教活动者手里有一些经书。这些经书是民主改革时期未被没收、焚烧的遗留。在那个时代，人们往往把这些经书当作宗教祭祀者从事迷信活动的"道具"加以歧视，并"不屑一顾"。

"文革"中，这些保存经书的祭祀者们再一次遭受劫难，他们往往被当成"牛鬼蛇神"加以批斗，他们正常的宗教活动往往被当成"迷信"而加以禁止，他们手里残存的经书往往被当成"四旧"加以没收、焚烧，以至于一些祭祀者们不得不将这些经书藏在山洞里、阁楼上，有的甚至深埋在地下。

---

[1] 孙宏开提出因中国社科院创新工程，退出项目。全国哲学社会科学规划办公室2012年11月6日《关于重大项目变更事项的批复》："经研究，同意孙宏开同志不再担任该项目首席专家，由赵丽明一人主持。"

粉碎"四人帮"以后，通过拨乱反正，各条战线陆续清算了极左路线。过去被当成"四旧"的东西，包括宗教活动时使用的经书在内，也陆陆续续恢复了名誉。人们从山洞里、阁楼上把这些长期不见天日的珍贵文献又请了出来，恢复了正常的祭祀活动，使我们这些民族语文调查研究者们能够一睹为快。

差不多与此同时，结合改革开放以后国家开展的民族识别工作，自1976年至1982年，我们在这一带新发现了九种过去少数民族语言普查时期未发现或者未深入调查的语言（它们是贵琼语、木雅语、尔苏语、扎巴语、却域语、纳木依语、史兴语、尔龚语、拉乌戎语），更深入调查研究了这些语言内部的方言差异。费孝通先生高度评价了这一带新发现的语言和族群，他在《关于我国民族的识别问题》（《中国社会科学》1980年第1期）一文中说："我们以康定为中心向东和向南大体上划出了一条走廊。把这走廊中一向存在着的语言和历史上的疑难问题，一旦串联起来，有点像下围棋，一子相联，全盘皆活。这条走廊正处在彝藏之间，沉积着许多现在还活着的历史遗留，应当是历史与语言科学的一个宝贵的园地。"费先生根据语言学和民族学调查研究的新成果总结出的"藏彝走廊"理论，成为近十多年地区研究的一个热点，成为境内外人类学、民族学、考古学、历史学、宗教学、语言学研究者们的乐园。

通过少数民族语言调查研究取得的初步成果所提供的线索，我们从这一带操各语种的祭师们手里保存的经书入手，请他们讲解经书的基本内容，然后用国际音标原原本本记录下来，进行对译和意译，以保持该经书原汁原味的面貌。通过初步研究，我们认识到这项研究的意义在于：

语言学方面的价值。我们在这一带发现的经书，大都是祭祀者祖祖辈辈许多代人保存流传下来的。有的说有20多代，有的说有10多代，还有的说他们与诸葛亮打仗的时候就有了。有的像图画，有的已经步入文字门槛，还有不少是用藏文符号记录的当地少数民族语言，其中有的也夹杂着许多图画。在记录和翻译各族群经书过程中，首先我们要了解这种语言和方言的基本特点，记录2000—3000个常用词，在这个基础上整理出这个调查点的语音系统，并大体了解这种语言的基本语法特点，否则无法翻译这种语言经书的意义。这样我们就基本上掌握了这种语言各子系统的结构特点，揭示了这种语言语音、词汇、语法的基本面貌，为语言学提供了一份新鲜的资料。

文字学方面的价值。文字是记录语言的符号，历史上各民族的祭师们为了将自己认识到的各种自然现象和社会现象记录下来，以便从事祭祀活动的时候提示自己，开始用图画来帮助自己的记忆，久而久之，图画逐渐简化，形成了图画文字。本项目涉及的语言文字有彝语支、藏语支和羌语支的语言文字，记录宗教活动的文献有藏文、彝文、纳西东巴文等已知文字，新发现的文种有尔苏沙巴文、彝族铎系文字等比较原始的文字，还有羌族的释比图经等。这些文字有的有悠久的历史，如藏文、彝文、纳西东巴文等，有的是近几年才陆续被解读，性质也比较原始。从文字的性质来看，多样性显而易见：有比较完善的拼音文字，如藏文；有比较系统的表意文字，如原有彝文（或称老彝文）。更多的是比较原始的图画性质的文字，如纳西东巴文和尔苏沙巴文等，还有完全图画性质的长卷羌族释比图经《刷勒日》。从图画到图画文字再到表意文字和拼音文字，我们看到了一条非常丰富多样的文字产生、发展和演变链，它展现了一幅文字从表形到表意再到表音的学术画卷，成为研究文字产生普遍规律的一个明显的例证。此外，从文字学的角度看，什么样的图经算文字，什么样的情况只能够算图画，也就是说图画与文字的界限与区别在哪里，这一带的许多文献也向我们提供了许多研究的实例。

宗教学方面的价值。执行这个项目，开展广泛调查研究过程中，课题组接触到的有藏传佛教和藏族的苯教，更多的是原始多神教和大量的自然崇拜，包括彝族的毕摩、羌族的释比、纳西的东巴、普米的韩规、尔苏的沙巴、纳木依的帕孜、贵琼的公麻等等以及他们保存的大量经书。我们接触到许多祭师们的宗教活动，这些宗教活动许多带着一定的神秘性。拨开某些迷信色彩的东西，我们不难发现大量通过宗教祭祀活动所表现出来的对自然界的敬畏和崇拜，驱鬼祭神的各种活动又展现出一些民间治病的技艺和秘方。几千年来，他们就是依靠这种活动慰藉人们的心灵，医治人们的疾病，抚慰人们的伤痛。在仔细研究他们古老经典的过程中，我们不难发现，许多经典包含了一些模糊的哲理、人生的经验和度人苦难的精神安慰。这些经典反映的仪轨既受藏传佛教尤其是苯波教的影响，也有许多汉族佛教的渗透，尤其受汉族六十甲子思想的深刻影响。

历史学方面的价值。我们从祭师们娓娓道来的送魂经中，从许多包含在经典释读的历史故事中，分析出他们经历过大量族群迁徙、征战以及与自然界灾难的抗争。虽然这些文字中包含着一些荒诞不经的情节，但是，剥去一些离奇古怪的神话后留下的一些耐人寻味的史料，与正史记载的史实相印证，为我们打开了了解这一带族群历史来源的另一扇窗户，尤其从分析这些族群使用语言的分化情况、远近关系的情况、互相接触的情况，我们可掌握大量解开这一带族群历史来源的重要证据。

考古学方面的价值。本项目调查研究的是居住在岷江、大渡河、雅砻江、金沙江、澜沧江、怒江流域各族群所保留的文字及其文献。在这一地区，近几十年发掘了许多遗址，其中包括三星堆遗址、金沙遗址、营盘山遗址……这一地区还是古蜀道的必经之地，也是藏缅各民族迁徙的走廊。目前居住在这一带的族群多数是使用羌语支语言的族群，根据正史记载，他们应该就是周秦以来在这一带定居的古氐羌的后裔，经过了大浪淘沙，保留到现在，他们与早先居住在这一带的人群是什么关系？纵观西南地区的族群，基本上是汉族与藏缅语族两大族系，而藏缅族系是这一带最古老的族系之一，他们曾经通过这条民族走廊向南、向西迁徙，一直到喜马拉雅南麓，形成现在定居在喜马拉雅南麓的200多个藏缅语族各支系。因此对这一带语言文字及其文化的调查研究，为解开许多考古之谜提供了许多新的线索。

文学方面的价值。在记录和解读文字和文献的过程中，我们记录了大量诗歌、故事、寓言、神话、历史传说、唱词……有些神话故事，情节曲折动人，引人入胜，不亚于《西游记》；有的叙事长诗不亚于藏族的《格萨尔》，有描写征战的，有描写爱情的，有弘扬战胜邪恶的，有歌颂真善美的；有的寓言，哲理丰富，令人回味无穷……我们边调查，边感慨，这些文学素材，也许是制作动漫的好思路、好素材。创作这些文学素材的，是根植于民间并经历了千千万万个苦难的劳苦大众，他们仅仅依靠自己最原始的记录方式——图画或类似图画的文字，有的靠口耳相传，一代一代延续至今。今天，发掘这些埋没了多少代的文学作品，是我们这一代学人义不容辞的责任。

民族学、人类学方面的价值。分布在这一带的族群，其中多数是依附于人口数量大的民族的一些小族群。费孝通1980年发表的关于民族识别的那篇重要文章，以及同时期国家民委一系列有关民族识别的文件，没有能够把他们推上中华民族之林的舞台。但是他们的历史、文化是无法也是不应该被埋没的，近几年大量境内外民族学与人类学学者的调查研究，陆续揭开了蒙在他们头上几千年的面纱。他们的建筑、他们的服饰、他们的音乐舞蹈、他们的风俗习惯、他们的节日、他们的喜怒哀乐……一切的一切，受到了学者们的关注。他们也是中华民族灿烂文化的一个"小小的"组成部分，有权利在中华民族多彩文化大家庭这个园地中占有一席之地。

保护非遗方面的价值。语言文字与非物质文化遗产有密切关系，根据联合国教科文组织的看法，语言本身就是非物质文化遗产的重要组成部分。我们所要记录的这些文献承载着这一带族群大量非物质文化遗产的口头作品、表演艺术以及大量记忆遗产。我们把这个课题叫作濒危文字及其文献保护研究，主要出自两个基本事实：第一，我们要调查研究的对象基本上都是新发现的小语种，使用人口不多，而且越来越少，有的已经处在极度濒危状态；第二，几乎所有的宗教文献都是中华人民共和国成立以前就已经存在，经过多次劫难，保留至今，已经实属不易。原文献持有者几乎都已经过世，他们的后代中，能够释读这些文献的祭师已经越来越少，有的文献已经无人能够解读。因此，记录、释读这些经典已经是十分迫切的事情了。否则记录该文献的语言消失了，能够释读这些文献的祭师过世了，这些文献也就成了废纸一堆。

要说的话还有很多，最好由读者来评判吧！

开展此项调查研究的基本队伍主要是清华大学的师生及广西师范大学出版社派出的编辑，也包括地方院校和科研机构的一些学者，尤其是一些本民族的学者。他们从接受记录少数民族语言的专业培训，到深入实地寻访各种文献的持有者，动员他们将文献公之于世，开展解读和记录工作，经历了难以想象的困难，克服了许多意想不到的阻力。能够完成这样一套抢救性记录的丛书，而且从一开始的数种增加到现在的十多卷，个中酸甜苦辣，只有亲身经历过的人才能够切实地感受到。我对这样一支边训练、边工作，在实际工作中不断提高自己专业素质的队伍感到由衷的钦佩，他们完成了一项在中国文化史上具有重要历史意义的工作。我对他们能够完成这样一件重大的文化工程给予高度评价，对他们付出的艰辛表示崇高的敬意！

广西师范大学出版社的领导和编辑们，独具慧眼，对此项调查研究和丛书出版给予了有力的支持。更难得的是亲自组织队伍，深入山区与课题组一道开展调查研究。初稿完成后，编辑们对书稿进行了细致的校核，对书稿质量的提高起到了重要的作用。本套丛书最终能够与读者见面，与他们付出的劳动和财力上的支持是分不开的。他们无愧于出版家（而不是出版商）的称号。在此，向他们表示衷心的感谢！

中国社会科学院荣誉学部委员　孙宏开
序于安贞桥寓所
2013年1月15日

目 录

代前言　从未被打扰的秘境：悬崖纳西古堡争伍…… 1

第一章　争伍村概况…… 31
　一、人文地理、历史沿革…… 33
　二、自然资源、经济生产…… 34
　三、人口结构、民族背景…… 40
　四、文教卫生、民间文学…… 42
　五、日常生活、衣食住行…… 45
　六、节庆礼仪、婚丧习俗…… 53
　七、宗教信仰与东巴教…… 58

第二章　争伍纳西语言系统…… 63
　一、语言概况…… 65
　二、语音…… 65
　三、语法…… 70
　四、词汇表…… 84

第三章　争伍经典文献选译…… 125
　一、仅存的《祭天经》（木良布藏）…… 127
　二、《敬水龙经》解读…… 155
　三、《平安经》解读…… 280
　四、噶突家藏东巴历书选译…… 599
　五、《神路图》解读…… 745

六、《左拉》卦图经系统解读 …………………………… 797
　　七、争伍纳西唐卡 ………………………………………… 825

第四章　争伍纳西语日常用语 …………………………………… 831
　　一、日常用语汉字、国际音标、东巴文对照表 …………… 833
　　二、日常用语东巴文详解 ………………………………… 837

第五章　争伍村东巴及文献著录 ………………………………… 853
　　一、争伍村东巴基本情况统计 …………………………… 855
　　二、克若里藏东巴文献著录表 …………………………… 858
　　三、甲阿若藏东巴文献著录表 …………………………… 888
　　四、阿克瓦加藏东巴文献著录表 ………………………… 915
　　五、下朗杜基藏噶突东巴文献著录表 …………………… 916

第六章　争伍口述史 ……………………………………………… 921
　　一、克若里、木生跟、甲阿若口述访谈 ………………… 923
　　二、阿克瓦加口述访谈 …………………………………… 941
　　三、下朗杜基口述访谈（附2011年噶突访谈） ………… 943
　　四、呷垮边玛口述访谈 …………………………………… 951

第七章　探索与思考 ……………………………………………… 957

第八章　田野调查笔记 …………………………………………… 967
　　一、争伍访记 ……………………………………………… 969
　　二、路的尽头 ……………………………………………… 990
　　三、天边净土 ……………………………………………… 999
　　四、纯洁的眼神 …………………………………………… 1003
　　五、比墨脱还要闭塞的横断大山里的纳西古村 ………… 1006
　　六、远古的地域，一行五壮士 …………………………… 1009
　　七、纳西新年行之到争伍过大年初三 …………………… 1014
　　八、争伍的星星 …………………………………………… 1020

后　记 …………………………………………………………… 1023

代前言

从未被打扰的秘境：悬崖纳西古堡争伍

争伍村太小，地图上根本找不到。幸亏他们住的地方好，三江交汇处，地图上一看一个准。东巴生根家就在全村最高处巅峰"桥头堡"。地图上可以精准找到那三条线的交点，那就是生根家，就是生根的老师、他的大伯克若里老东巴的经堂！从老东巴经堂的小窗口，可一睹三江！

在克若里老东巴经堂外，可一睹三江

广西师范大学出版社能够派编辑和作者一起爬山涉水，到不通路的地方采集文献，绝无仅有；清华师生多次"出生入死"来到这个纳西古堡，和老东巴一同睡在火塘旁，倾听那遥远的声音，更是绝无仅有！

这部书就是这样用双脚走出来的！而且是"计划外"的。

越走越远，越走越近，越走水越深

为寻访纳西族民间手写古本文献，我们到了丽江、白地、维西、鲁甸、塔城、鸣音、宝山、永宁、泸沽湖，甚至到了四川木里县的屋脚、利家嘴，盐源县的前所、左所。一路走来，我们的脚步离城市越来越远，却离纳西原态文化越走越近。路越走越窄，甚至没路了。没了车路走马帮路，没了马帮路徒步走。走得越远，离纳西文化原态越近！

同时,也越走越困惑,越走水越深。纳西东巴文化太丰富、也太复杂了!

文字上,这个古村有大名鼎鼎的东巴文、东巴经。虽然学者对纳西东巴文化已有百年的关注,但这里依然有千百年来无人问津的老经书(听说曾有文物贩子觊觎!)。纳西东巴文化近几十年亮闪夺目,丽江成为世界向往的旅游热地。古老文化都市场化了?自然状态的生存可好?走出丽江,一到山里,东巴随便一下子就抱出七八捆,一捆四五十本!民间还有"整屋子的经书",一个小山村就有近千本。

塔城的纳西族还有神秘的玛丽玛莎文,可找不到一纸文献,我们好不容易找到了一句话。还有被认为是记音文字的哥巴文,它只局限于鲁甸周边少数东巴使用,并未发展。流行于无量河(又称冲天河)流域的汝可文,倒是近些年来引起了学者注意。看到丽江的东巴文,来自东巴圣地白地的和树昆东巴偶尔会说"我们不这样写";但只是大同小异。倒是永宁坝的摩梭达巴用的字是另外一个体系[1]。

也就是说,纳西东巴文并不能以一概全,它还有纳西东、西部方言区,"纳人"各支系的差别。这种"共时"的不一样,可能恰恰反映了纳西东巴文化"历时"的面貌。此外,我们调查过处于藏纳过渡带的纳木依人,周边的普米人,再往北追溯到共同祖师"东巴什罗"/"丁巴什罗"的木雅人、白马人等[2];其共同祖师还可追溯到苯教的"敦巴辛饶"/"辛绕弥沃"。写法不一样,指的可都是同一个祖师爷!哇!纳西东巴文化的底层,水太深!

不仅如此,家庭结构、婚姻形态,这涉及人最基本的活法,纳西族竟然也是多种多样。纳西族不仅有丽江"第三国情人谷"、泸沽湖,还有横断大山深处的奇特而淳朴的家庭形态!仿佛专门给人类学留下几个活标本。

偶然撞入悬崖纳西古堡——争伍

2010年暑假7、8整整两个月,我们怀揣着国家图书馆的上个世纪收集的几十部图经复印件,四渡金沙江,几乎走遍了能找到的所有族群,以寻访这些图经的主人。不解开这个谜,这批经书将是永远的图画而已。我们把图经复印件放到东巴研究院赵世红院长那里、放到老村长那里。一放假我们还继续来找。

2011年1月寒假,我带十几位清华同学,进行西南濒危文字文献调查。暑假已约好,徒步走进大山,到偏初老师的家乡四川木里依吉乡机素村调查,据说那里有成套的普米古老经书。走到宁蒗,突遭大雪封山,所有班车停运。已上车的同学只好下来。分兵两路,向丽江、西昌突围,否则

---

[1] 参见赵丽明、许多多编著《川滇达巴文献整理与解读》,《中国西南少数民族地区濒危文字文献调查研究丛书》,广西师范大学出版社,2021。

[2] 参见赵丽明、张琰编著《纳木依藏族帕孜文献》,《中国西南少数民族地区濒危文字文献调查研究丛书》,广西师范大学出版社,2014;赵丽明、徐丽丽、胡文明等编著《普米韩规原始文字文献调查、解读与研究》,《中国西南少数民族地区濒危文字文献调查研究丛书》,广西师范大学出版社,2021;以及即将出版的《木雅卷》《白马卷》。

春节回不了家,无法跟家长交代。

广西师范大学出版社以战略的眼光和极大的气魄,计划抢在文物贩子之前把所有的文献全部采集!2011年暑假派了三位编辑小伙子和我一起深入大山里挖掘收集少数民族濒危文献。可能由于高原反应,一位编辑一下飞机便折回。何沛然、李加凯和我继续前行。

我们从云南宁蒗县永宁古镇,乘农用车翻越4000米加泽大山,走到路的尽头;再徒步几十公里,行走横断,进入四川。在木里县依吉乡的机素村工作了10天后,要转战云南宁蒗县拉伯乡的油米村去调查纳西汝可文献。可这又要徒步几十公里!

出版社的何沛然、李加凯,还要再核实一下这几天著录拍摄的文献。我年纪大走得慢,早起先行。由偏初老师的小儿子央中带路,牵了两匹骡子先走。一匹驮行李一匹驮我。但由于江边悬崖山路都向下倾斜,晃晃悠悠,我的海拔又高,不敢骑骡。如果掉下去,得要直升飞机才能救援。

翻山越岭,跨界川滇。沿金沙江边悬崖一条"新娘之路"走着。一路粉粉白白的杜鹃花伴随,美丽不苦了!

翻一座山一拐弯,突然一座古堡迎面矗立眼前!

我震撼且惊异地望着这个的悬崖边上的村庄。一片参差错落的平顶木楞土掌房。村口几位身着土布长衫,戴着油黑的瓜皮帽,打着绑腿的老人,还有几个背着孩子穿着长裙的妇女,戒备而木讷地望着我们。

在横断大山中穿越川滇,一路粉粉白白的"新娘之路"

2011年暑假，第一眼看见的争伍！

刚好我的运动鞋张个大鸭嘴了，无法再穿了。便坐在村口路边，把出版社小伙子李加凯的备用登山鞋换上。

我和村民互相望着。

这是什么村子？"争伍。""正午？"一看表刚好12点！"正午"碰上了"争伍"！

该找个地方吃午饭吧，可央中急着完成护送任务，主张不休息继续走，要赶在天黑前到油米！说还有20公里就到了！啊？客随主便，听向导的吧。

于是没有进村，沿着村外小路继续行程。刚走几步，被一位村民拦下。"你们从哪里来的？到我们村住几天吧。"我们要赶路，继续走。过了一两里，又有一位村民说："住几天吧，我们是小俄亚啊，有许多古老的文化啊。"我动心了！俄亚是我一直要去的地方，每次对人说起，别人看着我，都摇头。"你去不了！没路，要徒步翻越俄亚大山。"大俄亚去不成，看看小俄亚也好。

来寻找濒危文字文献的我终于被诱惑，"计划外"地留了下来。

于是，决定不走了！急忙请央中通知后续部队，在争伍停下，进村调查。

就这样，我们撞进计划外的争伍！被"小俄亚"争伍和俄亚大村的关系吸引，"走过路过，不要错过"，被拉回争伍！

从未被打扰的秘境

争伍村地处三省区（川滇藏）、三州市（凉山、迪庆、丽江）、四县（宁蒗、木里、盐源、香格里拉）交界，是隶属四川凉山木里县的小纳西古村。

原来，我们是第一拨到这个村的外面的人！

这个纳西古村有三个令人震撼的特点：一是其封闭性，几乎与世隔绝；二是其保存东巴经数量之多、形态之原始；三是这里的家庭形态特殊而和谐。

当然，这些都与它的地理位置和地形地貌有关。

古村高高耸立在金沙江支流无量河、水洛河、东义河交叉处的山崖顶上，俯瞰三江水！对面即是木里，古村也属于木里，却和依吉乡其他几个村寨被隔在了江南。去到县里要走上几天，即使到乡里开个身份证也要一天一夜。与外界不通路，不通电，手机无信号。一直保持一种半牧半耕的自给自足的生活状态。女人基本没上过学，不懂汉话。男人也大多是文盲，少数年轻人只读过一二年书。上小学高年级要到走一天的乡政府。目前村里只有一位阿基老师在教一二年级。少数几个出去跑马帮或打工的懂一点汉语。

当时52户（2017年已是62户），300多人口的小山村，有12个自然传承有序的东巴。东巴担负着全村日常生老病死、农耕出行等各种祭祀活动。大致有五个梯队。这是在其他地方很难见到的。

第一梯队，70岁以上三位：噶突（1928—2013）、木良布（1939—2016）、克若里（1943—2016）。他们有很好的传承，1949年中华人民共和国成立时十岁左右，直接师从自己的父辈。

第二梯队，60后一位：阿甲若，1962年生。和第一梯队中间间隔20年，整整一代人！这是许多地方共同存在的问题，即50年代60年代断层。这代人的断层有时是致命的。我们在调查中看到许多孙辈承接了经书，但已无法解读了。因为他们的父辈不懂了，祖辈已经过世了。

第三梯队，70后三位：汪布若，1971年生；甲阿若，1976年生；阿克瓦加，1978年生。和第二梯队又间隔10多年！直到改革开放以后，宽松的政治环境使得70后出生的开始继承父辈祖辈，常常跳过父辈。在偏僻地区，传承还可衔接上；其他地方，往往断层两代！

第四梯队，80后三位：呷垮边玛，1983年生；木生根，1987年生；下朗杜基，1987年生。生根和大伯相差44岁。而生根的父亲当了干部，没有学习东巴。克若里自己的儿子出去经商。因此传承落在生根的肩上。

第五梯队，90后两位：贡布，1990年生；达加，1995年生。但是东巴们还是担心年轻人不愿意学了。要让年轻人有使命感，看到前途、希望。

近年出去打工的多了，年轻人心动了。但是，他们依然坚守着！坚守他们的信仰，他们的三观，还有他们的生活方式。

纳西东巴文化与日常生活息息相关，换句话说，传统的力量已经使东巴文化深深地融入人们的生活、生命之中。这里生老病死、出门劳作、起屋盖房、婚丧嫁娶，处处离不开东巴，东巴们的任务很重。每家每天三顿饭都要祭祖。每逢年节，都要祭祀。因此家家都有《烧香经》等基本东巴经书，家里的男主人都要会念这些经书。因此，这里的东巴文化具有全民性传承的基础。但现在有些年轻人已经不会了。有人来收走经书，也有人要把经书拿出去卖掉。因此，如何保存保护东巴文献，是争伍等偏远地区面临的严峻问题。

如果没有外来干扰，这里会依然过着原始状态自给自足的生活。全村都是就地取材、用土木建造的平顶木楞房。它们参差错落地群体屹立在山巅之上，居高临下，傲然挺立。尽管在横断大山里，却一览众山小，君临天下！孤傲独立，与世隔绝。只是有马帮偶尔走上几天几夜，从外面带进一些生活必需品。

因为争伍地处深山绝境，无路、无电、无信号，从来没有人进来调查过，没有文献记载，无从查找，无所依傍。争伍还没有进入人们的视线。一切都要从零开始。因此，口述访谈尤为重要。可以说，争伍口述史就是他们的历史。

在和村民的访谈中，我们了解了关于纳西族来历的传说、争伍村的历史。那些创世纪的故事就是他们对世界的认识。他们谈起衣食住行、婚丧嫁娶、取名字、成人礼，是那样从容、平常，在淳朴的他们看来一切都是自然的，理所应当的啊，你们外面人怎么大惊小怪，问起来没完没了。

先后徒步来过争伍的有赵丽明老师、何沛然、李加凯、夏津京、杨宇豪、张新辉、朱怀宇、王福德、丁茗、焦文明、沈云遥等，还有国家图书馆中国记忆项目中心的田苗团队。争伍村到处留下他们的足迹，他们的感动。

海拔4000米的加泽大山顶上可以望见泸沽湖

国家图书馆中国记忆项目中心田苗主任带着他的团队也徒步和我们一起来到争伍

果然这个纳西古村，有"一屋子"成捆的传世东巴经书！几位老东巴在自觉守望着、保护着，它们还没有被卖掉。我们到时，大东巴噶突已经不能出门，由他的弟子甲阿若等接班。经书也留给了他的后人和徒弟们。克若里是位责任感极强的老东巴，他还能每天忙着跑上跑下，去为本村外村的老乡做事。老人把希望寄托在侄子生根身上。他们都积极配合工作，为抢救整理古本文献做了许多工作。还有汪布若的师傅木良布，我们见到时他已经有些神志不清，而他的徒弟汪布若，还是传承了老人的事业。这几位老人后来都相继去世，没有看到经书的整理、出版！

我们访谈过的有已经去世的噶突老人，我们见到他时，只见他坐在——应是守在——火塘经堂前，那是他一生所在。甲阿若的父亲一直跟我们，他那一身清代的打扮和满脸的憨笑深深留在我们的记忆中。2013年再来，他们都已经走了！

我们在和时间赛跑，每位老人的离别都令我们十分难过！庆幸的是老人帮我们工作了几年！使我们还来得及向他们请教，记录。

还有甲阿若东巴，他是噶突的徒弟，家藏的经书很多，又住在村口，他第一个把家里的经书给我们看。

还有阿甲若、阿克瓦加等几位东巴。汪布若东巴，几次带我们见他的师傅——已经双耳失聪的木良布老东巴。下朗杜基，我们第一次来拜访噶突老东巴时，他默默站在一旁。当我们再来时，他

经书

2011年的噶突老东巴

甲阿若的父亲常来看噶突老人

大山的主人克若里老东巴

2011年第一眼见到的克若里，生根去接刚从甲波村回来的师傅

木良布老东巴

汪布若和师傅木良布

汪布若和下朗杜基

跟着噶突师傅做过"祭天"的阿甲若

阿克瓦加一家

憨厚的甲阿若

热情的计生员衣下,每每在我们碰到困难时,主动帮助我们

帅气的生根

生根一家（2011年）

已走上前台，接过了爷爷的事业。生根父亲，当过多年乡村干部，他知道要让外面的人进来，了解争伍，把争伍介绍出去，争伍走出去，才有希望。是他在村口把我们引进了争伍村。

就这样，2011年暑假7月底，我们在木里县依吉乡机素村工作了10天后，在转战云南拉伯乡油米的途中，"计划外"地撞入争伍村。是争伍和俄亚的关系吸引了我。抢救收集这些面临散失的濒危文献刻不容缓！我们一头扎进去，一住就是8天。前方油米在等，一再催促之后，我们才离开。

千百年来，横断大山远离尘世，与世隔绝；天蓝蓝的，云白白的，山绿绿的。大山里的人世世代代恪守着祖辈传下来的生活习惯和传统道德。日出而作，日落而息。火塘边每餐第一口饭菜给祖先，夜晚火塘边讲着古老的故事，还有那一个个重要的祭祀活动，这些使得他们有信仰，有希望！他们的精神生活离不开东巴。与世隔绝，交通不便，是保存了古书、古风的民族的集体代价！

绝无仅有的创世史诗《祭天经》：世界观

这些文献，无不体现出大山人的世界观、人生观、价值观。

在争伍纳西古村，传世文献系统成套地保存完好。其他地方的文献早已被卖给了文物贩子，或以各种名义被搜走。争伍的文献几乎都是手写古本，没有新的抄本、复印本。

这里有这一带仅存的《祭天经》，俄亚大村已经没有了！这里有《敬山神经》《敬水龙经》《大平安经》《中平安经》《小平安经》《母子平安经》《除秽经》，居然有分别为东巴、凡人、凶死者送葬的不同的《东巴送葬经》《凡人送葬经》《凶死送葬经》等。连《神路图》也分不同的路线。这里保存了完整的系统的《左拉》！多程序，多层次，图、经配套！还保存了绘有丁巴什罗、释迦牟尼的唐卡，每次祭祀都要请他们！还有各种法器。这要感谢老东巴们用生命在坚守！历经几十年风雨，至今在几位老中年东巴家里，每家都有几捆、十几捆，几十、数百部经书。争伍东巴虽然分几家传承系统，有自然形成的各自负责做法事的人家，但东巴之间互相配合，重大祭祀活动都一起参加。他们互通有无，互补互助。为了抢救、记录文献，东巴们积极配合，使我们在短时间内顺利完成了东巴经书采集拍摄任务。

《祭天经》[mu^{33}bv^{11}t^{h}i^{33}ɯ^{33}]所记载的祭天仪式是纳西东巴教中最重要的仪式之一。每年过年的时候进行，历时五天，标志着新旧年的交替。在纳西族的传说中，纳西人是天父地母的小女儿和人类英雄的后代，人类的血缘有一半来源于天父地母，因此祭天实际是追溯先人，祭祀祖先。东巴会详细讲述纳西民族的来源传说，并向天父地母祭祀，请他们宽恕往年的罪过，保佑来年一切顺利。

祭天时全村所有的东巴共同做法事，所有的村民都要参加。由于祭天仪式历时长、祭品多、仪式过程烦琐，中华人民共和国成立以后，加上各种原因，渐渐很少做这个仪式了。到现在，《祭天经》文献在绝大多数纳西族聚落都已失传，而详细了解仪式过程的东巴更是寥寥无几。

争伍的村民围了我们几天，看到我们只是拍摄老书，和我们也渐渐熟悉了。我们来过几次后，汪布若忍不住告诉我，他家有一套《祭天经》，俄亚都没有了，只有他这里有，是他师傅木良布传给他的。争伍村能了解整个仪式过程的原来只有噶突老东巴和木良布老东巴。然而2013年噶突老人的去世，争伍只有最老的东巴木良布一个人了解祭天仪式的全部过程和做法事的方法。但木良布老人年事已高，双耳失聪，也无法再将仪式的做法传授给徒弟们。2016年他也去世了。目前，争伍村能主持做祭天仪式的东巴已经没有了，但珍贵的《祭天经》幸运地保留下来了。

2014年1月8日，我请生根弟弟撒打仁青用摩托带我过江，翻越几座山，溯河而上，到俄亚纳西族大村访问了最高年龄的86岁老东巴甲阿若。得知俄亚大村所藏的《祭天经》确已失传。俄亚的经书几乎都被外面的人拿走了。老东巴甲阿若尽管了解仪式的过程和做法事的讲究，但没有经书实物，仍然无法进行祭天仪式。

争伍村的这套唯一的《祭天经》共有3册。我们好不容易找到阿甲若东巴来讲解。阿甲若，1962年生，属虎，是噶突老人的徒弟。年轻时曾经跟着师傅参与做过祭天仪式，尽管他不记得做祭

俄亚大村（赵丽明摄）

俄亚甲阿若东巴（赵丽明摄）

《祭天经》第一册封面

《祭天经》第一册第一页

天仪式的细节，但对《祭天经》的基本内容还记得。因此请他尽量对《祭天经》进行讲解翻译（见第三章）。

　　阿甲若最大限度地解读了这部珍贵的经典，虽然还是有些遗憾，但这已是弥足珍贵！可以说《祭天经》是一部纳西族的创世史诗！是一个民族的集体记忆！是群体信仰的世界观！

保存了系统配套的《左拉》：人生观

《左拉》卦图经在西南地区很普遍，很多族群都有，如普米和尔苏等。我最早看到《左拉》是2007年在四川大凉山的甘洛县。《左拉》卦图经有几十个纸版画片，主要用途是为人们的日常生活占卜，可以算家里这一年有什么好事和坏事，个人的命运如何，牲口好不好[1]，还可以为出门选日子，算男女姻缘，以及一生会有几个孩子，生男还是生女等等。有些人要建房子，也可以通过这种算卦来选择房址。用途很多，可是现在很少有人懂了。

我们终于在争伍看到一套系统的完整的《左拉》卦图经。有图片有经书，有预准备，有卦图阵打卦，有对应经书判断结果。

这套《左拉》卦图经由老东巴克若里收藏，由他的侄子生根东巴解读。

《左拉》算卦包括几套图经材料，互相配合使用：

第一部分（一册）：包括算属相书［$k^hv^{55}p^ha^{31}$］，算时辰书［$dʑi^{31}p^ha^{31}$］，看星座算卦书［$kɯ^{33}p^ha^{31}$］、算星期书［$za^{31}p^ha^{31}$］。

第二部分（一册）：算日子书［$ȵi^{33}uã^{55}p^ha^{31}$］。以上为准备。看完这两本就可以打卦了。

第三部分（三册，每册十张，一共三十张）：《左拉》卦图［$tso^{33}la^{55}p^ha^{31}$］，均由克若里所画。

第四部分（一册）：与卦图对应的经书《看左拉书》［$tso^{33}la^{55}su^{31}ly^{31}$］。

使用方法：想算卦的人来找东巴，东巴首先看这一天的属相，根据算属相书［$k^hv^{55}p^ha^{31}$］的内容算卦；然后根据算日子书［$ȵi^{33}uã^{55}p^ha^{31}$］来看这一天的日子；根据算时辰书［$dʑi^{31}p^ha^{31}$］算时辰；再根据算星期书［$za^{31}p^ha^{31}$］算星期。东巴把这些卦象都记住，请神，然后把三十张卦图依次排开，手里拿十二颗圆石片，其中有一颗石片做了标记，首先在代表被算人属相和五行的那一张卦图上放一颗石片（随机抽取石片），然后依次在后面的卦图上各放一颗石片，观察带有标记的那颗石片放在了哪一张图上，然后参照该卦图对应的经书《看左拉书》［$tso^{33}la^{55}su^{31}ly^{31}$］，再根据之前的所有卦象，判断最后的结果。

四十一岁以上的东巴才能算卦。给病人算卦做仪式需要杀生，杀生的罪过都要算在算卦东巴头上，太年轻的东巴不能算。

这部《左拉》卦图，每一幅图都包含四部分内容：

第一层：星座。这里的星座与二十八星宿不同，是另一种表示算卦人命运的卦象。

第二层：属相和五行。这是卦图的最主要部分，东巴根据属相和五行来找到经书中相应的内容，从而做出结论。

第三层：甲子。有九种甲子，三种为神，三种为妖，三种为给水龙办事的半人半妖。这一层中有两个圆圈，圆圈里的点数可以用来确定人的甲子。一点为神，二点为妖，三点为给水龙办事的半

---

[1] 牲口被卖或者死了，或者算出牲口被牵走了，意味着今年可能会有亲戚去世。

人半妖,四点为水龙,五点为水龙,六点为妖(不吃人,对人有好有坏),七点为妖,八点为神,九点为神。右边圆圈里的点数用来确定算卦人的甲子,左边圆圈与右边圆圈配合观看,可算出算卦人及其配偶的姻缘。两个人的甲子有相合的也有不相合的:神与神、水龙相合;水龙与妖、神、水龙都相合;妖与神不合,与妖、水龙相合。

第四层:选房址时使用。

有些图片第四层缺失。因为以前把老人传下来的《左拉》卦图藏在山洞里,雨水把下半部分打湿了,第四层的内容就看不清了。克若里重画的时候就画不出这些内容。

据生根所述,他所见到的《左拉》卦图有三种:一种有四层,即克若里这一套;一种有三层,没有星座那一层(石马林家有一套);一种也只有三层,有选房址的那一层(噶突家有一套)。

首先要请神:

这些都是女神

然后根据被算者的生辰、属相等进行算卦,使用卦图。试举第一册的两幅挂图,并做解读:

第一层:青蛙的星座。青蛙在冬天坐着不动,表示坐在家里不出门,特别好,不会有病痛。
第二层:属鼠和属牛并且五行属木。木是杨柳木,不好不坏。
第三层:水龙甲子,不好不坏。不能当兵、做强盗。
第四层:房子底下有两条牛睡着,说明住在这里的人会有病痛。

第一层:孔雀的星座。两只孔雀交颈,说明男女夫妻恩爱。
第二层:属虎和属兔并且五行属火。火是烧人的火,很好。
第三层:神牛的甲子,不好不坏。
第四层:房子底下有乌龟,头不看天,很好。

《左拉》经书［tso³³la⁵⁵su³¹ly³¹］，与《左拉》卦图匹配使用。（详见第三章）

《左拉》经书

不同的美丽归途《神路图》：完善人生

2013年暑假，生根告诉我们，在我们来的前一个月，噶突老人去世了。很可能是肝癌。他最后度过了一段痛苦不堪的日子。为了缓解他的痛苦，村里年轻小伙子曾轮流守在他身边，企图用青年人的阳气驱赶给老人带来疾病的邪祟。然而，老东巴最终还是与世长辞了。

葬礼是人生礼仪中最大最隆重的仪式活动。全村人都要参加。何况是生前给大家做过无数次驱邪祈福的大东巴。

争伍的葬礼所使用的神路图分两大类，东巴神路图、凡人神路图。当然念的送葬经，举行的葬礼仪式也各不相同。

噶突东巴去世之后，需要停尸几天，再择日进行出殡等后续送葬仪式。纳西东巴教中的葬礼体现了纳西人对灵魂的认知和世界观。为逝者的穿衣、供食、念经、送礼以至最后的火葬及下葬都是人生的仪式过程，更重要的是将逝者纯净的灵魂平安地送到其归所。

普通人去世后，东巴们会念诵经文，驱除在灵魂前行路上出来捣乱、勾魂的野鬼邪祟，将灵魂一路从争伍村送出，送到永宁、昆明、拉萨。纳西人认为，这是他们祖先一路迁徙而来的道路，因此要将灵魂顺着祖先的足迹一路送返，回到他们出发的地方。这样灵魂才能顺利地去往祥和的天国，而不是成为在外飘荡的孤魂野鬼，为害世间。如果不进行完整的送葬仪式，灵魂就会变成恶鬼邪祟，对子孙后代和其他人的平安幸福造成威胁。

而东巴去世之后的灵魂之路却并非如此。由于东巴们生前做法事时会杀死大量的牲口作为牺牲，因此人们相信这些死去的牲口的灵魂会变成恶鬼，在东巴去世后会阻碍他的灵魂升天。这时，东巴的弟子们和全村的东巴会通过经文和仪式，或通过面偶供奉，或通过威力驱除，将这些阻碍师傅灵魂升天的恶鬼赶走。当东巴的魂魄历经艰难险阻摆脱了恶鬼的追杀时，他将在祥和的天国接受众神灵、战神、菩萨、佛陀的祝福。然而，天国却不是东巴灵魂的居所。弟子们还要继续为师傅的灵魂引路,将他送到东巴教的创始人——东巴什罗在天国创立的三十三层经堂。在那个美丽的世界里,东巴的灵魂才能永远留存,成为东巴教永恒的部分。

通过这种送灵魂归葬的仪式,东巴们完成了与逝者和鬼神的沟通,让逝去的灵魂各归其所。由此,灵魂的存在不仅是对活着的亲朋好友的抚慰、对逝者的追思,也体现了一种秩序的平衡。凡人的灵魂送往天国,不会侵扰活人的日常生活,而是在天国荫佑子孙。东巴的灵魂没有成为法力强大的怨灵,而是回到了发源之地,成为永恒,庇佑子孙。人、神、鬼三界秩序井然,分毫不乱,却又通过送葬这个仪式在东巴的经文中紧密结合。

以下简单介绍甲阿若家藏《东巴送葬神路图》以及生根收藏的《凡人送葬神路图》。先看看甲阿若家藏《东巴送葬神路图》中的两幅图:

左图的解读:丁巴什罗在海边去世。他死之后,魂魄沉入海底,无法升天。妖怪之鸟想要吞食他的灵魂。他的徒弟们赶走了妖鸟,并为他进行招魂,要将他的魂魄送往遥远的天国。

上图的解读:丁巴什罗的魂魄来到了仙境之地,这里有华服、宝剑、法力高强的喊魂幡、美丽的花朵、挺秀的树枝、声音悠扬的喊魂海螺。但即使如此,丁巴什罗的魂魄也不能停留。他还要继续升天,到那菩萨居住的天庭。

这是甲阿若家藏的《东巴送葬神路图》，用于给东巴送葬时，是给死去的东巴成神开路用的。此神路图从下往上解读，它讲述了丁巴什罗死去后魂魄从海边历经千辛万苦终于来到他下界前居住的天堂的故事。丁巴什罗是东巴教的创始人，传说中是他将东巴经从天上带到人间，"丁巴"即为"东巴"。[1]此神路图共50幅小图，代表了丁巴什罗升天时经过的50重地方，是对《东巴送葬经》的图画补充说明。

甲阿若家祖传的《东巴送葬经》和《神路图》在"文化大革命"时被烧毁，现在的《神路图》是甲阿若于2010年新做的。甲阿若向他的大舅子卢作东巴（现在住在麦洛村甲波组，摩梭人）借来他家的《神路图》，参照着新画了一份。这份《神路图》画在甲阿若妻子娃夏织的麻布上，用的笔是甲阿若自己砍竹子做的竹笔和在丽江买的彩笔。甲阿若的妻子是他的姨堂姐，他俩的爷爷是姨表兄弟。这份《神路图》做好后只在噶突东巴去世的时候——具体日期是2013年纳西历八月二十五日（公历2013年8月28日）——用过一次。

生根收藏的《凡人送葬神路图》，大概传了三代，是由生根妈妈家的东巴传下来的。生根妈妈家是汝可人，只用该神路图做过一次法事，因为使用该神路图的东巴后来上山砍柴时掉下悬崖了，大家觉得不吉利，就没再用过了。后来生根的妈妈家没有学东巴的人了，她就把这幅图带到了夫家。它画在麻布上，是东巴给凡人送葬时所用的神路图。

《凡人送葬神路图》用于凡人死后，东巴为其做送魂超度仪式。与其他纳西族神路图类似，该幅神路图描述了人死后亡灵从阴间超度进入天堂的全过程。阴间部分主要展现了地狱的面貌，描绘了死者生前所犯的种种罪孽和不道德的行为，以及阴司对死者进行血腥惩罚（以洗清他的罪孽）。天堂部分描绘了东巴教的诸神及圣物，教导人们只有一心从善，死后才能获得善果。

左图是生根收藏《凡人送葬神路图》中的一幅图。这幅图的大意是：以前有一个鬼母生了两个小孩，扔在河里（黄色物体）。这两个小孩的灵魂（下面的两个人）变成了一棵有刺的魔树。树边的男人（左）、女人（右）是守护这棵树的妖。去世的人如果生前生过小孩而扔掉，死后就会被插在树上。

东巴做法事时做一棵这样的树，跳东巴舞时请亚玛[ia^{31}ma^{53}]战神把它砍掉，以象征赎罪。

---

[1] 争伍村语音中"丁巴"的发音与"东巴"一致，意思也相同，即为东巴教中的师傅。但先前关于纳西东巴教的文献多把东巴教创始人写作"丁巴什罗"，因此本书沿用此翻译。

目前所见的纳西族、普米族等神路图内容大致如此，反映了川滇地区藏传佛教和苯波教共同影响下的宗教观，天堂地狱、因果报应、生死轮回等观念都在神路图中有极致的体现。

然而，目前所见的两份纳木依神路图却与众不同。纳木依帕孜（纳木依人的祭司）也使用神路图为逝者送魂超度，但他们的神路图不讲天堂地狱，不讲因果轮回，描述的是纳木依传说中的民族大迁徙。纳木依神路图记载了纳木依祖先不同时空的生活图景、祭祀场景和故事，反映了纳木依祖先的迁徙路线和发展历史。同时，每一幅图都包含着若干传说和故事，主要记载了纳木依祖先的生活状况。纳木依帕孜做送魂仪式时，把老人的灵魂沿着神路图中描绘的路线送回老家，老家即是天堂，天堂的神都是纳木依人的祖先。[1]

魂归故里的神路，是一条善与恶、苦难与光明的博弈之路，协调之路，平衡之路。神路图把人生苦旅做一次历史总结，一次人生归纳，一次道德反省，一次本性自醒、自赎。

这种强烈的仪式感，是对生者的一次净化，一次拷问，是一次对逝者忏悔的最后机会。

这也是一个民族的三观的传承，它提醒后人传承淳朴价值观、积极向善的人生观。

葬礼，以展示神路图、念诵经文祭语等各种程序，来进行一次人生最高最后的礼仪！

我们这里没有"三孤"

先讲个故事。2011年夏天我们第一次到争伍时，可以说，我们是第一批从外面进来的人。还有个不好的铺垫。十多年前一个骗子，利用村民的热情淳朴偷走了他们一个东巴全部的经书！所以我们刚来时，村民都用戒备的眼光看着我们。后来我们慢慢取得了他们的信任。一个老师带两个年轻人整天就是照相、聊天。我们说好，不带走这里的一张纸，只是把他们的文化记下来，告诉外面的人这里保存着古老的文化。只要有阳光，两个年轻人整天头也不抬地拍照，村民心疼地自动来帮忙。看来城里人为了宣传他们，真的很能吃苦！我们赢得了村民的信任。

第三天，一位奶奶拉着背着孩子的儿媳，怯怯地跟我们说什么，因为她不懂汉语，还是经过旁边人翻译，我们才懂了她的意思。原来，她让我们给她孙女看看，还有没有救。这时我们才注意到，儿媳背上的只有几个月的小孩奄奄一息，头无力地趴在妈妈的背上，小胳膊，细细的，下垂着。旁边有老人说，这孩子不行了，要扔掉。要我们救救她！好像我们外面来的人什么都懂。幸好，我下乡插队当过十年赤脚医生！他们算是问对了人。

重度的营养不良！马上想起了非洲难民小孩。而且还在拉稀！严重脱水！天哪，在城里绝对不会见到如此严重的病孩！应当马上输液，调节电解质。可是，这里到最近的医院要有一整天十几个小时的颠簸路程！

我凭着赤脚医生的功底和经验，只能用赤脚医生的治疗方案，不花钱治病。第一，马上止泻。

---

[1] 参见赵丽明、张琰编著《纳木依藏族帕孜文献》，《中国西南少数民族地区濒危文字文献调查研究丛书》，广西师范大学出版社，2014；赵丽明：《没有鬼神的神路图——从纳木依人的神路图看原始宗教信仰》，《世界宗教文化》2016年第4期。

2011年夏天的小拉姆　　　　　　　2015年的小拉姆　　　　　　　2017年的小拉姆

建议他们,把面粑粑(发面饼一类)烤焦研成碎末,调水,喂孩子。碳可以收敛,吸水吸毒吸胀气,治疗小儿腹泻很有效。

果然奶奶第二天告诉我孩子不拉了。马上补充营养!刚好我带有雀巢奶粉,小伙子带有雀巢固体橘汁。也不知老外的奶粉,山里的小孩能否接受。告诉他们要分开喝,隔一两个小时。每次少一点奶粉,循序渐进,慢慢增加。

几天后我们走时,妈妈背着孩子默默看着我们。她也不懂汉语。孩子已经慢慢恢复了。小脑袋立起来了。我又教她们,要注意营养,妈妈也是营养不良。家里有牛,至少有羊,可以喝奶。全家人都要喝。他们从来不喝奶,说那是给小牛小羊喝的。啊?还有鸡蛋,也要经常吃。这是不花钱的营养品啊。她们点头。

当我们再来时,小姑娘长大了,一次比一次长高。现在已经是个漂亮的大姑娘了。奶奶端着牛奶给我们喝,还有自制的酸奶。我们不喝心里都高兴,他们终于知道加强营养了!

一年后的寒假,我们又来了。奶奶执意邀请我们吃饭,说感谢我们救了孩子。吃饭的时候才发现这个小姑娘有复杂的一大家子人!这里奇特的家庭结构不得不进入了我们的关注视野。原来这是常态,这个习俗至今基本保存完好。2014年清华校医院的张大夫、朱大夫,而后王大夫、丁老师、郭大夫、万大夫也先后来到争伍,他们调查这里的卫生状况,给老乡体检、看病,并从专业角度,挨家挨户进行深入调查访问。

我们为争伍这种家庭结构,由惊奇,开始理解,甚至为他们的淳朴的价值观、道德感,而佩服、赞叹。他们是那么自然、和谐地遵循这种传统家庭模式至今。后来,我们又在同一个乡的其他村落发现,这种习俗在这里很常见,并不是哪个民族独有。他们处在同一个地理环境,有着相同的生活方式,形成了这样的家庭结构。

他们是怎样生活的?这不得不成为我们调查语言、整理文献之外的另一个关注的课题。

快乐分享，王医生、丁老师和村民

老奶奶感谢北京来的清华大学医生给她看病

我们调查时发现，这里不存在目前普遍的社会问题，尽管出去打工的人越来越多，但这里没有留守儿童，也没有空巢老人。在泸沽湖也碰到类似情况。因为这种大家庭，老有所养，孩子也得到了更多的关爱。

坚冰已打破，外界沟通，走出去多，进来的少。人们已经开始自然分化。在教育水平提高，受外界影响自我意识增强的同时，族群传统习俗也将被打破。

路在日益逆天延伸，已经通向各个角落。封闭多年的纳西古村，迎来了希望！路要通了，电要通了。欢欣鼓舞中现代文明给传统带来新生的同时，也带来担忧。那里也已经感到威胁，市场经济之风刮进了山，文本被卖掉。老东巴本能地自觉地保护经书。在亲情和东巴经面前，他们可以割舍前者。令人敬仰！但老东巴都走了！

大山，大爱

当文献调查工作告一段落，这里的偏僻封闭、这里的贫困落后，成了后来我们关注的重点。这里看病难，后来每次来我都请了清华大学校医院的医生们，他们不顾这里的艰苦条件，深夜出诊，给老乡体检、看病，讲解卫生保健常识。

2016年，徐焰、碧琪、崔曦等十几位有爱心的女企业家、女设计师、女教授、女医生来到这里，给大山里的孩子带来了学习用品和文体用具、图书。还有全国妇联基金会的心基金调查组也来

2016年"爱心之旅"来到依吉乡政府和领导、"第一书记"们座谈

2017、2018年,李碧琪女士两次引进全国妇联基金会主要用于资助"三孤"(孤老、孤儿、孤残)的"心基金"。着实让这里的干部为难了。"我们这里没有三孤!"

2017年"心基金"发放现场

了。大家分头去各村访贫问苦。我和郭医生一组，一位叫公秋仁青的村组长，带我们到他们村。

这次我们又感到惊奇！这位身处贫困地区的小伙子，却做着大爱的事业。他联系外界慈善机构，送周边乡村的残疾人去省城医院免费手术，可是他常常要自己掏钱帮村民解决路上碰到的各种问题。他联系一个助学项目，一个一个做工作，让村里孩子们都能上学读书。他深知，大山里的孩子，只有读书才能摆脱贫困。一路上，他和他的故事，把我们感动得稀里哗啦。

他是只有18户的麦洛村斯保组的组长。村里距离乡政府有一二十公里。公秋仁青组长安排我们分别坐上摩托车。进村必经一条河，有十米左右宽。湍急的河水上一根圆滚滚的独木桥。像男孩子的运动型郭大夫轻松走过去了。"烂腰破腿"古稀的我咋办？组长和另一个小伙子试着在桥上一前一后扶我一步一步挪；可我会把他们都拉到河里。只见仁青一下子跳到齐膝深的激流中，和边玛一起，桥上桥下，帮助我一步步走过独木桥。

他和他的村民，有讲不完的故事。仁青对村里每家每户了如指掌。哪家的困难都放在心上。现在村里已经走出几个大学生、中专生。这是仁青组长最欣慰的。但他惦记着急的是到外面上学贷款而致贫的家庭。当我们请他带我们访问"三孤"留守儿童、留守老人时，他摇摇头。"我们这里没有这个问题。老有所养，小有所养。"

望着他们和大山一样朴实的面孔，像蓝天一样的纯净的眼睛，像花儿一样绽放的笑容，这一切都那么自然，那么从容，和谐！

2016年6月公秋仁青跳到河里扶我过河

2018年1月桥已经修好了

爱的传递——大山在变

2018年新年刚过，一封受助者感谢信，女设计师崔曦带动的一帮一的十几位爱心朋友，对这里学生的牵挂，又把我带回到这里的大山。

记不清这是第几次来到这里。前几年是带学生来这里挖掘抢救濒危文字文献，目的明确，直奔主题，找古经书，访老祭司；语言调查，反复核对；一字一句翻译解读经书。后来吸引我们的是这些古老文字文献的背后依然传承着的奇特文化！还有这里的极度贫困！希望让更多的人了解他们，力所能及地帮助他们。

我们每次来都感受到这里发生着的变化，变化很快，很大。

现在他们不仅地理上跨界，而且生活方式也在开始跨界。随着国家对贫困地区的关注，这里终于通了电。村子旁边就有了移动电信基站。几乎人人有了手机。他们开始用上电饭煲，有了电视、冰箱、洗衣机。公路也越来越延伸进山。家家有了摩托，甚至不少人买了拖拉机、汽车。这里的人开始走出大山。出去打工的人多了。外面的新事物也带进了大山。

这里大都是农历腊月初一前后过大年。只有过年，外出的亲人才都能聚在一起。要想拍一张全家福，非要过年才能拍到。他们一过了自己的新年，春节前就到青岛、贵州等地开始打工了。

这次又是仁青来接我。去年夏天我们代表全国妇联基金会心基金来送资助款时，他正在路边带领乡亲们做修路工程。这次来，仁青正在为工程欠薪着急。快过春节了，他管几十个工人，全家老小，都在等着工钱过年。仁青开着一辆皮卡车，他说有辆车在山里跑工程方便。从乡里到村里，在山路上颠簸了三个小时，晚上9点多才到他家。

早上给公秋仁青照了全家福，还是少了他父亲和老大。他父亲带老大在县里读书。他已有三个小孩了。简单吃了点早饭后，到村里转转。

路上碰到上次访问过的一位老奶奶，78岁，她还帮我拿东西爬坡。一会儿，打猪草的媳妇回来了。朝阳映着浸出汗的红红的脸，真美！她给老三喂奶，老大老二也依偎在妈妈身旁。那么温馨，幸福，和谐！为一家人照了四世同堂的全家福。幸福满满！

那条出入村子必经的小河，村民们已经架了桥，可以通汽车了。

我们去另一个村看望偏初老师，他过了年已经回宁蒗了。他们家在盖新房，两个儿子边玛、央中在忙着。又去看了受资助的拥忠拉姆。她们家也住上了政府帮助盖的新房。就是她刚给资助她的好心人写了一封信，汇报她上大学第一个学期的情况。写得很好，感动了许多人。给她和她因不懂汉话不能送她上大学的父母，在新房子和老房子前面照了相，在网上发给不知姓名的资助人。她妈妈的胆囊炎还是牵动了许多人的心。

一整天，仁青不停地打电话。这两天他一直为讨薪着急。如果工钱还要不来，他们二十几个工友，商量明天要去木里县通过法律程序要个说法。傍晚，终于仁青告诉我，老板说周一把工程款送来！他们已经知道用法律保护自己，看来得给点压力！

暮色中仁青送我到纳西古村的村口，说要赶回去连夜开会，清理每个工人的工钱。

四世同堂

温馨

我又来到救过的小拉姆的家。小拉姆长大了,越发漂亮。当晚就和小拉姆住在另一间屋子的一张床上。小拉姆已经上了两年的学前班,今年就要到乡里上学了。她说着流利的普通话。她成了这个家里和我沟通的特使。今年刚刚完成成人礼的姐姐和我不熟,以前几次来她都在乡里中心校住校。

早上,火塘旁边睡的人都起床了。几个孩子在看电视,旁边有个冰柜。奶奶和妈妈在忙着准备早饭。小拉姆告诉我家里还买了洗衣机,放在屋子下面的牛圈那儿,但是不能用。为什么?因为缺水。

早上第一件事是找厕所。小拉姆指着门前山坡下的一个厕所,这应当就是去年乡里每个村给4万元修的厕所了。听说老乡一般不去用,他们习惯在大自然处理。要去看看。水泥抹起的。门口有些柴火垃圾。里面还行,不算脏。大概用得很少的缘故。基本设施有了,如何管理,养成卫生习惯,还要一段时间。

"奶奶我带你去。""奶奶你慢点走。""奶奶那儿有点脏。"懂事的小拉姆,拉着我的手,下山上山。不停地说着甜甜的普通话,让我感到很温暖。

回到家。小拉姆问:"奶奶,洗脸吗?""好。"她打来一盆热水,我洗了一把。仅仅是洗手,就已经是一盆浑汤。然后看着小拉姆倒水,就从门口倒下去,顺坡就流到几户人家共用的45度的坡路上了。这是人和马、牛、羊、鸡共用的街道,难怪街上总是黑黑的泥泞的!为什么不在路边修一个流水通道呢?

今天最关键的是拍全家福!我在找机会。快吃饭了,火塘边每个人一份菜一碗饭,他们一直是分餐!有人来告诉我仁青已经下来接我了。他要到乡里给讨薪的乡亲们办事,顺便带我过去。

太阳照了过来。爷爷回来了,奶奶也回来了。那个喝醉酒的爸爸也睡眼惺忪地出现了。一家人终于齐了!

朝阳从房顶上斜射过来,终于照到全家!这是阳光的全家福!

有阳光,就有希望!祝福小拉姆幸福成长!

从2016年"爱心之旅"至今,北京城建设计院的崔曦高工,联络了她的初中、高中、大学的同学,还有她的同事、朋友,一起来资助大山里的贫困学生。爱心志愿者,像滚雪球,越来越多,他们一对一,几对一,帮助贫困学生,从高中到大学。受资助者毕业当上教师、医生、护士,考上公务员,参军当兵,也当志愿者,把爱传递给更多的人。难得的是爱心的坚持、传播!读着孩子们的汇报,是爱心志愿者最幸福的时刻!

2018年过年小拉姆全家福,正逢姐姐"穿裙子"(成人礼)

尊重与祝福

政府在攻坚，老乡在努力，爱心人士在关注大山里深贫的人们。

他们有自己的生活习惯方式，自己的文化，我们除了尊重，了解，就是祝福！

这篇文章写了8年！由惊愕、好奇，到犹豫。很纠结，想帮他们，让更多的人知道有这样一个神秘的古堡。这里藏了很多美丽的秘密，这里过着外人不可思议、难以想象的生活。他们展现的，都是幸福的灿烂的笑脸！

"我想让外面的人了解你们，来看你们，像他们来泸沽湖那样，来看看你们怎么生活，来看看你们的大山，可以吗？""可以。"他们也开放多了。人们经常的去的永宁、泸沽湖，还有丽江，是他们的明天。他们已经从电视中看到外面的世界。他们也希望过上一样可以利用太阳能洗澡的生活。他们还是羞涩地说，不要写我们的真名字。

这里没有现代社会病，没有空巢家庭，没有留守儿童，没有留守老人。他们依然坚持着千百年来传下来的生活方式，各自遵守着固有的规律，在各自的位置上扮演好各自的家庭角色。老人由全家人照顾，孩子有全家关爱。小拉姆幸福地依偎在爷爷怀里。

最近几年国家下大力气"精准扶贫"，木里全县脱贫了！"乡村振兴"，降初老乡长发来微信："我们的丑橘已经成为地理标志农产品了！"多么希望大山里的人也享受改革开放的成果，走进现代文明，奔小康。后面几次来，打心眼里想为他们脱贫做点事。于是带着爱心人士走进大山，以普通人的身份做了一些公益。

春节，几个出去打工的老乡给我打电话，自豪地说：老师，我们在青岛，我们在贵州，春节前就出去了，我们在外面过春节！越来越多的人走出大山。他们会带着外面的精彩回到大山，用不变的淳朴守望他们的家园，建设更美的家园。

另一个仁青（生根的弟弟）曾用摩托从这里带我去了俄亚。俄亚大村在山坡上，没有这里的古堡巍峨。从俄亚去稻城，只要一个小时。我们多么希望，更多远方的人，来到这里仰望一下巅峰古堡。再从这里渡过三江，去俄亚，去稻城亚丁，去寻找香巴拉——洛克传到世界的人间净土天堂！更希望有人来关注、建设、打造一个更美丽的横断古堡美丽乡村！

赵丽明

2021年中秋前夕于清华园蓝旗营

第一章 争伍村概况

争伍村深藏于横断山脉川西南山地的大山大川之中，多年来几乎与世隔绝，对外交通极为不便。至今外界对这个纳西古村鲜有记载，地图上也没有标记；但我们能够准确地找到它，因为争伍村是三江汇合处的桥头堡，水洛河、东义河在这里汇合，形成通天河（也称冲天河、无量河）。全村至今（2016年）没有通公路，也没有通电，通信信号也极不稳定，只在村中的几个特定的地点偶尔有信号。争伍的村民们平时外出要通过步行、骑马、坐山地农用车等才能到达与外界通公路的小镇。此前，外界对争伍村几乎从无了解，更不用说进入探访了。这里的闭塞，却也为人类文明保留了大量鲜活的语料素材、古籍文献和丰富独特的风俗民情，特别是我们在这里首次发现了许多在其他地方已失传的东巴经卷。

2011年夏天，清华大学西南濒危文字抢救、整理与研究课题组首席专家，清华大学中国西南地区濒危文化研究中心主任赵丽明教授在田野调查中第一次意外发现了这个纳西族古村。在之后的五年多，课题组多次到争伍调查访问，收集和整理了大量珍贵的语音、文字、古籍、风俗资料，试图以争伍村的语言文字为主，对这个纳西族古村落进行深入了解、记录与研究。

一 人文地理、历史沿革

争伍村位于我国大西南的川滇交界，是辖于四川省凉山彝族自治州木里藏族自治县依吉乡麦洛行政村的一个纳西族自然村。

木里藏族自治县地处青藏高原东南缘，横断山脉终端，云贵高原与青藏高原的过渡地带。它位于四川省西南边缘，居凉山彝族自治州的西北，地理坐标为东经100°03′～101°40′，北纬27°40′～29°10′。主要河流水洛河等沿横断山脉断层由北而南流入金沙江。木里藏族自治县属于典型的高山峡谷地貌。

木里县东南与州内的冕宁、盐源县接壤；西北与甘孜州稻城、理塘、雅江、康定、九龙县相连；西南分别与云南省的香格里拉市、玉龙纳西族自治县、宁蒗彝族自治县相邻。东跨雅砻江，西抵贡嘎山，南临金沙江，北靠甘孜州，东西宽约160公里，南北长约170公里。据2002年结束的测绘勘界，木里县面积13252平方公里，占凉山州总面积的22%。县府所在地乔瓦镇，距凉山州首府西昌254公里。县境内主要生活着藏族、蒙古族、纳西族等民众，多信奉藏传佛教。

全县现辖3个镇、26个乡（其中5个民族乡）：乔瓦镇、瓦厂镇、茶布朗镇、博科乡、宁郎乡、依吉乡、俄亚纳西族乡、水洛乡、牦牛坪乡、屋脚蒙古族乡、项脚蒙古族乡、李子坪乡、列瓦乡、芽祖乡、下麦地乡、西秋乡、克尔乡、白碉苗族乡、三桷垭乡、倮波乡、卡拉乡、后所乡、沙湾乡、固增苗族乡、麦日乡、东朗乡、唐央乡、博窝乡、麦地龙乡。

历史上，汉初、后汉、蜀国、两晋、南北朝、宋、明，定笮县属越嶲郡，木里隶属之。唐时吐蕃攻占云南，木里两度陷入吐蕃势力之中，定笮改为昆明县，隶属嶲州。宋时南诏出兵北上，攻下嶲州，木里曾为大理段氏所据。明设置建昌卫（今西昌）、盐井卫（今盐源）、越嶲卫（今越西）。清雍正六年（1728年）罢卫置盐源县，属四川省。1939年，盐源县划归西康省。中华人民共和国建立后，木里仍属盐源县。1953年2月19日正式成立木里藏族自治区（县级）。1955年5月改县。1955年12月13日，撤销西康省，木里归属四川省西昌专区管辖。1978年10月木里藏族自治县隶属四川省凉山彝族自治州管辖。

就是说，历史上，汉时木里属越嶲郡定笮县，唐时吐蕃、宋时南诏曾控制这一带，清时木里曾属盐源县，民国时属西康管辖。

2000年第五次人口普查，木里藏族自治县总人口124462人，其中宁朗乡2083人，依吉乡3116人，俄亚纳西族乡5402人，屋脚蒙古族乡2055人。

依吉乡位于木里县境西南部，距木里县城224公里。面积261.1平方公里。1972年析宁朗公社建依吉公社，1983年置依吉乡。辖雨初、麦洛、蚕多3个村委会。（以上据木里政府网、《木里县志》《盐源县志》。）

争伍村北与俄亚纳西族乡仅有一山一水之隔，南与云南宁蒗彝族自治县接壤，东与木里县屋脚蒙古族乡毗邻，西与云南迪庆藏区香格里拉市相接。

争伍村地理位置独特，坐落于横断山脉延伸的大山深处。在这里，金沙江一级支流水洛河的下游支流东义河汇入水洛河并最终流向金沙江，争伍村可谓悬崖上的桥头堡。

因此，争伍自然村处于三省区（川滇藏）、三州市（迪庆、丽江、凉山）、三县（木里、宁蒗、香格里拉）、三乡（依吉、屋脚、拉伯）接壤的地方。

这里的村民出入十分艰难，常年封闭在悬崖峭壁上，隔江遥望一个星期路程的木里县城。村民大多没去过木里县城，县里干部也几乎未光顾过这里。2012年，木生根东巴为了乘飞机到北京清华大学解读文献，到乡里办身份证，走了一天；为了买些日用品、看病，到云南宁蒗县泸沽湖畔的永宁镇，走了两天。2013年暑假，木生根、甲阿若几位东巴到丽江配合我们工作，走了三天。

二 自然资源、经济生产

争伍地处四川省凉山彝族自治州西北，位于青藏高原向云贵高原过渡的横断山区的川西南山地。该村村名"争伍"在当地纳西话中指一种烹饪用的平底锅，这个名字的来源就是：这里四周高山环绕，只有一小块平地可以居住。争伍村以山地地形为主，群山环绕，地势起伏大。[1]争伍村

---

[1] 争伍村的海拔高度没有具体记载。争伍村所处的依吉乡海拔高度跨度较大，为1560—4263米（据四川省凉山彝族自治州木里藏族自治县依吉乡乡政府提供的《依吉乡基本概况》）。

山巅云下的争伍村

从争伍村村头眺望三江交汇之处

的大部分村民就聚居在一座海拔2000米左右的山头上，这里被当地人称作争伍上村；另外十多户村民聚居在这座山的山腰，这里被称为争伍下村。当地地势崎岖，平地较少，几乎没有可以直接用于耕种的土地。村民们在坡度较为平缓的山地上开垦梯田，种植作物。

争伍村所处的四川省凉山木里县依吉乡位于亚热带地区，年平均气温15℃，年降水量800—900毫米，全年无霜期260多天[1]。光照充足，少雨干暖，夏季雨水丰富，降水量较大。

争伍村所处的山区山间河流较多。由于地势起伏较大，水流湍急，水力资源丰富。离争伍村不远的水洛河上游，就有几座水力发电站。但由于当地总体降水量不大，许多支流的河流流量也不大。再加上当地地形不便，村民取水并不是十分方便，生活用水和农田灌溉用水并不丰富，常处于缺水状态。

争伍村保持着良好的自然生态，主要的地表植被为亚热带常绿林。树木种类多，木材丰富。常见的植物有松树、柏树、黄果树（一种柑橘树）、酸梅树、椿树等树木，杜鹃、荆藤等灌木和蒿草、青苔等草本植物。

村民们的住房大多是用自己从山上砍伐的木材所建。充足的热量和光照保证了这里的粮食和水果生产。由于身处大山，龙胆草（当地叫芦花草）、马齿苋等各类中草药材也很丰富。几十年前，当这里山林茂密时，村民们还可以到山上打猎，捕获黑熊、狐狸等野生动物。但如今，由于开山垦荒，林地减少，野生动物的栖息地减少，再加上保护野生动物的法律的完善，宣传工作的加强，以及土枪土炮等枪支弹药的上缴，目前争伍村已经没有人到山上打猎了。由于地处金沙江流域，几百年来，这里的人们一直有到附近河边淘金的行为。然而近几十年来，由于金矿的减少和过度开采，在河中已经无法淘到金沙，也没有人再通过淘金赚钱了。

在经济方面，现在，争伍村大体上依然是自给自足的半农半牧自然经济，以种植业、畜牧业为主，有一些家庭手工业，以自产棉麻、牛羊毛织布缝衣（传统衣物）。种植业为人和牲畜提供口粮，畜牧业提供日常肉类、一定的皮毛和东巴教仪式用的祭祀品。对于自己无法生产的物品，如盐、东巴法器、农具等，争伍的人们会通过马帮到永宁镇或丽江城里去购买。由于孩子上学和购买生活用品的货币需求，近年来，村里越来越多的壮年劳动力会在农闲时外出打工，补贴家用。随着土路的开通，购置摩托车的家庭越来越多。有的家庭甚至盖起了新房。

种植业是争伍村农业生产中最主要的部分。争伍村种植的主要粮食作物是水稻、玉米、小麦、大麦、青稞等；主要的蔬菜有青菜、白菜、油菜、萝卜（当地叫圆根）、韭菜、香菜和山间的野菜；水果和其他农作物有黄果（一种柑橘，类似丑桔）、酸梅、桃子、桑葚、无花果、核桃及亚麻等。

由于争伍村地处低纬度地区，群山环绕，每年无霜期260多天，光照充足，所以一年可耕种两季作物。第一季为春末夏初到秋冬季节，种植的作物有玉米、水稻和少量的蔬果。其中玉米主要用来喂牲口，水稻和蔬菜是人们的日常食物。每年纳西族的历法十一月一日（相当农历十月一日）是

---

[1] 据四川省凉山彝族自治州木里藏族自治县依吉乡乡政府提供的《依吉乡基本概况》。

水稻丰收的节日，这一天村里家家户户要吃新收获的水稻，庆祝丰收。第二季为头年秋冬到第二年春末夏初。种植的作物有小麦、大麦和青稞。小麦、大麦和青稞都是人吃的口粮，可以用来煎饼、做粑粑和蒸馒头，青稞还可以做成糌粑。五月初五端午节，也是纳西族人庆祝粮食收获的节日。在这一天，家家户户要吃新收获的小麦，来庆祝小麦的丰收。

争伍村的粮食作物基本上能够自给自足，可以满足人和牲畜的需要。但很少有余粮，即使有，剩下来的粮食也会留到来年再吃或者多养一些鸡鸭而不是拿出去卖。除了争伍本村种植的水稻、小麦、玉米等作物之外，争伍村民常吃的农作物还有土豆，但不是自己产的。由于当地有一种专吃土豆苗的红蚂蚁，因此争伍本村不能种植土豆。临近的藏族同胞们有时会用货车拉一车他们种植的土豆过来，与争伍的村民交换小麦和玉米。双方的这种物物交换很频繁，因而在争伍，村民们经常可以吃到土豆，也会用土豆来待客。

争伍村民们大部分用的还是传统的耕作工具，如犁、耙等。水牛是重要的耕地牲畜，因此争伍村的纳西族人有不吃水牛肉的饮食禁忌（可以吃黄牛肉）。本村大部分农活都使用人力、畜力。近年，村里一个小伙子撒打仁青购置了拖拉机，可以进行机械农田耕作，这是全村唯一的耕种机器。农忙时，一些有需要的家庭会出钱请撒打仁青帮忙耕地。一般农忙季节，家里的壮年男子、青少年男孩，甚至身体不差的中老年人和年轻的女人都要到田地里劳动。忙不过来的时候还要请亲戚家的人来帮忙。农闲的时候，青壮年劳动力往往出去打工，留下青少年和女人照顾田地，做一些犁地、摘玉米、舂谷子等农活。

这里农业用水不足。尽管当地河流较多，但由于整体降水量小，河流蓄水量并不丰富。再加上争伍村所处的山顶上并没有水源，需要到山下的河流去取水，因此农田用水十分不便。近两年来，川滇地区连年干旱，降水量减少，灌溉用水更加困难。这也导致近年来争伍村庄稼收成一般。不过2013年开始，争伍村修了水库。到2014年年初，水库已经修好并开始蓄水。水库由全村人共同管理，每十五天有一家人负责管理，早上打开水库的水龙头，各家排队去接水。两个小时之后，当每户人家接够了当天所需的用水，当天负责管理水库的人就把水龙头关掉。村民们认为，灌溉问题由于水利设施的修建得到了很大的改善。

除了种植业之外，牲畜养殖也是争伍村民重要的经济支柱。在这里，农民畜养的牲畜主要有水牛、黄牛、山羊、猪、马、驴、骡子、狗、猫等，养殖的家禽主要有鸡、鸭、鹅等。

在争伍村，村民们的房屋一般有两层，地下一层是供牲口居住的小棚子，上面一层才是人住的地方。尽管牲口有专门的圈，但大部分牲口仍然是放养的。除了马、骡子等平时拴在棚内，村民们任由猪、羊、鸡、鸭等家畜、家禽白天在山间自由活动，自己寻找吃的，它们只是在晚上或者肚子饿了的时候才回到棚里来。

牲口的食物除了它们自己在山上找来的之外，也有一部分是主人们提供的。喂养牲畜主要是女人们的职责。早上，女人们会到山上打猪草，上午用一口大锅将猪草煮熟，然后喂给猪吃。牛和鸡等则需要喂玉米等粗粮。猫狗一般吃主人们的残羹剩饭。此外，由于当地没有厕所，人们一般趁没人注意时在山路上大小便。猪狗会吃山路上人畜的粪便，起到了清洁的重要作用。家养的猫也会捉

猪群

老鼠吃,保证了家庭卫生条件。

除了水牛用于耕田,狗看家,猫捉老鼠之外,大部分牲畜都是用来为村民们提供肉类来源的。猪肉、羊肉、鸡肉、鸡蛋等是争伍人餐桌上常见的菜肴。尽管每家每户都饲养了大量牛羊,但村民们并没有饮用牛奶、羊奶的习惯。除了食肉之外,村民们还将牛皮、羊皮等作为铺床保暖的日常用品。

像大部分自然经济下的村落一样,争伍村也存在着家庭手工业。女人们是家中手工业产品的主要生产者。像其他地方的纳西族一样,争伍的人们以麻布为传统的服装面料。女人们将自家种的亚麻织成布料,手艺好的女人甚至一天能织一整匹布。由于妇女白天要承担喂养牲畜、做饭等事务,大部人女人会在晚饭后织布。

除了布匹之外,争伍人常用的手工制品还有牛羊皮的毯子等。纳西族人号称"三张牛皮走天下"[1],牛皮毯子、牛皮鞋在争伍人的日常生活中是必不可缺的手工制品。牛皮的剥制常常需要男人参与,而女人们则可以编织毯子周围的花纹和穗子。不过,争伍村的家庭制皮手艺并不专业,一些皮制品还是需要到外面加工。人们走马帮到相邻的云南宁蒗县的永宁皮匠街购置皮制品。

除此之外,竹制品在争伍村民的生活中也很重要。争伍村民会用竹篾制作背篓,既可以背物品,也可以背小孩。竹子还可以充当建造房子、制作工具的主材。另外,争伍人日常吃饭的筷子也是用山上砍下来的细竹直接截成合适长度而做成的。

---

[1] 指纳西族人只要一张牛皮做毯子,一张牛皮做被子,一张牛皮做鞋子,一碗牛肉可以吃,就能行走四方。

手法娴熟的争伍老妇人在纺线

一家人

第一章 争伍村概况 39

除了生产日常制品之外，争伍村民还会酿酒。这里的人们酿酒技艺娴熟，会酿白酒、黄酒和甜酒。值得一提的是，这里的黄酒是一种有纳西族特色的苏尼玛酒，使用当地特产的中草药龙胆草（当地称芦花草）酿成。争伍的村民们说，龙胆草能护肝，因此这种酒喝了不但不会伤肝，还有保健功效。

三 人口结构、民族背景

争伍村目前（2013年）共有58户人家，400多人。其中57户是纳西族人，1户是20世纪初为了躲避战乱举家搬迁到这里的汉族人。

目前全村通用的纳西语争伍方言，表现出纳西语西部方言向东部方言过渡的特征。在争伍村，近些年一些青年和中年男性由于有外出打工的经历，能用普通话或西南官话与汉族人进行基本的交流。有些年轻人由于曾在外地读书，也会说流利的普通话，能阅读和书写汉字。而老人、小孩和大部分女人则由于和外界汉族人交流较少，基本不懂普通话。纳西语是当地最主要的语言，日常生活都使用纳西语；村干部对村民宣讲各种政策时也用纳西语。甚至本村唯一一户汉族村民一家，尽管他们在自己家中会用汉语交流，但与村里其他人交谈时仍然要用纳西语。

据本村老人讲，纳西争伍村的祖先是木府土司手下的将领邦布吉，他被派遣到争伍戍边（一说战败逃亡），于是与藏族妻子定居在此地。现在争伍村的纳西族人有两大姓氏，一支就是邦布吉的子孙后代们，他们都属于"束"姓（在人口调查时被误记为"木"姓[1]）。邦布吉的女儿嫁给了俄亚的一个男人，几代之后他们又搬到争伍村并在这里定居，繁衍后代，成为争伍村的另一个主要支系。两大支系之间关系融洽，平时往来和联姻很多，许多亲戚都是相同的。但两家崇拜不同的祖先和守护神，在过年过节和做仪式的时候，分别祭拜本姓的祖先和守护神。

除了两大姓氏的分别，争伍村的人口还根据居住地区的不同被粗略地分为上村和下村。最开始，所有的村民都居住在山顶上的上村。这里也是争伍村的发源地，据说上村中间的房屋是争伍人共同的老家，当年邦布吉来定居时就住在这个位置。后来，由于人口渐渐增多，山顶上的土地不够，于是有三户人家搬到半山腰上去居住。这三户人家的子孙后代渐渐发展，如今也形成了十来户人家。他们居住的地方被称作争伍下村，也被叫做"三家村"。上村和下村之间仅隔有十几分钟的山路，所以相互之间并没有什么区别，同属于争伍村。不过有时候为了不造成人名的混淆，会在提

---

[1] 传说中纳西族人分为四大氏族，分别为买[mei³¹]、禾[χo³¹]、束[ʂu³³]、叶[iə³¹]，在乾隆八年（1743年）修纂的《丽江府志略·官师略》（乾隆八年雪山堂藏版，1991年丽江县县志编委会办公室翻印，第137页）中已有记载。按照争伍村所藏的经书记载和村民们口耳相传，争伍村的纳西族人一直沿用"束"的古姓氏，由于长期与世隔绝，并未受到丽江土司要求平民改为"和"姓的影响。但由于之前被一个文人误记为汉字"木"，现在的官方记载中也一直误记为"木"姓。关于束姓的传说，详见本章第四节祖先传说部分和第三章《祭天经》解读。

争伍上村，据说当年邦布吉定居在争伍时就住在这个地方

为客人盛饭的女主人

第一章 争伍村概况

到某人时特意指出他是"三家村的某某某"。

由于和外界交流较少，争伍村几乎没有和外族人通婚的家庭。除了本村的几家人之间相互结成亲家外，他们也会和附近的甲波村、甲曲村、油米村、机素村，以及江对面俄亚乡等地纳西族人结婚。但争伍的纳西族人并没有明显的对族外婚的禁止。村中唯一的一户汉族人家的儿子结婚时也娶了本村的纳西族姑娘，结婚时遵照的也是传统的纳西族礼节。

四　文教卫生、民间文学

争伍是一个地处偏远大山、与世隔绝的纳西族古村落，从前，这里并没有汉文化教育的小学、中学等，也没有专门的纳西族学校。大部分争伍小孩都在家里成长，跟随父母长辈学习语言和各种生活技能，仅有极少数村里、乡里的干部会接受一点正规教育。二十世纪八十年代，村里有些家庭的小孩开始到乡里上小学，尽管他们大多读了两三年书就辍学了，但也学习了一些基本的汉语和汉字。至今，老人和女人，甚至一些二十多岁男青年也没有读过书，上过学。

现在，一个村民阿基老师在村里办了小学，教授小学一二年级的课程，内容包括语文（汉语）、数学、道德、体育、美术等。大部分父母在之后也会送小孩到外地念完小学和初中。有极少数学生在村外念中专、高中、大专，甚至大学。外面学校的学习生活费用，对于这个内部不常进行货币交换的纳西村落来说难以负担，不过附近的一些乡镇学校也可以接受木材、牲口等来代替学费。为了供小孩在外地读书，家里常常需要卖掉一些牲口或者外出打工。

近年来偶尔来过志愿者。2014年凉山州分配来一个大学生李阳阳。这是第一次有志愿者来争伍支教，小伙子干得不错，受到村民的欢迎和爱戴。但是，他半年后到期走了。又来了个扎西老师，后来调到乡中心校，外面爱心人士帮助村里修的小学就变成学前班了。

争伍村并没有自己的卫生站或乡村诊所，没有医生，只有一个医药室，为村民提供有限的常用药物。落后的医疗条件，再加上生病后并没有寻医问药的习惯，导致村民们平均寿命不长，大部分老人都是在五六十岁去世，超过七十岁的老人很少。

缺水是争伍村的大问题。由于地势高，以前都要到山下挑水。村里近年来刚接通水管，但还没有做到家家安装水龙头，使用流动水洗手、洗菜等。没有下水管或排水沟，生活污水随地泼洒。没有厕所，人们只能随地大小便。牲畜到处乱跑。村民胃肠疾病发病率很高。由于村里没有通电，村民都在火塘烧柴做饭照明。特别是女人长年累月处在烟熏火燎之下，大部分女性年老之后都患有眼疾。呼吸系统疾病及风湿性疾病也较为常见。

村民缺乏卫生常识，大多存在营养不良的问题，尤其是妇女、小孩和老人。我们也帮助他们利用自己养的牛、羊、家禽，喝奶、吃鸡蛋来补充营养。

现在，大部分村民参加了新型农村合作医疗（新农合），报销比例在75%左右。近三年，看病花费在3000元以上的家庭，均需为看病借钱。由于交通不便，去离争伍村最近的有较好医院的宁蒗县城看病，单程也要200元。由于当地医疗条件较差，很多村民身体不适时，会首先找东巴。在当地传统的习惯中，人生病之后一般会请东巴来算卦，东巴算出病因（一般认为妖魔鬼怪给人带来邪祟）并通过做法事等方法祛除致病的妖魔。东巴解决不了的健康问题则需要到乡里医院，而乡里医院却缺乏许多药。村民需要到木里县医院去看病，但是冬季常常因为大雪封山，病人出不了山。我们每次去，都要被村民请去给他们看病，好像外面的人都会看病。刚好后来几次，都有清华校医院的医生来，朱怀宇、张新辉、王福德、丁茗、郭晓青、万国华等有经验的医生先后来过依吉，到过争伍，还住上几天。村民排着队，请医生帮他们体检。对于一些疑难病，甚至深夜请我们医生出诊，但还是急需到条件好的大医院用仪器设备做必要的检测，以确诊治疗。村民对当地的医疗普遍不满意，其中设备、环境差是主要原因。当问及希望政府在卫生保健方面做些什么时，他们都希望有个条件好点的医院。

这里几乎没有什么文体活动，也没有见到打牌之类。老乡说，每天爬山干活已经够累了。只是在过年或喜庆的时候，村民们会一起燃起篝火，穿起盛装，跳起传统的纳西族舞蹈，这是大家最开心的时候。

关于民间文学，这里有一些优美的古老的传说。争伍村的传说都来源于东巴经的记载，靠东巴们的讲述代代相传。

关于祖先的来历与祭天

相传，人类的祖先是英雄措扎里俄和天父地母的女儿茶合布慕密。

万物的初始，天地鸿蒙，一片混沌。后来，天地间有了光明，分出了天地，也渐渐有了天上的神仙和地上的人类。人类不断繁衍，子孙兴旺。人类的祖先措扎里俄和天女茶合布慕密处在同一个时代。措扎里俄在地上无法找到相配的伴侣，茶合布慕密在天上也没有相配的郎君，于是两人相恋结婚了。茶合布慕密的父亲天帝不愿意看见女儿嫁给凡人，到人间居住，于是设下了重重关卡阻碍他们一起下凡。两人不畏险阻，历尽艰辛，终于来到了人间。两人安顿之后，有了三个儿子，却都不能说话。茶合布慕密怀疑是自己的天父地母捣的鬼，于是派蝙蝠和狗到天上打听。果然，天父担心女儿女婿到了地上之后就不孝顺他了，于是让外孙们无法说话。如果措扎里俄和茶合布慕密请天父地母下凡，好好招待他们，孝敬他们，那么三个儿子就可以说话。措扎里俄和茶合布慕密请父母下凡，盛宴款待之后，儿子们终于会说话了。后代们也年年这么做。这就是纳西族祭天仪式的由来。祭天实是祭奠人类的祖先、天父地母，祈求他们保佑后代子孙一切平安。

措扎里俄和茶合布慕密生下的三个儿子。老大成了藏族，搬到了高原；老三成了汉族，搬到了平地；老二是纳西族，留在父母居住的地方，保留着祭天仪式。只要纳西族人继续祭天，就能保证人丁兴旺，子孙繁衍。措扎里俄的子孙繁衍到第六代嘎里催之后，开始分为买、禾、束、叶四大分支。后来，束姓和叶姓两大支搬迁到丽江附近定居，而争伍的村民们就是束姓的后代。[1]

木天王的故事

当地流传的另一个重要的传说是关于木天王的故事。相传，文成公主入藏的时候，从长安走到拉萨用了三年。途中，她和松赞干布的使臣禄东赞相恋，生下了一个男孩。由于这个婴儿不能被带到西藏，文成公主将他装在一个木盒子里，扔到金沙江中。金沙江边有一对没有孩子的纳西族人夫妇，听见木盒中婴儿的啼哭，于是将这个孩子捡了起来，抚养长大。由于孩子是在木盒中捡起来的，因此给他取名姓木。木天王长大以后，英明神勇，才干过人，最终统一了纳西各部，并带领着纳西族的子民四处开疆扩土，成就一番伟业。[2]

关于争伍村的开创者

争伍村不仅有遥远的神话传说，还有关于本村开创者的传说。

据传，争伍村开创者是一个叫"邦布吉"的纳西族人。他是木府土司的手下，与俄亚乡的祖先同是军队的将领，受木府土司之命与西边的藏族人打仗。由于兵力悬殊，纳西族军队惨败。邦布吉被迫在西藏隐居，流亡。在这段时间里，他与一个藏族女子[3]结婚，生儿育女。因此争伍的村民也有藏族的血统。

过了几年之后，邦布吉与其他一些流亡的纳西族将领、士兵重逢，他们计划一起返回丽江。于是，邦布吉带着自己的家人来到了争伍，并在那里定居。俄亚的首领带着十户手下的家眷，也在附近定居。当时，争伍村原先有三户居民居住在那里。但附近流寇横行，治安混乱，他们不堪其扰，只好搬走。当邦布吉搬过来之后，强盗土匪又来骚扰，但邦布吉勇武过人，他赶走了一切来犯的强盗山贼，最终安定地居住在这里，并且繁衍子孙。到甲阿若、木生根这一代中青年东巴，已经是第十三代了。算上他们的孩子，争伍村从邦布吉开始，已经流传了十四代人。[4]

---

[1] 错扎里俄的传说详见第三章《祭天经》翻译和《平安经》第十四册翻译。

[2] 木天王的故事根据克若里老东巴、甲阿若东巴的口述整理。他们说的"文成公主"纳西话原意为"美丽的汉族公主"，并未指明是哪个公主。文成公主入藏在唐代，明代洪武初年朱元璋册赐纳西首领"木"姓，争伍的老人说木天王是文成公主的私生子应该只是传说，不是信史。相距20公里的邻村，云南宁蒗县拉伯乡的油米村纳西汝可人，也有这个传说。

[3] 克若里东巴说这个藏族女子叫阿空，甲阿若东巴说这个藏族女子叫阿思，两人叙述不同。

[4] 邦布吉的传说根据克若里、甲阿若、木生根东巴的口述整理。具体各家的传承谱系详见第六章口述史部分。

五 日常生活、衣食住行

服 饰

当地的传统服饰中,男性要穿麻布长衫和裤子(村民自种棉麻并织成布料),经常打着绑腿,脚穿草鞋。条件好的,每当大的祭祀活动,则穿藏式长袍,戴藏式帽子。至今还常常看到成年男子这样穿着。这些服饰原先都是自家女人做的,现在村民们也会到村外永宁、丽江的集市上购买更加艳丽好看的机器做的传统服装。

女性的传统服装则包括盘头、向右盘扣的长袖上衣外套和高腰长裙。传统的女性要蓄长发,从成年礼那天开始盘成圆盘状,以银饰和彩珠系绑,有的还裹着头巾。从前妇女们的盘头都是自己从小留长的头发,现在的成年礼上,青年女子也会在市集上买现成的盘头带上。有时候,为了美观和保暖,女人们还会披上带有银扣子的羊皮披肩。

穿着传统长袍的克若里东巴(左七)和家人

日常服饰——传统与现代的交融。中间两位妇女穿的是传统的纳西族服装，盘头、向右盘扣的长袖上衣、羊皮银扣马甲和长裙

现在，争伍村民在日常生活中既会穿传统的纳西民族服装，也会穿外界传来的现代服装。大体上，平时不常出门的老人、女人会穿民族服装，而经常外出打工的年轻男人则会穿T恤衫、牛仔裤甚至西装。小孩的衣服大多也是从村外的集市上买来的，可能是因为穿着比较方便。年轻的女人也有一些会穿村外买来的毛衣、外套、运动鞋，也扎马尾辫等。不过在过年过节或举行其他重大仪式时，仍然要穿本民族传统的服装。

饮　食

争伍村的饮食习惯与附近的纳西族近似。村民们有一日三餐。早餐有时吃糌粑配酥油茶，有时吃灰面粑粑配酥油茶，有时还和午餐、晚餐一样内容丰富多样。午餐和晚餐的内容有主食、肉类、蔬菜和汤。主食一般都是米饭，有的时候会吃面食。肉类大多是自家饲养的牲畜的肉，以猪肉、鸡肉、羊肉为主，偶尔会有黄牛肉，几乎每一餐都有一定的肉类，常见的是猪膘肉、腊肉。蔬菜大多是自家田里种的白菜、小白菜、青菜、萝卜（当地叫圆根）或者山上的野菜等。由于种植蔬菜需要大量的水灌溉，而且并不是每一季的气候都适合种植蔬菜，因此餐桌上不一定天天有蔬菜。冬末开春的时候原有的蔬菜已吃完，新鲜的蔬菜还未种下，这段时间争伍人就无法吃到蔬菜。争伍人的午饭和晚饭几乎顿顿都有汤，有时是当天吃的肉类的肉汤，有时是单独做的一道菜汤或者豆腐汤。

在争伍，由于每家饲养的牲口较多，又没有冰箱、冷藏窖等储存食物，因此村民们经常熏制或者腌制肉类，以便把它们储存更长的时间。争伍村民制作熏肉和腌肉的方法是纳西族的传统古法，要将盐巴抹在肉上，再挂到炉灶上熏制。在这些腌制食物中，最有名的要数猪膘肉了。

猪膘肉是纳西族的特色食品，据说可以从一户纳西族人家家里猪膘肉的多少来判断这个家庭的富裕程度。猪膘肉对于争伍村民来说意义重大，逢年过节时，请东巴做仪式时，婚丧嫁娶时，成年礼时，都需要用猪膘肉祭祀祖先、圣灵并且分给全村的村民。猪膘肉是争伍人重要的食物，它象征着富庶的生活，是联系人们情感的纽带。

除了猪膘肉之外，争伍特色的纳西小吃还有血肠。血肠是用猪大肠、猪血和大米做成。将猪大肠洗净，用大米和新鲜猪血一起灌制，蒸熟，再切成小段装盘，就成了纳西族人热爱的猪血肠。在丽江古城里，商业化的小吃店用其他的食材来替换新鲜猪血；而在争伍，村民们仍会给客人端上最正宗的纳西猪血肠。

糌粑也是纳西族传统的食物。争伍村的纳西族人一般的主食是大米和小麦，然而他们仍会种植一定的青稞，用来制成糌粑。纳西族的糌粑与藏族的不同，将青稞和豌豆炒熟磨成粉之后，不用揉成团，直接食用粉质的糌粑即可。糌粑要盛在特质的木罐子里，放在火塘边上。吃糌粑的时候，将

挂满猪膘肉的农家

正在做灰面粑粑（面粉烙饼）的甲阿若东巴

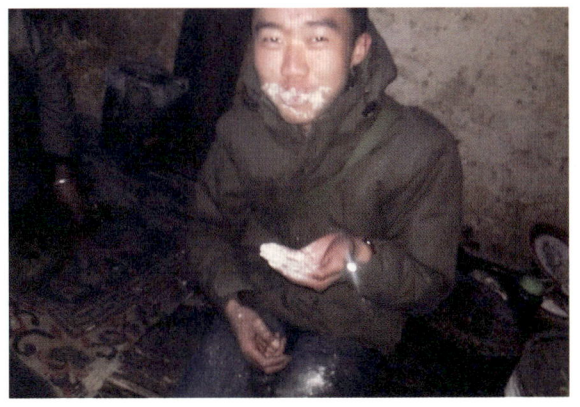

本书作者之一杨宇豪第一次吃糌粑，身后（图片右部）的白色物品是盛在器皿里的糌粑粉

日常饮食：酥油茶、糌粑

适量的糌粑粉倒在手心，再迅速盖在嘴上，先让糌粑粉都进入口中，再合嘴吃掉。未经训练的外来访客往往不能熟练地把一手糌粑粉都倒入口中，很可能将粉末弄得满脸都是。因为糌粑是神圣的食物，所以在吃糌粑的整个过程当中，都是不能说话的。

提起糌粑，就不能不说与糌粑一起食用的苦茶了。争伍村民吃糌粑时所喝的茶与藏族的酥油茶略有不同，被当地人称为"苦茶"，味道很浓，咸中带苦。苦茶是神圣的饮品，更是日常生活中的必需品。糌粑粉与苦茶能为身体提供充足的能量，是争伍村民最普遍的早餐搭配。

争伍村常见的饮品还有酒。纳西族人民酷爱饮酒，对远道而来的客人来说，一碗美酒是最好的招待。争伍的村民们也是酿酒好手，他们能酿造白酒、黄酒和甜酒。其中黄酒又叫苏尼玛酒，是一种纳西特色的酒。用青稞、大麦和当地的药草龙胆草酿造而成。龙胆草有护肝的作用，因此喝了这种酒不但不会伤身体，还有保健功效。争伍村民们以自己酿造的苏尼玛酒为豪，在他们的东巴经里也有关于这种酒的记录。像饮茶一样，苏尼玛酒也有三道，每道酒的浓度和劲道不同，也有不同的名字。头道的苏尼玛酒叫"一级"，二道的酒叫"一缕"，三道的酒叫"一拔"[1]。争伍人的喝酒方式也有讲究。饮酒之前，先用手指在酒碗里蘸一蘸，然后将沾了酒的手指在自己额前弹三下，意思是用这第一口酒来敬自己的守护神。与其他各地的风俗不同，争伍人不要求客人把一碗酒全部喝干，相反，最好留下一小口，意思也是留下给自己的守护神来饮用。争伍人不但自己爱酒，在他们眼里，连神灵也爱喝酒，可见对这种苏尼玛酒的热爱之深。

争伍村村里有一些水果树，因此村民们也会吃本村的水果。水果的种类很丰富，包括黄果（丑橘）、梨、酸梅、无花果等。除了这些之外，争伍村民也会吃一些小零食。比如用灰面（面粉）做的饼、花生等。过年过节时，村民们会用自家产的黄果、饼和花生款待客人，有时候还会到村外的市集上买一些糖果和饼干。

争伍村也有一定的饮食禁忌，水牛、猴子、狗、猫的肉是不能吃的。对此，村民们给出了实用性的解释。水牛能帮助耕作，是种田的重要助手。猴子长得像人，因此不能食用。狗是保卫家园的动物，也不宜吃掉。而猫能抓老鼠，除掉鼠患，避免鼠疫的流行，也是重要的家养动物。这些动物不但不能食用，也不能宰杀，一定要养到它们自然死亡。此外，即使是猪、羊、鸡、马等可以宰杀、贩卖的动物，在宰杀和贩卖之前也要请东巴算日期和星宿。在特定的日子里，不适合贩卖动物幼崽或者宰杀动物[2]。

住　宅

争伍村的住房大部分是半靠在山体上的两层楼的木石泥混合平顶藏式掌房。典型的纳西族房屋一般呈四方形，分为两层。房屋外用山石掺杂着黄土垒建，内用粗大圆木堆建而成，外面用黄泥裹覆。

---

[1]　详见第六章《口述史》饮食部分。
[2]　详见第三章《祭天经》的内容。

在两层楼中，下面一层是喂养牲畜的圈，地上铺有稻草，并安有盛装食物和水的槽。从房子的正面看，看不到这一层牲口圈，但从后面看则可以看出明显的两层结构，其中下面的那层还有四方形后门，可供牲畜进出。

上面的一层是人居住的场所。牲口圈的正上方是从大门到主屋的一个隔间，村民们一般会在隔间的地面上留一个开口，方便主人照看牲畜的情况。隔间后面是主屋火塘房，有一些人家里还会有偏房和储物室，东巴家里还有专门的藏经堂。

主屋火塘房承担了客厅、卧榻、祭坛和厨房的功能。房子的中间是支撑房间的大型中梁，上面经常挂有长勺等各种炊具或东巴的法器。房中的一角是宽大的L形的休息区域，上面垫着木板，铺着彩绘的毛毯和毡子、毛皮等。白天，这里用于盘腿休息和待客，晚上可供家里的男人和小孩休息。

L形休息区域与中梁之间就是火塘，上面的炉灶常年燃烧着树枝，用来烹煮食物和照明。灶上架着一大两小三口锅，大锅直径一米多，用以烧煮家畜饲料，小锅则用来烹煮家人的日常饮食。灶的上方用铁丝悬挂着一个木架，纳西族传统的熏肉和猪膘肉就挂在这个木架上熏制。火塘上方还有一个盛松油枝的松明灯。炉灶对应的天花板上有一个通风口，用于疏散燃烧引起的黑烟和采集阳光。

休息区域的角落里供奉着一个经龛，它是这家人祖先的灵位。经龛分为上下两层。下层的小柜子里放着和祖先有关的重要物件和经书，左右两角各贴着东巴经符文。上层的台面上左右两边各放着一个银制花瓶，里面插着花草，用以供奉经龛里的经书和先祖遗物。在灵位的正面前，阶梯式地

主屋中的火塘。中间是炉灶，可以烹煮各种食物。两边"L"形的区域是白天坐下和晚上睡觉的地方。一般情况下女人不可以坐上去。角落里放着祭祖的神龛

放着各种用来供奉物品的木制供台和山石。供台上摆放着两捆常用的经书，山石则用以盛放供物，这里终年摆放着猪膘肉、松叶等供品。在每餐饭吃饭前，争伍村村民都要将一勺米饭、一勺汤浇在灵位前的供奉台上献给祖先，请求祖先保佑后代子孙。每当家里做仪式或者有人出门远行时，也要在灵位前拜祭祖先。由于长期的烟熏火烤，山石表面早已被熏黑。在火塘屋的一个小角落里，有一个不起眼的小桌板。在争伍村，地位低下的女人不能上火塘，更不能触碰到祖先灵位，因此晚上只能睡在这块桌板上。

如果一户人家家里的人口比较多，这户人会在火塘房的旁边建造一座长方形的小偏房。偏房一般给家中年轻的夫妇住，与主房火塘房形成一个直角。偏房里有一大一小两张床。占据整个房间长度的大床是男人睡的地方，大床边上的小床是女人睡的地方。

一般的家庭还会有一间储物室。在没有偏房的家庭，储物室一般在火塘房的旁边。在有偏房的家庭，储物室一般在偏房的旁边。偏房和储物室一般是木质结构，在靠房门的那一面木墙上镂空雕出各种图案，并以此作为窗子。

东巴的家中还会有专门的经堂，用来放置各种经书、法器、神路图、唐卡等做法事的用具。争伍村民风淳朴，治安良好，一般人家都是夜不闭户的。然而，由于东巴村里的经对于东巴们和整个村子的宗教仪式格外重要，因此东巴们会将经堂的门格外关好看严，一般不允许外人甚至家人随意进入。至于村里的女人，更是不能踏入神圣的经堂。

依山而建的争伍村纳西族传统藏式掌房，下面是牲口圈，上面是人的住宅

从隔间看牲口圈

镂花窗格的储物间

交　通

争伍村深处山区，对外交通不便，至今没有通公路。目前从外界到争伍村主要有两条路。一条路从南边的云南丽江出发，经过玉龙县的鸣音镇、奉科镇，再翻越海拔四千多米的加泽大山到宁蒗县拉伯乡油米村，然后再从油米村沿着冲天河岸高高的悬崖山路，走20公里到争伍。另一条路从东边盐源县泸沽湖镇，经盐源县前所乡、木里县屋脚乡到依吉乡，再沿水洛河岸到达争伍村。

争伍村主要的交通方式是步行、骑马（或骑驴、骡子等），近来出现摩托车。从南边油米村到争伍村的道路整个都是仅容一人通过的狭窄山路，因此只能步行或者骑马。从争伍村向东绕拉伯乡加泽大山的盘山道路经过一定的整修，较为平整，有一两米宽，是可以容摩托车通行的山路。骑摩托车到屋脚乡后，便开始通公路，可以乘乡村汽车到达永宁镇。

在古代，争伍村民想要到外界的永宁府、丽江坝购买盐巴等生活必需品，往往要花上三五天的时间，因此马匹等载重、驮人的牲口是每家必备的。直至今天，大部分争伍村民家中也养有马匹、驴、骡子等。另外，由于与外界沟通的加强和山路的修整，有的争伍村民开始购买山地摩托车。骑摩托车速度快、更省力、载人多、载重量大，颇受当地年轻小伙子们的喜爱。如今，大约三分之一的争伍人家家里有摩托车，这让争伍村民外出更加方便。从前需要几天的路程，现在往往只需要一两天。如今，争伍村民骑摩托车、坐车到附近的永宁县市集或泸沽湖镇只要一整天，而更远的丽江市也只要两天就可以到达。

从油米村到争伍村——仅容一人通过的狭窄山路

六 节庆礼仪、婚丧习俗

节　日

争伍的村民们有自己的天文历法，即纳西族人传统的历算，与公历的日期只差两三天。争伍村民们的节日也依据自己的历算来庆祝。

争伍村的新年开始于农历腊月初一日。和附近的油米、树枝的汝可人和同乡的普米族差不多。在冬月三十的前几天，争伍的村民就会为新年进行一系列的准备，洒扫庭除，杀鸡宰羊。新年的那几天不能杀生，因此要提早准备好过年时所需的肉类。

大年初一（农历腊月初一）凌晨，鸡叫第一声的时候，村民们就要起床，开始在自家的祖先灵位前烧香，点燃黄柏、松树枝，用猪膘肉、谷物、酥油茶等敬祖。烧香的过程中，还要念争伍人每家代代相传的经书《烧香经》。每家人还要到山上收集新的黄柏、松树枝插到房顶的烧香座，以祛除邪祟。从前，全村的东巴会一起举行盛大的祭天仪式，来孝敬人类的祖先天父地母，祈求一年平安。全村人都要参与这个仪式。不过新中国成立之后，由于祭天仪式程序太过烦琐，争伍的东巴们已经很少做这个仪式了。

最后一位懂祭天仪式的噶突老东巴于2013年8月去世了。但是，他留下了一部珍贵的《祭天经》。据说，俄亚已经没有了。2013年寒假赵丽明老师专门去了一次俄亚，访问了时年86岁的老东巴甲阿若，他懂祭天仪式，但他说俄亚已经没有《祭天经》了。在烧香祭祖之后，人们开始走家串门，会见亲友，互相祝福，请客吃饭。

大年初三那天，全村人还要一起参加转山仪式。转山仪式当天，村民们也是在鸡叫第一声时就起床。他们会穿着民族的盛装，带着经幡等法器圣物，在东巴的带领下爬上本家的守护神山，在山顶上举行盛大的仪式，祈求山神保佑一年风调雨顺，万事如意。由于争伍村共有两大姓氏，因此转山仪式也分两座山头，由两大家族分别进行。

四月十三那天，也是争伍人的转山节，其过程和仪式与新年时的转山节类似。村民们要转山烧香，祈求菩萨保佑风调雨顺，庄稼丰收，家人平安。

五月初五是小麦丰收节，现在由于和外界沟通加强，当地也有把这一天叫做端午节的，但节日的内容仍然是庆祝粮食的丰收。春末夏初，去年种的冬小麦成熟了，村民们会用自家新收割的小麦做饭，品尝新粮。

六月和十一月有敬老节，但这并不是像重阳节那样尊敬老人的节日，而是相当于清明节的祭祀祖先、祈求保佑的节日。传统的敬老节上，要杀一头小猪来祭祖，还要请东巴来做法事。现在的争伍村民已经不用遵循烦琐的法事流程，只要自己在家中烧香祭祖即可。

十一月一号也是丰收的节日，这一天主要用来庆祝水稻的丰收。村民们也会用新收割的稻谷做饭，品尝新丰收的稻谷。

婚 礼

婚姻标志着个人的成家立业与两个家庭的结合，在争伍村民的人生中具有重要意义。因此，人们举办婚礼的仪式也格外慎重，流程极为复杂。

当争伍村的年轻男孩女孩到了十二三岁时，父母就开始为他们挑选结婚对象。一般来说，这一带的村民倾向于与关系好的亲戚们亲上加亲，姑表婚、舅表婚十分常见，姨表婚较少，但在争伍村也比较受欢迎[1]。通常来说，兄妹或者姐弟俩会把自己十多岁的女儿送到对方家里帮忙，和对方家里年龄相仿的儿子一起生活。当孩子们长到合适的年龄，就会安排两人结婚。如果一家人中父母的关系很好，有时候母亲也会把自己姐妹的女儿请到家中。在从前，争伍村大部分村民都是包办婚姻，结婚的对象完全由父母来决定。而现在，尽管父母可以请自己的外甥女到家中与儿子一起长大，但如果儿子最后不愿意娶这个女孩儿，父母也会尊重儿子的意见，将外甥女送回家。但女孩们自己则没有这种表达意见的权利。

当父母决定好儿子的结婚对象后，男女双方父亲需要见面商量。男方的父亲要带两瓶酒去提亲，如果女方家同意提亲，男方家就会请来东巴烧香，念《烧香经》的全文，包括敬天神、十八罗汉、水龙、活佛、财神等神灵和祭祀祖先的内容。

烧香之后，双方就要举行订婚仪式，仪式上一般会由男方的父亲请东巴来算婚礼的良辰吉日，并宴请女方的家人。订婚的时候，女方家里全部的同姓亲戚[2]都会到男方家里喝酒，向男方展示女方家族的势力，警告男方家里人以后不要欺负儿媳。这时候，男方的父亲和男方家一个同姓的亲戚两人要逐个给女方家来的亲戚敬酒，并把酒喝下去，表示承诺。

正式的婚礼至少要持续四天。婚礼的第一天，男方的父亲要向村里除了自家外的每户送一碗酒。男方的父亲会带一个同姓亲戚和一个姐妹去接亲。接亲时，男方的父亲和这个同姓亲戚两人还要和女方同姓的亲戚"要口才"。这时，女方同姓的亲戚会警告男方的父亲和家人。警告的内容大致为："我们把女儿嫁到你家了！如果你以后做得不对，我们同姓的亲戚都会来找你们家的麻烦！如果他们离婚了，或者女儿家出了事，我们全家都要来找你们家！"而男方的父亲和亲戚则会保证善待儿媳。

在婚礼上，还要请东巴念《三层经》[3]并烧香。然后，男方的父亲和亲戚还要在村里送腊肉，每家送一块。有钱的人家送的腊肉足足有一斤重，而普通人家大约六七两。男方家还要杀一头羊，在村里每家分一小块，剩下的羊肉送给媳妇家。送完礼品之后，男方家要用三四匹马驮聘礼送到女方家。其中打头的一匹马要用漂亮的被子、褥子、山羊皮、铃铛等装饰打扮而不负重，而后面几匹马则驮着酒、肉、羊等礼物。

---

[1] 有些亲戚在称呼上仍是表亲，但其实血缘关系很远。争伍村旁系血亲夫妇中，血缘关系超过三代的很多。

[2] 一般有几个儿子的家庭，大儿子结婚后要分家独立出去成为新的一家，小儿子留在老家。两家人就是同姓的亲戚。

[3] 《三层经》讲述的是从前的天女结婚的故事，祝福新人婚姻幸福，新媳妇宜家宜室。

村民房顶的烧香座和经幡

第二天，男方家还会请全村一起吃饭，庆祝婚礼。

第三天，新媳妇要给乡亲送小礼物。而不管媳妇送了多少，新郎的家庭都要翻倍送。接着，新娘的兄弟和同姓亲戚会护送媳妇到新郎家。这时，新娘才正式住到新郎家。而新娘的兄弟和同姓亲戚则在新郎家住一晚上。

第四天，新郎家要赠与来送新娘的兄弟和同姓亲戚一人一套衣服。而新娘则要给新郎的同姓亲戚们敬酒（此时新娘只需送酒，无需喝下），每人送一盒饭，一块肥肉，一块瘦肉。这些新郎的同姓亲戚也要礼遇新媳妇。

正式的婚礼结束后几天，新郎家会找个好日子送新媳妇回娘家。此时，新郎同姓的亲戚们每家会送新媳妇一条裙子。新媳妇这次回门一般会在娘家待上一个月，或者三五天、十天，再算好合适的时间，回到丈夫家。此时，这个媳妇完成了人生中最重要的婚姻仪式，正式为人妻，并在将来作为家中的儿媳，完成生儿育女、相夫教子、照顾老人的家庭责任。

新生儿取名仪式

同许多民族一样，争伍的村民们也极其重视子孙后代的繁衍，提倡多子多孙、人丁兴旺。儿媳嫁过来之后若多年不能诞下子嗣，就会被别人瞧不起。小孩出生前后，家长也会请东巴为新生儿进行祈福、取名的仪式。

一般孕妇在怀孕五六个月时，家里就会请东巴来做祈祷孕妇顺利生产的法事，需要用到的经书为《母子平安经》。争伍村的孕妇大多在家中自然分娩。小孩出生后，家里会请东巴挑一个好时间，来给新生儿做除秽和起名的仪式。

给新生儿除秽需要用到的经书为《除秽经》和一部分《大平安经》，并配合以相应的仪式步骤。除秽过程结束后，就要给新生儿按照出生年月和属相取名。

取名所用的是一本专门的经书，上面记载着与相应的出生年月对应的吉祥名字。最基本的取名方法：把新生儿出生的方位分为八个方向，即东西南北四个正方向和东北、东南、西北、西南四个偏方向。这个方位是由分娩时母亲的年龄（虚岁）来决定的。以东南方向为一，顺时针方向往下数，数到母亲的岁数那一年为止。譬如一个母亲分娩时为虚岁二十四岁，从东南方向开始顺时针向下数，二十四岁对应正东方，所以孩子的方位为正东方。每个方向都对应有好几个可以使用的男孩名和女孩名。东巴算好了名字，就开始卜卦，询问神灵这个名字好不好。如果卜卦的结果好，新生儿就可以用这个名字。如果卜卦的结果不好，东巴就挑另一个名字再问一遍，直到算出来一个好名字。新生儿的名字就这样正式定下来了。

取好名字之后，已经是中午了。新生儿的父亲会请全村人吃饭，向大家宣布孩子的诞生。从前，争伍村由于重视子孙繁衍，一家常常有七八个孩子。八十年代以来，由于计划生育政策和婴幼儿死亡率下降（不用多生孩子以保证存活率），一家最多有三四个孩子。

成人礼

争伍村的孩子长大之后，不论男女，都要进行成人礼仪式，标志着少年的长大成人，可以结婚，也要开始承担成年人的责任。

成人礼要在纳西族少年十三岁（虚岁）那年的新年里进行。在这之前，传统的纳西族的小孩不分男女，都穿着小孩的围兜。在成年礼那天，男孩第一次穿上纳西族传统的麻布长裤，女孩第一次穿上鲜艳的高腰长裙，因此成人礼在争伍村又被叫做"穿裤子""穿裙子"。

新年前冬月二十九号晚上，父母要为儿子或者女儿准备一整个猪膘，杀一头羊，并且将羊皮刮干净。过年那天，还要请东巴来为孩子进行成年仪式。像全村人一样，刚成年的少男少女们在早上鸡叫第一声的时候就要起来。这时候，东巴要为他们做烧香祭祖的仪式，使用的经书为《烧香经》。这时候，要用提前准备好的猪膘和羊放在祖先的灵位前祭拜，在旁边还要撒上一些玉米粒。当东巴念经念到一半的时候，少年就可以开始穿家人准备好的裤子或裙子了。他们要站在献给祖先的羊身上，男孩穿好自己人生中第一条长裤，戴上传统的藏式帽子。女孩穿上像母亲一样的长裙，由母亲为她们梳好纳西族女性传统的盘头。通过崭新的装束，这些刚成年的少男少女们向祖先和家人表示自己的成长。

穿好裤子或长裙之后，刚成年的少男少女们还要去拜访长辈家里，告诉其他长辈"我长大了"。他们要带着糌粑、一块猪膘肉和一条猪腿到外婆家去，告诉外婆这个好消息，并且给外婆拜年。告诉外婆之后，再到附近的亲戚家拜年。

如果这个新成年的孩子是家中这一代的老大，不论他是男孩还是女孩，都要带着猪膘肉和酒给全村每户人家拜年。拜年的时候，给每户村民一壶酒，向他们磕头。如果拜年的这户村民和他是亲戚，他还要送给他们一块猪膘肉。给全村所有家庭拜年往往要花上一整天的时间。所以，老大的成年礼远比弟弟妹妹的更耗时费力，也体现了争伍村民传统的长幼次序观。

在从前，成年礼时穿的衣服必须是纳西族传统的长裤、帽子或者长裙、盘头。但现在，由于受外界汉族的影响，有些年轻男孩在成年礼时只是象征性地穿上牛仔裤，而女孩也有些并不自己留长头发盘起来，而是戴上在市集上买来的现成的盘头。

葬 礼

在争伍村，人们相信人去世之后会变成鬼魂。这时候，要请东巴来做归送逝者灵魂的仪式，将灵魂沿着祖先的来路送回，送到天堂神仙居住的场所，这样逝者才能在死后拥有宁静幸福的生活。灵魂回归天堂之后，就不会变成恶鬼侵扰后代，反而会成为神灵保佑子孙。根据逝者生前身份不同，东巴要诵读不同的经书，葬礼仪式也略有不同。普通人去世后，要诵读《凡人送葬经》；东巴去世后，要诵读《东巴送葬经》；若去世的老人很高寿，则念诵《长寿送葬经》；若逝者是因为溺死、摔死等非自然死亡，还要用《平安经》来做额外的平安仪式，以驱除邪祟，防止灵魂变成恶鬼。

葬礼仪式一般需要好几个东巴共同进行几天，其中一个是主事的大东巴，其他是协助的东巴。葬礼仪式的第一天，首先要给逝者脱衣净身，为他穿上纳西族传统的服饰。然后用绳子将其绑成坐着的姿势，躺着放在床上。还要把一头羊拴在床铺上方的晾衣绳上。这时需要东巴念经，经文的内容是将布和衣服送给逝者。接着，逝者的家人要准备一头羊、一头猪、一头牛、一头牦牛和一只牦羊。然后将这头羊杀掉，把一碗羊肉和一碗玉米一起供奉在逝者面前。这时，东巴要念诵经书，请逝者享用食物。然后，这家人要请全村吃饭，一起喝刚做的羊汤。这天请客吃饭，吃的是羊肉、猪肉，没吃完剩下的还要让自家其他的牲口吃。当天夜里，逝者家里同姓的亲戚要给做仪式的东巴送酒、盐和布匹。

第二天，天刚刚亮，鸡叫第一声的时候，要给逝者供奉一碗稀饭，一碗苦茶，请他醒来吃饭。之后，东巴念诵经文，送他的灵魂归去。接着，人们要把他的尸体放进仓里，由东巴搬到坝子上焚烧。火葬的过程持续一天，整个过程中都需要东巴念经。烧完之后，东巴还要念《小平安经》进行除秽。最后，东巴还要用玉米秆将烧剩的残骸捆成人形，带回逝者家里。

第三天，东巴要去昨天火葬的坝子上，收集逝者的三块骨灰，需要一块颅骨，一块椎骨，一块外骨。还要收集一块白石头和一块炭。接着，两个辅助仪式的东巴要跳专门的送魂舞，这时，逝者的儿子骑着马，用毛毡裹上这些骨灰和炭烬带走，并且要把酒洒在骨灰上。此时，东巴念经，意思是把逝者尸体带来的不净全部祛除。接着，要有两个东巴来接逝者，其他所有参与仪式的东巴，此时都要念诵送葬的经文。村里其他的人家要用酒和菜迎接逝者的骨灰，将其接回家。整个过程中，东巴都会念经。

之后，逝者的儿媳要抱着骨灰送到另一个坝子上，用树枝搭成一个房子，把骨灰和前一天玉米秆捆扎的草人放到里面。这个过程中，东巴在一旁持续念经。逝者的家人要宰杀之前准备好的牦牛、牦羊，将毛线拴在羊头上。这时，东巴念经，让逝者把羊带走，带给家族的祖先。经书的内容还包括把酒、盐和麻布送给逝者。第三天的仪式持续到天黑之后才结束，当晚，东巴要住在这个坝子上。

第四天的仪式与第二天类似，要用一碗稀饭、一碗茶，把逝者"叫醒"，念经请他享用供奉。家人把逝者的骨灰送到山里放骨灰的地方，之后会有东巴烧香除秽。念经之后，东巴要砍掉前一天逝者的儿媳用树枝做的房子，让儿子、孙子在自己家中供养祭拜逝者。在这一天的仪式结束后，东巴要继续把这一套经书念完，其中，最后一本经书是给灵魂指路用的。

第五天，东巴要念《苏可经》，将灵魂送往萨伊窝杜活佛、丁巴什罗和雪主塔巴活佛居住的天堂。东巴请来天上的神佛相助，共同给逝者的灵魂指路，去除路上阻拦的妖魔鬼怪。然而，逝者能否顺利进入天堂，还要看他生前的善恶。神佛会根据逝者生前的作为来判断这个人的品性，决定是否要将逝者引入天堂。将灵魂送归之后，葬礼仪式结束。之后，逝者的家人要送麻布等礼物给东巴，还要将前几天宰杀的羊头送给主持仪式的大东巴。

人死后四十九天才能到天国，灵魂才能转世。若灵魂没有成功转世，则会变成侵扰人的恶鬼。所以，逝者下葬后的第四十九天，还要请东巴做仪式将灵魂送往天国。这个仪式要准备两块约三米长、十五厘米宽的麻布，一张纸大小的木板，木板上刻有藏字经文。东巴将墨汁涂在木板上，再印到麻布上。在麻布的空白处，东巴要用东巴文写上吉祥的祝福语。最后，东巴将麻布挂在逝者下葬的松树上，在树前供奉许多祭品，如饭、酒、糖等。这个过程之中，东巴一直要念诵相应的经书。供奉结束之后，逝者的送葬仪式才正式结束，逝者的灵魂被送往天国。

七 宗教信仰与东巴教

争伍村是传统文化保留完整的纳西族村落，而纳西族传统的东巴教发挥着重要的作用。东巴教是争伍村民的宗教信仰，构建了争伍村民整个灵魂和世界观。村民们对世界的认知从东巴教开始，民族的来源、家庭的秩序、耕种的时节、生活的经验、人生的重要阶段，都在东巴教的经书中有所叙述、安排。日常生活中的重要节点，人们的各种生产、出行等活动，也都需要一定的东巴教仪式。在仪式中，东巴们念诵代代相传的东巴经，通过各种仪式步骤和法器的应用，请来神灵，帮助做法事的家人祛除邪祟，保全家平安。在全年的不同季节、人生的不同阶段，都需要特定的仪式，有些仪式甚至持续数日。争伍村的村民们，包括那一户后来迁入的汉族村民，都会按东巴教传统的方式进行日常的膜拜祖先活动和重要节日的祭祀、祛邪法事。正因为如此，东巴在争伍村有着令人尊敬的社会地位，严格的师徒传系规范。也正是因为如此，争伍村才得以保留大量珍贵的东巴经文献。

东巴教

东巴教是纳西族传统的宗教信仰，一般认为东巴教既保留了纳西族原始巫术的成分，也明显受到苯教、藏传佛教的影响。由于常年和外界缺乏联系，争伍村保留了较为完整的东巴教信仰体系。与其他地方流传的东巴教类似，争伍村东巴教的信仰体系包括对神佛、自然神灵和祖先的崇拜，仪轨过程包括完整的东巴法事、经书、法器等，宗教参与包括严格的师徒传承和全体村民的信仰和参与。

据争伍村的东巴们介绍，在东巴教信仰体系中，地位最高的是萨伊窝杜活佛、丁巴什罗和雪主塔巴活佛，菩萨的地位比活佛略低，其下是战神。除了这些活佛、菩萨和神灵外，自然界的一些神灵如山神、水龙以及人类自己的祖先，也是纳西族人崇拜和祭祀的对象。天地万物开始的时候就有了活佛和神灵，而他们施加法力，又与人类的生活息息相关。神灵之下是阳间人类的生活，即现世中的人类。有别于天上的神灵和阳间的人类，还有一种阴间鬼的存在。鬼既包括本来邪恶的灵魂、

东巴的各种法器

各种被杀死的动物的鬼魂,也包括惨死的人类的鬼魂。鬼魂一般生活在地狱,但有时他们也会和人类生活的区域有所交集。他们可能会侵扰房屋,感染牲畜,阻挠出行甚至不让逝者的亡魂回归。可以看出,在争伍村东巴教的信仰中,人类的生活与神灵和鬼魂都有关联。神灵创造了天地万物山石草木,给予人类风调雨顺和幸福安康,而鬼魂和邪祟则会破坏人的幸福生活。

而沟通人类与神灵、鬼魂的就是人间的东巴,东巴教即因东巴而得名。争伍村的东巴说,"东巴"就是"唐僧"的意思,类似于佛教中的师傅。在争伍村,东巴是东巴教的祭司,也是传授东巴文化的师傅,祭祀占卜的巫祝,治病救人的医生和主持婚丧嫁娶仪式的司仪。可以看出,争伍村的东巴至少身兼原始巫术中的巫师和宗教祭司两种身份。

一般认为,东巴教是纳西族原始巫术与苯教、藏传佛教的结合。纳西族原始巫术中本来有男女两种巫祝。女性叫"帕"/pha^{31}/,是一种巫师,通过占卜决定该如何进行巫术仪式。男性叫"哔"/pi^{55}/,相当于药师,会根据"帕"的占卜结果进行医药仪式并为部落成员治病。而"东巴"并非原本的纳西语,它是藏族苯教中"本波"的借词,"本波"即古藏语中"口述者"的意思,特指苯教中的祭司,因为他们是教义的讲述者和传承人。东巴经书中记载的东巴经的创始人"丁巴什罗"就很有可能是苯教中的圣者"丹巴辛饶"。而在成熟的东巴教中,"帕""哔"与"本波"三者的职能合而为一,东巴既是宗教的神职人员,仪式和法事的主持者,也是各种疾病灾祸的占卜者和医药师。[1]

在东巴教的传说中,丁巴什罗是东巴教的创始人,是他将东巴经从天上带到了人间。根据争伍村的经书记载,丁巴什罗拥有过人的威力。在鬼怪横行、妖魔遍地、民不聊生的时候,连天上的活佛、菩萨和神灵都没有办法将这些祸害人间的妖魔鬼怪全部杀死。于是菩萨请丁巴什罗来帮忙。在丁巴什罗的帮助下,所有的鬼怪都被除掉了,只有一个领头的大女鬼法力高超,难以杀死。丁巴什罗于是假意与她和好,和这个大女鬼结为夫妇,日夜生活在一起,但仍不忘要为民除害的决心。一天,丁巴什罗外出去做小平安的法事,回来的时候发现大女鬼已经睡着了。丁巴什罗于是趁机到天上请所有的菩萨和战神来帮忙。在大家的一起努力下,邪恶的大女鬼总算被消灭了。丁巴什罗将所有的经书写下来留在人间,从此就有了东巴教。而争伍村现在的经书,其内容就是当年丁巴什罗流传下来的。纳西族关于开天辟地、人类来源的各种传说和现实生活中的种种制度安排,都源自东巴经中的记载。

东巴做法事的内容很多,往往要配合特定的经书、法器、唐卡、插画、祭品。在古代,东巴们做不同的法事甚至要换上不同的衣物,而现在的东巴们只要准备一两套专门的仪式服装即可。[2]

东巴教的祭司身份获得和教义的学习全靠师徒传承。尽管纳西族原始巫术中有女性巫祝的存在,但东巴教的东巴们却只能是男性,女性甚至不能触碰东巴的经文和法器。

---

[1] 此段根据和志武《东巴教和东巴文化》及丽江东巴研究院李静生先生口述整理。
[2] 争伍村东巴仪式的具体做法和目的见第三章经书翻译部分。

东巴教的传承

在争伍村,东巴身份的隔代相传很普遍,经常是爷爷传给孙子,不过东巴们也愿意将自己的学识传给愿意学习的年轻后辈。每个老东巴掌握的东巴经和仪式都是独一无二的,包含了东巴的毕生积累,因此拜师的仪式十分重要。在争伍,一般东巴过了四十九岁才能正式收徒弟。一些年轻的男孩在八九岁时就可以跟着家中的东巴长辈们学习一些入门的经书,但到了十一二岁的时候还要进行正式的拜师仪式。拜师的时候,弟子要带一套自己家手工做的东巴做法事时穿的服装、一筒茶、一瓶上好的白酒献给师傅。师傅同意收徒之后,弟子就算正式具有了东巴教中神职人员的身份。因为每个东巴都会在全村集体的大型法事上协助仪式的进行,因此这个消息还要向全村所有人宣布。为此,弟子要准备五十六斤白酒(品相一般不如给师傅的白酒那么好),给村里其他的人家每人发一瓶。然后,刚收徒弟的师傅会请全村所有其他的东巴吃饭,并准备好一大坛苏尼玛酒,大家一起喝尽。酒足饭饱,东巴师傅要送走其他的东巴。临走时,师傅会将徒弟送的好酒分给其他东巴,意思是这个年轻人以后就是咱们村的东巴了,请大家以后帮忙照顾自己的徒弟。整个仪式要持续一整天。

2011年课题组发现争伍村时,村里原先有12个东巴。他们分别是已经收徒弟的噶突老东巴、木良布老东巴和克若里老东巴,能够独立做法事的阿甲若东巴、汪布若东巴、甲阿若东巴、阿克瓦加东巴,年轻的克果衣下东巴、木生根东巴、下朗杜基东巴和刚开始学习的贡布东巴和达加东巴。2013年8月,随着老东巴噶突老人的去世,现在争伍村仅有11名东巴。[1]

(本章撰写人:夏津京、赵丽明 摄影:沈云遥、赵丽明等)

---

[1] 详见第五章。木良布、克若里老东巴也于2016年去世了。克果衣下,或是第五章的呷垮边玛。

第二章
争伍纳西语言系统

一 语言概况

争伍位于四川省木里县，处于川滇交界处。争伍所处地域大致属于纳西语东部方言范围，虽然与俄亚只有一山一水之隔，但两地纳西语存在差别。俄亚纳西语主要体现纳西语西部方言的特征，而争伍纳西语则兼有东西方言的特点，例如有完整的小舌音是东部方言的最显著特征，而有成套的鼻冠浊塞音声母则是西部方言的重要特征。[1] 同时，通过与课题组先前调查的木里县俸波乡纳木依语进行对比发现，纳木依语与争伍纳西语在语音和词汇上有很多相似之处。语音方面，争伍话与纳木依语相似，有一套清浊声门音h/ɦ，有完整的小舌辅音，有丰富的鼻冠浊辅音，有丰富的鼻化元音和复元音，同时还有卷舌元音与不卷舌元音的对立。这些特征都是纳西语的东、西部方言不完全具备的。词汇上，二者存在大量同源词，但纳木依的词汇表现出彝语支语言的某些特点，而争伍纳西语的词汇则兼具纳西东西部方言的词汇。

本章的被调查人生根，争伍村人，1986年6月5日生，老东巴克若里的侄子。他能讲纳西语与汉语，纳西语是他的母语。课题组从2011年7月在大山中偶然发现纳西文献的"宝库"争伍之后，便开始进行争伍纳西语的调查，后经过多次补充、核对，形成争伍纳西语基本语音、语法、词汇概况。

二 语 音

（一）辅音

1. 单辅音表

发音方法		发音部位	双唇音	唇齿音	齿龈音	卷舌音	龈腭音	软腭音	小舌音	声门音
塞音	清		p pʰ		t tʰ			k kʰ	q qʰ	
	浊		b		d			g	(ɢ)	
塞擦音	清				ts tsʰ	tʂ tʂʰ	tɕ tɕʰ			
	浊				dz	dʐ	dʑ			

---

[1] 依据盖兴之、姜竹仪《纳西语在藏缅语言中的地位》一文中对纳西语东西部方言的划分，见《民族语文》1990年第1期，65—67页。

续表

发音方法 \ 发音部位		双唇音	唇齿音	齿龈音	卷舌音	龈腭音	软腭音	小舌音	声门音
擦音	清		f	s	ʂ	ɕ	x	χ	h
	浊		v	z	ʐ		ɣ	ʁ	ɦ
鼻音	浊	m		N		ȵ	ŋ		
边音	近音			L					
颤音	浊			R					

2. 辅音音位的描写和说明

① 大多数情况下，声门清擦音h与鼻化元音搭配。

② N基本只出现于鼻冠复辅音中。例如：收工 lo³³ᴺGe³¹。

③ 部分p、pʰ、b、t、tʰ、d、l与v搭配时，会出现唇部颤动。

④ 卷舌塞擦音tʂ、tʂʰ、dʐ与部分元音相拼时，塞音成分较重，音值接近于ʈ、ʈʰ、ɖ。例如：一 ɖɻ⁵⁵、前年 ʂɻ³³qe³³ɖɻ³¹kʰv⁵⁵。

3. 辅音例词

辅音	例词		例词	
p	pa³³	青蛙	pu³³	拿
pʰ	pʰa³¹	豺狗	pʰu⁵⁵	葫芦
b	ba³¹	朵	bu³¹	猪
t	tu³³	灾荒	ku³³ti⁵⁵	打嗝
tʰ	tʰu³³	水桶	tʰi³³	推刨
d	da³¹	浮	kʰu³³du³¹	芝麻
k	ka³³	盖	kuə³³kuə³¹	旋转
kʰ	kʰa⁵⁵	咸	kʰuə³¹	喊
g	ga³¹	好	guə³¹	唱歌
q	qa³³qa⁵⁵	帮忙	qar⁵⁵	照射
qʰ	hĩ⁵⁵qʰa³³	好人	qʰar³⁵	啃
ts	tsɿ³³	捆	tso³¹	葱
tsʰ	tsʰɿ³³	热	tsʰo³¹	人
dz	dzŋ³³dzŋ³³	曾祖母	dzu³³	冰
tʂ	tʂɻ⁵⁵	腌	tʂa³¹kʰu³³	侧门
tʂʰ	tʂʰɻ³³	那	tʂʰa³³	戴
dʐ	dʐɻ⁵⁵	错	dʐuo³¹	翻译
tɕ	tɕu³³	锥子	tɕʰi⁵⁵	冷

续表

辅音	例词		例词	
tɕʰ	tɕʰu³¹	这	tɕi³¹	一
dʑ	dʑu³¹	钱	dʑi³¹	冷
f	fu³³	锯子	kv⁵⁵fu⁵⁵	脑髓
v	vu⁵⁵	酒	vɑ⁵⁵	扛
s	so³³	山峰	sɑ³³	气
z	zo³³	儿子	zɑ³³	礼拜
ʂ	ʂuə³¹	撕	ʂuɑ³¹	水獭
ʐ	ʐuə³¹	路	ʐuɑ³³	马
ɕ	ɕu³¹	铁	ɕi⁵⁵	死
x	xɯ³¹	雨	xɑ⁵⁵	更
ɣ	ɣɯ³³	牛	ɣu⁵⁵	亲自
χ	χɯ³³χɯ³³	叩击	χɑ⁵⁵	夜晚
ʁ	ʁɯ³³	皮	ʁo³³dʑe³¹	牲畜
h	hã³¹	金子	hẽ³³	月
ɦ	ɦã³¹	悬崖	ɦẽ⁵⁵	欠债
m	mɯ³³	天	mi³³	火
n	nu³³	埋	nɑ³¹	黑
ȵ	ȵu³¹	浸	ȵɑ³³	眼屎
ŋ	ŋu³¹	银子	ŋɑ³¹	我
l	lu³³	石头	lo³¹	水沟
r	ru³³	来	ri³³	芽

4. 复辅音

争伍纳西语辅音都为二合复辅音，均为在浊塞音或浊塞擦音之前冠以发音部位相同的鼻音，形成鼻冠复辅音，主要有mb、nd、ŋg、ndʑ、ndʐ、ndʑ，少数情况下还会出现ɴɢ。例如：

辅音	例词		例词	
mb	mbər³⁵	老婆（俗称）	mbɑ⁵⁵	走
nd	ndo⁵⁵ʂɑ³¹	看见	ndɑ⁵⁵	砍
ŋg	ŋgv³¹	九	ŋgu³¹	后
ɴɢ	ɴɢɑ³¹	裁	ɴɢe³³	夹
ndʑ	ndʑu³¹	坐	ndʑʅ⁵⁵	吃
ndʐ	ndʐu³¹	山	ndʐʅ⁵⁵	露水
ndʑvr	ndʑu³¹	祸	ndʑi⁵⁵	烤

（二）元音

争伍纳西语单元音韵母共有15个，它们是：

i、y、e、a、ɑ、o、u、ɯ、ə、ər、ɿ（ʅ）、ər、ar、ɣ、vr。

1. 单元音的描写和说明

① 前低元音a的舌位略高，实际音值靠近于æ。

② 前高元音y的舌位略低，实际音值类似于ʏ。

③ 前半高元音e的舌位略低，实际音值接近于ɛ。

④ ɣ作元音与辅音b、p、pʰ搭配时，伴随颤唇。

⑤ ɯ的实际舌位略前，在与ts、tsʰ、ʥ、tʂ、tʂ、dʐ、l相拼时，实际音值为ʉ。

⑥ 舌尖前元音ɿ出现在舌尖前音的后面，舌尖后元音ʅ出现在卷舌音的后面。它们属于互补关系，故在描写中以ɿ代替ʅ。

⑦ 鼻化元音多与声门音搭配。

⑧ 元音常伴有气嗓音，如u的实际音值接近ṳ。

2. 单元音举例

元音	例词		例词	
i	mi³³	火	bi³¹	辆
e	me³³	母	be³³	锄地
a	ba³¹	绳子	ɦã³¹	崖
ar	qar⁵⁵	照射	ȵi³³mar³³	鼻梁
ɑ	tsɑ³³	凿子	mɑ³³	不
o	ndʐo³¹	冰雹	tʰo³¹	靠
u	ndʐu³¹	坐	tʰu³³	乌龟
ɯ	mɯ³³	天	xɯ³³	牙齿
v	ku⁵⁵tv⁵⁵	狼	ŋgv³¹	九
y	ndʑy³¹	捅	ty³³	砸
ə	ŋguə³¹	唱山歌	bə³³	脚
ər	ŋguər³¹	冻（手）	bər³¹	沸腾
ɿ	ndʑɿ⁵⁵	（舌尖前）官	dʐʅ⁵⁵	（舌尖后）错

3. 鼻化元音

争伍纳西语的鼻化元音十分常见，单元音有ã、ũ、ẽ、ĩ。鼻化元音大多与声门擦音h与ɦ搭配。例如：hã³¹金子、hũ⁵⁵晚、hẽ³³月、hĩ⁵⁵人、ɦã³¹山/崖。

4.复元音

争伍纳西语的复元音都为前响二合元音，例如：

结合情况		例词					
韵头	韵腹						
i	e	kv⁵⁵ie³¹	秃顶	tien³³xua⁵⁵	电话（汉语借词）		
	ə	iə³¹	烟草	iə³¹	融化		
	a	ma³³ia³³	孔雀	ta³¹ia³³	栏杆		
	u	iu³¹	绵羊	iu⁵⁵	玉		
u	ə	kʰuə³³	淹没	uə⁵⁵	堆放		
	a	ɕi³¹tʂʰua³³	稻/禾	iə³³ŋua³³	烟叶杆		
	ɑ	tʂʰuɑ³¹	路	ʂuɑ³¹	水獭		

争伍纳西语无鼻尾韵，但在一个音节以上的词语中，前一个音节的韵母会受到后一个音节鼻冠音的影响，产生类似鼻尾韵的语音效果，例如：i⁵⁵ntsʰɿ⁵⁵尖刀、ʂɯ⁵⁵ŋkʰi⁵⁵铁丝。

（三）声调

争伍纳西语共出现了三个调值，分别是55、33、31，调值如下：

调名	调值	例词					
高平调	55	hã⁵⁵	风	xɯ⁵⁵	湖	tse³³ŋgv⁵⁵	争伍
中平调	33	hẽ³³	月	xɯ³³	牙齿	ŋgu³³	赊账
低 降	31	hã³¹	金	xɯ³¹	雨	ŋgu³¹	后

变调规律：

①高平与高降不形成对立，单音节词与多音节词尾末尾多为高降，而处于词首、词中时多为高平。

②中平调在词中或词尾常变为低降调31。

争伍纳西语变调频繁，调值不稳定，或有随语境变化的情况。

（四）音节结构

争伍纳西语词汇的音节不长，结构较为简单，主要有以下几种搭配：

1.辅音+元音

① CV：no³¹你、mɯ⁵⁵ŋgv³³打雷。

② CVV：nua³³乳房、huã⁵⁵骨头。

③ CCV：ndʐɿ⁵⁵吃、ŋgv³¹九。

2.元音自成音节：

① V：kv³³i³¹蛇、ɑ³³pʰu³³爷爷、u³³红肿。

② VV：iə³¹烟草、iu³¹绵羊。

（本节调查整理人：张琰）

三 语 法

1.名词

表示可数名词的复数时，ʥe³³是若干的意思，最后一个音节是量词，如"朋友一群""牛一头"等。

词汇	单数	复数
人	hĩ³¹	hĩ³¹ʥe³¹ku³³
鸡	fiẽ³¹	fiẽ³¹ʥe³³ly³³
马	zua³¹	zua³¹ʥe³¹pʰu³³
牛	ɣɯ³¹	ɣɯ³¹ʥe³¹pʰu³³

2.数词和量词

（1）基数词：

dʐɿ³¹ 一	ȵi³³ 二	su³³ 三
ru³³ 四	uã³¹ 五	tʂʰua³³ 六
ʂɿ³¹ 七	χo³³ 八	ŋgu³¹ 九
tsʰe³¹ 十	tsʰe³¹dʐɿ³¹ 十一	tsʰe³¹ȵi³³ 十二
ȵi³³tsʰɿ³¹ 二十	ȵi³³tsʰɿ³¹dʐɿ³¹ 二十一	su³³tsʰɿ³¹ 三十

su³³tsʰɿ³¹dzɿ³¹ 三十一	ru³³tsʰɿ³¹ 四十	ru³³tsʰɿ³¹dzɿ³¹ 四十一
uã³¹tsʰɿ³¹ 五十	tʂʰua³³tsʰɿ³¹ 六十	ʂɿ³³tsʰɿ³¹ 七十
χo³³tsʰɿ³¹ 八十	ŋgu³¹tsʰɿ³¹ 九十	dzɿ³¹ɕi³¹ 一百
dzɿ³¹ ɕi³³ gə³¹ dzɿ³¹ 一 百 和 一 一百零一	dzɿ³¹ ɕi³³ gə³¹ tsʰɿ³¹ dzɿ³¹ 一 百 和 十 一 一百一十一	dzɿ³¹ ɕi³³ gə³¹ ȵi³³ tsʰɿ³¹ 一 百 和 二 十 一百二十
dzɿ³¹ ɕi³³ gə³¹ su³³ tsʰɿ³¹ 一 百 和 三 十 一百三十	dzɿ³¹ tv³¹ 一 千 一千	dzɿ³¹tv³¹ gə³¹ dzɿ³¹ 一 千 和 一 一千零一
dzɿ³¹ tv³¹ gə³¹ tsʰe³¹ dzɿ³¹ 一 千 和 十 一 一千零一十一	dzɿ³¹ tv³¹ dzɿ³¹ ɕi³³ 一 千 一 百 一千一百	dzɿ³¹kɯ³¹ 一 万 一万
dzɿ³¹ kɯ³¹ gə³¹ dzɿ³¹ 一 万 和 一 一万零一	dzɿ³¹ kɯ³¹ gə³¹ tsʰe³¹ dzɿ³¹ 一 万 和 十 一 一万零十一	dzɿ³¹ kɯ³¹ dzɿ³¹ ɕi³³ 一 万 一 百 一万零一百
dzɿ³¹kɯ³¹dzɿ³¹tv³¹dzɿ³¹ɕi³³dzɿ³¹tsʰɿ³¹ 一 万 一 千 一 百 一 十 一万一千一百一十	su³³kɯ³¹ru³³tv³¹uã³¹ɕi³³tʂʰua³³tsʰɿ³¹ʂɿ³³ 三 万 四 千 五 百 六 十 七 三万四千五百六十七	

（2）没有序数词，第一是"to³¹pv³³dzɿ³¹"，之后用基数词计数。

（3）表示倍数时，用lo³³，没有"一个半"的说法，例如：

ȵi³³lo³³ 两倍	tsʰe³¹lo³³ 十倍

（4）表示约数时，一种常见的方式是将两个邻近序数连用，后加量词，例如：

ȵi³³mi³³su³³mi³³ 两三块	ʂɿ³³χo³³kɯ³³ 七八个	tsʰe³¹ru³³tsʰe³¹uã³¹ 十四五

在某个固定数字后加hɑ³³，但是有中心词则用pʰu³³，表示"多""余"，例如：

ȵi³³tsɿ³¹χɑ³³ 二十多	ȵi³³tsɿ²¹tse³¹kɯ³³ 二十多人	tʂʰua³³tsʰɿ³¹tse³¹pʰu³³ 六十多头猪

（5）量词比较丰富。对于有生命的、无生命的，名词、形容词或动词，都有特定的量词来搭配，例如：

hĩ⁵⁵ dzɿ³¹ ku³³ 人　一　个 一个人	hĩ⁵⁵ dzɿ³¹ la³¹ 人　一　群 一群人	zua³¹ dzɿ³¹ pʰu³³ 马　一　匹 一匹马
kʰɯ⁵⁵ dzɿ³¹ kʰɯ⁵⁵ 狗　一　条 一条狗	zi³¹ dzɿ³¹ kʰɯ⁵⁵ 蛇　一　条 一条蛇	za⁵⁵ dzɿ³¹ dzu³¹ 鞋　一　双 一双鞋
tʂʰua³³ dzɿ³¹ be³¹ 米　一　斗 一斗米	se³³ʂu⁵⁵ dzɿ³¹ dʑyə³³ 纸　一　张 一张纸	ba³¹ dzɿ³¹ kʰɯ³¹ 绳子　一　根 一根绳子
dzɿ³¹ dʑi³¹ ri³³ 一　斤　重 一斤重	xa³³ dzɿ³³ rua³¹ ndʐɿ⁵⁵ 饭　一　口　吃 吃一口饭	

名量词与数词结合成数量词修饰名词作定语时，词序为：名词＋数词＋量词。例如：

ɕi³³ dzɿ³¹ pʰe³³ 肉　一　块 一块肉

动量词与数词结合成数量词修饰名词作定语时，词序为：数词＋量词＋动词，例如：

dzɿ³¹ tɕye³³ be³³ 一　次　做 做一次

3. 代词

（1）人称代词，分为三种——单数、双数和多数，单数人称有包括式和排除式的区别，双数和多数没有此种区别。人称代词在句中做句子成分时，没有格的语法范畴。

人称	单数	双数	多数
第一人称（包括式）	o³¹（自己）	o³¹zu³³	o³¹ŋə³¹（dzɿ³³la³¹）（我们大家）
第一人称（排除式）	ŋa³¹	ŋa³¹zu³³ȵi³¹ku³³（我们两个）	ŋa³³ŋə³¹
第二人称	no³¹	no³¹zu³³ȵi³¹ku³³	no³¹ŋə³¹
第三人称	tʂʰɿ³³	tʂʰɿ³¹zu³³ȵi³¹ku³³	tʂʰɿ³¹ŋə³¹

（2）反身代词，在人称代词后加"o³³o³³"，表示"……自己"，例如：

人称	单数	双数	多数
第一人称（包括式）	o³³o³³	o³¹zu³³o³³o³³	o³³ŋgə³¹o³³o³³
第一人称（排除式）	ŋa³¹o³³o³³	ŋa³¹zu³³ŋa³¹zu³³	ŋa³¹ŋgə³¹ŋa³¹ŋgə³¹
第二人称	no³¹no³¹	no³¹zu³³no³¹zu³³	no³¹ŋgə³¹no³¹ŋgə³¹
第三人称	tʂɿ³¹tʂɿ³¹	tʂʰɿ³³zu³³tʂɿ³¹zu³³	tʂʰɿ³³ŋgə³¹tʂʰɿ³³ŋgə³¹

非人称代词表示反身时，使用o³³o³³，例如：

mbv³¹	o³³o³³	zɿ³¹	ndʐɿ⁵⁵		se³¹mi³³	o³³o³³	xa³³	ndʐɿ⁵⁵
牦牛	（它）自己	草	吃		小孩	自己	饭	吃
牦牛它自己吃草					小孩自己吃饭			

（3）指示代词，有两种，分别为近指、远指：

近指	远指	备注
tɕʰi³³ 这	tʂɿ³¹ 那	指人或事物，可与各种量词结合。
tɕʰi³³lo³¹ 这里	tʂɿ³¹lo³¹ 那里	指空间。
tɕʰi³³ŋgə³³ 这边、这头	a³³tʰi³¹ 那边、那头	指空间，又如棍子这头。
tɕʰi³³xo³³ 这些	tʂɿ³¹xo³³ 那些	指数量。
tɕʰi³³ 这个	tʂɿ³¹ 那个	指物。
tɕʰi³³tɕye³¹ 这次	tʂɿ³¹tɕye³¹ 那次	指时间。
tɕʰi³³qʰa³¹zo³¹ 这会儿	tʂɿ³¹qʰa³¹zo³¹ 那会儿	指时间。
tɕʰi³³dʐɿ³¹tɕʰye³³ 这种	tʂɿ³¹dʐɿ³¹tɕye³³ 那种	指种类。
tɕʰi³³dʐɿ³¹pe³³ 这样	tʂɿ³¹dʐɿ³¹pe³³ 那样	指状貌。
tɕʰi³³ʐua³¹ 这么	tʂɿ³¹ʐua³¹ 那么	指状貌。

（4）疑问代词，根据代替的对象不同，分为以下几种：

分类	意义	音标	例句/词组
代人	谁	a³³ȵi³¹	no³¹ a³³ȵi³¹？ 你 谁是 你是谁？
代物	什么	a³³ta⁵⁵	no³¹ a³³ta⁵⁵ ndʐɿ⁵⁵ ne³¹？ 你 什么 吃（虚词） 你吃的是什么？ tʂɿ³¹ a³³ta⁵⁵ ly³³ ne³¹？ 他 什么 看（虚词） 他看的是什么？
代数量	多少	dʐe³³iə³¹	hĩ⁵⁵ ti³³iə³¹ 人 多少 多少人？

分类	意义	音标	例句/词组
代处所	哪里	do³¹ndʐo³¹	no³¹ do³¹ be³³？ 你 哪里 去 你到哪去？
代状态	怎么样	a³³ti³³gv³¹（形容人） a³³ta⁵⁵gv³¹（形容物体） a³³ta⁵⁵ba³³（东西什么样）	no³¹ gv³³mu⁵⁵ a³³ti³³gv³³ 你 身体 怎么样 你身体怎么样？ ɕie³¹ a³³ta⁵⁵gv³¹ 鸡 怎么样 （问主人）鸡怎么样？
表性状	多长	de³³ʂɿ³³（gv³¹）	tɕʰi³³ de³³ʂɿ³³gv³¹？ 图 多长 这幅图有多长？

（5）泛指代词：

hĩa³¹hĩ⁵⁵ 别人	hĩ⁵⁵tsẽ³¹ndʐu³³ndʐu³³ 所有人
ã³¹ʐuə³³hĩ³¹ndʐuo³¹ 有人	dzɿ³¹ta³³ 大家
no³¹ hĩa³¹ ŋ³³ tse³¹tʰa³³ zu³¹ 你 别人 东西 不要 拿 你不要拿别人的东西。	dzɿ³¹ta³³ be³³ be³³ 大家 去 （虚词） 大家去吧。

4. 动词

（1）动词的趋向。趋向范畴常用的有gə³³、mi³³/za³⁵、tɕʰi⁵⁵三类前缀，分别表示向上、向下、水平方向。

动词	上	下	水平（离心）	水平（向心）
be³³ 去	gə³³tɕu³³be³³ 上去	mi³³tɕu³³be³³ 下去	tʂɿ³¹tɕu³³be³³ 过去	tɕi³¹ŋə³³ru³³ 过来
ru³³ 来	gə³³tɕu³³ru³ 上来	mi³³tɕu³³ru³³ 下来	la³³be³³ 回去	la³³ru³³ 回来
zu³¹ 拿 pu³¹ 拿到	gə³³tɕu³³pu³¹hm³³ 拿上去 gə³³tɕu³³pu³¹ru³³ 拿上来 gə³³tɕu³³zu³¹ 向上拿	mi³³tɕu³³pu³¹hm³³ 拿下去 mi³³tɕu³³pu³¹ru³³ 拿下来 mi³³tɕu³³zu³¹ 向下拿	tʂɿ³¹tɕu³³ pu³¹hm³³ 拿过去	tɕi³¹ŋə³³pu³¹ru³³ 拿过来

（2）体范畴，包括将行体、进行体、已行体、完成体、经验体等。

动词原形	ndʐŋ³³ 吃	tʂʰŋ³¹ 喝	gə³³dʑi³¹ 说	be³³ 做
将行体	dzŋ³³qʰa³¹zo³¹gv³¹nʲə³¹ndʐŋ³³be³³ 将吃	dzŋ³³qʰa³¹zo³¹gu³³nə³¹tʂʰŋ³¹be³³ 将喝	dzŋ³³qʰa³¹zo³¹gu³³nʲə³¹gə³³dʑi³¹be³³ 将说	dzŋ³³qʰa³¹zo³¹gu³³nʲə³¹be³³be³³ 将做
进行体 （无体标记）	tɕʰi³³qʰa³¹zo³¹ndʐŋ³³ （ne³³） 正在吃	a³³i³³tʂʰŋ³¹ 正在喝	a³³i³³gə³³dʑi³¹ne³³ 正在说	a³³i³³gə³³be³³ne³¹ 正在做
已行体 （加"mi⁵⁵" 前缀）	tɕʰu³¹lʲa³³ndʐŋ³³se³¹ 已吃	la³³tʂʰŋ³¹se³¹ 已喝	la³³gə³³dʑi³¹se³¹ 已说	la³³be³³se³¹ 已做
完成体	ndʐŋ³³se³¹ 吃完了	la³³tʂʰŋ³¹la³³si³³se³¹ 喝完了	gə³³dʑi³¹la³³si³³se³¹ 说完了	be³³la³³si³³se³¹ 做完了
经验体	la³³ndʐŋ³³se³¹ 吃过	la³³tʂʰŋ³¹se³¹ 喝过	la³³gə³³dʑi³¹se³¹ 说过	la³³be³³se³¹ 做过

争伍纳西话没有方过体和续行体。

（3）态范畴，包括使动态、互动态等。

①使动态：

ndʑy³³；ŋa³³ɲi³³ tʂu³³ a³¹qã³³ kʰə³³ be³³
破洞；我来 穿 戳 （虚词）做

我戳破。

pʰo³³；ŋa³¹ kʰo³³ pʰo³³ be³³
开；我 开 做

我打开。

②互动态，用重叠形式表示互动，有些词本身就有互动义，例如：la³³la³³be³³打架（la³³打）、ndzua³³ndzua³³be³³（互相）争。

（4）式范畴，分为命令、祈使、否定、疑问等。

①命令式，用动词原形表示，例如：

no³¹ le³³ pʰu³¹ 你 （虚词）滚	no³¹ tʂʰŋ³¹ 你 喝
你滚！	你喝！

②祈使式，例如：

ŋa³¹ ho³³ dzŋ³¹ ly³³ ho³³ 我 这 一 看（虚词）	no³¹ ŋa³³ ho³³ dzŋ³¹ ɕə³³ ɲi³¹ 你 我 这 一 说 （虚词）
让我看一下吧。	你跟我说一下吧。

③否定式，在动词后加"ma³³re³³"表示动作将不进行，前加"ma³³"表示动作没有进行，前加"tʰa³³"表示禁止或劝阻动作不要进行，有时句尾还会加体标记，例如：

| ndʐŋ³³ma³³be³³ | ma³³ndʐŋ³³ | tʰa³¹ndʐŋ³³ |
| 不吃 | 没有吃 | 别吃 |

但有些情况下，不同的否定式下动词会有变化，例如：

| kə³³tɕi³¹ | tʂŋ³³kə³³tɕi³¹ma³³re³³ | ma³¹ɕə³³ | tʰa³¹ɕə³³ |
| 说 | 他不说（只能用于别人，"他不可能说话"） | 没有说 | 别说 |

| hỹ³³ | ma³³be³³se³¹ | ma³¹kʰɯ³³ | tʰa³³hỹ³³ |
| 去 | 不去 | 没有去 | 不要去 |

| xɯ³¹gə³³ | xɯ³¹gə³³ma³³re³³ |
| 下雨 | 不会下雨 |

| ɦẽ³¹ku³³ku³¹ | ɦẽ³¹ku³³ku³¹ ma³³re³³ |
| 鸡下蛋 | 鸡不会下蛋 |

| x³³ndʐŋ³³ | ha³³ma³³ndʐŋ³³ | ha³³tʰa³³ndʐŋ³³ |
| 吃饭 | 没有吃饭 | 不要吃饭 |

④疑问式，例如：

| no³¹　xa³³　la³¹　ndʐŋ⁵⁵　se³¹ |
| 你　饭　（虚词）　吃　吗 |
| 你吃了吗？ |

| no³¹　a³³zi̥³³　se³¹ |
| 你　睡了　吗 |
| 你睡了吗？ |

| no³¹　a³³　mẽ³¹ |
| 你（虚词）　有空 |
| 你有空吗？ |

| no³¹　se³¹ʂu³³　a³³　dzu³³ |
| 你　钱　（虚词）　有 |
| 你（家里）有钱吗？ |

（5）动词名物化，在动词或动宾词组后加"to³³"后缀，例如：

| ndʐŋ³³to³³ | tʂŋ³¹to³³ | mo³¹to³³ | tse³¹to³³ |
| 吃的 | 喝的 | 穿的 | 用的 |

| se³¹tɕi³¹qʰa³¹to³³ | ha³³ta³³ma³¹to³³ | zɿ³³kʰu³³to³³ |
| 打猎的 | 做饭的 | 割草的 |

表示人的状态、属相等时，例如：

| sɿ³³ | hĩ³³sɿ³³ | a³³zu³³kʰu³³na³³hĩ³³ |
| 死 | 死人 | 属猴的人 |

（6）存在动词，表示不同性质的客观事物的存在用不同的存在动词。

① ndʑu³¹表示存在，例如：

| ŋa³¹ zo³³ mi³³ ȵi³³ lə³³ ndʑu³¹ |
| 我 儿子 女儿 两（量词）有 |
| 我有两个孩子。 |

| dʑi³¹ lə³³ ȵi³³zo³³ ndʑu³¹ |
| 水（量词）鱼仔 有 |
| 水里有鱼仔。 |

| mu³³ ku³³ pʰu³³la³¹ ndʑu³¹ |
| 天 上 神 有 |
| 神在天上。 |

② ʑi³³表示客观事物存在于容器中，例如：

| qʰuɑ³³ lo³¹ dʑi³¹ ʑi³³ |
| 碗 （量词）里 水 有 |
| 碗里有水。 |

| kʰə³³tsʰɿ³³ lo³¹ dʑu³³ ʑi³³ |
| 口袋 里 钱 有 |
| 口袋里有钱。 |

③ dʑu³³表示在相对位置上存在，例如：

| qo³³tʰo³¹ iə³³ qo³¹ dʑu³³ |
| 后面 房子（量词）有 |
| 后面有房子。 |

| ndʐŋ³¹to³³kə³³ndʐŋ³³ dʑu³³ |
| 树 黄果 有 |
| 树上有黄果。 |

④ po⁵⁵强调对客观事物的领属，例如：

ŋa³¹ iə³³ po³³ 我 烟 有
我有烟。

（7）判断动词

判断动词dʑi⁵⁵没有时态变化，放在主语之后，例如：

ŋa³¹ se³³ŋə³³ ŋo³³ 我 生根 是
我是生根（生根的纳木依名）。

5.形容词、副词

（1）形容词可以作谓语，作谓语时其形态与动词一致，例如：

no³³ na³³ dʑu³³ n̩e³³ 你的 这 钱 少
你的这些钱少了。

tʂɿ³³ na³³ tu³³tu³³ hỹ³¹tɕʰu³¹ me³³（ŋo³³是） 他 的 帽子 红色 （虚词）
他的帽子是红的。

（2）形容词作定语，放在名词之后，例如：

n̩i³³me³³ hỹ³¹ 太阳 红	hĩ³³ na³¹ 人 黑
红太阳	黑人

（3）形容词作情态副词时，在形容词后加be³³，例如：

a³³dʑe³¹dʑe³¹ be³³ dʑa³¹ 慢 （虚词） 跑	tʂʰua³¹ be³³ ndʐ⁵⁵ 快 （虚词） 吃	lo³³ʂy³³ be³³ hỹ³³ 好 （虚词） 生活
慢慢地跑	快快地吃	好好地过

a³¹to³³ba³³ 什么样	tɕʰi³¹ba³³ 这样

（4）副词在句中主要用作状语，放在谓语之前，但也有一些副词状语放在谓语之后，例如：

no³³ hã³³tʰa³¹ a³¹ndʐ̩³³ ta³³gu³³ 你 衣服 略 短
你衣服短了。

no³³　gu³³mu³³　se³¹be³¹　to³³　ʂua³¹ 你　　身子　　（比）　全部　高
你的个子最高。

6. 助词

（1）领属助词，可以直接用人称代词表示领属，例如：

ŋa³¹　ba³³la³¹ 我的　衣服	tʂɿ³¹　gu³³dʑe³¹ 他的　东西

复数代词后常加na³³，例如：

tʂʰɿ³³ŋgə³¹　na³³　zi̯³³ 　你们　　的　酒	se³³be³³　na³³　tɕu³³ 　大家　　的　钱
你们的酒	大家的钱

名词单数形式表示领属时：

gu³³me³³　ba³³la³¹ 妹妹的　　衣服	a³³pʰu³³　na³³　nda³³tʰv³³ 爷爷　　的　　拐杖

（2）处所助词，lo³¹表示"在……里"，ɑ⁵⁵或者ta³¹表示"在……上"。例如：

qʰua³³　lo³¹　dʑi³¹　zi³³ 碗　（量词）　水　有	tʂʰa³¹　ku³³　ge³¹ 房　　上…　在
碗里有水	在房顶上

（3）比较助词，to³³是表示二者间性状之比较的助词。例如：

ŋa³¹　no³¹　to³³　tʂʰə³¹ 我　你（比较助词）　胖
我比你胖。

tɕhi³¹　kʰɯ⁵⁵　to³³tʰie³¹　tʂʰɿ³¹　kʰɯ⁵⁵　dza³¹ 这　狗　（比较助词）　那　狗　凶
这条狗比那条狗凶。

tɕhi³¹　ndʑŋ³¹　to³³tʰie³¹　tʂʰɿ³¹　ndʑŋ³¹　ʂua³¹ 这　树　（比较助词）　那　树　高
这棵树比那棵树高。

（4）从由助词，ȵi³³加在处所或地点名词之后，表示行为动作的发出处。例如：

| no³¹　to³³　ȵi³³　tsʰɿ³¹ |
| 你　哪里　（虚词）　来 |
| 你从哪里来？ |

| ŋa³¹　iu³³mi³³　ȵi³³　tsʰɿ³¹ |
| 我　油米　（虚词）　来 |
| 我从油米来。 |

| tʂɿ³³　dʑə³¹na³³　ȵi³³　tsʰɿ³¹ |
| 她/他　首都　（虚词）　来 |
| 她/他从北京来。 |

7. 句法

（1）争伍纳西语的基本语序为S-O-V型，例如：

tʂʰɿ³³　ŋa³¹　to³³　lɑ³³	ŋa³¹　xa³³　ndʑɿ⁵⁵　bu³¹mi³³
他　我　（虚词）　打	我　饭　吃　想
他打我。	我想吃饭。

名词、代词作定语时，出现在中心词的前面，例如：

no³¹　na³³　tʰi³¹ɣə³¹	dzɿ³¹ta³³　be³³　na³³　dʑe³³
你　的　书	大家　的　麦子
你的书	大家的麦子

数量词放在中心词之后，例如：

kʰɯ⁵⁵　dzɿ³¹　kʰɯ⁵⁵	ŋa³¹　kʰɯ⁵⁵　dzɿ³¹　kʰɯ⁵⁵　ndʑu³¹
狗　一　条	我　狗　一　条　有
一条狗	我有条狗。

| ŋa³¹　ia³³qo³¹　dzɿ³³　tɕi³¹　ndʑu³¹ |
| 我　房子　一　栋　有 |
| 我有一栋房子。 |

加在名词后的量词更多情况下起到了定冠词的作用。

有定语作修饰时，语序为：作定语的名词或人称代词+形容词+中心词（名词）+数量词，例如：

| ŋa³¹　na³¹　ba³³la³¹dzɿ³¹　lu³³　dʑu³³ |
| 我　黑色的　衣服　一　件　有 |
| 我的一件黑色的衣服。 |

状语有时间状语、程度状语、语气状语、猜测状语等，位置比较灵活，可放在主语之后，也可放在句末，例如：

ŋa³¹ gə³¹be³³ be³³ 我 一定 去
我一定去。

ŋa³¹ be³³ gv³¹ tʰu³³re³³huɯ³³ tʂʅ³³ ma³³ do³¹ 我 去 想 可能 知道 不 见
我可能去。

ŋa³¹ be³³ gv³¹ tʰu³³ ma³³re³³ ba³³ 我 去 想 不可能 （虚词）
我不可能去。

no³¹ na³³ kə³³dʑi³¹ la³³dʑy³¹ ha³¹ 你 的 说话 太多 （虚词）
你的话太多了。

（2）单句

① 陈述句，例如：

iə³³qo³¹ hĩ⁵⁵ a³¹ ndʑu³¹ 家里 人（虚词）有
家里有人。

② 疑问句，表达方式多样，例如：

用形容词表达疑问式：

no³¹ na³³ ŋgu³¹ la³¹i³¹ qʰua³³ ha³¹ 你 的 病 （虚词） 好 （虚词）
你病好了吗？

用疑问代词表达疑问式：

no³¹ a³¹ta³³ pu³¹ mu³³ 你 什么 拿 （虚词）
你拿的是什么？

用动词表达疑问式：

tʂʅ³³ la³³ ma³¹ tɕi³³？ 他 也 不 怕
他敢不敢？

在动词前加助词表达疑问式：

no³¹ dʑi³¹ a³¹ po³³?
你　水（虚词）有

你有水吗?

no³¹ a³³ tɕi³³ nu³³ ma³¹ tɕi³³?
你（虚词）怕　还是　不　怕

你怕还是不怕?

③ 命令句，例如：

no³¹ a³¹ mu³¹ ndʑŋ³³!
你　下（方向前缀）吃

你吃下去!

④ 感叹句，例如：

tɕʰi³¹a³¹ta³³gv³³mu³³
这怎样 什么意思

这是怎么回事呀?

tʂʰuə³³ be³³ gv³³ mu³³
这　做　（副词）好

这实在太好了!

⑤ 猜测句，例如：

tʂŋ³³ ŋo³¹ huɯ³³ri³³ ba³³
他　是　可能　（虚词）

他可能是吧。

⑥ 否定句，例如：

ŋa³¹ ma³³ ma³¹ iə³³
我　不　有空（虚词）

我没空。

tʂʰŋ³³ zo³¹mi³³ ma³³ ndʑu³¹
他　孩子　不　有

他没有孩子。

（3）复句

① 并列复句，例如：

tɕʰi³³ ŋa³³ i³³ ŋo³¹, tʰi³¹ tʂʰ³³tʂʅ³³ i³³ ŋo³¹
这　我（虚词）是，　那　　他　（虚词）是

这是我的，那是他的。

no³¹ tɕʰi³¹pe³³ be³³ ma³³ gv³³, tʂʰ³³ tʂʰ³¹pe³³ be³³ na³³ gv³³
你　这样　　做　不　对，　他　　那样　　做　才　对

你这样做不对，他那样做才对。

② 主从复句，例如：

xɯ³¹ gɯ³³ ne³¹, ŋa³¹ ma³³ be³³ se³¹
雨　下（虚词），我　不　去（虚词）

下雨了，我不去了。

③ 选择复句，例如：

no³¹ tɕʰ³¹ xa³³ ndʐ⁵⁵ be³³ nu³³, iə³³qo³¹ ndʐ³³ be³³
你　这里　饭　　吃（去）（虚词），房子（回家）吃　去

你是在这吃饭，还是回去吃？

④ 递进复句，例如：

tʂʰ³³ tɕʰə³¹ zo³³ dzɿ³¹ ly³³ ndʑu³¹, tʂʰẽ³¹tu³³ dzɿ³³ ly³³ qa³³ ndʑu³³
他　这　儿子　一　个　有，　　成都　　一　个　还　有

他在这里有一个儿子，成都还有一个儿子。

tʂʅ³³ a³³i³³ uã³³tʂʰ³¹ kʰu³³ la³³ gv³³se³¹, iə³³ uã³³tʂʰ³¹ kʰu³³ qa³³hỹ³³ ndza̠³³
他　现在　　五十　　年　到了（虚词），再　五十　　年　　好　（虚词）

他活了五十岁，还能再活五十岁。

⑤ 转折复句，例如：

ŋa³¹ zi³³ũ³¹ zua³¹ iə³¹, mã³³ se³¹zi³³ bu³¹ ma³³ mie³³
我　很　困（虚词），但　睡（虚词）不　想

我很困，但不想睡。

⑥ 假设复句，例如：

xɯ³¹ gɯ³³ nu³³, ŋa³¹ ma³³ be³³ se³¹
雨　下　如果，我　不　去（虚词）

如果下雨，我就不去了。

no³¹ ma³³ be³³ se³¹ nu³³, ŋa³¹ be³³ se³¹
你　不　去（虚词）如果，我　去（虚词）

如果你不去，我就去。

四 词汇表

1. 天文

词	国际音标	词	国际音标
天	mɯ^{33}	曝晒	ɣə^{33}
半空	mɯ^{33}dzɿ^{33}ndzɿ^{31}	照亮	mbu^{55}
天上	mɯ^{33}kv^{33}	（光）亮	mbu^{55}
天色	mɯ^{33}ɕu^{55}	（光）暗	na^{33}pʰu^{55}
太阳	ȵi^{33}me^{33}	闪烁	dzɿ^{33}mbu^{33}dzɿ^{33}mbu^{33}
阳光	ȵi^{33}me^{33}uã^{31}	影子	a^{33}uã^{31}
日出	ȵi^{33}me^{33}tʰu^{33}	风	hã^{55}
日落	ȵi^{33}me^{33}gv^{31}	大风	hã^{55}dzɿ^{31}
日食/天狗食日	ȵi^{33}me^{33}nda^{31}ndʐ^{31}tʰu^{33}	微风	hã^{55}tɕi^{55}
日晕	ȵi^{33}me^{33}ke^{33}tsɿ^{33}	龙卷风	hã^{55}pʰu^{33}ta^{33}ruɑ^{31}
向阳	mba^{31}pʰu^{55}	狂风	hã^{55}kʰuɑ^{31}
背阴	nda^{31}pʰu^{55}	寒风	hã^{55}tɕʰi^{55}
月亮	hẽ^{55}me^{33}	东风	ndo^{31}hã^{55}
月光	hẽ^{55}me^{33}uã^{31}	北风	χo^{33}gu^{33}lo^{31} hã^{55}
月食/天狗食月	ȵi^{33}me^{33}ŋgu^{31}	起风	hã^{55}dzɿ^{55}
月晕	hẽ^{55}me^{33} ke^{33}tsɿ^{31}	刮风	hã^{55}ne^{55}ɕi^{33}
月牙	hẽ^{55}me^{33}kʰuə^{31}	风停了	hã^{55}qɑ^{31}hĩ^{33}
圆月	hẽ^{55}me^{33}uə^{33}uə^{55}	风卷（物）	hã^{55}pʰər^{31}qʰo^{33}lo^{33}
天河	ȵi^{33}pʰər^{13}ʐuə^{31}	风吹	hã^{55}tʰu^{33}
星	kɯ^{31}	云	tɕi^{31}
流星	tɕi^{55}ri^{31}	乌云	tɕi^{31}na^{31}
启明星	so^{33}ɻ^{33}	白云	tɕi^{31}pʰər^{33}
七姐妹星座	tʂʰa^{33}tsʰɿ^{31}	云朵	tɕi^{31}ba^{31}
北极星	ʂɿ^{33}χo^{55}	彩云	na^{31}se^{55}
光（线）	ŋuɑ^{31}	云霞	tɕi^{31}ɕi^{31}
（光）照射	qar^{55}	云散了	tɕi^{31}ɕi^{55}
（光）刺眼	nə^{31}uã^{33}tɕʰi^{31}	雷	mɯ^{33}ŋgv^{33}

词	国际音标	词	国际音标
雷公	dʑe³³	下冰雹	ndʐo³³gɯ³³
打雷	mɯ³³ŋgv³³la⁵⁵	霜	ȵi⁵⁵
闷雷	mɯ³³ŋgv³³ŋgv³³	打霜	ȵi⁵⁵pʰər³¹gɯ³¹
雷击/雷劈	mɯ³³ŋgv³³la⁵⁵	白霜（粉末状）	ȵi⁵⁵pʰuər³³
闪电	tse³³ma³¹	露水	ndʐɿ³³pʰər³¹
打闪电	tse³³ma³¹tse³¹	起露水	ndʐɿ³¹tʂɿ⁵⁵
雨	xɯ³¹	晚露	ndʐɿ⁵⁵
掉（雨）点	xɯ³¹gɯ³³	晨露	ndʐɿ⁵⁵kʰa³³
下雨	xɯ³¹tʂʰɿ³¹	雾	huã⁵⁵
大雨	xɯ³¹tɕi³³	水雾/水汽	dʑi³¹sa³³
小雨	ba³³la³³xə³³pʰər³¹	蒸气	sa³³pv⁵⁵
太阳雨	xɯ³¹tɕʰə⁵⁵	降雾	huã³³gɯ⁵⁵
阵雨	xɯ³¹mba³¹	雾朦朦	huã³³rv⁵⁵
暴雨	ndʐua³¹tʰu³³	雾散了	huã³³qo³³
暴风雨	xɯ³¹hã⁵⁵rv³³rv⁵⁵	天气	mv³³tʰu³¹mɯ³³ndʑa³³
雨停了	xɯ³¹qo³³	晴天	mv³³tʰu³¹
淋雨	xɯ³¹ndza³¹	阴天	mv³³ndʑa³¹
湿透	ndza³¹	雨天	xɯ³³gɯ³³
彩虹	no³³se⁵⁵dʑi³¹tʂʰɿ³¹	寒冷天	tɕʰi⁵⁵
冰	dʑu³³	（天）冷	tɕʰi⁵⁵
冰块	dʑu³³pʰe⁵⁵	冻（手）	ŋguər³¹
冰凌	dʑu³³qo³¹	凉快	se³³se³¹
（屋檐的）冰锥	dʑu³¹qo³¹	暖和	lɯ³¹
结冰	dʑu³³tsu³⁵	（天）热	mɯ³³tsʰɿ³³
凝结/冻	dʑu³¹tsu⁵⁵	闷热	tsʰi³¹pu³³lu⁵⁵
融冰	dʑu³¹iə³¹	热天	tsʰɿ³³da³¹xa³³
雪	mbe³³	天旱	mv³³pv³¹
下雪	mbe³³gɯ³³	开坼（开裂）	gɯ³³zɿ³³la⁵⁵
棉花雪/鹅毛雪	mbe³³ndv⁵⁵	坼/裂缝	mɯ³³ŋgɯ³³
霰雪/粒雪	mbe³³mbe³³	干燥	pv³¹
雨夹雪	xɯ³¹mbe³³huã³³huã⁵⁵	雨季	zo³¹
融雪	mbe³³iə³¹	潮湿	ndza³³dʑi³¹
融化	iə³¹	受潮	ndʐɿ³³tʂy⁵⁵
冰雹	ndʐo³¹		

2.地理

词	国际音标
地	dy³¹
土地	ri³³kə⁵⁵
山地	uã³³na³¹
田地	ɕi³¹ri³³
坪（小平地）	qʰua³³qʰua³³
平地	ri³¹dy³¹
洼地	ri³¹ndʐu³³
沙土地	tɕi³³mi⁵⁵dy³¹
坡地	ri³³mbu³³bə³¹
荒地	ndʐa³³ri³³
旱地	ri³³qo³¹
瘦地	ri³³ndʐa³¹
肥地	ri³³tʂʰɻ³¹
菜地	na⁵⁵hã⁵⁵ri³³
菜园	na⁵⁵hã⁵⁵kʰua³¹
庄稼地	ri³³kə⁵⁵dy³¹
田	dʑi³¹ri³¹
田垌/田园	ri³¹mbu³³
秧田	ri³³dza³¹
水田	ɕi³¹ri³³
田埂	ri³¹tɕə³³
田坎	ɕi³¹ri³³mbu³³
泥土	kʰɯ³¹le⁵⁵
泥巴	tɕi⁵⁵
稀泥巴	ndʐa³¹kʰe³³
黄泥	tɕi⁵⁵ɕi³¹
红土	tɕi⁵⁵hỹ³³
黄土	tɕi⁵⁵ɕi³¹
白土	tɕi⁵⁵pʰər³³
黑土	tɕi⁵⁵na³³
沙土	tɕi⁵⁵mi⁵⁵tɕi⁵⁵
粉末	ɣɯ⁵⁵
渣子	nde³¹me⁵⁵
灰尘	hẽ⁵⁵pʰər³³

词	国际音标
垃圾	ndʐa³¹mar⁵⁵
地势	ri³³ʂua³¹hỹ³¹
高原	qo³¹kv³³
平原	dy³¹dʐɿ³¹kʰo⁵⁵
山区	ndʐu³¹kua⁵⁵ɦã³¹lo³¹
盆地	kʰua³³kʰua³³
草原	zɿ³¹ri³¹
沙漠	tɕi³³mi⁵⁵mbv³³
岛	xɯ⁵⁵kʰu⁵⁵
（连绵的）山脉	ndʐu³¹ba³¹
岭头（主峰）	ndʐu³¹ʂua³¹
峡谷	ndʐu³¹lo³¹
火山	mi³³ndʐu³¹
火山爆发	mi³³ndʐu³¹mbv³¹
地震	ri³³ly³³ly⁵⁵
地陷	ri³³kə³³
滑坡	ndʐu³¹mbv³¹
泥石流	lu³³zuə³³zuə⁵⁵
山	ndʐu³¹
土山	tɕi³³ndʐu³¹
小山	ndʐu³¹zo³³
荒山	ndʐu³¹kʰɯ⁵⁵pʰər³³
柴山	sɿ³³ndʐu³¹
竹山	mu³³ndʐu³¹
背阳山	nda³¹ndʐu³¹
雪山	mbe³³ndʐu³¹
雪崩	mbe³³mbv³¹
山峰	so³³
斜坡	huã⁵⁵tɕʰu³³
陡坡	mbu³³bə³¹
山顶	ndʐu³¹kv³³
山腰	ndʐu³¹kv³³ly³³
山脚	ndʐu³¹kʰɯ⁵⁵
山包	ndʐu³¹ko³³lu³³
山冲	ndʐu³¹lo³¹

词	国际音标	词	国际音标
沟壑	ndzʮ³¹lo³¹	火光	mi³³uã³¹
地洞	to³¹qʰuɑ³³	火花	mi³³zɿ³¹
石山	lu³³ndzʮ³¹	火舌/火苗	mi³³u³¹
悬崖/峭壁	ɦã³¹	灼烫	tsʰɿ⁵⁵
岩石	ȵi³³lu³³	木炭火	xɯ³³mu³³
石壁	lu³³ŋgɯ³¹	火候/火色	mi³³ɕu⁵⁵
石缝	lu³³ŋgɯ³³	大火	mi³³dzɿ³¹
石笋	lu³³tsu³¹	山火	ndzʮ³¹mi³³
孔/眼/窟窿	qhuɑ³³ndzʮ³¹	火灾	mi³³ndʑi⁵⁵
岩洞	a³¹qʰuɑ³³	失火	mi³³ŋgə³¹
石头	lu³³me³¹	放火	mi³³kʰɯ⁵⁵
鹅卵石	dʑi³¹lu³³	救火	mi³³kʰə⁵⁵
沙石	lu³³tsɿ³³ɿ⁵⁵	熄灭	mi³³kʰə⁵⁵
青石	lu³³hã³¹	燃烧	mi³³kʰɯ⁵⁵
石板	lu³³dʐuɑ⁵⁵	灰烬	ɣɯ³¹
玉	iu⁵⁵	（烧火的）烟	mu³³kʰv³¹
磨石	sɿ³³lu³³	火塘	dzuɑ³¹
石灰	χe⁵⁵	火炕	tʰɑ³³kuɑ³³
沙子	tɕi³³mi⁵⁵	火把	mi³³u³¹
金	hã³¹	火炭	xɯ³¹dʑi³³
银	ŋu³¹	火烟子	bə³³mu⁵⁵
（红）铜	ɦã⁵⁵	锅烟子	bə³³mɑ⁵⁵
铁	ɕu³¹	浓烟	mu³³kʰv³³ndzɿ³¹
锈	huɑ³³	冒烟	mu³³kʰv³³tʰv³³
生锈	huɑ³³ru⁵⁵	海	xɯ³³
生铁	ʂuɑ³³ɕu³¹	河/江	ʂu³³dʑi³¹
熟铁	ty³³ɕu³¹	湖	xɯ³³
铁矿	ɕu³¹kʰuɑ³³	瀑布	dʑi³¹so⁵⁵
铁水	ɕu³¹dʑi³¹	小溪	se³³dʑi³¹
煤	xɯ⁵⁵dʑi⁵⁵	水	dʑi³¹
碱	qʰar⁵⁵	沙滩	tɕi³³mi⁵⁵mbv³³
火药	mɑ³¹ze³³	河口	dʑi³¹kʰu³³
火	mi³³	河底	dʑi³¹tʂʰa³³
火星	zue³¹mĩ³³	河岸	dʑi³¹be³¹
柴火	sɿ³³mi³³	湖	xɯ⁵⁵

词	国际音标
瀑布	dʑi³¹so³³
漩涡	dʑi³¹kʰua³³rua³¹
波浪	dʑi³¹ta³³me⁵⁵
水泡	dʑi³¹dzɿ³¹
冒水泡	dʑi³¹dzɿ³¹bər³¹
水源头	dʑi³¹ku³³lɿ³³
洪水	ndʐua³³dʑi³¹
发大水	ndʐua³³tʰu³¹
水塘	ndʐua³¹
井	dʑi³¹kʰua³³
河水	ʂu³³dʑi³¹
鱼塘	ȵi³¹ndʐua³³
水坑	dʑi³¹ndʐua³³
池子	ndʐua³³
泉水	dʑi³¹zo³³
雪水	ndʐua³³dʑi³¹
脏水	dʑi³¹kʰua³¹
清水	dʑi³¹ɕu³¹
浑水	dʑi³¹ndʐɿ³¹
浮	da³¹
落	gɯ³¹
沉	tʂʰə³³
浸	ȵu³¹
淹没	kuə³³
漏	ʐi³¹
滴	tʂʰɿ³³
溅	kuər³¹tse³³
淋	ʐi³³
涌	bu³³
流	xɯ³³
溢	mbu³³li³¹
沸腾	bər³¹
冲刷/灌	dʑi³¹ruə³³

3.地点、方位

词	国际音标
外国	ʐua³³rua⁵⁵fiã³³dzɿ³¹pʰa³¹
印度	dʑa³¹kə³³ɻ³³
木里	mu⁵⁵ri³³
依吉乡	i⁵⁵dʑi³¹
麦洛村	mbe³³lo³¹
争伍小组	tse³³ŋgv⁵⁵
云南	iu³¹na³³
宁蒗	lo³³gv⁵⁵
永宁乡	lɿ³³dɿ³¹
玉龙雪山	ŋu³¹ru³³ndʐu³¹
泸沽湖	la³¹tʰa³³xɯ⁵⁵
地球	ʐua³³rua⁵⁵ndʐu³¹
地方	sa³³tɕʰə³¹
角落	dʑi³³dʐu³¹
分界	ri³³tɕə³³
界碑	ri³³tɕə³³tɿ⁵⁵
城市	dzạ³³
县城	ɕien³⁵tʂʰen³¹
家乡	sua³¹dɿ³¹
老家	dʑi³³ru³¹
乡村	dʐu³³uə³¹
山寨	be³¹
村庄	dʐu³³uə³³
街道	dʑi³¹
方向	pʰa³³ndo⁵⁵
东	ȵi³³me³³tʰu³¹
南	i³¹tɕʰi⁵⁵mi³¹
西	ȵi³³me³³gu³¹
北	χo³¹gu³³lo³¹
东南	ru³¹ndʐu³¹tʂɿ³³
东北	ɣɯ³¹ndʐu³¹tʂɿ³³
西南	iu³¹ndʐu³¹tʂɿ³³
西北	kʰɯ⁵⁵ndʐu³¹tʂɿ³³
上面	a³³gɯ³¹

词	国际音标
下面	ɑ³³mu³¹
底下	mu³¹tʂɑ³³
里面	qo³³lo³¹
外面	be³¹pʰɑ³³
表面	ku³³tɕʰə³¹
后面	qo³³tʰo³¹
前面	qe³³tɕu³¹
末尾	me³³tʰo³³
背后	qo³³tʰo³¹
对面	qɑ³³tɕu³¹
正面	tɕʰi³¹pʰɑ³³
背面	be³¹pʰɑ³³
反面	qo³³tʰo³¹
面前	qɑ³³pʰɑ³³
左边	ɦã⁵⁵tɑ³¹
右边	i³¹tɑ³¹
中间	ly⁵⁵qo³¹
旁边	χo³¹pʰu⁵⁵
附近	nu³³nu³³
到处	do³³me³¹
周围	le³³kuə³³rɑ³³
地下	ri³³tʂʰe³³
地上	ri³³ke³¹
上游	dʑi³¹kv³³
下游	dʑi³¹mar³³
岸边	dʑi³¹be³¹
对岸	dʐi³¹pʰu³³
墙上	lo³¹mbu³¹kv³³
门上	kʰu⁵⁵kv³³
床上	tʂuɑ³³kv³³
床底下	tʂuɑ³³kʰɯ³³
手里	lɑ³¹qo³¹
心里	ne³³me³³qo³¹
门外	bu³¹ty³³

词	国际音标
屋前	dʑi³³ke³³
屋后	dʑi³³tʰo³¹
山前	ndzu³¹qɑ³³pʰɑ³³
山后	ndzu³¹qo³³tʰo³¹
山上	ndzu³¹kv³³
山下	ndzu³¹kʰɯ³³
屋前	dʑi³³qar³³
路边	zuə³³kʰu³³
街上	dʑi³³lo³¹
街头	dʑi³³kv³³
街尾	dʑi³³mar³³
村头	uə³³kv³³
村尾	uə³³mar³³
楼上	gə³¹tsʰo³³
楼下	mi³¹tsʰo³³
脚下	kʰɯ³¹tʂɿ³³kʰɯ⁵⁵
井底下	dʑi³¹kʰuɑ³³tʂʰɑ³³
箱底下	tɑ³³tʂʰɑ³³
（屋）顶上	dʑi³¹kv³³
尾尖上	ku³³ly³³
往里走	qo³³lo³¹be³³
往外走	bu³¹ty³³be³³
往上走	gə³³tɕu³¹be³³
往下走	mi³¹tɕu³¹be³³
往回走	le³³tɕu³¹be³³
往前走	qɑ³³tɕu³¹be³³
往后走	ko³³tʰo³¹be³³

4.时令

词	国际音标
春天	mv³³ɲi³¹
夏天	mv³³zo̩³¹
秋天	mv³³tʂʰu³³
冬天	mv³³tsʰɯ³³

词	国际音标	词	国际音标
农历	tse³³ba³³tsɿ³¹	大前年	ʂɿ³³be⁵⁵dzɿ³¹kʰv⁵⁵
历书/皇历	tsɿ³³tsɿ⁵⁵	前年	ʂɿ³³qe³³dzɿ³¹kʰv⁵⁵
立春	muɯ³³ɲi³³	去年	ɑ³³be³¹
节日	tʂɿ³³uã⁵⁵	今年	tsʰɿ³³be³¹
过节	tʂɿ³³uã⁵⁵be³³	明年	so³¹be³³
春节	kʰv³³ɕi⁵⁵	后年	gu³³be³³dzɿ³¹kʰv⁵⁵
团圆	lo³³ʂu³³	月/月份	hẽ⁵⁵
拜年	ɑ³¹so³³ɲi³³be³³	闰月	hẽ⁵⁵χɑ⁵⁵
恭喜	ɕə³³mɑ³¹tʰɑ³³	正月	iə³¹be³¹hẽ⁵⁵
转山节（三月十三）	sɑ³³uã⁵⁵tsʰe³³su³³ɲi³³	二月	hẽ⁵⁵ndʐə⁵⁵
中秋节	muɯ³³tʂʰu⁵⁵tʂɿ³³uã⁵⁵	三月	sɑ³³ūã³¹
祭祖节（五月初五）	uã³³hẽ⁵⁵me³³uã³³ɲi³³	四月	ru³³hẽ⁵⁵me³¹
祭祖节（六月十五）	tʂʰuɑ³³hẽ⁵⁵me³³tsʰe³³uã³³ɲi³³	五月	huã³³hẽ⁵⁵me³¹
过节	tʂɿ³³uã³³pe³¹	六月	tʂʰuɑ³³hẽ⁵⁵me³¹
除夕	na⁵⁵dv⁵⁵	七月	ʂɿ³³hẽ⁵⁵me³¹
过年	kʰu³³ɕi³³	八月	xo³³hẽ⁵⁵me³¹
拜年	ɑ³³so⁵⁵ɲi⁵⁵	九月	ŋgu³³hẽ⁵⁵me³¹
年初一	tsʰe³³to³¹	十月	tsʰe³¹hẽ⁵⁵me³¹
扫墓	zu̱³¹pu³³	十一月	tsʰe³¹dzɿ⁵⁵
端午节	xɑ³³ɕĩ⁵⁵dʐɿ³³	十二月	ndɑ³³ūã³¹
年/年份	kʰv⁵⁵	每月	dʑe⁵⁵hẽ⁵⁵me³¹
往年	ɑ³³be³³	腊月	iə³¹pe³¹
全年	tɕʰi⁵⁵dzɿ³¹kʰv⁵⁵	半个月	hẽ³³pʰu⁵⁵
半年	kʰv⁵⁵pʰu⁵⁵	一个月	dzɿ³¹hẽ³³
年中	kʰv⁵⁵qo³¹lo³¹	上个月	qɑ³³dzɿ³¹hẽ³³
新年	kʰv⁵⁵ɕi⁵⁵	下个月	mar³³dzɿ³¹ hẽ³³
旧年	kʰv⁵⁵rv³¹	星期/礼拜	zɑ³³
每年	tse³³kʰv⁵⁵	这个星期	tɕʰi³³dzɿ³¹zɑ³¹
上半年	kʰv⁵⁵qe⁵⁵	上星期	tɕʰi³³qɑ³³dzɿ³¹zɑ³¹
下半年	kʰv⁵⁵ma⁵⁵	下星期	mar³³dzɿ³¹zɑ³¹
年初	kʰv⁵⁵ku⁵⁵	星期一	ndɑ³¹uə³³
年底	kʰv⁵⁵ru⁵⁵	星期二	pʰər³³bər³³
年纪	kʰv⁵⁵pʰe⁵⁵	星期三	mi³³mbər³³rŋ³³
岁	kʰv⁵⁵	星期四	pɑ³³sõ³³
		星期五	lɑ³¹pɑ³³

词	国际音标	词	国际音标
星期六	pv³³mba³³	上午	ʑiu³³ndʑɿ³³qa³¹
星期天	ȵi³³ma³³	中午	ʑiu³³ndʑɿ³³
几月几号	dʑe³³he⁵⁵dʑe³³ȵi³³	下午	ʑiu³³ndʑɿ³³ko³³tʰo³¹
初一	tsʰe³³do³¹	夜间/夜里	hũ³¹kʰua³³
初二	tsʰe³³do³¹ȵi³³ȵi³³	一天到晚	dzɿ³¹χa³³be³³
初三	tsʰe³³do³¹su³³ȵi³³	每天早上	de³³so³¹me³³
初四	tsʰe³³do³¹ru³³ȵi³³	每天晚上	de³³χa⁵⁵me³³
初五	tsʰe³³do³¹uã³³ȵi³³	前天早上	ʂɿ³³ȵi³³mɯ³³su⁵⁵
初六	tsʰe³³do³¹tʂʰua³¹ȵi³³	前天中午	ʂɿ³³dzɿ³¹ȵi³³ʑiu³³ndʑɿ³³
初七	tsʰe³³do³¹ʂɿ³¹ȵi³³	前天晚上	ʂɿ³³dzɿ³¹ȵi³³hũ³¹kʰua⁵⁵
初八	tsʰe³³do³¹χo⁵⁵ȵi³³	昨天早上	a³³ȵi³³mɯ³³su⁵⁵
初九	tsʰe³³do³¹ŋgv³³ȵi³³	昨天中午	a³³ȵi³³ʑiu³³ndʑɿ³³to⁵⁵
天/日	ȵi³³	昨晚	a³³hũ³¹mɯ³³kʰv⁵⁵
天亮	ȵa³³do³¹	今天中午	tsʰɿ³³ȵi³³ʑiu³³ndʑɿ³³
清早	ȵa³³ne³³	今晚	tsʰo³³hũ³³
上午	dʑo³³ndʑɿ³³qe³³	明早	mɯ³³su⁵⁵
中午	dʑo³³dʑɿ³³dʑi³¹	明天中午	so³³ȵi³³ʑiu³³ndʑɿ³³
下午	mu³¹kʰv³³	明晚	so³³hũ³¹
傍晚	hõ³¹qʰua³³	前几天	a³³ȵi³³ʂɿ³³ȵi³³
天黑了	na³¹fu³³	十几天	tsʰe³¹dzɿ³¹ȵi³³
晚上	hõ³³lu³³lu³³	半天	ȵi³³kʰua⁵⁵
白天	ȵi⁵⁵lu⁵⁵gu³³	大半天	dzɿ³¹ȵi³³kʰua⁵⁵
每天	dʑe⁵⁵ȵi⁵⁵	半夜	hũ³¹bə³¹
大前天	ʂɿ³³qe⁵⁵dzɿ³³ȵi⁵⁵	上半夜	hũ³¹dzɿ³¹bə³¹
前天	ʂɿ³³dzɿ⁵⁵ȵi⁵⁵	深更半夜	hũ³¹kʰua⁵⁵hũ³¹lu³³lu⁵⁵
昨天	a⁵⁵ȵi⁵⁵	时间	dʑi³¹uã³³
今天	tsʰɿ³³ȵi³³	时辰	dʑi³¹
今早	tsʰy³³tsʰy³¹	古时候	a³³be³³ʂɿ³³be³³
今晚	tsʰo³³hõ³¹	时候	dʑʰɿ³³dʑi³¹
明天	so³¹ȵi⁵⁵	日子	ȵi⁵⁵uã⁵⁵
后天	qo⁵⁵so⁵⁵dzɿ³³ȵi⁵⁵	一世	dzɿ³³ʐɿ³³
大后天	qo⁵⁵dzɿ⁵⁵ȵi⁵⁵	好日子/吉日	ȵi³³uã³³ka³³
整天	dzɿ³³ȵi³³be⁵⁵	坏日子	ȵi³³uã³³ndʑa³³
过夜	χa⁵⁵dzɿ⁵⁵	前世	qa³³tʂʰɿ⁵⁵
深更半夜	ȵi⁵⁵hõ³¹ȵi⁵⁵lu⁵⁵lu⁵⁵	来世	mar³³tʂʰɿ⁵⁵

词	国际音标
年代	kʰv⁵⁵pʰa⁵⁵
属相	kʰv⁵⁵
属鼠	fu³³kʰv⁵⁵
属牛	ɣɯ³³kʰv⁵⁵
属虎	la³³kʰv⁵⁵
属兔	tʰo³³li³³ kʰv⁵⁵
属龙	ru³¹ kʰv⁵⁵
属蛇	ʑi³¹ kʰv⁵⁵
属马	zua³¹ kʰv⁵⁵
属羊	iu³¹ kʰv⁵⁵
属猴	a³³zu³¹ kʰv⁵⁵
属鸡	h̃ẽ³¹ kʰv⁵⁵
属狗	kʰɯ³³kʰv⁵⁵
属猪	bu³¹kʰv⁵⁵

5.农业

词	国际音标
干活	zu³³be⁵⁵
开工	lo³³ɕiu³¹
收工	lo³³ɴGe³¹
灾荒	tu³³
春耕	ba³¹pʰu⁵⁵
种地	rə³³tʂu³¹
种水稻	ɕi³¹tʂu³¹
播种	rə³³pʰu⁵⁵
插秧	ɕi³³ndʐu³³
犁田	ɕi³¹li³³li³¹
薅地	ri³³ndʐu³³
锄草	ri³³zua³¹
开荒	kʰɯ³¹tɕʰi⁵⁵
浇水	ʥi³¹kʰɯ⁵⁵
施肥	kʰe⁵⁵kʰɯ⁵⁵
浇粪	kʰe⁵⁵kʰɯ⁵⁵
打农药	lo³³iu³³kʰɯ⁵⁵

词	国际音标
割稻	ɕi³³kʰv⁵⁵
采摘（果）	tɕʰye⁵⁵
种玉米	kʰa³¹ʥe³³tʂu³¹
种烟草	iə³³tʂu³¹
点播	pʰu⁵⁵
播麦子	ʥe³³pʰu⁵⁵
播玉米	kʰa³¹ʥe³³pʰu⁵⁵
种洋芋	iə³¹iu³³tʂu³¹
拔秧	ri³³pv³¹
插秧	ri³³tʂu³¹
栽种	tʂu³¹
犁田	ri³³
耙田	ri³³nʥu⁵⁵
拔草	ri³³zua³¹
积肥	kʰe³³kʰɯ⁵⁵
草皮灰	mu³¹kʰe³³
修水库	ʥi³¹ŋgv³³za³¹
灌农田	ɕi³¹ri³³ʥi³¹kʰɯ⁵⁵
排水	ʥi³¹xə³³
烧山	ndʐu³¹nʥi³³
收割	ʂo³³ku³¹
掰玉米	kʰa³¹ʥe³¹tɕʰye⁵⁵
采摘（果）	tɕʰye⁵⁵
打稻子	ɕi³¹la³³
扎稻草	zɿ³¹lo³³
晒谷	ɕi³¹ɣə³³
（用耙）翻谷	ɕi³¹to³³pe³³
肥料	qʰe³³
粪肥	mu³³qʰe⁵⁵
猪粪肥	bu³¹kʰe³³
鸡粪肥	h̃ẽ³¹kʰe³³
牛粪肥	ɣɯ³³kʰe³³
垃圾肥	ndza³¹mar³³kʰe³¹
尿素	ndʑy³³qʰa³³
麻绳	sa⁵⁵bar³¹

词	国际音标	词	国际音标
扁担	ta³¹ta⁵⁵	粮食	χa³³ly³³
畚箕	mu³³me⁵⁵	杂粮	rua³³hã³³hã³³
簸箕	la³³iə⁵⁵	谷子	ɕi³¹ly⁵⁵
箩筐	ke³³ndʐɿ³¹	种子	rə⁵⁵
筛子	be⁵⁵kɯ³¹	秧苗（作物幼苗）	ri³³te³¹
杠子（抬物用）	kə³³dv³¹	芽	ri³³
锄头（有齿）	ndʑy⁵⁵	稻/禾	ɕi³¹tʂʰua³³
镰刀	ʂu³³ku³³	稻草	ɕi³¹uã³³
装柄	ʂua³¹	稻秧	ri³³
犁	ri³³	稻穗	ɕi³¹ba³¹
耙	la³³dʑə³¹	大米	tʂʰua³³
牛轭	rua³³	小米	tʂʰua³³hỹ³¹
绳子	mba³¹	秕谷	ɕi³¹ku³³pʰə³¹
打场（统称）	hẽ⁵⁵tʂɿ³¹	糠	ɕi³¹tɕʰye³³
晒谷场	tʂʰa⁵⁵	高粱	χe⁵⁵la⁵⁵
堤坝	ndʐua³³mbu³¹	玉米	qʰa³¹ze³³
水沟	qe⁵⁵	玉米包	qʰa³¹dʑe³³ly³³
（长槽形）水车	dʑi³¹kʰo³³lo³¹	麦子	ndʑe³³
镰刀（无齿）	ʂu³³kv⁵⁵	小麦	dʑe³³hỹ³¹
犁	rua³¹	大麦	mu⁵⁵dʑe³³
犁头	dv³³	麦芒	dʑe³³me³¹
耙	la³³dʑə³³	稻草垛	zɿ³¹mbv³¹
绳子	ba³¹	青稞	zu³¹
牛鼻绳	ȵi⁵⁵tv³³	蓖麻	sa⁵⁵
（赶牛）鞭子	ma³³dʑu³³	芝麻	kʰu³³du³¹
木槽	bu³¹ŋgv³³	烟草	iə⁵⁵
石槽	lu³³ŋgv³³	谷壳	ɕi³¹tɕʰye⁵⁵
谷仓	ŋgu³¹	糠	tɕʰye⁵⁵
粪池	kʰe³³ndʐua³³	大麦	mu³³dʑe³³
水库	dʑi³¹ŋgv³³	燕麦	mu³³zɿ³³
		麦秸	dʑe³³uã³³
		麦芒	dʑe³³me³¹
		苦荞	a³¹kʰa³³
		甘蔗	qa³¹tsə³³ŋua³³pa³³
		油菜	sɿ⁵⁵

6.植物

词	国际音标
庄稼	ba³¹dʑi³¹

词	国际音标	词	国际音标
油菜苔	sʅ⁵⁵kʰɯ⁵⁵	海带	ba³³tʂʰʅ³³ɣɯ³¹
油菜籽	xa³³ly³³	蒜	kv³³
蓖麻	kən⁵⁵dv³¹	蒜头	kv³³qʰo³¹
烟草	iə³³	葱	tso³¹
烟叶	iə³³tɕʰyə⁵⁵	辣椒	qʰo³¹dʑy⁵⁵
烟叶秆	iə³³ŋua³³	瓜	tɕi³³kuə³³
豆	be³³be³¹	瓜藤	tɕi³³kuə³³kʰe³³
豆苗	n̻u³³be³³	南瓜（分圆扁）	kuə³³mu⁵⁵
豆皮	dʑi³³ɣɯ³¹	茄子	gə³¹
豆壳	Pa³³χɯ⁵⁵	冬瓜	kuə³³lu³³pe³¹
豆荚	tʂua³³tʂua³³	苦瓜	tɕi³³kuə³³qʰa³¹
豆秸	nu³³uã³¹	瓢瓜	tɕi³³kuə³³mba³¹
大豆	be³³be³¹gu³³tʂʅ³¹	海带	mba³³tʂʰʅ³³uə³³
黄豆	n̻u³³	蒜	ku³³
蚕豆	nda³³ndy³³	蒜头	ku³³xa³³lye³³
豌豆	tsʰu³³tsʰu³³	蒜叶	ku³³tɕʰyə³³
蚕豆	na³¹dy³¹	葱	tsuo⁵⁵
四季豆	si³³tɕi³³to⁵¹	洋葱	mbv³³tsuo⁵⁵
刀豆	to³³to⁵⁵	葱头	tsuo⁵⁵xa⁵⁵ly³³
豆芽	mbu³³tse³¹	葱叶	tsuo⁵⁵tɕʰyə⁵⁵
萝卜	lu³³be³¹	香菜	na³³xe³¹ɣi³¹me³³
胡萝卜	lu³³be³¹hũ³¹	辣椒	ko³¹tsue³³
萝卜干	a³¹ta³³bv³¹	青椒	ko³¹tsue³³hẽ³¹
苤蓝/大头菜	a³³kʰɯ³¹	红椒	ko³¹tsue³³hũ³¹
菜花	na³³xe³¹ba³¹	山野菜	iə³¹
豆芽	be³³ri⁵⁵	树	ndʑŋ³¹
青菜	ne³³hẽ⁵⁵	种树	ndʑŋ³¹dzu̞³¹
菠菜	po³³tsʰe³¹	砍树	ndʑŋ³¹ly³¹
白菜	ndʐu³³pʰər³¹	爬树	ndʑŋ³¹tsʰua³³
韭菜	da³¹tsʰuə³³	山林	sʅ³³dzy³³
魔芋	bu³³li³¹	树荫	sʅ³³tɕʰuə³³
紫菜	dʑi³³kʰu⁵⁵	树苗	ndʑŋ³¹ri⁵⁵
马铃薯（洋芋）	ɣə³¹ɣu³³	树枝	sʅ³³ ndʑŋ³¹
瓜	kuə³¹	叶子	sʅ³³tɕʰyə⁵⁵
黄瓜	do³³kʰua³¹	树干	sʅ³³ŋua³³me³³

词	国际音标	词	国际音标
树皮	sɿ³³ɯ⁵⁵	箦	mu⁵⁵
根	sɿ³³kʰɯ⁵⁵mbe³¹	笋	mu⁵⁵dzɿ⁵⁵
树墩	sɿ³³ko³³ʥv³¹	油茶树/茶树	rĩ⁵⁵nʥɿ³¹
年轮	sɿ³³pʰv⁵⁵	漆树	nʥỹ³³ nʥɿ³¹
枯树	nʥɿ³¹ŋgua³³	桑树	tɕʰĩ³³nʥɿ³¹
空心树	nʥɿ³¹kõ³¹mbə³³	李子树	sə̃³³ri³¹ nʥɿ³¹
松脂	tʰo⁵⁵ɣe³¹	核桃树	gv³³ʥv³¹
松明	i⁵⁵tɕi⁵⁵gv⁵⁵	酸梅树	sɿ³¹qʰa³³
砍树	nʥɿ³¹tsʰɿ⁵⁵	柑橘树/黄果树	kã³³tsɿ³³
爬树	nʥɿ³¹tʂʰua³³	光杆树	tɕĩ³³to³³
山林	sɿ³³ʥu³¹	黄青冈	tʂui³³hẽ³¹
树枝	nʥɿ³¹kə⁵⁵	青白树	mu³³ɕi³¹
叶子	sɿ³³tʂʰuə⁵⁵	花椒树	ʥui³¹
树干	sɿ³³qʰua³¹	石榴树	kʰɯ³³pə³³sɿ³³ nʥɿ³¹
树皮	sɿ³³ʁɯ⁵⁵	冬瓜树	ȵua³³zɿ³¹
根	kʰɯ³³mba³¹	桃树	bv³³tʂu³³
柏树	ɕu³³nʥɿ³¹	果子	sɿ³³ly³¹
松树	tʰo³³nʥɿ³¹	水果	lu³³ly³¹
松球	be³¹le³³le³³	干果	ly³¹
松针	tʰo³³tʂʰuə⁵⁵	果皮	ku³³/ɯ³³
梧桐	la³³pɑ³³tʂʰe⁵⁵	核/种子	ɿ³³
柳树	zu̠³³sɿ³³	果仁	pu³¹
杨树	ma³³bu³¹	壳	gv³³
柳条	zu̠³³kə⁵⁵	瓜子	tɕi⁵⁵kuə⁵⁵rə⁵⁵
白杨树	la³³kʰa³³	梨子	se³³ri³¹
柳树	la³³qʰa³³	桃子	mbu³¹ʥu³¹
杨树	ma³³mbo³³	核桃	gu³³ʥv³¹
杨花	mu³³rua³³	柑子	gə³¹nʥɿ³¹
枫树	tɕʰə³³hũ³¹	葡萄	pʰu³⁵tʰau³⁵
枫树	tʂʰue³³hỹ³¹	草莓	sɿ³¹kʰa³³
白桦	χua³¹sɿ³³	樱桃	pu³³kʰa³³
竹子	mu³³ri³³	核桃	ŋgu³³ʥv³³
竹子	la³³χo³¹	花生	xua⁵⁵ʂeŋ³³
竹竿	la³³χo³¹ndy³¹	葵花籽	ȵi³³me³¹χe³³ba³¹
竹膜	χo³¹tɕʰi⁵⁵	李子	sə̃³³ri³¹

词	国际音标	词	国际音标
桑葚	tɕʰĩ³³ ndʑɿ³¹xɑ³³ly³³	花萼叶	bə³³bə³³gu³³ly³³
石榴	kʰɯ³³pə³³sɿ³³	花蕊	bə³³bə³³nu³³me³³
无花果	pɑ³¹mɑ³³tʰy³³me³³ndʑɿ³¹	花粉	bə³³bə³³kʰə³³
板栗	lɑ³³pɑ³¹tsʰɿ³³ɣɯ³³	山花	ndʑy³¹ bə³³bə³³
荆藤	qʰe³¹	菊花	li³³bə³¹
藤	qʰe³¹	野菊花	õ³³tso³¹ bə³³bə³³
（植物上的）刺	tɕʰi⁵⁵	桃花	bv³³tʂu⁵⁵ba³¹
草	zɿ³³	梨花	se⁵⁵ri³³ba³¹
仙人掌	ɑ³¹pɑ³³	梅花	sɿ³¹qʰɑ³³ba³¹
艾草	pu³³qʰɑ³¹	荷花	χɯ³³ bə³³bə³³
鱼腥草/臭草	i³³bu⁵⁵nu³¹	金银花	ŋȵu³³hẽ³¹bə³³
浮萍	mbo³³me³³ndʑɿ³³bu³³	白杜鹃	mu³³lo³³ba³¹
青苔	dʑ335ri⁵⁵	黄杜鹃	hã³³tsɿ⁵⁵mu³³lo³³ba³¹
爬地草	ndɑ³³u³¹	牵牛花	i⁵⁵na³¹kʰe³³ba³¹
三七/田七	i³³nə³¹qʰɑ³¹	鸡冠花	ɦiẽ³¹pʰv³³ɕõ³³tɑ³¹ba³¹
草	zɿ⁵⁵	杜鹃花	mu³³luɑ³¹bɯ⁵⁵
草芽	zɿ⁵⁵pa⁵⁵	葵花	ndʑɿ⁵⁵bv³³bɯ⁵⁵
草丛	zɿ⁵⁵ri⁵⁵	山茶花	ndʑy³¹li³³bə³¹
草根	zɿ⁵⁵kʰɯ⁵⁵	蘑菇	zɿ⁵⁵mu⁵⁵
茅草	ɕu³¹mu³³	菌伞	sa³¹
茅根	ɕu³¹mu³³kʰɯ³³	菌褶	sa³¹kʰɯ³¹
蕨草	ȵiə³¹tsʰə³³bu³¹tu³³	菌柄	sa³¹ŋuɑ³³
仙人掌	lɑ³¹pɑ³³	毒菇	du³¹i³³me³³mu⁵⁵
仙人球	lɑ³¹pã³³ndʑɿ³¹	香菇（培植的）	tʂɿ³³mu⁵⁵
黄连	sɿ³³ɕi³¹	花菇	hẽ³³tsɿ³¹hẽ³¹me³³kʰɯ⁵⁵
芦苇	tɕʰuɑ³³zɿ⁵⁵	冬菇	tsʰu⁵⁵ mu⁵⁵
水葫芦	dʑi³³pe³³pʰv⁵⁵	白菇	mu⁵⁵pʰv³¹
水草	hũ⁵⁵zɿ⁵⁵	雨菌	lɑ³³mu⁵⁵ke⁵⁵hã³¹
青苔	dʑi³³ri⁵⁵	伞菌	ɑ⁵⁵li⁵⁵ mu⁵³
铜钱草/积雪草	ɣe³¹ɕi³³	粪菌	kʰe⁵⁵ mu⁵⁵
万年青	qʰɑ³³zɿ⁵⁵	红菌	ȵə³³hũ³¹ɑ⁵⁵tsɿ⁵⁵ mu⁵⁵
菖蒲	tɕʰũ³³pu³¹	黄菌	ɑ³³lɑ³¹u³¹mu⁵⁵ɣã³³tsɿ³¹
花	bə⁵⁵	鸡棕菌	mu⁵⁵ru³³
花蕾	bɯ⁵⁵ku³³lu³¹	牛肝菌	ba³³mu⁵⁵
花瓣	ndʑɿ³³pʰa⁵⁵gə³¹bə³³bə³³	木耳	sɿ³³xe³³pʰe³¹

词	国际音标
灵芝	sɿ³³xe³³pʰe⁵³
香菌	mbu³³no³¹me³¹mu⁵⁵
木耳	χua³¹li³¹xe³¹pʰe⁵³
生长	zi³¹
发芽	pa⁵⁵
爆芽	ndʐɿ³¹tɕʰyə³³yi³¹
长势	le³³mi⁵⁵
结果	lu³¹pʰe³³
成熟	mi⁵⁵
枯萎	qʰa³³me³³
蔫败	ndʐɿ³¹le³³ɕi³³me³³
抽穗	ɕi³¹ri³³kʰɯ⁵⁵
（果实）累累	ndʐɿ³¹ndzɿ³³ndʐɿ³¹xa³³ly³³
熟透	le³¹mi⁵⁵
开花	bə³³bə⁵⁵
落花	bə³³bə³³gɯ³¹
盘绕	ndʐɿ³¹ru³³
蔓延	dʐy³³

7.动物

词	国际音标
牲畜	ʁo³³dʑe³¹
牲口	n̩³¹
角	tɕi³¹
皮	ɣɯ⁵⁵
毛	fu⁵⁵
蹄子	qʰua³³be³¹
尾巴	me³¹
牛	ɣɯ³³
公牛	li³³ɣɯ³³
（阉过的）公牛	ɣɯ³³ʂua³³
母牛	ɣɯ³³a³¹me³³
牛犊	ɣɯ³³ty³³
黄牛	ɣɯ³³

词	国际音标
花牛	ɣɯ³³ndze̠³¹
山牛	ndzu³¹ɣɯ³³
牦牛	bv̩³¹
皮	ɣɯ³³ɣɯ⁵⁵
牛角	qua³³
牛筋	ɣɯ³³gv⁵⁵
骡子	dʐɿ³¹
驴骡	to³¹pu³³
驴	tʰi³¹zua³³
公驴	tʰi³¹zua³³a³¹pʰu˞³³
母驴	tʰi³¹zua³³a³¹me³³
骆驼	ŋã³³mu⁵⁵
驼峰	dʑi³³kʰua⁵³
马	zua³³
公马	zua³³ngo³¹
母马	zua³³a³¹me³³
马驹	zua³³kʰɯ³³
马尾	zua³³me⁵⁵tsu³¹
马鬃	zua³³mbv̩³¹
马蹄	zua³³kʰua³³be³³
猪	bʐ̩³¹
公猪	pʰu˞³³zɿ³³bʐ̩³¹
种猪（公的）	bʐ̩³¹tɕʰy³³
母猪	bʐ̩³¹a³¹me³³
猪崽	be³¹bv˞³³
肥猪	bʐ̩³¹ɕi³³
羊	tsʰɿ³³
公羊	tsʰɿ³³zɿ³¹
母羊	tsʰɿ³³a³¹me³³
绵羊	iu³¹
山羊	tsʰɿ⁵⁵ʂua⁵⁵
崖羊	se³¹
羊羔	tsʰɿ³³tʰo⁵⁵
羊前腿	tsʰɿ³³la³¹tʂɿ³³
羊后腿	tsʰɿ³³kʰɯ⁵⁵tʂɿ³³

词	国际音标	词	国际音标
羊蹄	tsʰɿ³³kʰuɑ³³be³³	双黄蛋	kʮ³³ɕi³¹ndʐɿ³¹tseĩ³¹
羊毛	tsʰɿ³³ɣɯ⁵⁵/ tsʰɿ³³fv⁵⁵	寡蛋	fiẽ³¹ kʮ³³ndʑy³¹
狗	kʰɯ⁵⁵	蛋白	kʮ³³pʰvʳ³¹
公狗	kʰɯ⁵⁵ndo³¹	蛋黄	kʮ³³ɕi³¹
母狗	kʰɯ⁵⁵ɑ³¹me³³	鹅	ɣu³³ɑ³¹
（未下崽）母狗	kʰɯ⁵⁵tse³³me³³	公鹅	ɣu³³ɑ³¹pʰvʳ³³
狗崽	kʰɯ⁵⁵ni³³	母鹅	ɣu³³ɑ³¹me³³
猎狗	kʰɯ⁵⁵ɣũ³³	鹅崽	ɣu³³zo³³
看家狗	ʥi³¹tɕʰi³³ kʰɯ³³	鸭	tɕy³³
獒	qo³¹ kʰɯ³³	公鸭	tɕy³³ɑ³¹pʰvʳ³³
花狗	kʰɯ⁵⁵ndzɑ³¹	母鸭	tɕy³³ɑ³¹me³³
哈巴狗	kə³³ kʰɯ⁵⁵	幼鸭	tɕy³³zo³³
疯狗	kʰɯ⁵⁵χuɑ³³lɑ³³	冠	fiẽ³¹ɕiu³³
狼狗	o³³tu³¹ kʰɯ⁵⁵	翅膀	ndv³³kuɑ³¹
狗屎	kʰɯ⁵⁵kʰe³³	绒毛	fv⁵⁵
猫	huã³³li³¹	羽毛	ȵuã³¹
公猫	huã³³ɑ³¹pã³³	尾毛	me³³tsu³¹
母猫	huã³³ɑ³¹me³³	脚蹼	ȵɑ³³nikuɑ³³ɕi³¹
猫崽	huã³³li³³zo³³	爪子	tɕi³¹
野猫	dv³¹	野兽	sə³³ndʑi³³
兔子	tʰo³³ri³³	大象	tsʰo³¹
白兔	tʰo³³ri³³pʰvʳ³¹	小象	tsʰo³¹zo³³
鸡	fiẽ³¹	象牙	tsʰo³¹tɕɑ³¹
公鸡	fiẽ³¹ɑ³¹pʰvʳ³³	象鼻	tsʰo³¹ni³³me³³
母鸡	fiẽ³¹ɑ³¹me³³	狮子	sə³¹ŋɯ³³
菢窝鸡	fiẽ³¹me³³bv³¹tɕʰɿ³³	雄狮	sə³¹ŋɯ³³ɑ³¹pʰuʳ³³
（未下蛋）母鸡	fiẽ³¹ɿ³¹me³³	母狮	sə³¹ŋɯ³³ɑ³¹me³³
黄母鸡	fiẽ³¹me³³ɕi³¹	老虎	lɑ³³
鸡崽	fiẽ³¹tsɿ³¹	公虎	lɑ³³pʰu³³
阉鸡（名词）	fiẽ³¹ʂuɑ³¹	母虎	lɑ³³me³³
鸡爪	fiẽ³¹tɕi³¹	白额虎	lɑ³³to³³ɣo³¹
鸡胗	fiẽ³¹lɑ³³sɿ³¹	豹	ndʑi³³
鸡屎	fiẽ³¹kʰe³¹	花豹（一道花的）	ndʑi³³ndzɑ³³ndzɑ³¹
鸡蛋（通称）	fiẽ³¹kʮ³³	花豹（两道花的）	ndʑi³³pər³³ʥu³¹
蛋壳	fiẽ³¹kʮ³³pɑ³³tɕʰɑ³¹	雪豹	ndʑi³³pʰu³¹

词	国际音标
熊	gu³¹
黑熊	gu³¹na³¹
白熊	gu³¹pʰu³¹
狗熊	nda³³gu³¹n̠u³³hỹ³¹
马熊	ʐua³¹gu³¹
花毛熊（当地一种熊，头上有黑白相间的一圈鬃毛，身上的毛为黑色，胸前的毛为白色）	gu³¹dzɿ³¹
熊掌	gu³¹la³¹pa³³
熊胆	gu³¹guɯ³¹
野猪	bv³¹dv³³
野狼	õ³³dv³¹
野狗（一群）	pʰa³¹
豺狗	pʰa³¹
豪猪	bv³¹
猴子	a⁵⁵ʐu⁵⁵
鹿	tʂhua³¹
狼	kuɯ⁵⁵tv⁵⁵
刺猬	bv³¹
马鹿	tɕhua³³
鹿茸	tɕhua³³pʰu³¹kʰua³³
麂子	tɕhi³¹
麝	lĩ⁵⁵
麝香	lĩ³³ku³³
狐狸	ndʐa³³me³³
（黑白）花狸	ndʐa³³me³³ndʐa³³ndʐa³¹
野猫	ndv³¹
大兔	ɣɯ³³tʰo³³ri³³
小兔	tsʰɿ³¹tʰo³³ri³³
山兔	qo³¹tʰo³³ri³³
黄鼠狼	huã³³ʂɿ³³
穿山甲	kɯ⁵⁵
狐狸	na⁵⁵me⁵⁵
水獭	ʂua³¹

词	国际音标
老鼠	fu⁵⁵tsɿ³¹
松鼠	pa³¹to³³
蝙蝠	dʑe³³bə³¹
鸟	ku³³ze⁵⁵
鸟窝	ku³³ze⁵⁵kʰə³¹
燕子	huã³³ze³¹
麻雀	fv³³tʂʰɿ³³tʂʰɿ⁵⁵
野鸡	fu³³
天鹅	kua³³
白鹭	tɕy⁵⁵
老鹰	kə³³
猫头鹰	mbu³¹fu³³
鸽子	tʰo³³ri³¹
乌鸦	la³³qa³¹
黑啄木鸟	ke³³tʂe³³
绿啄木鸟	a³¹ki³³ki³³
（黑白）花啄木鸟	tʰo³³tɕhua³³
小啄木鸟（当地一种个头较小的啄木鸟）	tʰo³³tɕhua³³zo³³
布谷鸟	ko³³po³³
斑鸠	tʰo³³ri³¹
大斑鸠	ɣɯ³³tʰo³³ri³¹
小斑鸠	tsʰɿ³³tʰo³³ri³¹
喜鹊	tɕi³³ɕə⁵⁵
孔雀	ma³³iə³¹
鹦鹉	a⁵⁵qe⁵⁵
幼鸟	u³³ze³³zo³¹
水鸭	tʂu³³
（黑）野鸭	nda³³la³³
老鹰	ka³³na³¹me³³
鹰爪	kə³³dʑi³¹
猫头鹰	bo³¹fu³³
鸽子（白家鸽）	uõ³³tʰo³³ri³¹pʰu³¹
鹤	kua³³
孔雀	ma³³ia³³
鸳鸯	mbe³³

词	国际音标
夜莺（夜晚唱歌的鸟，黄色）	la³³tʰo³¹ʑɻ³¹ɴɢɑ³³
杜鹃（《敬水龙经》中请来水龙的鸟）	ndʑi³³kʰua³³ʐua³³kʰər³¹
蛇	ʑi³¹ndo³³lo³³
公蛇	ʑi³¹ndo³³pʰvʳ³³
母蛇	ʑi³¹ndo³³me³³
毒蛇	quər³³ʑi³¹
蟒蛇	lo³³na³¹
壁虎	a³³nda⁵⁵i³³nda⁵⁵
蜈蚣	dy³³ɕi³¹
水蛇	ndʑi³³ʑi³¹
蛇皮	ʑi³¹ɣɯ⁵⁵
蛇胆	ʑi³¹gɯ³¹
蛇蛋	ʑi³¹fiẽ³¹ku³³
苍蝇	mv³¹ɻ³³
牛虻	ɣɯ³³mõ³³
跳蚤	kʰɯ³³ɕu³³
蟑螂	xa³¹tɕə³¹kʰu⁵⁵
蚕	pu³³ndv³¹
蚕茧	pu³³ndv³¹kʰɯ³¹
蚕蛹	dʑə³¹pu³³dʑə³¹ʑɻ³³
蜂	mbe³³
蜂窝	mbe³³kʰɯ³¹
蜂蜡	mbe³³ɕu³¹
蜂刺	mbe³³tɕu³³
蜂蛹	mbe³³zo³³
萤火虫	pə³³mu³³tʂu³³
白蚁	tɕʰuã³¹ŋuã³³pʰvʳ³¹
蚁蛋	tɕʰuã³¹ŋuã³³fiẽ³¹ku³³
蚁窝	tɕʰuã³¹ŋuã³³kʰɯ³¹
虫	mbv³³kʰv³¹
苍蝇	bu³¹ʑɻ³³
蚊子	bu³³tsɻ³¹
蜻蜓	ŋa³¹pu³³ndy³³ndy³³
蝴蝶	pʰe³³li³¹

词	国际音标
蝉/知了	sa³³bu³¹
蜜蜂	uə³³mba³³
蚂蚁	tʂʰa³¹uã³³
虫	bv⁵⁵
蛀虫	nua³¹
滚屎虫	kɯ³³mi⁵⁵
蚂蟥	pe³¹
蚯蚓	ȵi³³χa³³
毛虫	pu³¹si³³li³¹
蛔虫	bu³³kə³¹
蛆	lu⁵⁵
蜘蛛	pa³¹la³³sa³³kʰə³¹
青蛙	pa³¹me³¹
蝌蚪	dʑi³¹ndʐua³³pa³¹kʰə³³li³¹
蛆	lu³³
蛾	pʰe³³li³¹
蜘蛛	ɣi³¹pu³³a³³me³³
蜘蛛网	ɣi³¹pu³³a³³me³³kʰɯ³¹
鱼	ni³³
鱼卵	ȵi⁵⁵gu⁵⁵
鱼苗	ȵi⁵⁵tsɻ⁵⁵
小鱼	ni³³zo³³
公鱼	ni³³pʰvʳ³³
母鱼	ni³³me³³
小鱼	ȵi⁵⁵zo⁵⁵
泥鳅	ȵi⁵⁵dʑy⁵⁵
鱼鳞	qa³³pe³¹
鱼鳃	ȵi³³χ e³³kʰua³³
螃蟹	tsõ³¹
乌龟	tʰu³³
虾	mbv⁵⁵tʰv⁵⁵
田螺	p v³³kʰu³¹
蚌	kɯ⁵⁵iu⁵⁵
鱼骨头	ni³³ŋua³³
鱼刺	ni³³me³¹

词	国际音标
鱼须	ni³³mər³¹tsɿ³³
鱼鳔	ni³³ŋgua³³tɕʰua³³
螃蟹	ni³³tɕy³³
蟹壳	ni³³tɕy³³pa³³tɕʰə³³
蟹蛋	ni³³tɕy³³fiẽ³¹ku³³
蜗牛	bv̩³³dv̩³³nda³³ku³³
金河鱼（当地一种鱼）	ni³³
当地一种个头较大的鱼	ni³³ʐɿ³¹
蛇鱼	ni³³ʑi³¹
配种	ʂu³³ɕu³¹
孔雀开屏	ma³³ia³³me³³tsu³¹
发情/叫春	ʂu⁵⁵ɕiu⁵⁵
产崽	zo⁵⁵dʐɿ⁵⁵
生蛋	gv̩³³gv̩³¹
孵化	bu³³tʂʰɿ⁵⁵
牛打架	ɣɯ³¹pe³³pe³¹
牛反刍	ɣɯ³¹χa³³ʁɯ³¹
蜕皮	ɣɯ³¹pʰu⁵⁵
（动物）死亡	le⁵⁵ɕi⁵⁵
（蚊）叮	dʐu³³tsʰa³¹
（蜂）蜇	ndʐu̩⁵⁵
飞	ndʑy³¹
（蛇）绞缠	tʂua³³
（虫）爬	tɕʰə³³
发瘟	tsʰɿ⁵⁵ɕu⁵⁵ɕu⁵⁵
（牛）叫	ɣɯ³¹ba³¹
啄米	xã³³ndʑɿ³³
觅食	bv̩³³dv̩³¹ɕu³¹
（鸡）刨食	fiẽ³¹pʰe³³pʰe³³
鸭甩水（觅食）	tʂu³³ndʑi³¹lo³¹bv̩³³dv̩³¹ɕu³¹
兔打洞	tʰo³³ri³³ʑi³³kʰɯ³³
（鸟）筑巢	qua³³me³³kʰɯ³¹kʰɯ³³
蚂蚁做窝	tɕʰuã³¹ŋuã³³kʰɯ³¹kʰɯ³³
蚂蚁搬家	tɕʰuã³¹ŋuã³³bv̩ʳ³³bv̩ʳ³³

词	国际音标
蜂采蜜	mbe³³zo³³χa³³ɕu³¹
蜘蛛织网	ʑi³¹pu³³a³³me³³kʰɯ³¹kʰɯ³¹
蜻蜓点水	a³¹mbo³³dy³³dy³¹
鱼浮头	ni³³zo³³ɕa³³
黄鼠狼偷鸡	χuã³³ʂɿ³³fiẽ³¹tʂã³¹ni³³
（动物）死亡	sə̃³³tɕi³³le³³ɕi³³se³³
（牛）发瘟	Gũ³³ri³³ni³¹
鸡瘟	fiẽ³¹Gũ³³
猪瘟	bu³¹Gũ³³
牛瘟	ɣɯ³³Gũ³³
（牛）叫	ɣɯ³³mba³¹ni³¹
（虎）吼	la³³ɳ³¹
（狗）吠	kʰɯ³³lu³¹
（鸡）啼	fiẽ³¹tɕu³¹
（鸟）鸣	qua³³ɳ³¹
饲养	zu̩ə³¹
采猪草	tʂʰɿ³³bu³¹χa³³ɕu³¹
喂食	χa³³iə³¹
养鸡	fiẽ³¹zu̩ə³³
喂鸡	fiẽ³¹χa³³ia³³
养猪	bv̩³¹zu̩ə³³
唤鸡	fiẽ³¹kv̩³¹po³³ru³³
唤狗	kʰɯ³³kv̩³¹po³³ru³³
逗狗	kʰɯ³³qa³³tɕa³³bv̩³¹
放牛	ɣɯ³³lũ³³
拴牛	ɣɯ³³pʰe³³
穿牛鼻	ɣɯ³³ni³³me³¹kʰɯ³³
赶牛	ɣɯ³³dỹ³³
赶马帮	zu̩a³¹ndʐɿ³¹ri³³kʰa³¹
赶鸭子	tʂu³³ɕi³³bv̩³¹
骑马	zu̩e³³ndʐa³¹
打猎	bu³³la⁵⁵
钓鱼	ni³³tɕu³¹
宰杀	qʰo³³qo⁵⁵
杀鸡	fiẽ³¹qʰo³³

词	国际音标
马鞍	tɕi⁵⁵
缰绳	ba³³me⁵⁵
土铳/火枪	pe³³ndɑ⁵⁵
弓箭	ri⁵⁵sɿ⁵⁵
弓	ri³³me³¹
猪食	pə³³qe³¹
猪圈	bu³³χɑ³³
鸡窝	kv³¹qə⁵⁵
笼子	pʰu³³lɯ³¹
牛圈	ɣɯ³¹bv³¹
马棚	zuɑ³³bv³¹
打牛（杀牛）	ɣɯ³³qʰo⁵⁵
杀猪	bv³¹qʰo⁵⁵
剖鱼	ɦẽ³¹qʰo⁵⁵
（马）笼嘴	lɑ̃³³ge³³
马鞭子	me³³tɕu³³
大铃铛	tɕu³¹mbo³³lõ³³
小铃铛	tɕu³¹zɿ³³
马胸前的铃铛	ɕue³³li³¹
拴在一起的两个铃铛	i³³kɑ³³
猪草	bv³¹ŋgu³³
鸡窝	ɦẽ³¹bv³¹kʰɯ³¹
羊圈	tsʰɿ³³bv³¹
狗窝	kʰɯ³³bv³¹
鸟笼	quɑ³³tʂɿ³³bv³¹

8.房屋、建筑

词	国际音标
护城河	dzɑ³³kʰu³³
房屋	iɑ³³qo³¹
正屋	dʑi³¹qo³¹
仓库	ŋgu³¹
楼房	tsʰo³³dʑi³¹
木板房	to³³pʰe⁵⁵dʑi³¹

词	国际音标
茅屋/寮	zɿ³³dʑi³¹
夯土屋	tɕi³³mbu³³dʑi³¹
石屋	lɯ³³dʑi³¹
棚子	huɑ̃³³tv³¹
草棚	zɿ³³huɑ̃³³
亭子	tʰɑ³³
木板房	se³³ri³¹ndʑi³¹
茅屋/寮/草房	zɿ³³ndʑi³¹
砖瓦房	kʰɑ³³tɑ³¹ndʑi³¹
铁板屋	ɕu³¹ndʑi³¹
竹楼	mu³¹ri³³ndʑi³¹
院子	dv³³tɕə⁵⁵
客厅	hĩ⁵⁵bu³¹dʑi³¹
房间	dʑi³¹tʂo³³
柴房	sɿ³³dʑi³³dʑi³¹
厕所	kʰe³³ri⁵⁵dʑi³¹
外间	be³¹ndʑi³¹
里间	kʰu³¹ ndʑi³¹
经堂	xe³¹ ndʑi³¹
睡房	tʂuɑ³³
粮仓	gu³¹
客房	bv³³dʑɑ³¹ndʑi³¹
屋顶	tɕʰe³¹ku³¹
屋角	ru³³zu³¹
屋檐	tɕʰe³³zu³¹ly³³
瓦槽/瓦沟	ŋɑ̃³¹bv³³
柱子	to³³zɿ³¹
柱石	tʂe³³lu³³
柱子	to³³zɿ⁵⁵
石柱	zɿ³³lu³³
梁	mbər³³me³³
榫头	ʂɿ³³ʂɿ³¹
椽子	ũɑ³¹bv³³nɑ³³
天花板	ndzɑ³¹tɑ³¹
正门	ndʑi³¹qe³³kʰu³³

词	国际音标
后门	ndʑi³¹tʰo³¹kʰu³³
侧门	tʂa³¹kʰu³³
门	kʰu⁵⁵
正门	kʰu⁵⁵qo³¹
门背	kʰu⁵⁵tʰo³¹
门口	kʰu⁵⁵mbɑ⁵⁵
门板	kʰu⁵⁵dʑɚ⁵⁵
闩	kʰu⁵⁵dv³¹
门缝	kʰuɯ³³kʰuɑ³³ndʐu³³
门槛	kʰu⁵⁵mbv³¹
窗子	ndɑ³¹kʰu⁵⁵
墙壁	mbu⁵⁵
围墙	kʰuɑ³¹kʰɯ³³
（竹木条）篱笆	kʰuɑ³³tɕʰɚ³¹
石阶	luɯ³³li⁵dʑi³¹
石墙	lõ³³pu³³
砖墙	tɕi³³le⁵⁵lõ³³pu³³
土墙	tɕi⁵⁵bv³¹ndʑi³¹
混凝土墙	ẽ³¹sʅ⁵⁵lõ³³pu³³
墙里	kʰu³¹mbo³³
墙外	be³¹mbo³³
梯子	li⁵⁵dʑi³¹
栏杆	ta³¹iɑ³³
（固定）楼梯	ȵu³³li³³dʑi³¹
梯子	sʅ³³li³³dʑi³¹
（楼梯）级	tʂʅ³¹pɑ³³
打基脚	dʑi³¹tʂã³¹dy³³
打桩	kʰuɑ³³tsu³¹lɑ³³
窑	tɕi³³le³³ndʑi³¹bv³³
烧砖	tɕi³³le³³ndʑi³¹
建房	dʑi³¹zɑ³¹
油漆	zɑ³³tʂʅ⁵⁵
板子	to³³
木头	sʅ³³ndu³¹
桩子	kʰuɑ³³tsu³¹

词	国际音标
瓦	uɑ³¹
砖	le⁵⁵
青砖	kʰɯ³¹le⁵⁵
泥砖	tɕi³³le⁵⁵
水泥	ʂue³³ȵi³¹
钢筋	ɕu³³ndy³¹
玻璃	mi³³lo⁵⁵
油漆	tsʰue³³
木板	to³³pʰe³³
铁板	ɕu³¹dʑuə³³
竹瓦	mu³¹ri³³ŋuã³¹
琉璃瓦	ŋuã³¹bv³³dʑu³¹
红瓦	ŋuã³¹hũ³¹
青瓦	ŋuã³¹hẽ³¹
砖	tɕi³³le³³
青砖	tɕi³³le³³hẽ³¹
红砖	tɕi³³le³³hũ³¹

9.器具、用品

词	国际音标
东西	ku³³dʑe³¹
桌子	se³³re³¹
圆桌	se³³re³¹uə³³ɻ³³
方桌	se³³re³¹ru³³zu³¹
长桌	se³³re³¹ʂʅ³¹
饭桌	xã³³ndʐɻ³³me³³se³³re³¹
桌面	se³³re³¹ku³³kɑ³³
桌腿	se³³re³¹kʰɯ³³
桌布	se³³re³¹kʰu³³lu³³
竹桌	mu³¹ri³³ se³³re³¹
椅子	se³³re³¹tʰo³¹gv³³
竹椅	mu³¹ri³³ se³³re³¹
凳子	se³³re³¹ndzu³¹ku³³
小凳	se³³re³¹a³¹hỹ³³me³³

词	国际音标	词	国际音标
圆凳	ndʑu³¹ku³³uə³³ʐ̩³³	锁	ndʑi³³ku³¹
方凳	ndʑu³¹ku³³ru³³zu³¹	钥匙	tse³¹ɕi³³
长凳	ndʑu³¹ku³³ʂ̩³¹me³³	（背东西）背篓	gv³³dʑe³¹pa³³pa³¹
家具	tse³³rɯ⁵⁵	网袋	ɕi³³me³³gv³³dʑe³¹
东西	rɯ⁵⁵tse³¹	麻袋	pʰe³¹kʰɯ³¹tsʰ̩³³
桌子	s̩³³tʰu³³	提包	kʰɯ³³tsʰ̩³³la³¹dʑu³¹
椅子	sɑ³³rɑ³¹	挎包	kʰɯ³³tsʰ̩³³pɑ³³pɑ³¹to³³
凳子	ndʑu³¹tʂ̩³³	钟	tɕu³¹
柜子	tɑ³³	眼镜	ȵə³³ba³¹qa³³
屉子	tɑ³³tʂʰe³¹	烟斗	iə³³kʰuə³³
柜子	ndʑa³¹po³³	烟袋	iə³³kʰə³³tsʰ̩³³
大柜子	ndʑa³¹po³³dʐ̩³¹	蚊香	ɕo³³dy³¹
小柜子	ndʑa³¹po³³tɕi³³	手表	la³¹dʑu³³ly³¹to³³
箱子	tɑ³³	表带	la³¹dʑu³³huã³³
皮箱	ɣɯ³³pe³³	钱包	dʑu³³kʰɯ³³ʐ̩³³
竹箱	mu³¹ri³³tɑ³³	扇子	hẽ³³xu³¹ndy³¹
手提箱	la³¹zu³¹tɑ³³	棍子	mu³³ndy³¹
蜡烛	la³¹tʂu³¹	水烟筒	ndʑi³¹iə³³kuə³³
灯盏	tən³³tʂɑn³¹	烟嘴	iə³³me³³tsa³³
电灯	tien³⁵tən⁵⁵	烟盒	iə³³tɑ³³
灯笼	mi⁵⁵pʰu³¹	烟纸	iə³³tɑ³³ba³¹qa³³
电筒	tien³⁵tʰoŋ³¹	扇子	hẽ³³xu³¹dy³¹
电池	tien³⁵tʂʰ̩³¹	纸扇	se³¹ʂu³³hẽ³³xu³¹dy³¹
缝纫机	gv³³dʑi³³tɕu³¹to³³	拐杖	ndɑ³³tʰu³³
蜡烛	mbe³³mi³³	叉子	mu³³ly³¹tɕʰu³³
白蜡烛	mbe³³mi³³pʰv³¹	铁叉	ɕeu³¹ly³¹tɕʰu³³
红蜡烛	mbe³³mi³³hũ³¹	钩子	kʰa³¹ŋa³³
吊灯	mi³³tʰu³¹	签	a³¹tsʰu³³me³³mũ³³dye³¹
松明灯	dzua³¹tɕə³³	（挑东西）竹签	mu³¹ri³³mũ³³dye³¹
灯芯	mi³³tʰu³¹qo³¹	水桶	ndʑi³¹pu³³
灯泡	mi³³tʰu³¹be³¹pʰa³³	桶	pu³³tɑ⁵⁵
开关	tʂ̩³³pʰo³³pʰo³³kv³³	盆	lo³¹
篮子	la³¹tsa³³	毛巾	pʰa³³kʰv³³kʰv⁵⁵pʰe³³
（背小孩）背篓	kʰə³³zo⁵⁵	镜子	mi³¹ru³³
袋子	kʰə³³tsʰ̩³³	梳子	pu³³

词	国际音标	词	国际音标
篦梳	pu³³tsɿ⁵⁵	打火机	tse³³ma³¹
脸盆	ndʑi³¹tse³¹pɑ³³	吹火筒	mi³³mu³¹ndy³¹
澡盆	tʂʰi³¹tʂʰi³¹pɑ³³	烙铁	ɕo³¹mbu³¹tsʰɿ³³
洗脚盆	kʰɯ³³tʂʰi³³pɑ³³	火钳	mi³³ɴGa³¹
毛巾	ndʑi³¹tse³¹pʰai³³	柴	sɿ³³
澡巾	de³³ni³³me³³	炭屑	χɯ³³tɕi³³
挖耳勺	hẽ³³kʰuɑ³¹qe³³re⁵⁵ndy³¹	锅	bv⁵⁵
牙刷	ke³³le³³	鼎锅	ɕo³¹bv⁵⁵
刷子	fiẽ³³ndu³³	沙锅	tɕi⁵⁵bv⁵⁵
扫把	be³³ku³¹	锅铲	le³¹tɕʰə³³
（竹枝）扫帚	mu³³be³³ku³¹	碗	kʰua⁵⁵
（高粱穗）笤帚	tɕʰy³³be³³ku³¹	海碗	tɕi⁵⁵kʰua⁵⁵
抹布	la³¹nɯ³³	调羹	kʰa³³ndʑa³¹
牙膏	xɯ³³kʰɯ³³tɕʰi³³dy³¹	勺子	bv⁵⁵dʑe³¹
香皂	ndʑi³¹tse³¹tʂʰi⁵⁵ɣɯ³³	饭勺	χa³³kua³³bv³³dʑe³¹
洗衣粉	kv³³ndʑi³³tɕʰi³³ɣɯ³³	盘子	ɴGa³¹be³³
衣架	kv³³ndʑi³³ɣɯ³³kv³³	砧板	tʂɿ³¹pʰe³³
刷子	za³³kʰuɑ³¹kʰv³¹kʰv³³	筷子	a³³ʂɿ³¹
扫把	be³³ko⁵³	刀	i⁵⁵tʰi⁵⁵
尿桶	ndʑy³³pu³³ta⁵⁵	刀口/缺口	i⁵⁵tʰi⁵⁵χə⁵⁵kʰuə⁵⁵
蓑衣	zo³³ndʐɿ³³	刀把	i⁵⁵tʰi⁵⁵qua⁵⁵
伞	sa³¹	柴刀	da³³tɕyə³¹
雨衣	χɯ³¹ndʑi³³	菜刀	da³³pa³¹
斗笠	χɯ³¹tu³³tu³³	磨刀石	sɿ³³lu³³
伞骨	sa³³ŋua⁵⁵	缸	zo³¹
伞把	sa³³la³¹	坛子	dzuə³³
窗帘	nda³¹qʰo³³	烘架/熏架	ɕu⁵⁵
花瓶	bə³³bə³³kʰɯ³³ɻɿ⁵⁵	罐子/瓦罐	ku³³kə³³
床	tʂua³³	蒸笼	pu³³
床板	tʂua³³ tʂuə³³	甑子	pu³³
床架	tʂua³³kʰɯ³³tʂɿ³³	水瓢	be³³dʑe³¹
灶	qua³¹	捞箕（笊篱）	ʁə³³su³¹
炉子	tʰa³³qua³¹	壶	pʰu³³
火柴	sɿ³³mi³³	磨	rɯ³¹tʰa³³
火石	tse³³lu³³	碓	tɕo³³mu³³

词	国际音标		词	国际音标
（煮猪食）大锅	bə³³pʰv⁵⁵		寡妇	n̻i³³tʂʰɿ³³me³¹
小锅	bv³³zo⁵⁵		城里人	ʥɑ³³lo³³hĩ⁵⁵
（地灶的）三角架	ɕu³³kʰɯ³³		乡巴佬	be³³lo³¹hĩ⁵⁵
臼	tɕu³³mu³³		生手	ma³¹ku³³
台/架（置物用）	mba³³		里手	ku³³me³³
火塘房中间的立柱	mu³³dv³³me³³		熟人	sɿ³³sɿ³³hĩ⁵⁵
工具	mbe³³mbe³³		生人	ma³³sɿ³³hĩ⁵⁵
斧头	mbe³³mbe³³ŋu⁵⁵		朋友	ndzu³³
铁锤	kʰo³¹ndy³¹		老乡	dzɿ³³ty³¹hĩ⁵⁵
锯子	fu³³		富人	hĩ⁵⁵ndzɑ³¹
推刨	tʰi³³		穷人	hĩ⁵⁵se³³
钻子	kuɑ³³ruɑ³³		农民	ʥe³¹kʰə³³
凿子	tsɑ³³		工人	lo³³ɕu³¹hĩ⁵⁵
尺子	tsʰe³³ndy³¹		官	nʥɿ⁵⁵
钳子	mɯ³³n̻i³¹		头目	ku³³be³³hĩ⁵⁵
钉子	ɕu³¹qo³¹		乡长	be³³quɑ³¹
铁丝	ɕu³¹kʰɯ³¹		村长	be³³se³³
（裁缝）剪刀	tsɿ³³ti³¹		医生	tʂʰɿ³³ʁə³³be³³hĩ⁵⁵
针	qo³¹		土郎中	tsɿ³³ʁə³³quɑ³¹
顶针	qo³¹nu³³		师傅	gɯ³¹ge³³
			徒弟	ge³¹tʂʰu⁵⁵
			猎人	hỹ³³qʰs³³hĩ⁵⁵

10.称谓、姓氏

词	国际音标		词	国际音标
			屠夫	qʰo³¹qʰo³³hĩ⁵⁵
人	hĩ⁵⁵		老板	tsʰo³³pe³¹
老人	hĩ⁵⁵mu⁵⁵		傻子	hĩ⁵⁵do³¹
老太婆	ɑ³³tsɿ³³mu⁵⁵		好人	hĩ⁵⁵qʰɑ³³
男子	zo³³xa³¹		贼/小偷	kʰu³³hĩ⁵⁵
妇女	mi³³qʰuɑ³¹		强盗	hĩ⁵⁵ʐuɑ³³hĩ⁵⁵
小伙子	zo³³pʰe³³tɕi⁵⁵		土匪	kʰu³³me³¹
姑娘	mi³³qʰuɑ³¹		骗子	hĩ⁵⁵qʰuɑ³³hĩ⁵⁵
小孩子	se³³mĩ⁵⁵		流氓	mu³³ma⁵⁵sɿ⁵⁵me⁵⁵hĩ⁵⁵
男孩	se³³mi³³zo³³		乞丐	χɑ³³me³³
女孩	se³³mi³³		胖子	hĩ⁵⁵tʂʰɿ³¹
婴儿	zu³³zu³¹		丑八怪	zu³³qʰuɑ³¹

词	国际音标
汉族	hẽ³³pa³¹
姓	sʅ³¹zʅ³³
取名	mi³¹iə³³
乳名	kʰu³¹mĩ³¹
外号	be³³mi³¹
书名	tʰi³³ɣə³³mi³¹
纳西族（自称）	na³³hĩ⁵⁵

11.亲属

词	国际音标
长辈	tʂə³⁵dzʅ³¹
曾祖父	pʰu³³pʰu³³
曾祖母	ɖʅ³³ɖʅ³³
爷爷（面称）	a³³pʰu³³
奶奶（面称）	a³³ɖʅ³³
父母	a³³sʅ³¹a³³me³³
父亲（背称）	a³³sʅ³¹
爸爸（面称）	a³³ba³³
母亲（背称）	a³³me³³
妈妈（面称）	a³³ma³¹
继父	a³³ba³³tɕi⁵⁵
继母	a³³me³³tɕi⁵⁵
公公（面称）	a³³pʰu³³
婆婆（面称）	a³³ɖʅ³¹
岳父（背称）	a³³bu⁵¹
岳母（背称）	a³³tɕi⁵⁵
伯父	a³³bu³¹
伯母	a³³me³³
叔叔	a³³pu³¹
叔母	a³³tɕi⁵⁵
姑父	a³³gv³³
姑母（父之姐）	a³³ɲi³³
姑母（父之妹）	a³³ɲi³³
姨父	a³³pu³¹

词	国际音标
姨妈（母之姐）	a³³me³³
姨妈（母之妹）	a³³tɕi⁵⁵
外公（面称）	a³³pʰu³³
外婆（面称）	a³³ɖʅ³¹
舅舅	a³³gv³³
大舅	a³³gv³³dzʅ³¹
小舅	a³³gv³³tɕi⁵⁵
舅母	a³³ɲi³³
大舅母	a³³ɲi³³
小舅母	a³³ɲi³³
兄弟	gə³³zʅ³³
姐妹	me³³me³¹gu³³me³³
老大（排行）	zo³³dzʅ³¹
老二（排行）	zo³³ly⁵⁵
老幺（排行）	zo³³tɕi⁵⁵
哥哥	a³³bu⁵⁵
姐姐	me³³me³³
弟弟	bv³³zʅ³³
妹妹	gu³³me³³
嫂子	a³³me³³
弟媳	a³³tɕi⁵⁵
姐夫	a³³bv⁵⁵
妹夫	ŋgə³³zʅ³³
姑嫂	a³³ɲi³³
妯娌	a³³tɕi⁵⁵
连襟	a³³bv⁵⁵
夫妻	me³³tɕʰi³³mu³³ɣɯ⁵⁵
丈夫（背称）	mu³³ɣɯ⁵⁵
妻子（背称）	me³³tɕʰi³³
堂兄	a³³bv⁵⁵
堂妹	gu³³me³³
晚辈	tɕi³³tʂʰʅ³³
子女	se³³mi³³xa³³
儿子	zo³¹
儿媳	zo³³tʂʰʅ³³me³³

词	国际音标		词	国际音标
长子	zo³³dzŋ³¹		下身	mi³³kʰo³³
次子	zo³³ly⁵⁵		头	kv⁵⁵
小儿子	zo³³tɕi⁵⁵		脑/脑子	kv⁵⁵ly⁵⁵
女儿	mi³³		额头	tʰɑ³³pɑ³¹
女婿	mu³³ɣɯ⁵⁵		光头	kv³³i³¹
侄子	zo³³		脑髓	tʰɑ³³pɑ³¹ku³³fu⁵⁵
侄女	mi³³		秃顶	kv⁵⁵ie³¹
外甥	ʥe³³ɣɯ³³		后脑	kv³³ŋgu³¹
外甥女	ʥe³³me³³		脑髓	kv⁵⁵fu⁵⁵
孙子	ru³³bu³¹		发旋	kv⁵⁵pər⁵⁵
孙女	ru³³me³³		鬓角	fu³³ndzŋ³³
外孙	ru³³bu³¹		刘海	to³³su³³
外孙女	ru³³me³³		白发	kv³³pʰər³¹
孙媳	ru³³me³³		脸腮	mi³³uã³³
孙婿	ru³³pu³¹		颧骨	ȵə³³be³³
重孙	bu³³bu³³		眼白	ȵə³¹pʰər³³
祖宗	ŋga³¹tʂʰŋ⁵⁵		眼角	ȵə³¹mar³³
后代	me³³tʂŋ⁵⁵		太阳穴	be³³be³¹
亲戚	kʰu³¹hĩ⁵⁵		头发	kv³³fu³³
辈分	tʂʰŋ⁵⁵tsŋ⁵⁵		发旋	kv³³tsŋ³¹
排行	tʂʰŋ⁵⁵ʥŋ³¹tɕi⁵⁵		发髻	kv³³tsŋ³¹
亲家	bu⁵⁵hĩ⁵⁵		辫子	kv³³tʂʰuə³¹
孤儿	tʂʰŋ⁵⁵zo³³		脸/面	pʰɑ³³me³¹
父子俩	a³³pa³³zo³³		皱纹	tv³³tv⁵⁵
母女俩	a³³me³³mi³³		眉毛	ȵɑ³³tsŋ³¹fu⁵⁵

12. 身体

词	国际音标
身子	gv³³mu³³
个子	mu³³tʂŋ³³
相貌	fu⁵⁵
体质	gv³³mu³³gu³¹mɑ³³ŋgu³¹
肤色	uã³³ɕi³³ɕu⁵⁵
上身	gə³³kʰo³³

词	国际音标
睫毛	ȵɑ³³fu⁵⁵
眼睛	ȵɑ³³ly³³
眼珠	ȵɑ³³na³¹
眼屎	ȵɑ³³
眼泪	ȵɑ³³mbər⁵⁵
眼皮	ȵɑ³³ɣɯ⁵⁵
鼻孔	ȵi³³mar³³kʰua³³
鼻子	ȵi⁵⁵me⁵⁵
鼻涕	ȵi⁵⁵
鼻屎	ȵi³³kʰe⁵⁵

词	国际音标	词	国际音标
鼻尖	n̠i³³mar³³ku³³ly³³	手掌	lɑ³³bɑ⁵⁵
鼻梁	n̠i³³mar³³	掌纹	lɑ³³pər⁵⁵
耳朵	hẽ³¹	手心	lɑ³³qo³¹
耳垂	hẽ³¹pu³³lu³¹	手背	lɑ³³gv³³
耳屎	hẽ³¹kʰe³¹	手指	lɑ³³n̠i³³
人中	nv³³dʑy³¹	指纹	lɑ³³me³³z̩u³³
嘴巴	kuə³³be⁵⁵	胭纹	lɑ³³me⁵⁵z̩u⁵⁵
嘴唇	nu³³bi³¹	虎口	lɑ³³n̠i³³kuɑ³³
胡子	mu³¹tʂɿ³³	拇指	lɑ³³me⁵⁵
络腮胡	be³¹nɑ³¹	食指	ɑ⁵⁵n̠i⁵⁵
八字胡	mu³¹tʂɿ⁵⁵	中指	ɑ⁵⁵qo⁵⁵
口水	tʂe⁵⁵ɦẽ³³	小指	ɑ⁵⁵qʰe⁵⁵z̩ɿ³¹
痰	tʂɿ³³pʰe³³	指甲	tɕi³¹ku³³
下巴	mi³³uɑ̃³¹	手茧子	lɑ³¹pɑ³³
舌	ɕi⁵⁵	（指甲下）倒刺	lɑ³¹n̠i³³ʂuɑ³³tʰu⁵⁵
牙齿	xɯ³³kʰɯ³¹	手腕	lɑ³¹uɑ̃³³
舌尖	ɕi³³ku³³ly³³	胳膊肘	lɑ³¹me³³tʰo³¹
舌苔	ɕi³³qʰe⁵⁵	胳膊	lɑ³³uɑ̃⁵⁵
齿龈	xɯ³³pu³³to⁵⁵	赤膊	lɑ³³tʂɿ⁵⁵
牙缝	xɯ³³kuɑ⁵⁵	腋窝	lɑ³³kuɑ⁵⁵
龅牙	xɯ³³tsɑ⁵⁵	肩膀	lɑ³¹kʰuɑ³¹
犬齿	ndʐɑ³¹	腿	kʰɯ⁵⁵
臼齿	ɴɢo³¹lu³¹me³³	大腿	mu³³pʰe⁵⁵li³¹
门牙	xɯ³³tsʰe³¹	小腿	de³³be³¹
牙垢	xɯ³³kʰe³³	二郎腿	kʰɯ³³lo³³lo⁵⁵
脖子	de³³be⁵⁵	腿肚子	kʰɯ³³tʂɿ⁵⁵
喉咙	dɑ³³rə⁵⁵	膝盖	mɑ³³ku³¹
喉结	tʂʰɿ³³kʰuɑ³³	脚	bə³³
小舌	ɕi³³zo⁵⁵	脚掌	mu³³bə³³
食道	me³³pɑ⁵⁵	脚心	bə³³tʂʰɑ³³
气管	tʂʰɿ³³kʰuɑ³³	脚杆	kʰɯ³³tʂɿ⁵⁵
手	lɑ³³	脚跟	mɯ³³tʂʰɿ³³
左手	ɦẽ⁵⁵lɑ³³	脚趾	mu³³n̠i³³
右手	i³¹lɑ³³	赤脚	bɯ³³n̠ĩ⁵¹
拳头	tʂʰɿ³³tʂɿ⁵⁵	脚印	bə³³kʰuɑ³¹

词	国际音标	词	国际音标
脚步	ŋɑ^{33}ŋgɑ^{31}	大肠	bv^{33}pɑ^{31}
胸脯	ŋɑ^{31}pu^{31}	小肠	bv^{33}tsʰu^{31}
乳房	nuɑ^{33}	膀胱	sʅ^{33}pv^{33}
乳汁	nuɑ^{33}ku^{33}ly^{31}	屎	kʰe^{33}
肚子/腹部	bv^{33}me^{55}	尿	ndʑy^{31}
肚脐	bv^{33}tɕə^{33}	屁	kʰe^{33}kʰə^{55}
腰	tʂʰʅ^{33}me^{55}	臀部	ndo^{31}
背脊	sʅ^{33}mbɑ^{31}	胃病	bu^{31}dv^{31}ŋgu^{31}
肚腩	tʂʰʅ^{33}mbv^{33}	胆结石	kɯ^{31}lu^{33}xɯ^{33}
皮肤	ʁɯ^{33}ɕu^{31}	阑尾炎	bv^{33}ɴɢuɑ^{31}ŋgu^{31}
汗毛	ʑi^{31}fu^{33}	肚子疼	bv^{33}me^{33}ŋgu^{31}
汗	tɕu^{55}	便秘	kʰe^{33}tʂʅ^{55}
汗垢	qʰe^{33}	痢疾	zu̧^{31}
毛孔	ʑi^{31}fu^{33}kʰuɑ^{33}	抽风	tɕʰi^{33}tɕʰi^{55}
肉	ɕi^{33}	中风	dɑ^{33}dɑ^{55}
筋	ŋgu^{33}	大脖子病	mbɑ^{33}me^{33}
血	ʂe^{55}	着凉	tɕʰi^{55}
血管	ʂe^{55}mbɑ^{55}	感冒	dʑi^{33}kʰuɑ^{31}ŋgu^{31}
骨头	huã^{55}	发烧	tsʰʅ^{33}ɕu^{33}ɕu^{33}
肋骨	χo^{31}	月经	dʑi^{33}tɕʰə^{55}
骨髓	bu^{33}du^{55}qo^{31}	恶心	nu^{33}kʰuɑ^{55}ke^{55}
头盖骨	tʰɑ^{33}pɑ^{31}	呕吐	pʰe^{55}
肩胛骨	tɕʰy^{31}	狐臭	i^{31}bu^{33}nu^{31}
脊椎	sʅ^{31}uã^{33}me^{33}	口臭	sɑ^{33}tʂʰʅ^{55}bu^{33}nu^{31}
胯骨	tʂʰy^{31}kuɑ^{33}ruɑ^{31}	呻吟	pʰɑ^{55}
踝骨	ɦẽ^{31}me^{33}ŋgv^{33}tɑ^{33}ruɑ^{33}	胀	kʰu^{33}
内脏	tʂʰʅ^{33}sʅ^{55}	红肿	u^{33}
心	ne^{55}	痒	qar^{33}qar^{31}
肺	tʂʰʅ^{55}	头疼	kv^{33}ly^{33}ŋgu^{31}
肝	sʅ^{33}	晕	huã^{55}
胆	gɯ^{31}	骨折	ɦuã^{33}kʰe^{33}
肾/腰子	mbv^{33}lu^{33}	脱臼	tʂʅ^{33}tʰu^{55}
胃	dv^{31}	伤口	mi^{33}kʰu^{33}
肠子	bv^{33}	伤痕	mi^{33}tɑ^{55}
肛门	kʰe^{33}kʰuɑ^{31}	鞭痕	mbv^{33}ʅ^{33}zu̧^{31}

词	国际音标	词	国际音标
淤血	ʂa³³bv³¹kuə³³	唱山歌	guə³¹
淤青	na³³tɕʰi³³kuə⁵⁵	定情	bar³³bar³¹tɕi³³
脓	mbv³³	情人	a³³ndɑ³¹
痤疮	tv³³mbv⁵⁵	提亲	mi³³hã³¹
（肿）包	ta³³ruɑ⁵⁵ndʑi³¹	抢婚	mi³³ndʐuɑ⁵⁵
水泡	dʑi³¹dv³¹	喜期（婚日）	mi³³ʂu⁵⁵ɲi³³uã³³
起泡	sa³³dv³¹	结婚	mi³³ʂu⁵⁵
红眼病	ɲə³¹hỹ³¹ŋu³¹	离婚	ɴGuɑ³³ɴGuɑ³¹
色盲	ɲə³¹mbv³³dzɿ³³	嫁女	mi³³tɕʰi⁵⁵
老花眼	ɲə³¹uã³³tɕʰi³¹	娶儿媳妇	zo³³tʂʰɿ³³me³³ʂu⁵⁵
斜眼	ɲə³¹ze³³	拜堂	pɑ³³ma⁵⁵be³¹
流鼻血	ɲi³³ma³¹ʂa³¹kuɑ³³	回门	mi³³pv⁵⁵
沙哑	tʂʰɿ³³kʰuɑ⁵⁵qar³³qar³¹	守寡	ɲi³³tʂʰɿ³³mar³³
牙痛	xɯ³³ŋgu³¹	难产	zo³³fiã³¹
獠牙	ndzɑ³¹	小产	zo³³tsʰy³¹
换牙	xɯ³³qar³³	胎	zo³³
灰指甲	tɕi³¹kv³³ɕi³³	双胞胎	dzɿ³³ʥu³¹zo³³
脱皮	ʁɯ³³le⁵⁵	脐带	bv³³tɕə⁵⁵
独眼	ɲə³¹tu³³	产子	zo³³ty³¹
哑	hĩ³³ndo³¹	出生	ndʑu³¹
歪嘴	nv³³kʰuɑ³³ke³³ʂɿ³³	褡兜/褡裸	kʰe³³nu⁵⁵
独臂	la³¹ndv³³	尿片	kʰe³³kʰu³¹ɻ̍³³
六指	la³¹me³³ɴGuɑ³¹	坐月子	χɑ⁵⁵tsʰe³¹
鸡胸	ʂɿ³³ke⁵⁵ke³¹	满月	hẽ³³ʂɿ⁵⁵
罗圈腿	kʰɯ³³guə³³	喂奶	nuɑ³³iə⁵⁵
瘫痪	sy³¹ʥu³¹	围嘴	qe³³ta³¹
		吃奶	nuɑ³³tʂʰɿ³¹
		私生子	me³³zo⁵⁵
		绝户	ndʑye³³

13.风俗习惯

A.婚恋、生育

词	国际音标
当地女性头饰	χe³³ni³¹
蜂蜜/蜜糖	uɑ³³mbe³³
追求	ndy³³

B.寿辰、丧葬

词	国际音标
生日	ndʑu³¹ɲi³³uã⁵⁵
寿命	zɿ³³ʂɿ³¹

词	国际音标
断气	ɕi⁵⁵
死	ɕi⁵⁵
自杀	ku⁵⁵ȵy³³u⁵⁵sy⁵⁵
投水	ndʑi³³ȵy³³
上吊	kt³³tsʅ³³
丧事	nu³³
棺材（通）	qʰe³¹
送葬	pu⁵⁵
坟墓	mbu³³tsu³¹
埋	nu³³
尸体	xe³³mu³¹
戴孝	tʂʰʅ³³zo³³
和尚	tsa³³ba³¹
尼姑	kv³³mɑ³¹
喇嘛	la³³mɑ³¹
算命书	kʰu³³zʅ⁵⁵tsʅ³¹
作法	be³³to³¹
法术	tʰi³³ŋgɯ³³
算命先生	pʰa³³me³³
命运	tʰa³³pa³³
烧香	tɕʰu³³pa⁵⁵ndʑi³³
拜	lo³³pu³¹ty³¹
庙	gu³³mba³¹
佛	ɦẽ³³
鬼	tʂʰu³¹
妖怪	ʂu³¹
福	ne³¹uã³¹
运气	iə³¹
走运	tʂʅ³³iə³¹
倒霉	tʂʅ³³
祸	ndzu³¹
阎王	tsʰu³³su³³pʰe³³
仙	ŋga³³la³¹
菩萨	pʰər³³la³¹

14. 日常生活

A. 衣

词	国际音标
穿	mu³¹
脱	pʰu⁵⁵
打扮	tɕə³³ɕu⁵⁵
系裙	kɯ⁵⁵
打结	ta³³ruɑ⁵⁵
换洗	qe³³tʂʰʅ³³
晾衣	dʑi³³ʁə⁵⁵
缝	tɕu³¹
补	fu⁵⁵
剪	tsʰʅ³³
裁	u³¹
织（毛线）	tʂʅ³³
戴	tʂʰɑ³³
化妆	tɕə³³ta³³ma³¹

B. 食

词	国际音标
生火	mi³³tɕi⁵⁵
砍柴	sʅ³³ndɑ⁵⁵
淘米	tʂʰuɑ³³tʂʰʅ³¹
做饭	xɑ³³ta³³mɑ³¹
洗碗	kʰuɑ³³tʂʅ⁵⁵
做菜	ne³³hẽ³¹tɕə⁵⁵
搅拌	ʂʅ³³ʂʅ³¹
焖	ŋgv³³
炖/炊	tʂʅ⁵⁵
煮	tɕə⁵⁵
炸	hỹ³³hỹ³¹
炒	ndzʅ³³
煎	tɑ³³
蒸	pu³³

词	国际音标
烤	ndʑi⁵⁵
腌	tʂɿ⁵⁵
吃饭	xa³³ndʐɿ⁵⁵
盛饭	xa³³qua³¹
打嗝	kɯ³³ti⁵⁵
饱	gɯ³³
饿	ʐu³¹
讨饭	xa³¹me³³
酿酒	ʑi³³dʑə⁵⁵
喝酒	ʑi³³tʂʰɿ³¹
（酒）醉	qua³¹
抽烟	iə³³tʂʰɿ³¹
口渴	ndʑi³¹bu³¹
喝茶	le⁵⁵tʂʰɿ³¹

词	国际音标
点灯	mi³³tɕi⁵⁵
熄灯	mi³³kʰə⁵⁵
打哈欠	ʑi³³ʐɿ³¹
睡觉	ʑi³³ũ³¹
打呼噜	a³³ʐɿ³¹
打喷嚏	tʂʰɿ³³
做梦	i³³mu⁵⁵
说梦话	ʑi³³ndy⁵⁵ʐuo³¹
醒（睡醒）	nua³³
晒太阳	ȵi³³me³³ʁə⁵⁵
烤火	mi³³ʁə⁵⁵
乘凉	se³³se³¹
熬夜	ʑi³³mbər⁵⁵

C.住

词	国际音标
住	hỹ⁵⁵
搬家	dʑi³¹mbər³³
分家	dʑi³³ndʐu³³
看家	dʑi³¹tɕʰi⁵⁵
事情	ʂɿ³³
做家务	iə³³qo³¹ɕiu³³ɕi³¹
扫地	be³³be³¹
开门	kʰu³³pʰu³³
关门	kʰu⁵⁵tʂɿ⁵⁵
起床	gə³³tʂɿ³³
洗脸	dʑi³³tse³¹
漱口	χɯ³³tʂʰɿ³³
梳头	gu³³pər³³
理发	gu³³ŋe³¹
洗澡	gu³³tʂʰɿ³³
小便	ndʐy³³li⁵⁵
大便	kʰe³³li⁵⁵

D.行

词	国际音标
出门	ʐuə⁵⁵ndʑi³³
等待	χo³³
走路	ʐuə⁵⁵se³³
遇见	dʐɿ³³ly³¹
回家	e³³be³¹
路过	ndʐɿ³¹
来	ru³³
去	hũ³³
进	kʰu³¹
出	be³¹
上来	gɯ³³tɕu⁵⁵lu³¹
下去	mi³³tɕiu⁵⁵be³¹

15.人际交往

词	国际音标
合伙	dʐɿ³³ta⁵⁵
冤枉	mba⁵⁵

词	国际音标
欺负	hẽ³³mba³³
受气	ma³³qʰe³¹
眼红	nə³³hỹ³¹
争	ndzua³³
吵架	sye³³sye⁵⁵
打架	la³³la⁵⁵
劝	pe³¹
吃亏	na³³
上当	ŋgə³³ŋgə³¹
感谢	gẽ³sɿ³¹
道歉	ndʐɿ³³ʂu⁵⁵
帮忙	qa³³qa⁵⁵
出丑	za³³ɕi³¹
走亲戚	qʰo³¹dʑi³¹
主人	da³¹bu³¹
客人	hĩ³³bər⁵⁵
送礼	iə³³iə³¹
礼物	iə³³

16.商贸、交通、通讯

词	国际音标
旅店/客栈	hĩ³³bər⁵⁵dʑi³¹
做生意	ɣw³³la³¹be⁵⁵
摆摊	dzɛ³³dzɛ⁵⁵
利息	mbv³¹
赔	tsʰy⁵⁵
欠债	fiẽ⁵⁵
还债	le³¹tsʰy⁵⁵
工钱	qa³³pʰu³³
赊账	ŋgu³³
赚钱	pʰu³³dzɿ³³
亏本	dʑu³³dʑi³¹
本钱	ŋu³¹sɿ³¹
买	hẽ³¹

词	国际音标
卖	tɕʰi³³
(物)交换	tʂw³³tʂw³³qe³³qe³³
价钱	pʰu³³gu⁵⁵
钱	dʑu³¹
算盘	ta⁵⁵pʰe⁵⁵
秤	ʐua³³
过秤	ʐua³³ʐua³³
路	ʐuə⁵⁵
桥	ndʐo³³
车站	tʂʰe⁵⁵tʂen³³
路费	ʐuə⁵⁵pʰu³³
开车	kʰe³³tʂʰe³³
坐车	tʂʰe³³ndʑu³¹
上车	ʂʰaŋ³³tʂʰe³³
下车	ɕi³³ ⁴ tʂʰe³³
飞机	fe³³tɕi³³
车	tʂʰe³³
火车	xo⁵⁵tʂʰe³³
自行车	tsɿ³³ɕin³¹tʂʰe³³
船	ri³³ŋgu³¹
渡口	gu³³kʰu³¹
乘船	ŋgu³¹dʑa³³
划船	ŋgu³¹za³³
邮局	no³¹ze⁵⁵
寄信	kua³³kuə⁵⁵
电话	tien³³xua⁵⁵

17.行政、讼事、军事

词	国际音标
国家	ndu³³kʰu³¹
乡	mbe⁵⁵
村	uo³¹
印章	ʐu³¹la³³
告状	kua³¹

词	国际音标
打官司	tʂu³³tʂu³³
查案	sɿ³³ɕiu³¹
不服	mɑ³³i³¹
招供/交代	mi³¹mu³³
承认	m̩³¹
反口/翻供	χɑ³¹
犯法	ndu³¹lo³¹ndʐɿ³³
赌博	ʂu³¹to⁵⁵
杀人	hĩ⁵⁵sy⁵⁵
坐牢	gə³³χo³¹
砍头	ku³³ndɑ⁵⁵
枪毙	sy⁵⁵
打仗	mu³³dzɿ³¹
兵	mə³³zo³¹
长矛	ly³¹

18.教育、科技

A.学校

词	国际音标
学校	tʰi³³ɣɯ³³so³¹dʑi³¹
老师	ri³³bu³¹
学生	pu³³zo⁵⁵
教书	tʰi³³ɣɯ³³so³¹
放假	qɑ³³hĩ⁵⁵

B.教室

词	国际音标
讲台	so³³pu⁵⁵
黑板	so³³mɑ³³tʂe³¹
书包	tʰi³³ɣɯ³³kʰɯ⁵⁵dʑi³¹
笔	pu³³ly⁵⁵
毛笔	fu³³pu³³ly⁵⁵

词	国际音标
铅笔	sɿ³³pu³³ly⁵⁵
笔筒	pv³³ly⁵⁵kʰə³³rə³³
墨	mu³³nɑ³¹
纸	se³³ʂu⁵⁵
簿子	tʰi³³ɣɯ³³dʑe³¹
文化	ʁu³³tse³¹
读	tɕʰu³³
背书	kʰu³³ɕi³¹
书	tʰi³³ ɣɯ³³
字	ly³³
认字	tɕʰu³³ku³¹
写字	bər³³ku³³
潦草	ri³³ ri³¹
算数	tsɿ³³tsɿ³¹
考试	dʑi³³dʑi³³
满分	xə³³lu³³
头名	zu̯ɑ³³dzɿ³¹ku³³
末名	dʑɑ³³dzɿ³¹ku³³
毕业	so³³se⁵⁵
玩耍	dʑɑ³³mbu³¹
踢毽子	ɑ³³ndu³¹tsu⁵⁵
抽陀螺	lɑ³¹so⁵⁵
荡秋千	ke³³ndʑy³¹
坐跷跷板	li³³lɑ³³
捉迷藏	ɕu³³ɕu³¹ne³³ne³³
捉中指	lɑ³¹ʂu⁵⁵
老鹰抓小鸡	kə³³ɸie³¹zu³¹
猜谜	sɑ³³me³¹sɑ³³ly³¹ly³³
吹口哨	tɕi³³ɕi³¹kʰə³³
玩牌	pʰe³¹lɑ³³
打麻将	mɑ³³tɕə³¹lɑ³³
下棋	lu³³kə³³
弹弓	ɕiu³³pu³³
比赛	tʂʰuɑ³³tʂʰuɑ³¹
赢	ŋɑ³³

词	国际音标
输	ȵi³³
打球	pʰu³³la³³
摔跤	ʐu³³ʐu³¹
扳手劲	la³³uã³¹qʰe³³qʰe³³
游泳	dʑi³¹ndʐɿ⁵⁵
潜水	dʑi³³bu³¹
比武	la³³la⁵⁵
翻筋斗	ku³³to³¹ku³³pe⁵⁵kʰə⁵⁵
耍魔术	ȵə³¹tɕu³³kʰə³³
唱歌	guə³¹
跳舞	tsʰo³³
锣	tɕə³¹ŋə⁵⁵
鼓	nda³³gu³³
琴	kʰv³³kʰv³¹
笛子	pu³³ri³¹
葫芦丝	ȵu⁵⁵
喇叭	e³³ȵi³¹
戏台	tsʰo³³mba³³
唱戏	tsʰo³³guə³¹
电影	tien³¹i⁵⁵
照相	pa³³la³³
相片	pa³³dʐyə⁵⁵

19.行为、动作

词	国际音标
听	kʰuã³³mi³³
看	ly³³
瞟	ȵa³³me³¹hẽ⁵⁵
皱眉	ʐu⁵⁵kʰua³¹
吃	ndʐɿ⁵⁵
喝	tʂʰɿ³¹
尝	so⁵⁵
咬	tsʰa⁵⁵
舔	iə³¹

词	国际音标
含	tɕʰi³³tɕʰi⁵⁵
吹	mu³¹
吻	qʰo³³ qʰo³¹
吮（吮手指）	ŋgə³³
吐	pʰe³³
闭嘴	kuə³¹be³³mu³³
张嘴	kuə³³be³³xa³³
咽	qua⁵⁵
噎	tʂʰɿ³³kʰua⁵⁵fie³¹
呛	dʑi³¹ʐuə³³qe⁵⁵
呼吸	sa³³ndʐɿ³¹
吸气	sa³³gə³¹ndʐɿ³³
呼气	sa³³mi³¹kʰə³³
闻/嗅（气味）	bv³³nu³¹
抬头	ku³³gə³¹tɕʰi³³
低头	ku³³mi³¹kʰə³³
点头	ku³³ŋə³³ŋə³³
摇头	ku³³la³³la³¹
（用头）撞	ku³³ndʐua³¹
招手	la³³u³¹kʰə⁵⁵
举手	la³³tɕʰi⁵⁵
鼓掌	la³³ba⁵⁵ndo⁵⁵
笼手	dʐɿ³¹kua³¹ʂɿ⁵⁵ʂɿ³¹
张开手掌	la³³ba⁵⁵qʰe⁵⁵qʰe⁵⁵
（双手）掐	ne³³
拧	ke³³ʂɿ³³
（指头）摁	nũ³¹
（指关节）叩击	χɯ³³χɯ³³
（手指）抠	qe³³re³³
指（着）	la³³ȵi³¹tɕʰi⁵⁵
抬	tɕʰi⁵⁵
扛	mbu³¹
挑/担	da³¹da⁵⁵mbu³¹
背（东西）	hẽ⁵⁵
摸	kʰuə³³kʰuə⁵⁵

词	国际音标	词	国际音标
扶	ʂɿ³³ʂɿ³¹	跟	tse⁵⁵
搂/抱	to³³to³¹	踩	tʰu⁵⁵
推	me³³	踮	mɑ³³me³¹
拉	tʂʰe³¹	跪	mɑ³³gu³³tʂʰu⁵⁵
牵/引（老人）	ʂɿ³¹	蹲	ke³¹
放（东西）	tɕi⁵⁵	站	gu³¹
打	lɑ⁵⁵	踢	tʂʰu³³
掰（手指）	tɕʰy⁵⁵	坐	ndʐu³¹
掴（耳光）	ndɑ³³	躺	ʑi⁵⁵
扳	kʰe³³	趴	pɑ⁵⁵
捧（水）	kʰu³³	摔跤/跌跤	be⁵⁵ŋgə⁵⁵
挡（屎）	ndʑy³³kʰu³¹	转身	tʂɿ³³tɕiu³¹
拿	zu³¹	靠	tʰo³¹
给	ku³¹	遗失	mɑ³³dʐɿ³³xɑ³¹
端	pu⁵⁵	寻找	ɕu³¹
提	tɕʰi³¹	藏（东西）	ŋgv³¹
扔（石头）	tɕʰy⁵⁵	躲藏	ɕu³¹mbɑ³³
抛	ku³¹ty³¹	堆放	uə⁵⁵
挖	qe⁵⁵	叠	tv³³
掏	gə³¹qe⁵⁵re⁵⁵	摆	dze³¹
摇动	lɑ⁵⁵lɑ³¹	搬	tɕyə⁵⁵
夹（腋下）	NGe³³	挡	tʂɿ⁵⁵
抓（把米）	tɕye³³	（堵）塞	tɑ³¹
捉	to³³	抢	ndzuɑ³³
抓痒	qe³³qe³¹	捆（绑）	pʰɑ³³
甩（水）	χu⁵⁵χu⁵⁵	砸	ty³³
揉	so⁵⁵so⁵⁵	刮	sɿ³³
撕	ʂuə³¹	插	tɕʰu⁵⁵
搓	lu⁵⁵lu⁵⁵	揭（盖）	ɕi⁵⁵
擦（汗）	kʰv⁵⁵	翻	le³³
走	hũ⁵⁵	挂	ke³³
跳	ɕə⁵⁵	包	tʂɿ³³tʂɿ⁵⁵
跑	pʰu³¹	贴（画）	tɕʰə⁵⁵
爬	lɑ³³mbu³¹	（用棒）捅	ndʑy³¹
追赶	ndy⁵⁵	割	hẽ⁵⁵

词	国际音标	词	国际音标
砍	nda^{55}	害怕	tɕi^{55}
杀	k^{h}o^{55}	胆量	ne^{33}dʐʅ^{31}
刺	tʂ^{h}u^{33}	壮胆	kɯ^{31}k^{h}ə^{33}
剐	xɯ^{33}	吓（人）	tʂʅ^{55}
锯	hẽ^{55}	别人吓我	ndʐʅ^{31}
劈（柴火）	k^{h}e^{33}	嫌	dʑa^{33}ɕi^{31}
剥	ɣɯ^{33}ɕi^{55}	忍耐	ʐʅ^{33}
削（削皮）	ɣɯ^{33}sʅ^{55}	喜欢	be^{31}
折断（竿）	k^{h}e^{33}ȵiu^{33}t^{h}u^{33}	着急	sʅ^{33}dʑʅ^{33}
磨擦（手掌）	k^{h}u^{33}k^{h}u^{31}	担心	nu^{33}me^{55}ndʑə^{31}
修	ta^{33}ma^{31}	放心	ne^{33}k^{h}ua^{33}dzua^{31}
雕	qe^{33}	愿意	bu^{31}mi^{33}
箍（动词）	bu^{33}tɕu^{31}la^{33}	想	ʂu^{55}
装（袋）	k^{h}ɯ^{33}k^{h}ɯ^{55}	要	iə^{31}
卷（席子）	dy^{31}ly^{33}	试	dʑi^{33}dʑi^{31}
盖（动词）	ka^{33}	猜	χua^{33}
封	le^{31}tʂʅ^{31}	相信	gɯ^{31}ŋgɯ^{31}
榨（油）	ne^{55}	发呆	huã^{55}
（东西）压（着）	na^{33}	记得	nu^{33}nu^{33}ndʑu^{31}
洗	tʂ^{h}ʅ^{33}	忘记	le^{31}mi^{33}
染	dʑi^{55}	想起	t^{h}i^{33}χa^{31}
理睬	ma^{33}ly^{33}	假装/装作	dʑo^{33}dʑo^{31}be^{33}
知道	a^{31}sʅ^{33}	说	zuə^{31}
以为	ʂu^{33}ndʐʅ^{33}se^{31}	话	tɕi^{31}
认得	le^{33}sʅ^{33}	说话	kə^{33}tɕi^{31}
懂	sʅ^{33}	声音	rə^{33}ʐʅ^{31}
笑	zɛ^{31}	告诉	ɕə^{33}be^{33}
伤心	a^{33}rɯ^{33}	说谎	huã^{55}zuə^{55}
后悔	ʂu^{33}31^{1}ndʑu^{33}ndʑu^{31}	笑话	zɛ̃^{33}bu^{33}
哭	ŋɣ^{31}	喊	k^{h}uə^{31}
流泪	ȵa^{33}mbu^{33}k^{h}ə^{55}	呼喊	ua^{31}ru^{31}zuə^{31}
生气	ma^{33}xə^{31}	谈天	ʂu^{33}to^{33}
出气	sa^{33}k^{h}ə^{31}	讲古	mi^{33}to^{31}
讨厌	mbv^{31}zua^{55}	吹牛/夸口	fə^{55}
恨	ndʐʅ^{33}	打赌	ʂu^{33}to^{55}

词	国际音标
发誓	mi⁵⁵lo³³la⁵⁵
问	mi⁵⁵do⁵⁵
顶嘴	lo³³xa³¹
骂	nu⁵⁵
哄	kua³³kua³³
答应	be³¹
松口	fu³¹
翻译	dzuo³¹
顶替	ka³³mbu³¹
换	tsʰy⁵⁵
填	fu⁵⁵
变（作）	tɕuə³¹
耽误	gə³³gə³¹
碍（事）	lo³³gə³¹
旋转	kua³³kuə³¹
留	tɕi³³
挑选	su³³su³¹
使用	tse³¹

20. 人称、指代、疑问

词	国际音标
我	ŋa³¹
你	nua³¹
他	tʂʰʅ³³
我俩	gu³¹dʑu³³
咱俩	ua³³zu³³
他俩	tʂʰʅ³³zu³³
我们	ko³³ŋgə³¹
你们	no³³ŋgə³¹
他们	tʂʰʅ³³ŋgə³¹
咱们	gu³³ŋgə³¹
我的	ŋa³³i³¹
你的	nuə³³i³¹
他的	tʂʰʅ³³i³¹

词	国际音标
咱们的	gu³³ŋgə³¹
我们的	a³³ŋgə³³i³¹
你们的	no³³ŋgə³¹i³¹
他们的	tʂʰʅ³³ŋgə³¹i³¹
自己	ko³³
别人	be³¹hĩ⁵⁵
人家	hĩ³³ko³¹
大家	dzʅ³³la³¹
每人	hĩ⁵⁵se³³pe³³
人人	hĩ³³mi³¹hĩ⁵⁵
这	tɕʰu³¹
那（近指）	tɕʰə³¹
那（远指）	a³³tʰi³¹
这里	tɕʰi³³
这些	tɕʰi³³
那些	tʂʰʅ³³
这个	tɕʰi³³ly³¹
那个（近指）	tʂʰʅ³³l y³¹
这样	tɕʰi³³be³¹
那样	tʂʰʅ³³be³¹
这么	tɕʰə³³be³¹
那么	tʂʰʅ³³be³¹
这么多	tɕʰi³³iə³¹
那么多	tʂʰʅ³³iə³¹
哪个	tʂʰʅ³³ly³¹
哪里	do³¹
哪些	tʰi³³tʂʰʅ³¹
哪天	tʂʰʅ³¹ȵi³¹
谁	a³³ȵi³¹
谁的	a³³ȵi³¹i³¹
什么	a³³ta⁵⁵
什么时候	de³³dʑi³¹
为什么	a³³ta³³pe³¹
怎么	a³³ti³³pe³¹
怎么做	a³³ti³³pe³³pe³¹

词	国际音标
怎样	ɑ³³ti³³gv³¹
多少	dʑe³³iə³¹
几个	dʑe³³ly³¹
多久	dʑe³³ʂʅ³¹

21.性状、情态

词	国际音标
多	dʑye³¹
少	ne³³
锋利	tʰɑ³³
钝	mɑ³³tʰɑ³³
干	pv³³
湿	ndzʅ³¹
湿淋淋	ndzą³¹
胖	tʂʰʅ³¹
瘦	ndʑɑ³¹
肥	ɕi³³di³¹
真	gɯ³¹
假	kʰe³¹
好	gɑ³¹
坏	kʰuɑ³¹
对	ku⁵⁵
错	dzʅ⁵⁵
光滑	be³³ge³¹
朽/腐烂	tʂʰʅ³³
干净	zi⁵⁵ʂuə⁵⁵
邋遢	tʂʰʅ³³
安静	tsʰe³¹kɯ³³
热闹	lo³³ʂu³¹
方便	ku³³iɑ³¹
牢固	ndzʅ³¹
贵	pʰu³³dzʅ³¹
便宜	pʰu³³iu³¹
清凉	pʰu³³se³¹

词	国际音标
奇怪	kʰə³³kʰə³¹
漂亮	ze⁵⁵
丑陋	zo³³tsɑ³³
聪明	ne³³ndʑɑ⁵⁵
勤快	xo³¹ɕi³³
懒惰	hĩ³³pu³¹
蠢/笨	hĩ³³do³¹
老实	tɕi³¹tɕi³¹
浪费	tɕi³¹pɑ³³
狡猾	hĩ³³ndʑʅ³¹
小气	mɑ⁵⁵pe³¹
大方	lɑ³³kʰɯ⁵⁵
乖	nɯ³¹
调皮	tɕʰə³³tɕʰə³¹
蛮横	mɑ³³ku⁵⁵mɑ³³sʅ³³
下流	mi³³ʑi³¹
大胆	kɯ³³dzʅ³¹
犟/倔强	zuɑ⁵⁵
高兴	be³¹
烦躁	sʅ³³tsʅ³³
难过	ɑ³³rə³³
熟识	ku³³sʅ⁵⁵
生疏	mə³³sʅ³³
粗心	nu³³me³³ndʑɑ³³
慌张	tɕi⁵⁵qe⁵⁵
辛苦	ndʑə³¹
颜色	ʂuɑ³³
褪色	le³³tɕyə³¹
红	hỹ⁵⁵
白	pʰər³¹
黑	nɑ³¹
青	mu³³ɕi⁵⁵
绿	χe³¹rə³³
蓝	xə³³ɕu³¹
灰	lɑ³³kʰɑ³³ɕu⁵⁵

词	国际音标
味道	bv⁵⁵nɯ³¹
气味	nɯ³¹
淡	ma³³ndʐʅ³¹
咸	kʰɑ⁵⁵
香	ʐi³¹
腥	kʰɑ³³tʂʅ³³tʂʅ³³
臭	tsʰɑ⁵⁵
酸	tɕi³¹
甜	tɕʰi³¹
苦	kʰɑ⁵⁵
辣	tsʅ⁵⁵

22. 其它

词	国际音标
最	dʑə³¹
更	xɑ⁵⁵
特别	kʰə³³tʂʅ⁵⁵
太	ʐuɑ⁵⁵
有点	a³³tse³¹
都	se³³pe³³
总共	dzʅ³³tɑ³³
另外	pe³³ne⁵⁵
到底	uã³³ne⁵⁵
应该	tʂʰʅ³³uã³¹
偏偏	kʰɯ³³me⁵⁵
反正	kʰɯ³³tsʅ⁵⁵
正好	ku³³iə³¹
差点儿	a³³tse³³dʑʅ³¹
差不多	dzʅ³³tsʰʅ⁵⁵
果然	le³³uã³¹se³³iɑ³¹
明明	kʰɯ³³tv³¹
就是	uɑ³³iɑ³³
不	ma³³

词	国际音标
不要	mə³³uɑ³¹
没有	mə³³dʑu³¹
不止	mə³³ŋu³¹
不消	me⁵⁵
不会	ma³¹ku⁵⁵
刚刚	a³³so⁵⁵
刚好	a³³gv⁵⁵
正在	a³³i³³
马上	tɕʰi³³kə⁵⁵tɑ³¹
先（走）	qe⁵⁵
后	ŋgu³¹
就	ɣuo³³
一直	tʂʅ³³ku³³tʂʅ⁵⁵
已经	le³³uɑ³¹
向来	ʐi⁵⁵me⁵⁵iɑ⁵⁵
最后	me⁵⁵tʂʅ³¹
一会儿	a³³tse³³kʰɑ³¹
来不及	ma³³me³¹se³¹
来得及	me³¹ʐi³³
也	uã⁵⁵
再（来）	lo³³re⁵⁵
又	le⁵⁵
仍然	uã³³se³¹
还	le³³u³¹
经常	tɕye³¹be⁵⁵
总是	tʂʰʅ³¹be³³
有时	dʑu⁵⁵kʰɑ³¹
初初（地）	ku³³ʂu³³
突然	tɕə³³mi⁵⁵
偷偷（地）	na³³na⁵⁵pe⁵⁵
亲自	ɣu⁵⁵
随便	ze³¹bi³¹
故意	to³³to³³pe⁵⁵
特地	tɕʰi³³dy³¹
白白（地）	pʰuər³³sɑ⁵⁵sɑ⁵⁵

词	国际音标	词	国际音标
数目	tsʅ³³tsʅ³¹	头（一头牛）	pʰu³¹
一	dzʅ⁵⁵	条（一条蛇）	kʰɯ³¹
二	ȵi⁵⁵	条（一条裤子）	lʉ³¹
三	su⁵⁵	条（一条路）	zʮə⁵⁵
四	ru⁵⁵	条（一条绳）	kʰɯ³¹
五	uɑ⁵⁵	根（一根棍子）	ndy³¹
六	tʂʰuɑ⁵⁵	根（一根针）	le³¹
七	ʂʅ⁵⁵	支（一支笔）	ly³¹
八	χo⁵⁵	支（一支烟）	kʰuə³¹
九	ŋu⁵⁵	匹（一匹马）	pʰu³¹
十	tsʰe⁵⁵	窝（一窝蜂）	kʰɯ³¹
十一	tsʰe⁵⁵dzʅ⁵⁵	棵（一棵树）	ndʑʅ³¹
十二	tsʰe⁵⁵ȵi⁵⁵	片（一片叶子）	tɕʰyə³³
十五	tsʰe⁵⁵uã⁵⁵	朵（一朵花）	bɑ³¹
十九	tsʰe⁵⁵ŋgu⁵⁵	串（一串葡萄）	quɑ³¹
二十	ȵi⁵⁵tsʅ³¹	丛（一丛草）	tsʰʅ⁵⁵
六十	tʂʰuɑ⁵⁵tsʰʅ³¹	栋（一栋房子）	tsuɑ³¹
九十	ŋgv³¹tsʰʅ³¹	间（一间房）	dʑi⁵⁵
千	tv³¹	座（一座桥）	ndʑo³¹
万	gɯ³¹	座（一座山）	ndzʮ³¹
一百	dzʅ³³ɕi³¹	扇（一扇门）	kʰu³¹
一百零一	dzʅ³³ɕi³¹gɯ³³dzʅ³³ly³¹	口（一口井）	kʰuɑ³¹
一百一十	dzʅ³³ɕi³¹dzʅ³³tsʰʅ³¹	口（一口饭）	ruɑ³¹
一千	dzʅ³³tv³¹	幅（一幅画）	tɕʰyə³¹
左右	tʂʰʅ³³tɯ³¹	粒（一粒米）	re³¹
三四个	su³³ly³³ly³³	滴（一滴水）	tɕʰue³¹
十几个	tsʰe³³dzʅ³³ȵi³³ly³¹	双（一双鞋）	ndʑʉ⁵⁵
十多个	tsʰe³³tse³³ly³¹	块（一块手绢）	pʰe³³
许多	tʂʅ³³xə³¹	把（一把刀）	bɑ³¹
一点	dzʅ³³tsʰʅ³¹	把（一把伞）	bɑ³¹
半	ŋgɯ³¹	张（一张纸）	tsʰe⁵⁵
一大半	ŋgɯ³³dzʅ³¹	辆（一辆车）	bi³¹
个（一个人）	gv³³	种（一种事物）	be³¹
个（一个碗）	ly³¹	件（一件衣服）	lʉ³³
只（一只鸡）	me³¹	件（一件事情）	ʂʅ³¹

词	国际音标	词	国际音标
首（一首歌）	tɕye³¹	遍（读一遍）	kʰi³¹
股（一股味）	mbɑ³¹	庹（两臂伸长）	ly³¹
包（一包糖）	pu³¹	拃（拇指和中指两端）	tɕi⁵⁵
撮（一撮毛）	dʐy³¹	斤	tɕi³¹
捆（一捆柴）	to³³	两	ndzu̠³¹
顿（一顿饭）	tɕʰy⁵⁵	元	mi⁵⁵
泡（一泡尿）	huã³¹	角	dv³¹
户（一户人家）	dʑi⁵⁵	分	xɯ³¹
伙（一伙人）	tɑ³³	比	to³³
剂（一剂药）	tʂɿ⁵⁵	在（~这里）	dʑiu³¹
杆（一杆枪）	kʰɯ³¹	和（我~你）	gɯ⁵⁵
下（打一下）	n̠i³¹	因为	tʰɿ³³to³³
顿（打一顿）	tɕye³¹	如果	mɑ³³rɨ³¹

（本章调查整理人：杨宇豪、夏津京、张琰）

第二章 争伍纳西语言系统　　123

第三章
争伍经典文献选译

一 仅存的《祭天经》（木良布藏）
——俄亚大村有人懂仪式，却无经书

《祭天经》简介

《祭天经》［$mu^{33}bv^{11}t^hi^{33}ɯ^{33}$］所记载的祭天仪式是纳西东巴教中最为重要的仪式之一。祭天仪式于每年过年的时候进行，标志着新旧年的交替，是纳西族重要的时间过渡仪式。在纳西族的传说中，纳西人是天父地母的小女儿和人类英雄的后代，人类的血缘有一半来源于天父地母，因此祭天实际是追溯先人事迹，祭祀民族之祖。整个仪式历时五天，在仪式中，东巴会详细讲述纳西民族来源的传说，并向天父地母祭祀，请求他们宽恕往年的罪过，保佑来年一切顺利。

由于祖先是全民族共同的，因此仪式需要全村所有的东巴共同做法事，所有的村民都要参加。纳西族原先是在每年新年时祭天，然而由于祭天仪式历时长、祭品多、仪式过程烦琐，中华人民共和国成立以后，加上各种原因，渐渐很少做这个仪式了。到现在，《祭天经》文献在绝大多数纳西族聚落都已失传，而详细了解仪式过程的东巴更是寥寥无几。

赵丽明教授2014年1月8日搭老乡的摩托过江，翻越几座山，溯河而上，到俄亚纳西族大村访问了年龄最高的86岁老东巴甲阿若。得知俄亚大村所藏的《祭天经》确已失传。老东巴甲阿若尽管了解仪式的过程和做法事的讲究，但没有经书实物，仍然无法进行祭天仪式。而在"小俄亚"[1]争伍村，木良布老东巴收藏有全村仅有的一部《祭天经》经书。中华人民共和国成立以后，争伍村能了解整个仪式过程的东巴曾经有噶突老人和木良布老人。然而由于2013年噶突老人的去世，目前争伍只有最老的东巴木良布一个人了解祭天仪式的全部过程和做法事的方法。而木良布老人年事已高，双耳失聪，也无法再将仪式的做法传授给徒弟们。目前，争伍村能主持做祭天仪式的东巴已经没有了，但珍贵的《祭天经》幸运地保留下来了。

争伍村的这套《祭天经》经书共有3册，书写材料为东巴纸，经书为左装订。这套经书是争伍村唯一的一套《祭天经》，它由老东巴木良布老人抄录，目前由木良布东巴的徒弟汪布若东巴保存。木良布，四川省木里县依吉乡争伍组人，1939年生，属兔。该书抄写于2001年（蛇年）9月，当时老人已63岁（虚岁）。

由于木良布老东巴老年失聪，已经不能向后人传述这部经书和仪式的具体内容，只能由村中其他东巴代为讲述经书的大致内容。这套经书的解说人为阿甲若东巴。阿甲若，1962年生，属虎，四

---

[1] 争伍村阿基老师语。

川省木里县依吉乡麦洛村争伍组人,是噶突老人的徒弟。阿甲若东巴在年轻时曾经跟着师傅参与做过祭天仪式,尽管他不记得做祭天仪式的细节,但对《祭天经》经书的内容有较好的了解,因此我们请他尽量对《祭天经》进行讲解翻译。

《祭天经》第一册

【封面】

【正文】

第一页

东巴用秤去称(祭天仪式用的)[1]猪。第一次称完后,将秤砣扔到悬崖里。第二次称完后,将秤砣扔到水里。

东巴杀了一头猪,剖开肚子,看猪的五脏好不好。东巴看了一眼猪腰,这头猪的腰特别顺。

---

[1] 括号中为解说人的意译或解释,经书中没有直接的文字内容。

东巴说:"我做祭天仪式能顺利进行。"东巴看了一眼猪骨头,这头猪的骨头特别顺。东巴又说:"我做祭天仪式能顺利进行。"

东巴将酒洒在三根猪骨头上,对天祈祷说:"有山的地方,让人类的子孙后代繁衍。"于是将猪献给天帝[mu³³]、地母[ndɑ³³]和地母的弟弟[ɕəu³³][1]。

第二页

在天地都还没有的时候,世界是一片混沌,在黑暗里难以迈出一步。后来,天地间出现了火把(光明),照亮了世界。水也出现了。男人会盖房屋了,女人会烧火做干净的饭和烧热水了,会利用各种食物了。人能找到有树的地方去睡觉。

一天早上起来,人走到一个悬崖,突然生病了,却不知道是因为惹了什么鬼祟而生的病,也不知道该怎么送走鬼祟,不知道请谁能治好。人于是去上告天帝,人的病就治好了。

第三页

---

[1] 这三个神仙是天地三神,也是人类的祖先和《祭天经》祭祀的对象。天帝相当于汉族传说中的玉皇大帝,地母相当于汉族传说中的王母娘娘,而地母的弟弟是一个生性愚笨的神灵。

天帝使他们生活吉祥如意,长寿幸福。于是,人类选好吉祥的日子,在每年的这一天做祭天仪式(感谢天帝)。

东巴做祭天仪式,请求天帝保佑人类后代的子孙战无不胜。

第四页

(接第三页)保佑后代子孙只要有手就能开辟一方天地,只要有脚就能走遍天涯海角。想要去哪里就会有路通向哪里,想要过河河上就会出现桥梁。人们都吉祥长寿,幸福如意。

东巴杀了一头猪,献给天地三神。

人类居住的星球和天上的日月星辰是天帝赐予的礼物。有一天,天上落下三块石头。一块是天帝赐予的,一块是地母赐予的,一块是地母的弟弟赐予的。这三块石头变化成赐给人类的各种动物:鹿、羚羊、猪、野鸡、火鸡等。过了一段时间,天帝降下一个会算卦的神——木泽柯兹[$mu^{33}tsek^h\partial^{33}ts\textrm{ŗ}^{11}$](到人间),他能算出人的寿命。

第五页

木泽柯兹（通过）看星宿（来算卦），白天看的星星叫［so³³ɻ̍³³］，晚上看的星星叫［kʰv¹¹ɻ̍³³］。（到人间之后，）他想抓住［so³³ɻ̍³³］和［kʰv¹¹ɻ̍³³］（来算卦），但下地之后抓不到了。最后，他选了六排星（来算卦）。他告诉人类："天下的所有人都能学会选吉日，地上的所有人都能学会算日子。一个月有三十个夜晚，要学会算十八星宿（就能算每个日子的凶吉）。"他给十八颗星宿各取了名字。他说："在（十二月的）二十九和三十日，所有的星星都是好的。"

第六页

其他什么时候哪颗星星是好的，人类也都知道（学会了）。

第一颗星叫［pu³³ to¹¹］，是猪之星[1]。

第二颗、第三颗星叫［ŋã¹¹ tʂʅ³³］和［ʐua³¹ tse³¹］[2]。

第四颗星叫［pa¹¹ mei³¹ ndʑi¹¹ kə¹¹］，是蛤蟆星[3]。

第五颗星叫［ɳa³³ ŋgu³¹ tʰa³³ ka¹¹］，是七姊妹星的第一颗[4]。

接下来的星星叫［tʂua³³ tsʰʅ³¹］，是七姊妹星的其余六颗[5]。

第七颗是［niə³³ hỹ³¹］，也就是火星[6]。

然后是［so¹¹ tʰa³³］，即六排星[7]。

第九颗是［ndʑi³³］，即牛星[8]。

第十颗叫［kə³³ kɯ¹¹］，是鹰星[9]。

[1] 算猪心的星，有它的地方不能杀猪，否则以后家中猪不会繁衍后代。
[2] 算小马的星，有它们的地方不能卖掉马驹，否则会对家中的母马不好。
[3] 算水运的星，有它的地方不能给庄稼浇水，人不能下河游泳，否则庄稼会死，人也会溺水。
[4] 这颗星出现时对出门打猎非常好，但此时不能杀家畜，也不能进行婚礼仪式。
[5] 这些星星出来时不能远行，否则路上会被绑架或者与人打架。阿甲若东巴表述时，六颗星算作一颗星。
[6] 火星出现时对家畜很好，什么事都能做好，但不能量衣服。
[7] 当六排星出现时一切十分顺利，打仗时战无不胜。
[8] 当它出现时不能卖牛，否则家中的牛不会繁衍后代。
[9] 鹰星出现时不能杀家禽，否则对家中的禽类不好。

第十一颗叫 [bu¹¹ kʰu³¹]。

第十二颗叫 [bu¹¹ to¹¹]。

第十三颗叫 [bu¹¹ mɑ³³] [1]。

第十四颗叫 [zy³¹]，共有九颗星，是树星[2]。

第七页

那是有天、有地、有希望的时候，是人们做事都无往不利、万事如意的时候。突然，天上有了动静（天帝赐予的雷），地上生起空气。这两样东西相遇，形成了水，落下三滴来，雨水就有了。

一滴雨水落在悬崖里，悬崖里长出一棵青白树，就用青白树代替地母的弟弟，插在祖先的神龛上。一滴雨水落在青冈树上，就用它代替地母。一滴雨水落在黄青冈上，就用它来代替天帝。还有一滴雨水漏在海里，这滴水没有代替谁。它占据了大地的一大半，从此地面上七成都是水，只有三成的地面能种地。

最开始，人类的辈分向上追溯起来都是神仙。（人类的始祖）措扎立俄 [tsʰo³¹za³¹li³¹ɣə⁵⁵] 和天帝的小女儿茶赫布姆咪 [tsʰɛ³³xɯ³¹bu³¹ mu³³mi³³] 是一个时代的人。措扎立俄没有和自己相配的人，就去天上找仙女。天女茶赫布姆咪没有和自己相配的神仙，她不爱天帝指定的人，她想嫁给凡人。

---

[1] 当它出现时不能修猪圈，也不能杀猪，否则家中的猪不会繁衍后代。

[2] 这九颗星是吉星，它们出现时做什么都好。

第八页

　　措扎立俄和茶赫布姆咪两人在连理枝下相遇。措扎立俄说:"我从人间上来,想找一个妻子。"茶赫布姆咪说:"我来找一个好丈夫。"茶赫布姆咪变成一只天鹅,将措扎立俄运到天上。

　　这时,他们遇到了茶赫布姆咪的天父地母。茶赫布姆咪为父母做了介绍,两人希望能在人间做夫妻。他们说:"在人间也能做天上能做的一切。"天父地母给他们九道上了锁的门(九道难题),第一道是金银门,第二道是绿松石和珠宝门,第三道是松树和青冈做的门,第四道是牛阳门,第五道是狗守着的门,第六道是铁架门。第九道是木门。天父地母说:"你们要是能过这九道门,那就能在地上做所有天上能做的事。"

第九页

　　天帝说:"你们要是不能解开这九道难题,那就住在天上吧。解开这些题要费千辛万苦。"措扎立俄说:"天上没有好地方,人间到处都是鸟语花香。(我们要到人间去生活。)"当时,天上有天鹅,而人间并没有。但当他俩离开天庭下凡后,天鹅每年冬天就会飞到人间。当时,天上有水鹅,而人间并没有。但当他俩离开天庭下凡后,天鹅每年夏天就会随着仙女也来到人间。

　　天帝对女儿说:"天上的动物很凶猛,要是它们跟着你们下凡,你们在人间就会有危险。"措扎立俄说:"天上的动物们吃的食物,人间也都有。(它们不会伤害我们。)"两人下凡时,老虎也跟着来了,老虎吃尽了地上的其他动物。水猫也跟着下凡了,吃尽了水里的其他动物。天女吐了口口水来喂老虎,并且告诉天鹅、水鹅和水猫:"你们可以吃动物,但不可以伤害人。"

夏天下雨了,两人穿着破旧的黑衣服(表示衣服很脏),骑着马,穿过一条河。

第十页

他们走过许多地方,过了四条河。当他们走过第一条河时,看到秀丽的美景,鸟语花香,山清水秀。这条河是春之河。他们又过了第二条河,这条河每天都下雨,到处是水乡泽国。这条河是夏之河。他们过了第三条河,河边落叶堆积,寒风凛冽。这条河是秋之河。他们过了第四条河,这里冰雪覆盖。这条河是冬之河。

当他们过了这四条河,也就通过了九道门的考验。此时,两人早已衣不蔽体。天女看见一只老虎,就杀了老虎,用老虎皮给他做衣裳和剑鞘,措扎立俄就有衣服穿了。可是天女却没有衣服穿,天帝于是赐给她金银做的衣服。天帝还赐给他们九个银碗,七个金碗,九匹骑马,七匹驮马,九头耕牛,七头耙牛,九个东巴。

第十一页

（接第十页，天帝送给他们）七个卦师和许多牛羊等牲口，但没有猫。天帝还送给他们粮食，但没给他们酥麻的种子，于是仙女梳头时将种子藏在头发里。（这时猫被天女头发里的酥油香吸引，跟着一起下了凡。）天帝还派神仙到人间，为他们建九栋房子。可是这九个神仙忘记带建房子的工具了，房子没建成，这九个仙人只好回天上去了。天帝又派七个仙人到人间盖七栋房子，但他们忘带了建房子的材料，于是又没能建成就回天上去了。（天地故意不让他们建好房子供女儿居住。）

第十二页

当二人下凡时，天帝还送来三男三女仙人陪同，送他们一只白羊领路，带他们到人间。他们历尽千辛万苦，在连树都没有的地方（沙漠，没有房子的不毛之地）住了三个晚上，又在沼泽地里过了三个晚上，在戈壁滩上过了三个晚上。夜里，他们点着火把，终夜不寐，昼夜兼程。在没有水的地方，他们只能小口小口喝自己随身携带的水，终夜不寐，昼夜兼程。他们带着一只黑鸡，通过鸡鸣来区分日夜。他们带着一条狗，通过狗吠来区分外人和自己人。一路上，他们赶着这些牲口前行。

原来，他们尚未通过金银门的考验。通过这一段路程，措扎立俄打开了金银门。

第十三页

（接第十二页）茶赫布姆咪打开了三道金门，左边的门口没有狗，右边的门口没有羊。他们历尽千辛万苦，经过三道险岭，跟着来的两个男仙人消失了，三个女仙人也不见了。他们来到了一个银子村。当天女还在天上的时候，她曾将三块银条放在这里。但当他们骑马过来找寻的时候，这三块银条已经不见了。他们又到了一个金子村，这里有天女之前玩耍过的金梯子（暗示这里是天界和人间的交界处）。然而，当他们骑着一匹马来寻找时，金梯子却不见了。那是被妖魔偷走了。

第十四页

他们经历了悬崖险沟、沙漠戈壁和火塘等地方，终于来到了人间。天上下起了雪，他们三天三夜不得前进。（东巴和算卦师做祈求雪停的仪式。）东巴和算卦师做法事就是从这时候开始的。一行人用着酥油、面粉、奶、烧香来做仪式。于是天气变晴朗，乌云都散去了。天鹅和水鸭也都下凡了。

第十五页

有日光、月光的照耀，他们可以前行。到了水边，有桥可以过河。可是瘟疫也随着天女的踪迹到来了，以致凡间瘴气横行，环境恶劣。东巴说："现在不可以下到凡间。"他们在山头上时，东巴用马鹿来除秽。他们在山腰上时，东巴用獐子来除秽。他们在山脚时，东巴用红脚鸡来除秽。

当他们走过山时，东巴用松柏枝来除秽。当他们走过沟时，东巴用白根草来除秽。当他们走过田野时，东巴用杨柳树来除秽。

第十六页

当他们到达人间时，抬头看天上的星星，发现他们这一路上经历的各种辛苦原来早已在星象上预示出来了。现在，他们在人间的生活是多么幸福。

他们的生活虽然幸福，但两人却一直没有儿女。措扎立俄对茶赫布姆咪说："这是天父地母的所为。"于是两人返回天堂拜访天父地母和舅舅，于是两人生了三个儿子。天父地母使这三个儿子不能说话。措扎立俄于是请一只蝙蝠和一条狗上天庭询问天父地母。

第十七页

一路上，蝙蝠和狗见到了天女遗落在人间的银条和金梯。它们到达天国时，天帝正在外面巡山。于是它们两个去见地母，向地母询问这件事。地母说："这不是我干的，是天帝做的。天帝不愿意赐给女儿儿子和女儿。"地母又说："可以请天帝到凡间，招待他，如果女儿女婿服侍周到（孝顺）的话，他们的儿子就可以开口说话。"措扎立俄说："要选个好日子招待天帝，使儿子们能说话。"

这就是最开始的祭天仪式。

第十八页

　　蝙蝠和狗想询问天帝。蝙蝠藏在房顶上,狗藏在门后面。地母问天帝:"我们女儿的儿子为什么不会说话?"天帝说:"他们请我们两个下凡,好好招待,他们的儿子就可以开口说话了。"蝙蝠这时飞了出来,地母(怕它被发现)朝它当头打去,所以后来蝙蝠就没有鼻子了。

　　出了天庭,蝙蝠和狗开始争功劳,都说是自己听到了秘密。它们一路争吵,以至于到人间都忘了天帝是怎么说的。后来它们和解了,就把话传给了措扎立俄。

　　措扎立俄选择在过年的时候迎接天父地母。从此以后,每年过年的时候都要做这个仪式,这就是祭天仪式的起源。哪怕天帝后来去世了,这个仪式还一直流传了下去。

　　而此时,人间的植物只剩下三种了。

第十九页

　　措扎立俄以人间的植物为粮食,用奶、酒、茶、蛋做菜肴招待天父地母和舅舅。天帝于是打开了九扇吉门、七扇祥门,天地之间开始有了人类的后代。冬天不能听见雷声,否则人间会有不会说话的婴儿出生。春天,树上开始有记号时,人类要做祭天仪式,这样人间就不会有不能说话的婴儿出生。

第二十页

措扎立俄以人间的植物为粮食,用奶、酒、茶、蛋做菜肴,宰了一只鸡、一头猪,招待天父地母和舅舅。可是他的三个儿子仍然不会说话。他们算了一卦,卦象中说要拜家中的长辈,多拜长辈后代就会有福气。蝙蝠和狗传话有功,它们开心地笑了。

第二十一页

蝙蝠和狗带回来金梯和银块,人间于是有了希望,苦难的日子也到头了。天帝打开了九扇吉门,地母打开了九扇祥门。但措扎立俄的三个儿子仍然不能说话。

早晨,鸡叫了。

第二十二页

他们算了一卦,卦象中说要拜家中的长辈,多拜长辈后代就会有福气。措扎立俄于是选了一个好日子。

第二十三页

(接第二十二页,措扎立俄选了好日子)举行祭天仪式。仪式在鸡叫时开始。做仪式的东巴大声诵读经文,使天地日月都能听到。这样在第二天鸡叫时,三个儿子就能说话了。

一匹马走进菜园吃菜。老大说:"马吃芫根。"(藏族口音,表示老大后来成了藏族人。)老三说:"马吃芫根。"(汉族口音,表示老三后来成了汉族人。)老二说:"马吃芫根。"(纳西口音,表示老二后来成了纳西人。)

一个母亲生的儿子分为三种,一壶黄酒[1]有三个名字。他们骑的马不一样。藏族人骑一匹马,汉族人骑一匹马,纳西人骑一匹马。他们穿的衣服也不一样,藏族人穿一种衣服,汉族人穿一种衣服,纳西人穿一种衣服。他们说的话也分为三种。

措扎立俄带着老大去高原上放牦牛,他们杀牦牛吃。

---

[1] 纳西特产黄酒名叫[so³³ ni⁴⁴ ma³³],分头道酒、二道酒、三道酒,每一道的具体叫法不一样。

第二十四页

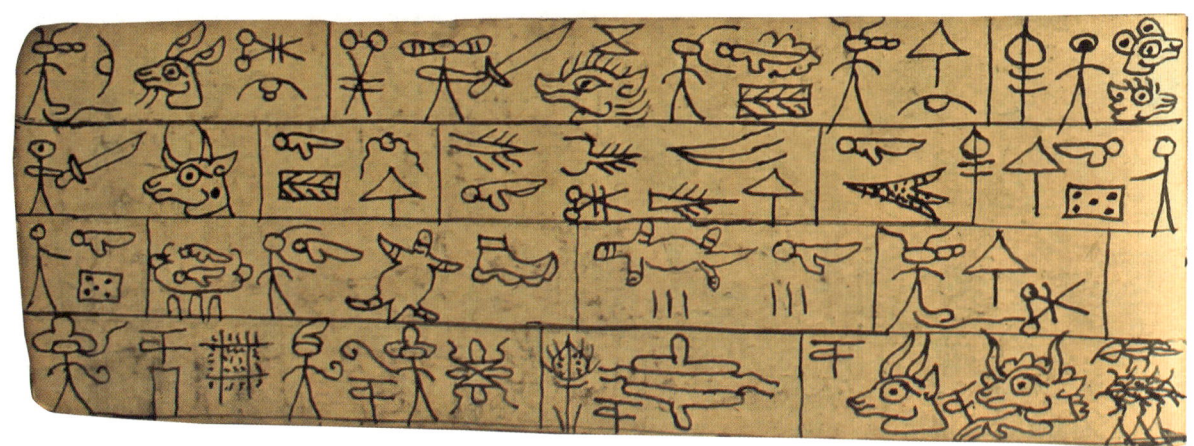

茶赫布姆咪带着老三去了低矮的平原去养猪,他们杀猪吃。

老二留在原地,养黄牛杀黄牛吃。老二做法事要用牛肉,招待客人用牛肉,吃牛肉穿牛皮,会做牛皮鞋。纳西人有三张牛皮、三块肉就可以过一个晚上。[1]

藏族人有福了,他们用自己的方式养牛、请和尚(做法事)。

第二十五页

藏族人又请了一位天神文官为他们写经书。藏族的经书不是人写的,是天神传下来的。藏族人有了自己的语言,(和最开始老大那一代比)变化很大,他们的生活吉祥安康。

汉族人被母亲带往平地。他们建造华美的房屋,饲养水牛等牲畜。他们有自己的语言,会烧火,会算星宿,他们发展得很好,生活吉祥和乐。

老二留在原地,他有一匹马,一头牛,种着一棵花椒树。他们住在原地,沿袭着父母的传统,每年必须做祭天仪式。

---

[1] 纳西族的俗话"三张牛皮三块牛肉过一晚",一张牛皮垫在身下,一张牛皮盖在身上,一张牛皮做牛皮鞋,三块牛肉在饿的时候吃。

第二十六页

纳西人做祭天仪式,便能兴旺发展,人丁蕃盛。(纳西人经历了许多代祖先:)

第一代措扎立俄。

第二代诺白铺。

第三代白铺洼。

第四代洼嘎来。

直到第五代嘎里催。

纳西人杀猪祭天之后,三个儿子可以说话了,后人于是可以吃猪肉了。

措扎立俄之前的七代人没有做过祭天仪式,后来才有了祭天仪式。

第二十七页

措扎立俄时代开天辟地,才有了祭天仪式。后来的诺白铺、白铺洼、洼嘎来、嘎里催都做了祭天仪式。嘎里催之后,人的寿命延长,许多家庭出现了三四代同堂。嘎里催找了一个妻子,叫做吉米吉去。

第二十八页

他们生了四个儿子，分为了四大姓氏[1]，繁衍了许多人。其中，束姓后来发展为九个支系。

束姓与叶姓不和，有了好马时他们会互相抢夺。他们两家争抢地盘，一路走到了丽江城（从此在丽江定居）。买姓和禾姓走到了大具城（定居）。四家人一个儿女都没有留下，全部带着一起走。

第二十九页

（接第二十八页）老人和孩子都不留下，全部带走，住在大城市和大平原。

纳西族从来没有做错事。从人类出生起，他们就不断地进行祭天仪式。从盘古以来，就一直做着祭天仪式。如果做错了，做儿女的只好对天父地母说："对不起，是我不孝顺。"然后，（用祭品除秽）进行祭天仪式。

---

[1] 嘎里催之后纳西人分为四大姓氏，分别为买[mei^{31}]、禾[χo^{31}]、束[ʂu^{33}]、叶[iə^{31}]（汉译参照白庚胜《纳西族姓氏趣谈》，载《中国民族》1987年第3期）。争伍村的纳西人为"束"姓，但由于讹误被记为汉字"木"。

第三十页

冬天牦羊身上没有雪花（意为羊毛纯色美丽）。从前山上没有树的时候，长出杨花树来除秽。地上没有草的时候，长出纸浆草（来除秽）。

东巴将除过秽的祭品献给上天。

第三十一页

东巴进行除秽，从争伍村、油米村、树枝村、三江口、哈巴雪山、白水潭、丽江、火清，一路除秽到昆明。昆明那儿有粗大的柱子，柱子足够装进蜜蜂的窝。东巴一路除秽到大海。

第三十二页

东巴用马鹿、獐子、鸡、杨树枝除秽。

第三十三页

重复第一天的除秽和祭天仪式。

第三十四页

重复第一天的除秽和祭天仪式。

第三十五页

说什么就能有什么。说起鸡,山上就有了鸡。说起猪、羊,纳西人每家养一头、喂一头。纳西人献给东巴祭天用的猪不小了。纳西人献给官老爷祭天用的粮食不少了。都献给上天,请享用。

第三十六页

请求上天保佑束姓的子孙平安快乐、无病无灾,做事都顺应天时。

第三十七页

（接第三十六页，保佑束姓的子孙）身体强壮，战无不胜，讼无不利。有手就能开辟天地，有脚就能走遍天涯，有好吃的，有财宝，有脚走得快。

第三十八页

（接第三十七页，保佑束姓的子孙）庄稼收成好，儿子将来身强体壮。（经书结束）争伍村木良布写于六十三岁那年，蛇年九月。

【封底】

《祭天经》第二册

【封面】

【正文】

第一页

东巴向上天诉说:"我做的事和从前都一样。今天我洗头时和从前一样,穿衣服和从前一样,引水和从前一样,煮饭、洒水和从前一样,碾米和从前一样,背篓放在从前的地方,算卦的方法也和从前一样。"("和从前一样"指没有做错,做得很好,这一册用于早上烧香后念。)

第二页

（接第一页，东巴继续说）"仪式用的箭和以前一样。祭天仪式的做法和从前一样。祭天仪式结束时和从前一样。仪式中该用什么法器就用什么法器，和从前一样。仪式中的法器都很洁净，和从前一样。经书从头到尾的念法，和从前一样。我做仪式时手脚洁净，没有碰到过牲口，没有进过牲畜圈中，没有和人打过架，一切和从前一样。"

第三页

（接第二页，东巴继续说）"我们这里没有儿女不孝的事（不做祭天仪式）。从前养了一只狗，现在它还在；从前养了一只鸡，现在它还在。（狗和鸡是天帝赐予的礼物。）不能做的事都没做过，应该做的事都做到了。"祭天仪式结束。

【封底】

《祭天经》第三册

【封面】

【正文】

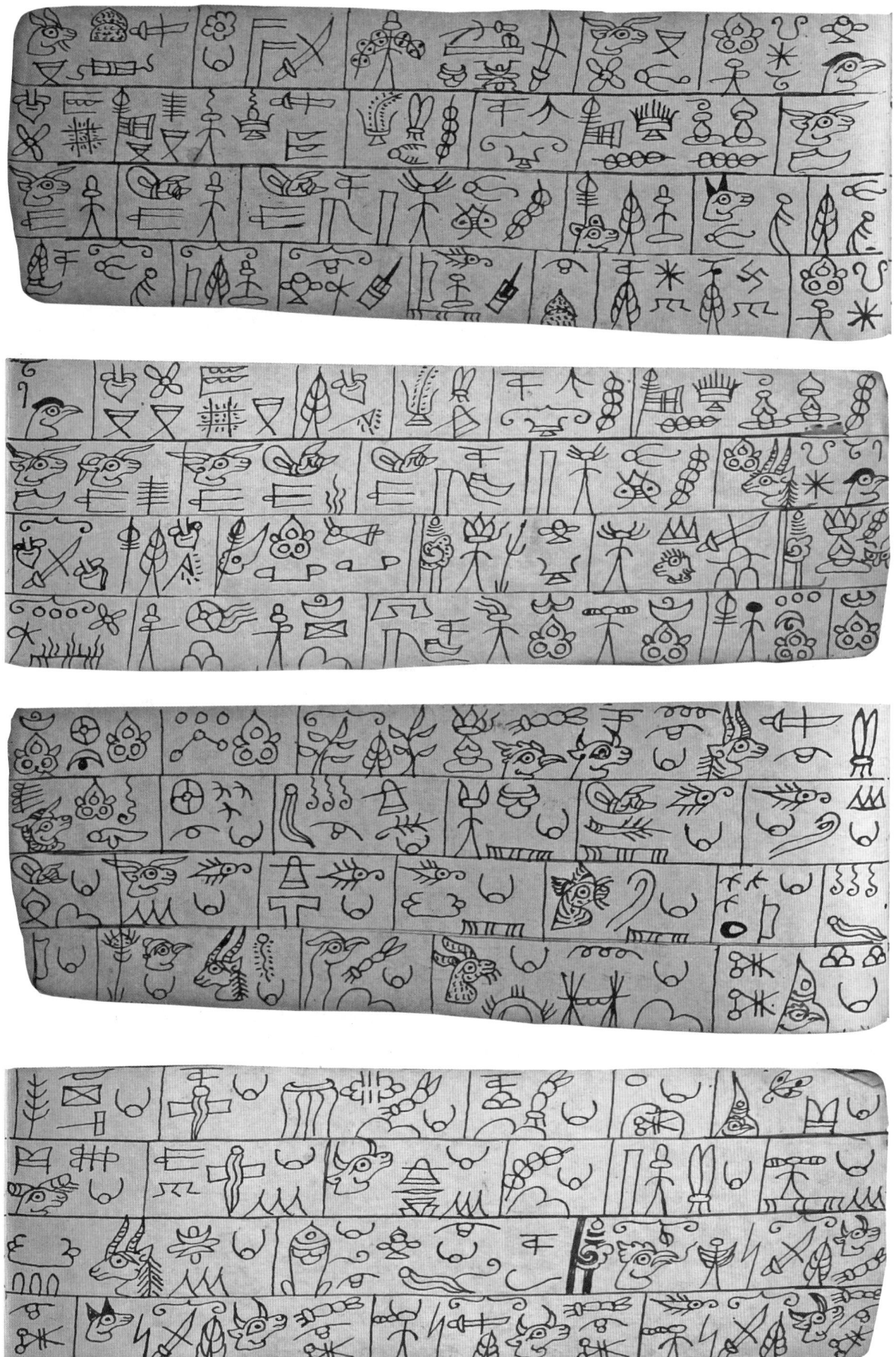

第三章 争伍经典文献选译

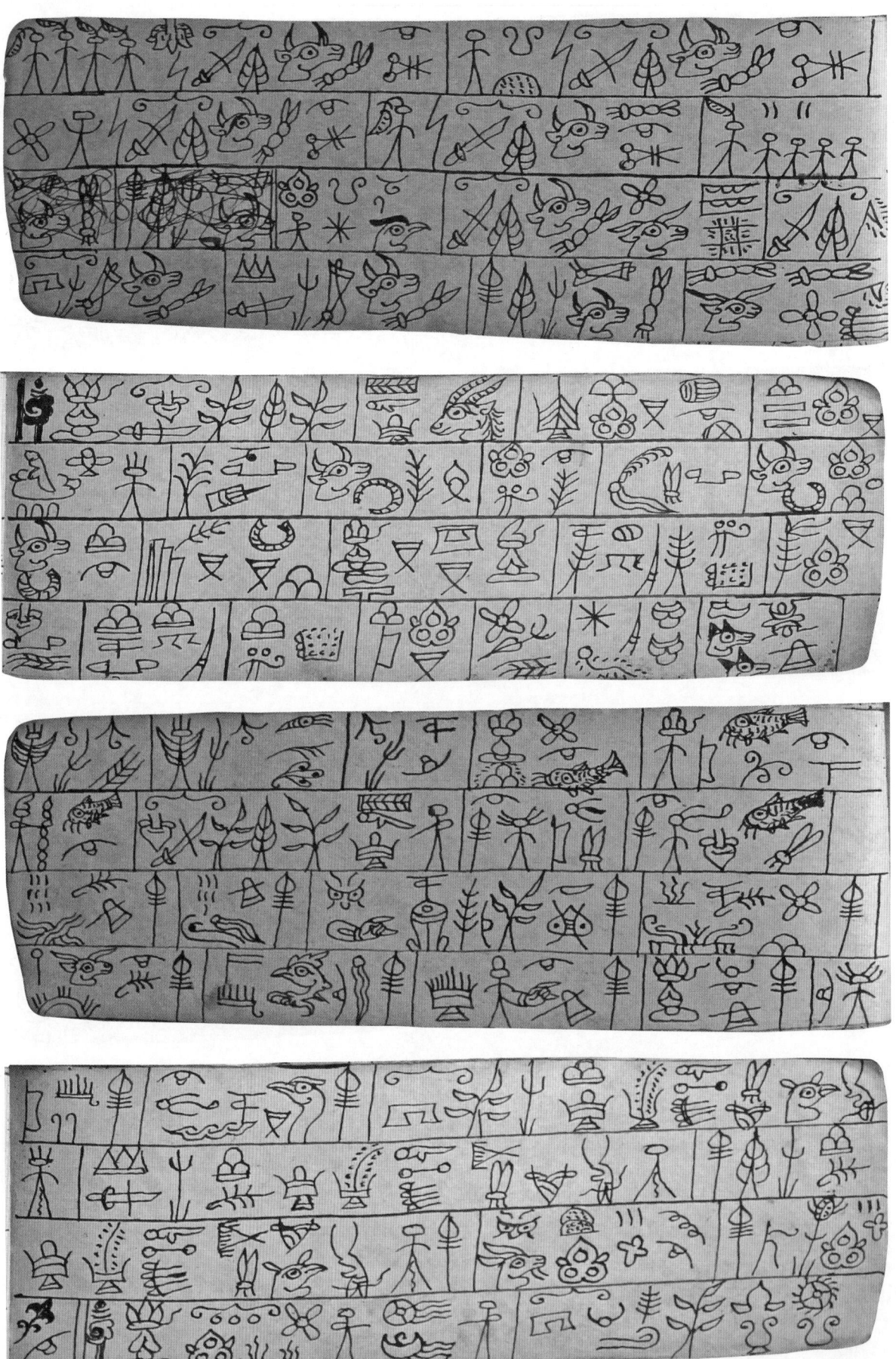

152　争伍东巴文献的发现、解读与研究

选个好日子来做祭天仪式，
烧起香来敬拜天神，
各路神仙都有令人叹服的来历，
请神仙们保佑今年诸事顺利，
祝福人类后代子孙幸福美满，
尚飨！[1]

【封底】

（本节调查整理人：夏津京）

---

[1] 第三册大部分为内容重复的排比和祝福语，没有实际意义，因此东巴只讲解了大致内容，并没有详细解说。

二 《敬水龙经》解读

（一）《敬水龙经》之《人类水龙分家经》（克若里藏）

此部《敬水龙经》为传世版本，目前已传至第六代，收藏者为克若里，解读者为生根。

其中，第十七册《人类水龙分家经》讲述了开天辟地创世纪的故事。

三、四月的时候，为了请求水龙保佑平安无事、五谷丰登，纳西东巴会依照《敬水龙经》举行敬水龙仪式。同时，此部经书也涉及了很多关于水龙的民族传说。

此处所翻译的《人类水龙分家经》使用于"献面偶"仪式——用蜂糖、黄酒、灰面（面粉）做一个面偶作为贡品献给水龙——之后，做法事的东巴依照经书的内容进行接下来的仪式。除指导法事的内容外，此册经书亦涉及人类与水龙的渊源传说，即很久以前人类和水龙分家的故事。

第一页[1]

---

[1] 以下文献采用通行的国际音标、直译、意译、大意串讲对照法进行翻译解读。翻译解读者阙疑或未做说明之处，为谨慎起见，保留空白。其他文献解读也是如此，不再出注说明。

字符	国际音标	直译	意译	全句大意
		无意义，无发音，表示一部分内容的开始		
	(ɑ⁵⁵) lɑ⁵³	老虎	很久以前	ɑ⁵⁵lɑ⁵³mɑ³¹ʂʅ⁵⁵ȵi³¹ 很久很久以前。
	mɑ³¹ (ʂʅ⁵⁵ȵi³¹)	本意是酥油，也有"不是""不"的意思		
	mu⁵⁵	天		
	tʰu³³	水桶	有、发现	mu³³tʰu³³dy³¹kʰu³³be³³tʂʰʅ³³dʑi³¹ 从前，刚有天地的时候。
	dy³¹	地		
	kʰu³³ (be³³tʂʰʅ³³dʑi³¹)	本意是门[kʰu³³]仅在"地"后面有"有"的意思	有	
	bi³³	太阳		bi³³lɛ³¹ tʰu³³be³³ tʂʰʅ³³dʑi³¹ 刚有太阳和月亮的时候。
	lɛ³¹	月亮		
	tʰu³³ (be³³tʂʰʅ³³dʑi³¹)	水桶	有、发现	
	kɯ³¹	星星 （不动的星星，恒星）		
	zɑ³¹	火星 （运动的星星，行星）		gə³zɑ³¹ tʰu³³be³³ tʂʰʅ³³dʑi³¹ 刚有（星星）恒星和火星（行星）的时候。
	tʰu³³ (be³³tʂʰʅ³³dʑi³¹)	水桶	有、发现	

续表

字符	国际音标	直译	意译	全句大意
	pʰɚ³¹	白	菩萨	pʰɚ³¹ndʐɿ³¹ tʰu³³be³³ tʂʅ³³dʑi³¹ 菩萨刚有威力的时候。
	ndʐɿ³¹	浓	威力	
	tʰu³³ (be³³tʂʅ³³dʑi³¹)	水桶	有、发现	
	ŋ⁵⁵	佛，不管什么具体的事情，不杀生，不做坏事，地位很高，受尊敬		ŋ⁵⁵ hɛ̃³¹ tʰu³³be³³tʂʅ³³ dʑi³¹ 刚有神有佛的时代。
	hɛ̃³¹	神，承担某种具体的职责，有威力。地位比佛低一些		
	tʰu³³	水桶	有、发现	
	dʑi³¹ (be³³tʂʅ³³dʑi³¹)	水	这里代表 be³³tʂʅ³³dʑi³¹	
	ŋɑ³³	强		ŋɑ³³u³¹tʰu³³mbe³³tʂʅ³³ndʑi³¹ 强弱刚分出来的时候。
	u³¹	弱		
	tʰu³³	水桶	有、发现	

字符	国际音标	直译	意译	全句大意
	ndzu̥³¹	山		ndzu̥³¹lo³¹tʰu³³mbe³³tʂʅ³³ndʑi³¹ 刚分出山和山沟的时代。
	lo³¹	山沟		
	tʰu³³	水桶	有、发现	

续表

字符	国际音标	直译	意译	全句大意
	sɿ³³	木		sɿ³³lɯ³³tʰu³³mbe³³tʂʅ³³ndʑi³¹
	lɯ³³	石头		刚分出木和石头的时代。
	dzɿ³³	长得像熊,但是比龙还要早,是一种传说中的动物	可以代表人类	
	tsʰo³¹	大象,有"珍贵"的意思		dzɿ³³tso³¹tʰu³³mbe³³tʂʅ³³ndʑi³¹
	tʰu³³	水桶	有、发现	人类刚出现的时代。
	dʑi³¹	水		
	ʂu³¹	龙王、水龙		
	ȵi³³	鱼		ʂu³¹ȵi³³tʰu³³mbe³³tʂʅ³³ndʑi³¹
	tʰu³³	水桶	有、发现	刚有了水龙和鱼的时代。
	be³³ (tʂʰʅ³¹tsɿ³³)	人类的祖先的名字,贝赤兹		be³³tsɿ³¹zɿ³³sɿ³³sɿ³¹zo³³ȵi³¹gu³³(量词,位)tʰu³³tsɿ³³ndʑi³¹
	sɿ³³sɿ³¹zo³³	水龙的名字,斯斯绕		水龙和人类祖先他们两个人。
	ȵi³¹	二(他们两个)		
	li³³	獐子	父辈	li³³tɕə³¹[1](父辈)ɣɯ³³mɛ³³(无实际意义,相当于"的")sɿ³¹ndʑɿ³¹gu³³
	ɣɯ³³	宝珠	好的	人类和水龙有同一个父亲。

---

[1] li³³tɕə³¹si³¹：父辈中男性亲戚统称,包括叔叔、舅舅、大伯等。

续表

字符	国际音标	直译	意译	全句大意
	sʅ³¹	父亲		（同上）
	ndzʅ³¹	一		

字符	国际音标	直译	意译	全句大意
	bie³³lie³¹	绵羊（这个字的语音很多，有 bu³¹iu³¹等）		bie³³lie³¹ [2] ɣɯ³³mɛ³³mɛ³³ ɲi³³gu³³ 人类和水龙各有各的母亲。人类和水龙是同父异母的兄弟。
	ɣɯ³³	宝珠，好的		
	me³³	母亲		
	ɲi³³	二		
	be³³	人		be³³tsʅ³¹zʅ³³mu³¹dʐʅ³¹me³³gə³¹（"上"的意思，这里这两个字的意思是"变成，成为"）zo³³ 贝赤兹成为了一个打猎的人。
	tsʰʅ³³	大象，有"珍贵"的意思。在人名中读tsʅ³³，平时读tsʰo³¹		
	zʅ³³ （be³³tsʅ³¹zʅ³³）	草		
	mu³¹	野人。人死了之后被鬼魂附身，就变成了野人		
	dʑy³¹	水鸭	打猎	

[1] bie³³lie³¹me³³：父辈中女性亲戚统称，包括姨姨、姑姑等。

续表

字符	国际音标	直译	意译	全句大意
	me³³	的		（同上）
	zo̱³³	儿子		
	sʅ³³	木		
	sʅ³³	木	斯斯绕	
	zo̱³³	儿子		
	mu³¹	野人。人死了之后被鬼魂附身，就变成了野人		sʅ³³sʅ³¹zo̱³³mu³¹ ruɑ³¹me³³ gə³¹zo̱³³ 水龙是个厌恶打猎，保护野生动物的人。
	ruɑ³¹	耕地的时候，牛身上架的牛轭（或者犁）	厌恶打猎	
	me³³	斯斯绕不喜欢打猎，是野生动物的保护神		
	zo̱³³	儿子		

   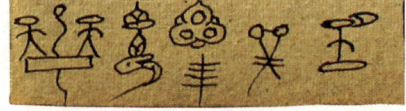

字符	国际音标	直译	意译	全句大意
	sʅ³³sʅ³¹zo̱³³	水龙的名字，斯斯绕		be³³tʂʅ³¹zʅ³³sʅ³³sʅ³¹zo̱³³ȵi³¹gu³³（量词，位）tʰu³³tʂʅ³³ndʑi³¹ 水龙和人类祖先他们两个人。
	ȵi³¹	二（他们两个）		
	be³³tʂʰʅ³¹tsʅ³³	人类的祖先的名字，贝赤兹		

续表

字符	国际音标	直译	意译	全句大意
	ne³¹	绵羊（绵羊有多种读音，如iu³¹）		ne³¹ua³³（放牧）hỹ³¹uã³¹ndzɿ³³（一）kə³¹（地方）ne³¹（心）kə³³（上面）（这两个字是"一起"的意思）tʂʰɿ³³tʂɿ³³tɕi³¹（那个时代） 那时候野生动物和家养动物一起放牧吃草。
	hỹ³¹	野生动物的总称		
	tsɿ³³	草		
	ku³³pe³³zo³¹pʰə³¹	过桥	生活	ku³³pe³³zo³¹pʰə³¹ndzɿ³³（一）kə³¹（地方）ne³¹（心）kə³³（上面）（这两个字是"一起"的意思）tʂʰɿ³³tʂɿ³³tɕi³¹ 斯斯绕和贝赤兹一起生活的时代。
	sɿ³³sɿ³¹zo³³	水龙		
	ɣɯ³³	宝珠	好的	
	单音词是zɿ³³，在句子中读ne³³	草、寿命		
	tɕi³¹	剪羊毛的剪子		
	be³³tʂʰɿ³¹tsɿ³³	人类的祖先		

字符	国际音标	直译	意译	全句大意
	sɿ³³sɿ³¹zo³³	水龙的名字，斯斯绕		be³³tsɿ³¹zɿ³³sɿ³³sɿ³¹zo³³ɲi³¹gu³³（量词，位）tʰu³³tʂɿ³³ndzi³¹ 水龙和人类祖先他们两个人。
	ɲi³¹	二（他们两个）		
	be³³tʂʰɿ³¹tsɿ³³	人类的祖先的名字，贝赤兹		

续表

字符	国际音标	直译	意译	全句大意
	ɣɯ³¹	牛		
	lɯ³¹	石头	放牧	ɣɯ³³lɯ³¹（放牛）ne³³ua³³（放羊）ndzʅ³¹kə³³（一个地方）ne³¹kə³¹（一起）tʂʰʅ³³tʂʅ³³tɕi³¹ 牛和羊一起放牧的时候（水龙和人类一起生活的时候）。
	ne³³	绵羊（变调）		
	ndzʅ³¹	一、大		
	ne³¹	心		
	本来读ndy³³，但后面跟着"绵羊"时读ho³¹	吆喝		
	ne³³	绵羊		ne³³ho³¹ɣɯ³³ho³¹ndzʅ³¹kə³³（一个地方）ne³¹kə³¹（一起）tʂʰʅ³³tʂʅ³³tɕi³¹ 回家的时候把牛和羊吆在一起。（水龙和人在一起生活。）
	ndzʅ³¹	一、大		
	ne³¹	心		
	ɣɯ³³	牛		

第二页

字符	国际音标	直译	意译	全句大意
	ɣɯ³³	牛		ɣɯ³¹ho³¹（吆牛）ɣɯ³¹qo³¹（放牛）ndzʐ³¹kə³³（一个地方）ne³¹kə³¹（一起）tʂʰʅ³³tsʅ³³tɕi³¹
	ho³¹	肋骨		
	qo³¹	高山		他们在一起吆牛放牛。
	zʅ³³	草，长寿	前半辈子	zʅ³³uɚ³³（上半辈子）me³³（虚词，可能是表示主格的）ndzʅ³³ndʑi³¹（一家）mbe³¹（住在一起）
	uɚ³³	头		
	me³³	请求		
	ndzʅ³¹	—		水龙和人类上半辈子是住在一起的。
	dʑi³¹	本意是"水"，这里是"家"		
	sʅ³³sʅ³¹zo³³	水龙的名字，斯斯绕		
	ȵi³¹	二（他们两个）		
	be³³tʂʰʅ³¹tsʅ³³	人类的祖先的名字，贝赤兹		mu³³tʰu³³ndzʅ³³kə³³ne³¹（虚词，表示语气）kə³³tʂʰʅ³³tsʅ³³tɕi³¹（那个时候）
	mu³³			他们每天都在一起，只要天亮了（出去干活）就在一起。
	tʰu³³			
	ndzʅ³³	—		

字符	国际音标	直译	意译	全句大意
🦌	ɣə³³	牛ɣɯ³³，此处和"一"连用读ɣə³³，表示"一起"		
	ne³¹	心		
	kə³¹	做（事、干活）		（同上）
	tʂʰʅ³³	喝		
	dʑi³¹	水、家		

字符	国际音标	直译	意译	全句大意
	be³³tʂʰʅ³¹tsʅ³³	贝赤兹		
	ȵi³³	二		
	dy³¹	地		be³³tʂʰʅ³¹tsʅ³³sʅ³³sʅ³¹zo³³ȵi³³ku³¹dy³¹kʰu³¹ndʐʅ³³kə³³ne³¹（虚词，表示语气）kə³³tʂʅ³³tsʅ³³ tɕi³¹（那个时候）
	kʰu³¹	门		
	ne³¹	心		他们一起在地里干活。
	kə³¹	做（事、干活）		
	tʂʰʅ³³	喝		
	dʑi³¹	水、家		

续表

字符	国际音标	直译	意译	全句大意
	ndzɯ³³	村		
	tsʰu³³	建		
	uo³³	寨		
	ndzʅ³³	—		nzy³³tsʰu³³uo³³zə³¹（修）ndzʅ³³ʁa³³ne³¹kə³³tʂʰʅ³³ tsʅ³³tɕi³¹
	ɣɯ³³	牛		他们建房修房都在一起。
	tʂʰʅ³³	喝		
	dʑi³¹	水、家		
	kə³¹	做（事、干活）		

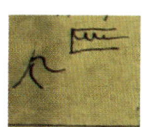

字符	国际音标	直译	意译	全句大意
	bə³¹	干活	两个字意思是"只会干活不会思考"	
	lɑ³¹	手		ə³¹lɑ³¹ be³³ tʂʰʅ³¹
	tsʰʅ³³		贝赤兹	只会干活不思考的贝赤兹。
	z			

续表

字符	国际音标	直译	意译	全句大意
	be^{33}tʂʰʅ^{31}	贝赤兹		
	nu^{33}ȵy^{31}	九座山		be^{33}tʂʰʅ^{31}nu^{33}ȵy^{31}ʐu^{33} be^{31}（干活）la^{31}u^{33}（虚词，了）χɯ^{31}
	ʐu^{33}	柳叶		贝赤兹去九座山上干活了。
	la^{31}	脱了，松了		
	χɯ^{31}	去		

字符	国际音标	直译	意译	全句大意
	be^{33}tʂʰʅ^{31}	贝赤兹		
	ʂʅ^{33}	七		be^{33}tʂʰʅ^{31}ʂʅ^{33}lo^{31}ʐu^{33}be^{31}（干活）la^{31}u^{33}（虚词，了）χɯ^{31}
	lo^{31}	沟		贝赤兹去了七条沟里干活。
	ʐu^{33}	（房子、桌子的）角		
	χɯ^{31}	去		
	sʅ^{33}			sʅ^{33}sʅ^{31}zo^{33}ne^{33}nen^{31}mbu^{31}hy^{33}mbu^{31}ne^{33}lɛ^{33}pu^{33}lɛ^{33}χɯ^{31}
	sʅ^{31}		水龙	水龙在人类去干活的时候，把家养动物和野生动物分开了，把野生动物带走了。
	zo^{33}			

166　争伍东巴文献的发现、解读与研究

续表

字符	国际音标	直译	意译	全句大意
	ne³³	心		
	ne³¹	家养动物		
	mbu³¹	分		
	hỹ³³	野生动物		
	ne³³	心		（同上）
	la³³	了		
	pu³³	带走		
	la³³	了		
	xɯ³¹	去		

字符	国际音标	直译	意译	全句大意
	zɿ³³	矮山		
	mbu³¹	分		zɿ³³mbu³¹qo³¹mbu³¹ne³¹la³³tɕio³¹
	qo³¹	高山		（水龙）把高山和矮山分开了。
	ne³¹	心		

字符	国际音标	直译	意译	全句大意
	la³³	了		（同上）
	tɕo³¹	钱、有、瘟		
	ndza³¹	旱地		ndza³¹mbu³¹kʰɯ³³mbu³¹ne³¹la³³tɕio³¹ 把水田和旱田分开了。
	mbu³¹	分		
	kʰɯ³³	水田		
	ne³³	心		
	tɕio³¹	钱、有、瘟		
	la³³	了		
	uo³³	山寨		uo³³mbu³¹so³³mbu³¹ne³¹la³³χɯ³¹ 把山寨和山峰分开了。
	mbu³³	分		
	so³³	山峰		
	ne³³	心		
	la³¹	了		
	χɯ³¹	牙齿	去	

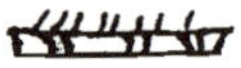

续表

字符	国际音标	直译	意译	全句大意
	uo^{33}	山寨		uo^{33}mbu^{33}so^{33}mbu^{33}ne^{31} ʂuã^{31}la^{31}（虚词，表感叹强调）so^{33}tɕio^{33}（交界）suã^{31}ze^{33} la suo^{33}tɕio^{33}ze^{33} 山峰和山寨分开了，山峰又高又美丽。
	mbu^{33}	分		
	so^{33}	山峰		
	ze^{33}	花、美丽的		
	ʂuã^{31}	高		
	zʅ^{33}	矮山		zʅ^{33}mbu^{33}qo^{31} mbu^{33}ne^{31} ʂuã^{31}la^{31}（虚词，表感叹强调）qo^{33}tɕio^{33}（交界）suã^{31}ze^{33} la suo^{33}tɕio^{33}ze^{33} 高山和矮山分开了，高山又高又美丽。
	mbu^{31}	分		
	qo^{31}	高山		
	ze^{33}	花、美丽的		
[1]	ʂuã^{31}	高		

---

[1] 该字符在"第三页"图片中。若同一句子的字符分别在前后两图，则从上或从下整理。后同。

第三页

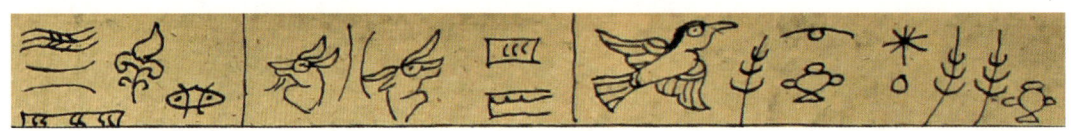

字符	国际音标	直译	意译	全句大意
	ndzạ³³	旱田		
	mbu³³			ndzạ³³mbu³³kʰɯ³¹mbu³³ ne³¹ze³¹la³¹（虚词，表感叹强调）kʰɯ³¹tɕio³³（交界）ze³la³¹ kʰɯ³¹tɕio³³ ba³³
	kʰɯ³¹	水田		水田和旱田分开了，水田又好看又宽阔。
	ze³¹	花，美丽的		
	ba³¹	宽阔的		
	ne³³	绵羊，代指家养动物		
	mbu³¹	分		ne³³mbu³¹hỹ³³mbu³¹ne³¹ hy³³mbu³¹hỹ³³dzə³¹χɯ³¹ 家养和野生的分开来了，分到野生动物的赚了。
	hỹ³³	野生动物		
	dzə³¹	赚了		

续表

字符	国际音标	直译	意译	全句大意
	χɯ³¹	牙齿	去	（同上）
	du³³zy³¹	高山上的白寒鸡，代表有翅膀的动物		
	ma³¹	不	不知道	
	sɿ³³	知道		
	ndzɿ³³	一		du³³zy³¹ma³¹sɿ³³ndzɿ³³tv³¹ndzɿ³³kə³¹ sɿ³³sɿ³¹zo³³ ne³³（虚词）ndzɿ³³
	tv³¹	千		人类不知道水龙带走了几千几万个有翅膀的动物。
	kə³¹	鸡蛋	万	
	sɿ³³	木		
	sɿ³³	木	水龙名字	
	ndzɿ³³	找到		

字符	国际音标	直译	意译	全句大意
	zɿ³¹	豹子		zɿ³¹la³³ma³¹sɿ³³ndzɿ³³tv³¹ndzɿ³³kə³¹ sɿ³³sɿ³¹zo³³ ne³³（虚词）ndzɿ³³
	la³³	老虎		人类不知道水龙带走了老虎豹子有几千几万个。

续表

字符	国际音标	直译	意译	全句大意
	ma³³	不		（同上）
	sɿ³³	木	知道	
	ndzɿ³³	一		
	tv³¹	千		
	ndzɿ³³	一		
	kə³¹	鸡蛋	万	
	sɿ³³	木		
	qʰuɑ³³	有蹄子的动物		qʰuɑ³³ndzɯ³¹ma³¹sɿ³³ ndzɿ³³ɕi³³sɿ³³sɿ³¹ʐo³³ne³³（虚词）ndzɿ³³ 有蹄子的动物不知道带走了几百个。
	ndzɯ³¹	有		
	mɑ³³	不	不知道	
	sɿ³³	木		
	ndzɿ³³	一	找到、带	
	ɕi³³	百		
	ne³³	心		

续表

字符	国际音标	直译	意译	全句大意
	sɿ³³	木		
	sɿ³³	木	水龙	（同上）
	ndzʅ³¹	—		

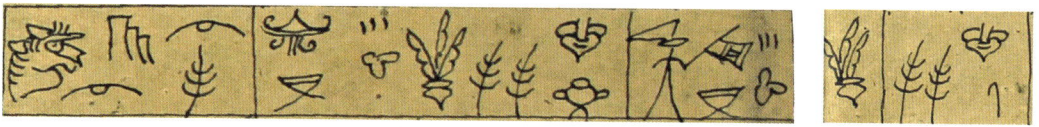

字符	国际音标	直译	意译	全句大意
	mbo³¹	马鬃		
	ndzɯ³¹	有		mbo³¹ndzɯ³¹mɑ³¹sɿ³³ndzʅ³³tv³¹ndzɯ³³kə³¹sɿ³¹zo̠³³ne³³（虚词）ndzʅ³³
	mɑ³³	不		有鬃的动物不知道带了多少。
	mɑ³³	（重复，多余的）		
	sɿ³³	木	水龙	
	zə³³	漂亮的		
	mɛ³³	雌的	的	zə³³mɛ³³sy³³sue³¹ndɕio³¹sɿ³³sɿ³¹zo̠³³ne³³ndzʅ³³
	sy³³	三		带了三种漂亮的动物。
	suã³¹	种		

续表

字符	国际音标	直译	意译	全句大意
	ndɕio³¹	在		
	sɿ³³	木		
	sɿ³³	木		（同上）
	ne³³	心		
	ndzɿ³³	一	找到、带	
	ndɛ³¹	强的		
	mɛ³³	雌的	的	
	sy³³	三		
	suɑ³¹	种		
	ndɕio³¹	在		ndɛ³¹mɛ³³sy³³sue³¹ndɕio³¹ sɿ³³sɿ³¹zʅ³³ ne³³ndzɿ³³ 强的动物有三种被水龙带走了。
	sɿ³³	木		
	sɿ³³	木		
	ne³³	心		
	ndzɿ³³	一	找到、带	

字符	国际音标	直译	意译	全句大意
	tɕʰio³¹	快的		
	mɛ³¹	雌的	的	
	sy³³	三		
	suã³¹	种		tɕʰio³¹mɛ³³sy³³suе³¹ndʑio³¹sɿ³³sɿ³¹zo³³ne³³ndʐʅ³³
	ndʑio³¹	在		快的有三种被水龙带走。
	sɿ³³sɿ³¹zo³³	水龙		
	ne³³	心		
	ndʐʅ³³	一	找到、带	
	tʂʰʅ³¹	肥的		
	mɛ³¹	雌的	的	
	sy³³	三		tʂʰʅ³¹mɛ³³sy³³suе³¹ndʐo³¹sɿ³³sɿ³¹zo³³ne³³ndʐʅ³³
	suã³¹	种		肥的动物有三种被水龙带走。
	ndʐo³¹	在		

续表

字符	国际音标	直译	意译	全句大意
	$s\gamma^{33}$	木	水龙	（同上）
	$s\gamma^{33}$	木		
	ne^{33}	心		
	$ndz\gamma^{33}$	—	找到、带	
	mbe^{33}	一张	人类	$mbe^{33} ts^h\gamma^{31} z\gamma^{33} ndz\gamma^{31} m\varepsilon^{33} t\d{s}^h\gamma^{33}$（带着）人类带着的动物。
	$ts^h\gamma^{31}$	大象		
	$z\gamma^{33}$	草		
	$ndz\gamma^{31}$	—		
	$m\varepsilon^{33}$			
	$t\d{s}^h\gamma^{33}$	喝	带着	

字符	国际音标	直译	意译	全句大意
	nu^{33}	喙		$nu^{33} ndzu^{31} \text{ɦ}\tilde{\varepsilon}^{31} ta^{33} ndz\gamma^{33}$ 有喙的，得到了一只鸡。
	$ndz\gamma^{31}$	—		
	$\text{ɦ}\tilde{\varepsilon}^{31}$	鸡		

续表

字符	国际音标	直译	意译	全句大意
	ta³³	箱子。此处为虚词		（同上）
	ndzɿ³³	—	找到	
	tɕi³¹	爪子		
	ndzɯ³¹	有		tɕi³¹nzu³¹kʰɯ³³ta³³ndzɿ³³ 有爪子的动物，得到一只狗。
	kʰɯ³³	狗		
	ta³³	箱子。此处为虚词		
	ndzɿ³³	—	找到	
	mbu³¹	鬃		
	ndzɯ³¹	有		mbu³¹ndzɯ³¹ʐuã³¹ta³³ndzɿ³³ 有鬃的动物，得了一只马。
	ʐuã³¹	马		
	ta³³	砍		
	ndzɿ³¹	—	找到	
	sɿ³³	木		sɿ³³sɿ³¹zo³³ndzɿ³³mɛ³³tʂʰɿ³³ 水龙得到的动物。
	sɿ³³	木	水龙	
	ndzɿ³³	—		

字符	国际音标	直译	意译	全句大意
	mɛ³³			（同上）
	tʂʰʅ³³	喝		

第四页

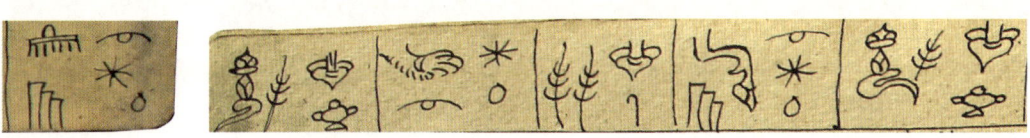

字符	国际音标	直译	意译	全句大意
	pv³³	老虎毛皮上一道一道的纹理		pv³³nzu³¹ma³³sʅ³³ndzʅ³³tv³¹ndzʅ³³kə³¹sʅ³³sʅ³¹zo³³ne³³ndzʅ³³ 身上有很漂亮花纹的动物，不知道水龙得了几千几万个。
	ndzuɯ³¹	有		
	ma³³	不		
	tv³¹	千		
	kə³¹	鸡蛋	万	

续表

字符	国际音标	直译	意译	全句大意
	sʅ³³sʅ³¹zo³³		水龙	
	ne³³	心		（同上）
	ndzʅ³³	一	找到、带	
	bo³¹	掌		
	ma³³	不		
	tv³¹	千		
	kə³¹	鸡蛋	万	bo³¹nzu³¹ma³³sʅ³³ndzʅ³³tv³¹ndzʅ³³kə³¹sʅ³³sʅ³¹zo³³ne³³ndzʅ³³
	sʅ³³	木		有掌的动物，不知水龙得了几千几万个。
	sʅ³³	木	水龙	
	ne³³	心		
	ndzʅ³³	一	找到、带	
	qʰua³³	蹄子		
	ndzɯ³¹	有		qʰua³³ndzu³¹ma³³sʅ³³ndzʅ³³tv³¹ndzʅ³³kə³¹sʅ³³sʅ³¹zo³³ne³³ndzʅ³³
	ma³³	不		有蹄子的动物，不知水龙得了几千几万个。
	tv³¹	千		

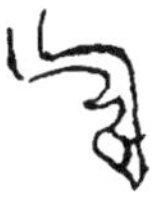

续表

字符	国际音标	直译	意译	全句大意
○	kə³¹	鸡蛋	万	（同上）
	sʅ³³sʅ³¹ʐo³³		水龙	
	ne³³	心		
	ndzʅ³³	—	找到、带	

 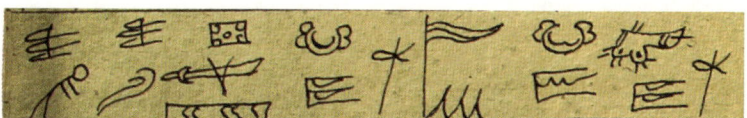

字符	国际音标	直译	意译	全句大意
		章节开篇词，无发音		
	mbe³³	面粉、粉状		mbe³³la³³ mbe³³tsʰʅ³³ zʅ³³ 会干活的人类。
	mbe³³tsʰʅ³³	藏族	人类	
	zʅ³³			
	tsʰʅ³³	树木的节		tʂʰə³³ku³¹tʂʅ³³tʂʰʅ³³ku³¹（这五个字是"过了一代"的意思）iə³³qo³¹le³¹tʰu³³ȵi³³ 过了一代，水龙又回到了人类的家里。
	iə³³qo³¹le³¹tʰu³³ȵi³³	回到家里		

续表

字符	国际音标	直译	意译	全句大意
	ho³¹	肋骨		
	gv³¹	背		
	ho³¹	肋骨	北方	
	lo³¹	沟		
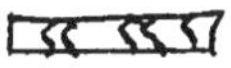	dy³¹	地		把北方的天劈开了一半，人类和水龙从此不相见。
	ndzə³¹	架子		
	pʰu³³	装水的葫芦	人类和水龙不相见	
	kʰə³³	劈开		
	be³³	量词"张"		
	tsɿ³³	捆		
	i³³	河边		
	mĩ³³	火苗	南方	
	pʰu³³	葫芦		i³³tɕʰi³³i³³mĩ³¹dy³¹ 把南方的地分成两半，人类和水龙不相见。
	χɯ³³	牙齿	人类和水龙不相见	
	rua³³	量		

第三章 争伍经典文献选译 181

续表

字符	国际音标	直译	意译	全句大意
	be³¹	张		（同上）
	tsʅ³³	捆		

字符	国际音标	直译	意译	全句大意
	do³¹pɑ³¹ʂɑ³³lɑ³¹	东巴什罗		东巴什罗在和解人类和水龙的战斗。
	lɛ³³	蚊子		
	lɑ³³	脱了、松了	讨论	
	be³³	张		
	dv³³tɕʰi³³kɑ³³ʐʅ³³	大鹏神鸟		大鹏神鸟也参与了和解。
	lɛ³³	蚊子		
	lɑ³³	张	讨论	
	be³³	脱了、松了		
	ça³¹		贡嘎雪山的三个山神之一，第三位，东巴神	夏娜睹吉参与了和解。
	na³³			
	tu³³tɕi³³			

续表

字符	国际音标	直译	意译	全句大意
	la³³		讨论	（同上）
	be³³	张		
	i³¹ta³¹	做法事的那家		
	ho³³gu³³lo³¹	北	北方	ho³³gu³³ho³³lo³¹dy³¹ndziə³¹pʰu³¹kʰə³³ma³³tʂʰʅ³¹ 不让人类把北方的天劈开。
	dy³³	地		
	ndzə³¹	架子	人类和水龙不相见	
	kʰə³³	劈开		
	pʰu³³	葫芦		
	ma³³	不	不让	
	tʂʰʅ³¹	骨头		

字符	国际音标	直译	意译	全句大意
	i³³	河边	南方	i³³tɕʰi³³i³³mĩ³¹dy³¹pʰu³³χɯ³¹rua³¹ma³³tʂʅ³¹ 不让人类把南方的地分开。
	mĩ³³	火苗		

续表

字符	国际音标	直译	意译	全句大意
	p^hu^{33}	葫芦	人类和水龙不相见	（同上）
	$\chi ɯ^{33}$	牙齿		
	$ruɑ̃^{31}$	量		
	$mɑ^{33}$	不	不让	
	$tʂ^hʅ^{31}$	骨头		
	$mbe^{33}t^hɑ^{33}bu^{33}$ $ndzʅ^{33}dʐi^{31}tsʅ^{33}$		带着斧头去砍树	不要乱砍伐。
	$mɑ^{33}$			
	$tsʅ^{31}$	骨头		
	$lɯ^{33}$	石头		不让人类撬大石头。
	$ndzʅ^{31}$	大		
	$kə^{33}tv^{31}$	用来撬东西的棒子		
	$ŋə^{35}$	撬	撬	
	pe^{33}	称粮食的东西		
	$mɑ^{33}$	不	不让	
	$tsʅ^{31}$	骨头		

字符	国际音标	直译	意译	全句大意
	uo³¹	山寨		
	mbu³³	分		
	so³³	山峰		
	mɛ³³	了		
	ma³³		不够	uo³¹mbu³³ma³³lu³¹mɛ³¹so³³ lɛ³¹（了）qʰua³³ho³¹tsʅ³³ 山寨的东西不够，可以去山峰上工作获得。
	lɯ³¹	石头		
	qʰua³³	剥下来		
	ho³¹（鼻送气）	野鸡	可以去	
	tsʅ³³	捆		
	ndzɑ³³	旱田		
	mbu³¹	分		
	kʰɯ³³	水田		ndzɑ³³mbu³¹ma³³ lu³¹kʰɯ³³ lɛ³¹（了）qʰua³³ ho³¹tsʅ³³ 旱田产的东西不够，可以用水田。
	qʰua³³	牛角	可以去	
	ho³¹	野鸡		

续表

字符	国际音标	直译	意译	全句大意
	$z\careful^{33}$	矮山		
	mbu^{31}	分		
	qo^{31}	高山		$z\careful^{33}mbu^{31}ma^{33}lu^{31}qo^{31}i^{31}$（的）$l\varepsilon^{31}q^{h}ua^{33}ho^{31}mu^{31}$（了）$ts\careful^{33}$
	$l\varepsilon^{31}$	脱了	可以	矮山上不够的，可以去高山上垦地。
	$q^{h}ua^{33}$	牛角		
	ho^{31}	野鸡	去	
	$ts\careful^{33}$	捆		

第五页

字符	国际音标	直译	意译	全句大意
	ne³³	绵羊，家养动物		
	mbu³³	分		
	hỹ³¹	野生动物		ne³³mbu³¹ma³³lɯ³¹hỹ³¹le³¹qʰuɑ³³ho³¹mu³¹（了）tsɿ³³
	qʰuɑ³³	牛角	可以	家养的不够，可以去山上打猎。
	ho³¹	野鸡	去	
	tsɿ³³	捆		
	mbe³³tsʰɿ³³		贝赤兹	
	zɿ³³	草		
	ne³³	绵羊		
	mbu³¹	分		mbe³³tsʰɿ³³zɿ³³ne³³mbu³¹mɑ³³lɯ³¹me³¹hỹ³¹le³¹qʰuɑ³³kʰu³¹
	hỹ³¹	野生动物		人类有权利去山上打猎。
	ma³¹	不		
	me³³	了	不够了	
	lɯ³³	石头，够		

续表

字符	国际音标	直译	意译	全句大意
	qʰuɑ³³	牛角	得到允许，有权利	（同上）
	kʰu³¹	门		
	ʐʅ³³	矮山		ʐʅ³³mbu³¹mɑ³³lu³¹ qo³¹lɑ³¹qʰuɑ³³kʰu³¹be³³mu³³tsʅ³³ 矮山上不够，可以去高山上垦地。
	mbu³³	分		
	mɑ³³	不		
	qo³¹	高山		
	lɑ³³	脱了	可以，得到允许	
	qʰuɑ³³	牛角		
	be³³	张	去	
	tsʅ³³	捆		

字符	国际音标	直译	意译	全句大意
	ndzɑ³³	旱田		ndɑ³³mbu³¹mɑ³³lu³¹kʰɯ³³ lɛ³¹qʰuɑ³³kʰu³¹ be³³mu³³tsʅ³³[1] 旱田里不够，可以去水田上垦地。
	mbu³³	分		

---

[1] be³³mu³³tsʅ³³：我自己说，我有权利去做。ho³¹mu³¹tsʅ³³：对别人说你可以去做。

续表

字符	国际音标	直译	意译	全句大意
	ma³³	不		（同上）
	kʰɯ³³	水田		
	qʰuɑ³³	牛角	可以	
	be³³	张	去	
	tsʅ³³	捆		
	uo³¹	山寨		uo³¹mbu³³ma³³lu³¹mɛ³¹so³³ lɛ³¹（了）qʰuɑ³³ho³¹tsʅ³³ 山寨的东西不够，可以去山峰上工作获得。
	mbu³³	分		
	so³³	山峰		
	ma³³	不		
	qʰuɑ³³	牛角	可以	
	be³³	张	去	
	tsʅ³³	捆		
	ĩ³³ta³¹	做法事的这家人		ze³³χy³¹be³¹ma³³pʰuɚ³¹ ndzu³¹ze³¹ma³¹pʰu³³ 做法事的这家人有面粉不会白撒在山上。
	ze³³χy³¹	麦子		
	pʰuɚ³¹	白		

续表

字符	国际音标	直译	意译	全句大意
	be³¹	面粉		（同上）
	ma³³	不		
	ndzu̩³¹	山		
	pʰu³³	撒		
	mu³³me³¹	母牛		mu³³me³¹nɑ³³（奶）ma³³ pʰa³³（浪费）lo³³i³¹ze³¹ma³¹ sa³¹
	me³³	不		
	sa³¹	麻，这里是"倒"		母牛虽然有牛奶，但不能浪费洒在沟里。
	lo³³	沟		

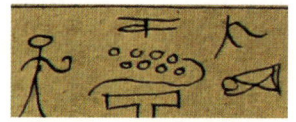 

字符	国际音标	直译	意译	全句大意
		我	白米	tʂua³³pʰuɚ³³kua³³（舀）tʂɿ³³la³¹kua³³（舀）tsʰɿ³¹ 舀剩下的白米，我也会来舀。
	pʰuɚ³³	白		
	tʂua³³	米		
	tʂɿ³¹	剩余的		
	la³¹	脱了		

续表

字符	国际音标	直译	意译	全句大意
	tsʰɿ³¹	羊的胛骨，这里是"来"的意思		（同上）
	bu³¹	猪	猪油	
	ma³³			
	χɛ³³			
			切成两半	bu³¹ma³³χɛ³³tʂɿ³³ lɛ³³χɛ³³be³³ 猪油切成两半了，剩下来的，我会来切的。
	χɛ³³			
	tʂɿ³³	剩余的		
	lɛ³³	脱了、松了	能、会	
	be³³	张	来	

字符	国际音标	直译	意译	全句大意
	无读音			
	mɯ³³	天		mu³³ne³¹（虚词）gə³¹tʂɿ³³（算）ɣɯ³³，dy³³ne³¹ʐuo³³（草）tɕy³¹（有、长出来）ɦɛ̃³¹ 看星宿好的一天，地上长出了绿草，这是个好日子。
	gə³¹	星星		
	ɣɯ³³	宝珠	好的	

字符	国际音标	直译	意译	全句大意
	ɦẽ³¹	金	绿色的	（同上）
	dy³¹	地上长草		
	a³¹	左边		a³¹bi³³tʰu³³（出来）ʐu³³（光线照射），i⁵⁵lɛ³¹tsʰɛ³（月光洒在）mbu³¹（山坡） 左边阳光照射，右边月光洒在山坡上。
	bi³³	阳光		
	i⁵⁵	右边		
	lɛ³¹	月光		
	gə³¹	上		gə³¹i³¹（上边）la³³sa³¹（拉萨）to³³kʰə³³pʰuɚ³¹ 上边有青藏高原。
	sa³³	麻	拉萨	
	to³³	板子		
	pʰuɚ³¹	白的	高原	
	kʰə³³	脚		
	gu³³zu³¹	藏族		gu³³zu³¹kʰu³³tsɿ³¹（算）ɣɯ³³ 会算属相的藏族算今天是好日子。
	kʰu³³	属		
	ɣɯ³³	好的		

续表

字符	国际音标	直译	意译	全句大意
	li³³pu³³	白族		mi³³i³¹（下面的）bu³³lu³¹（一个地名）ẓo³³（草）tsŋ³¹（有）mɛ³¹，li³³pu³³hɛ³¹ tsɿ³³ɣɯ³³
	hɛ̃³¹	月		下边有布鲁（地名）草原，白族算月，这个月好。
	ɣɯ³³	好的		

字符	国际音标	直译	意译	全句大意
	ndzo³³	桥		ndzo³³bɚ³¹（有桥）lv³³tɕiə³¹（中间）kʰu³³（山崖）
	lv³³	箭	中间	
	kʰu³³	门		中间在山崖和山沟里的山寨。
	na³³χĩ³¹	纳西		
	gə³¹	星星		na³³χĩ³¹ha³³tsɿ³¹ɣɯ³¹，na³³χĩ³¹gə³¹tsɿ³¹ɣɯ³¹
	ha³³	夜晚		纳西族根据星星的位置算夜，这夜很好。
	ɣɯ³¹	好的		
	kʰu³³	属		kʰu³³ɣɯ³³tsʰɿ³³（今）ɲi³³ndʐɿ³³
	ɣɯ³³	好的		属相今天好。

续表

字符	国际音标	直译	意译	全句大意
	$ȵi^{33}$	日		（同上）
	$ndz\underset{\sim}{ɿ}^{33}$	好运到了		
	$\tilde{i}^{33}ta^{31}$	做法事的人家		$i^{33}ta^{31}k^hu^{33}ma^{33}lu^{31}$（命不够），$k^hu^{33}lɛ^{31}me^{33}$（求命），$zɿ^{33}ma^{33}lu^{31}$（寿不够），$zɿ^{33}lɛ^{31}me^{33}$（求寿） 做法事的这家人跟水龙求长寿。
	k^hu^{33}	属相	寿命	
	$zɿ^{33}$	草		
	ma^{33}	不		
	ne^{31}	绵羊	吉	$ne^{31}ma^{33}lu^{31}$（吉不够），$ne^{31}lɛ^{31}me^{33}$（求吉），$u\tilde{a}^{31}ma^{33}lu^{31}$（祥不够），$u\tilde{a}^{31}lɛ^{31}me^{33}$（求祥） 做法事的人家跟水龙求吉祥。
	$u\tilde{a}^{31}$	绿松石	祥	
	ma^{33}	酥油，不		
	$ndza̠^{33}$	粮仓	富	$hə^{31}ma^{33}lu^{31}$（贵不够），$hə^{31}lɛ^{31}me^{33}$（求贵），$ndza̠^{33}ma^{33}lu^{31}$（富不够），$ndza̠^{33}lɛ^{31}me^{33}$（求富） 做法事的人家跟水龙求富贵。
	$hə^{31}$	粮食	贵	
	ma^{33}	不		

第六页

字符	国际音标	直译	意译	全句大意
		男的在祈求		
	me³³	妈妈	请求	
		女的在祈求		ne³³lɛ³¹（虚词，来）me³³ uã³¹lɛ³¹me³³
	uã³¹	绿松石	祥	求吉祥。
	ne³³	心	吉	
	me³³	妈妈	请求	
	ʂu³³	水龙		ʂu³³ɕio³¹（向、跟）ma³³ lu³¹（不够）lɛ³³me³³（祈求）
	ma³³	酥油	不	向水龙祈求自己不够的。

字符	国际音标	直译	意译	全句大意
	me^{33}	妈妈	请求	（同上）
	k^{h}u^{33}	属	命	k^{h}u^{33}lɛ^{31}me^{33}，zɿ^{33}lɛ^{31}me^{33} 求寿求命。
	zɿ^{33}	草	寿	
	me^{33}	妈妈	请求	
	ri^{33}k^{h}ə^{33}mbu^{33}mbu^{33}	做法事的东巴		ri^{33}k^{h}ə^{33}mbu^{33}mbu^{33}ʐua^{33}ʂua^{33}（高）ndzɿ^{33} tv^{31}pɛ^{33} ʐua^{33}mu^{33}（老）ndzɿ^{33} gə^{311} pɛ^{33}，mbə^{31} p^{h}uə^{31}（白的）ndzɿ^{33}tv^{31}pɛ^{33}，mbə^{31}na^{31}（黑的）ndzɿ^{33}gə^{311}pɛ^{33} 把一千匹高马和一万匹老马，一千匹白牦牛和一万匹黑牦牛给水龙。
	mbə^{31}	牦牛		
	tv^{31}	千		
	gə^{31}	万		
	ʐua^{33}	马		
	tv^{31}	千		
	gə^{31}	万		
	q^{h}uɑ^{33}	没画过的柴		ɴu^{33}（九）ɕi^{33}（百）q^{h}uɑ^{33} p^{h}uə^{31}，ʂɿ^{33}（七）ɕi^{33}（百）q^{h}uɑ^{33} ndzɑ^{31} 把九百根白柴和七百根画过的柴献给水龙。
	p^{h}uə^{31}	白的		
	q^{h}uɑ^{33}	花的柴块，写字画过		

字符	国际音标	直译	意译	全句大意
	me³³tse³¹	一种做法事用的草，长在江边，长得像竹子，开花像玉米		
	ŊgV³³	九		me³³tse³¹ɴu³³ndzɿ³¹（棵），la³³qʰa³¹ɴu³³ndzɿ³¹，pʰuɚ³³pʰe³¹ʂɿ³³nzo³¹bɛ³¹（铺在桥上）
	la³³qʰa³¹	杨柳		九棵草，九棵杨柳，用白麻布铺在桥上给水龙搭桥。
	pʰuɚ³³	白		
	pʰe³¹	麻布		
	ŋu³¹	银		
	ɦẽ³¹	金		
	qʰua³³	花的柴块，写字画过		ɴu³¹qʰua³³χɛ³¹qʰua³³be³³（做），uã³¹qʰua³³tʂʰua³³qʰua³³be³³
	uã³¹	绿松石		用金做柴块、用银做柴块、用绿松石做柴块、用黑宝珠做柴块。
	tʂʰua³³	黑色的宝珠		
	qʰua³³	没画过的柴		
	ʑi³¹	蛇		ʑi³¹tsʰue³³pa³³tsʰue³³ʐua³¹（还债）
	tsʰue³³	还债		不小心杀了水龙的蛇和青蛙，给水龙还债。
	pa³³	青蛙		

续表

字符	国际音标	直译	意译	全句大意
	tsʰue³³	还债		（同上）
	ɣɯ³³	牲口		
	ze³³	麦子	粮食	ɣɯ³³dʑi³¹（大）ɲi³¹ʂɿ³³（眼花了）ze³³ndzɿ³¹ɲiə³¹qɑ³³
	ɲi³¹	眼睛		献给水龙的牲口、粮食太多，水龙看花眼了。
	qɑ³³	把眼睛蒙住		
	ʂu³¹	水龙		

字符	国际音标	直译	意译	全句大意
	ĩ³¹tɑ³¹	做法事那家人		
	kʰu³³	属	命	ĩ³¹tɑ³¹kʰu³³me³³（求）kʰu³³tʂɿ³³（得到）zɿ³³me³³zɿ³³tʂɿ³³ne³³ me³³ ne³³tʂɿ³³uã³¹me³³uã³¹tʂɿ³³ χə³³ me³³ χə³³tʂɿ³³ndzɑ³³ me³³ndzɑ³³ tʂɿ³³ ho³³
	zɿ³³	草	寿	做法事的这家人求命得命，求寿得寿，求吉得吉，求祥得祥，求富得富，求福得福，这些都能得到。
	me³³	妈妈	请求	
	ne³³	心	吉	
	ndzɑ³³	粮仓	富	

续表

字符	国际音标	直译	意译	全句大意
	uã³¹	绿松石	祥	
	χə³³	牙齿	福	（同上）
	ho³³	肋骨	得到	

字符	国际音标	直译	意译	全句大意
	ȵi³³	太阳		
	tʰu³³	桶	东方	
	pʰuɚ³³	白的		ȵi³³me³³tʰu³³（东方）tv³³pʰuɚ³³（海螺）ndʑy³³ʂuã³¹（高山）ʔæ³¹ʂuã³¹（高崖）tv³³pʰuɚ³³χə³¹（还）ȵen³¹（虚词）ndzu³¹（坐）me³³（虚词）su³¹
	tv³³pʰɚ³³ ndʑy³³ʂuã³	海螺的高山		在东方，有海螺一样白的高山、悬崖，有海螺的海，水龙就住在东海里。
	a³¹	山崖		
	tv³³pʰuɚ³³χə³¹	有海螺的海		
	ʂu³¹	水龙		
	zʅ³³	人拿草拜	求寿命	kʰu³³lɛ³¹me³³zʅ³³lɛ³¹me³³ne³³lɛ³¹me³³uã³¹lɛ³¹me³³ho³¹lɛ³³me³³ndʐa³³lɛ³¹me³³
	uã³¹	绿松石	祥	求寿求命求吉求祥求富求贵。

续表

字符	国际音标	直译	意译	全句大意
	ne³³	绵羊	吉	（同上）
	ne³³	心		
	hɚ³¹	粮食 ʁo³¹	贵	
	ndzʅ³³	粮仓	富	
	me³³	求		

字符	国际音标	直译	意译	全句大意
	tv³³pʰɚ³³ndzy³¹	白海螺		tv³³pʰuɚ³³ndzy³¹ȵen³¹（虚词）ndzu³¹（坐）ʂu³³pʰuɚ³³zu³¹（飞龙）pʰuɚ³³，ne³³me³³ɣɯ³³ne³³qʰa³¹ me³¹（太好心）gə³¹（上）lɛ³¹（往、向）ʂu³¹（想），qʰɑ³¹（不好的）ne³¹ndza³³（不好的）me³¹mi³¹（下）lɛ³¹（向）tɕy³³（扔） 白色的水龙和飞龙都坐在白色的山上，给人类的好心向上想，对人类不好的心向下扔。
	ʂu³³	水龙		
	ne³³	心		
	ɣɯ³³	宝珠	好（修饰珍贵的东西）	
	qɑ³¹	力量	好（修饰人、动物等有生命的东西）	
	zʅ³³	拿着草拜	求寿	kʰu³³lɛ³¹me³³zʅ³³lɛ³¹me³³ ne³³lɛ³¹me³³uã³¹lɛ³¹me³³ 求寿求命求吉求祥。
	uã³¹	拿着绿松石拜	求祥	
	me³³	求		

续表

字符	国际音标	直译	意译	全句大意
	ri³³kʰə³³mbu³³mbu³³	做法事的东巴		ri³³kʰə³³mbu³³mbu³³ne³³me³³gv³³kʰu³³tɕʰi³³lɛ³³pʰu³³ua³³me³³ʂʅ³³kʰu³³tɕʰi³³lɛ³³pʰu³³ 做法事的东巴打开九道吉门，七道祥门。
	kʰu³³pʰu³³	开门		
	me³³		吉利的	
	ne³³			
	ŋgv³³	九		
	kʰu³³	门		
	ua³³	绿松石	祥	
	ʂʅ³³	七		
	kʰu³³	门		开门
	pʰu³³（单字音 qɛ³¹）	挖		
	ʂu³³	水龙		ʂu³³pʰuɚ³³zu³¹pʰuɚ³³（东方的水龙和飞龙）pʰuɚ³³kʰu³³ne³³pʰuɚ³³（说话说得很好听，心里想得也很好）ri³³kʰə³³mbu³³mbu³³ ʂu³³kʰu³¹（龙王门）tɕʰi³¹（这边，方向）lɛ³³pʰo³³（开）
	zɑ³¹	笑		
	ne³³	心		
	pʰɚ³³	白的	好的	
	kʰu³³	门		
	ri³³kʰə³³mbu³³mbu³³	做法事的东巴		

第三章 争伍经典文献选译　201

第七页

字符	国际音标	直译	意译	全句大意
	kua³³	天鹅		
	kə³³	老鹰		kua³³kə³³i³¹kʰu³³pʰu³³ 开第一道门是天鹅和老鹰在守护。
	ndzʅ³¹	一		
	kʰu³³	门		
	zʅ³¹	豹子		
	la³³	老虎		zʅ³¹la³³ȵi³³kʰu³³pʰu³ 第二道门是豹子和老虎在守护。
	ȵi³³	二		
	kʰu³³	门		

字符	国际音标	直译	意译	全句大意
	tṣʰua³³	鹿		
	i⁵⁵	羚羊		tṣʰua³³i⁵⁵sy³³kʰu³³pʰu³
	sy³³	三		第三道门是鹿和羚羊在守护。
	kʰu³³pʰu³¹	开门		
	gu³¹	背	熊	
	bu³¹	野猪		gu³¹bu³¹ru³³kʰu³³pʰu³¹
	ru³¹	四		第四道门是熊和野猪在守护。
	kʰu³³pʰu³	开门		

字符	国际音标	直译	意译	全句大意
	tɕi³¹	麂子		
	li³³	獐子		tɕi³¹li³³uɑ³¹kʰu³³pʰu³¹
	uɑ³¹	五		第五道门是麂子和獐子在守护。
	kʰu³³	门		

字符	国际音标	直译	意译	全句大意
	χə³¹	锦鸡		
	fv³³	野鸡，雉		fv³³χə³¹ tʂua³³kʰu³³pʰu³¹ 第六道门是野鸡和锦鸡在守护。
	tʂua³³	六		
	kʰu³³pʰu³¹	开门		
	mi³³	女人		
	ʂɿ³³	七		mi³³ʂɿ³³kʰu³³pʰu³¹ 第七道门是一个女人在守护。
	kʰu³³pʰu³¹	开门		
	zo³³	男人		
	ŋgv³³	九		zo³³ŋgv³³kʰu³³pʰu³¹ 第九道门是一个男人在守护。
	kʰu³³pʰu³¹	开门		

字符	国际音标	直译	意译	全句大意
	ȵi³³	太阳	东方	ȵi³³me³³tʰu³³ʂu³³pʰuɚ³³zu³¹ pʰuɚ³³ne³¹lɛ³¹iə³³uɑ̃³¹lɛ³¹iə³³ hə³lɛ³¹ iə³³ndzɑ³³lɛ³¹iə³³kʰu³³ lɛ³¹iə³³zɿ³¹lɛ³¹iə³³ 东方的水龙和飞龙，送吉送祥，送富送贵，送寿送命。
	tʰu³³	桶		
	ʂu³³	水龙		

续表

字符	国际音标	直译	意译	全句大意
	zu³¹	飞龙		
	pʰɚ³¹	白的		
	χε³¹	绿的	吉	
	ne³³	绵羊	祥	
	hə³¹	粮食 ʁo³¹	贵	（同上）
	ndzạ³³	粮仓	富	
	kʰu³³	弓	命	
	iə³³	烟叶	送	
	zɿ³³	草	寿	
	pʰɚ³¹	白的	白头偕老	
	gɯ³³	张嘴		
	pʰu³³	葫芦	好的	gɯ³³pʰɚ³¹ndzạ³¹（牙）ɕi³¹（黄）pʰu³³do³¹lv³³do³¹lε³³tʰu³³kʰu³³
	lv³³	箭		白头偕老，看见好的东西，遇见好的事情。
	do³¹	看见	看见	
	tʰu³³	水桶	有、发现	

字符	国际音标	直译	意译	全句大意
	k^hu^{33}	门	得到的	（同上）
	i^{31}	河边	南方	$i^{31}tɕi^{33}mi^{31}ʂu^{33}χɛ^{31}zu^{31}χɛ^{31}$ $k^hu^{33}lɛ^{31}me^{33}ʐ\eta^{33}lɛ^{31}me^{33}ne^{31}lɛ^{31}$ $me^{33}uɑ^{31}lɛ^{31}me^{33}$ 向南方的绿色的水龙和飞龙求寿命求吉祥。
	mi^{31}	火苗		
	$χɛ^{31}$	绿的		
	$ʂu^{31}$	水龙		
	k^hu^{33}	弓	命	
	$ʐ\eta^{33}$	草	寿	
	$uɑ^{33}$	绿松石	吉	

字符	国际音标	直译	意译	全句大意
	$ndzɑ^{33}$	粮仓	富	$hə^{31}ma^{33}lu^{33}hə^{31}lɛ^{31}me^{33}$ $ndzɑ^{33}ma^{33}lu^{33}ndzɑ^{33}lɛ^{31}me^{33}$ 富不够求富，贵不够求贵。
	$hə^{31}$	粮食	贵	
	lu^{33}	吃饱	不够	
	ma^{33}	酥油		
	me^{33}	求		

续表

字符	国际音标	直译	意译	全句大意
	ri³³kʰə³³mbu³³mbu³³	做法事的东巴		
	mbæ³¹	牦牛		
	tv³¹	千		ri³³kʰə³³mbu³³mbu³³ʐua³³ṣua³³（高）ndʐʅ³³tv³¹pɛ³³ʐua³³mu³³（老）ndʐʅ³³gə³¹pɛ³³，mbæ³¹pʰuæ³¹（白的）ndʐʅ³³tv³¹pɛ³³，mbæ³¹na³¹（黑的）ndʐʅ³³gə³¹pɛ³³
	gə³¹	万		
	ʐua³³	马		把一千匹高马和一万匹老马，一千匹白牦牛和一万匹黑牦牛给水龙。
	tv³¹	千		
	gə³¹	万		
	qʰuɑ³³	没画过的柴		ŋgu³³（九）ɕi³³（百）qʰuɑ³³pʰə³¹be³³，ṣʅ³³ɕi³³（百）qʰuɑ³³ndʐa̱³¹bɛ³¹
	ṣʅ³³	七		
	qʰuɑ³³ ndʐa³¹	花的柴块，写字画过		把九百根白柴和七百根画过的柴献给水龙。
	sy³¹	三		
	ɕi³¹	百		me³³tse³¹ŋgu³³ndʐʅ³¹（棵）be³¹，la³³qʰɑ³¹ŋgv³³ndʐʅ³¹be³¹，pʰə³³pʰe³¹ṣʅ³³ndzo³¹be³¹（铺在桥上）
	qʰuɑ³³	没画过的柴		
	me³³tse³¹	一种做法事用的草，长在江边，长得像竹子，开花像玉米		九棵草，九棵杨柳，用白麻布铺在桥上给水龙搭桥。
	ŋgv³³	九		

续表

字符	国际音标	直译	意译	全句大意
	be^{33}	做		
	la^{33}qʰɑ^{33}	杨柳	白色的像银子一样的杨柳	（同上）
	Nu^{31}	银子		
	pʰe^{31}	麻布		
	pʰɚ^{33}	白		

第八页

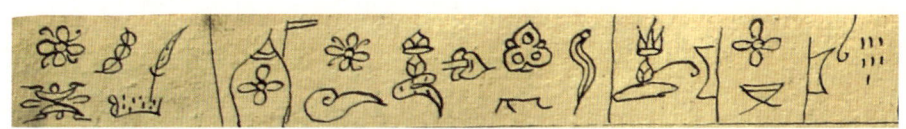

字符	国际音标	直译	意译	全句大意
	uɑ̃^{31}	绿松石		Nu^{33}χɛ^{31}tsʰue^{33}，ua^{13}tʂuɑ̃^{31}tsʰue^{33}zuɑ̃^{31}（债）
	χɛ^{31}	金子		用金子、银子、绿松石、黑宝珠还债。

续表

字符	国际音标	直译	意译	全句大意
	tʂuã³¹	黑色的宝珠		（同上）
	tsʰue³³	还		
	uã³¹χɛ³³ ndʐy³³ʂuɑ³¹	绿色的山		uã³¹χɛ³³ndʐy³³ʂuɑ³¹uã³¹χɛ³³χɯ³¹ʂu³¹χɛ³³zu³¹χɛ³³ɣɯ³³ne³³qɑ³¹gə³¹（上）lɛ³³（向）ʂu³³（想）mɛ³³qɑ³¹ne³¹zɑ³¹，qʰɑ³¹（不好的）ne³¹ndzɑ³³（不好的）me³¹dʑi³¹tʰi³³ni³¹（像……一样）mi³¹（下）lɛ³¹（向）tɕy³³（扔）
	χɛ³¹	绿色	绿色的海	
	χɯ³³	海		
	ʂu³¹	水龙		
	ne³³	心		在绿色的山、绿色的海那里住着的水龙和飞龙，心里想着对人类好的事情，给人类的好心向上想，对人类不好的心像水一样向下扔。
	ɣɯ³³	宝珠	好（修饰珍贵的东西）	
	qɑ³¹	力量	好（修饰人、动物等有生命的东西）	
	dʑi³¹	水		
	ri³³kʰə³³mbu³³mbu³³	做法事的东巴		
	kʰu³³pʰu³³	开门		ri³³kʰə³³mbu³³mbu³³uɑ³³mɛ³³ʂʅ³³kʰu³³tɕʰi³³lɛ³³pʰu³³
	uɑ³³	绿松石	祥	做法事的东巴打开七道祥门。
	ma³³	求		

第三章 争伍经典文献选译　209

续表

字符	国际音标	直译	意译	全句大意
	k^hu^{33}	门	开门	
	p^hu^{33}（单字音 $qε^{31}$）	挖		（同上）
	$ʂʅ^{33}$	七		

字符	国际音标	直译	意译	全句大意
	$χε^{31}$	绿色		$ʂu^{33}χε^{31}zu^{31}χε^{31}ne^{31}$ $me^{31}ne^{31}lε^{31}\ iə^{33}uã^{31}me^{31}uã^{31}$ $lε^{31}iə^{33}$ 人们求吉祥富贵，绿色的水龙和飞龙就送吉祥富贵。
	$ʂu^{33}$	水龙		
	ua^{33}	绿松石	祥	
	ne^{33}	绵羊	吉	
	$iə^{33}$	烟叶	送	
	$mε^{33}$	求		
	$ndzɑ^{33}$	粮仓	富	$gɯ^{33}p^huɚ^{31}ndzɑ^{31}ɕi^{31}$ $p^hu^{33}do^{31}lv^{33}do^{31}χo^{31}$（了），$zʅ^{33}ʂʅ^{31}$（长寿）$χa^{55}i^{55}χo^{31}$（了） 水龙给人们白头偕老、长寿安康。
	$hə^{31}$	粮食 ʁo³¹	贵	
	$gɯ^{33}p^huɚ^{31}$ $ndzɑ^{31}ɕi^{31}$	白头	白头偕老	

续表

字符	国际音标	直译	意译	全句大意
	$p^hu^{33}do^{31}\ lv^{33}do^{31}$	箭在水葫芦里	看见	
	do^{31}	眼睛	见	（同上）
	$z\underset{\sim}{}^{33}$	草		
	χa^{55}	饭	安康	

字符	国际音标	直译	意译	全句大意
	$ȵi^{33}$	太阳	西方	
	ku^{31}	卷		
	$ʂu^{31}$	水龙		$ȵi^{33}me^{33}ku^{31}ʂu^{33}\ na^{33}$ $ʐu^{31}na^{33}k^hu^{33}ma^{33}lu^{31}k^hu^{33}$ $lɛ^{31}\ me^{33}z\underset{\sim}{}^{33}ma^{33}lu^{31}\ z\underset{\sim}{}^{33}\ lɛ^{31}$ $me^{33}ne^{33}ma^{33}lu^{31}\ ne^{33}lɛ^{31}$ $me^{33}uã^{31}ma^{33}\ lu^{31}uã^{313}lɛ^{31}me^{33}$ $ndʐa^{33}\ ma^{33}lu^{313}\ ndʐa^{3331}\ me^{33}$ 西方的黑色的水龙和飞龙，命不够求命，寿不够求寿，吉不够求吉，祥不够求祥，富不够求富。
	me^{33}		求	
	k^hu^{33}	弓	命	
	ma^{33}	求		
	$z\underset{\sim}{}^{33}$	草	寿	

续表

字符	国际音标	直译	意译	全句大意
	ma^{33}	求		（同上）
	ne^{33}	绵羊	吉	
	ua^{31}	松石	祥	
	ndzɑ^{33}	粮仓	富	
	ma^{33}	求		
	ri^{33}kʰə^{33}mbu^{33}mbu^{33}	做法事的东巴		ri^{33}kʰə^{33}mbu^{33}mbu^{33} zua^{33}ʂua^{33}（高）ndzʅ^{33}tv^{31}pɛ^{33}zua^{33}mu^{33}（老）ndzʅ^{33}gə^{311}pɛ^{33}，mbɚ^{31}pʰuɚ^{31}（白的）ndzʅ^{33}tv^{31}pɛ^{33}，mbɚ^{31}na^{31}（黑的）ndzʅ^{33}gə^{311}pɛ^{33} 把一千匹高马和一万匹老马，一千匹白牦牛和一万匹黑牦牛给水龙。
	mbɚ^{31}	牦牛		
	tv^{31}	千		
	gə^{31}	万		
	zua^{33}	马		
	tv^{31}	千		
	gə^{31}	万		

字符	国际音标	直译	意译	全句大意
	qʰuɑ³³	没画过的柴		
	pʰɚ³¹	白的		
	ʂʅ³³	七		ɴgv³³（九）ɕi³³（百）qʰuɑ³³pʰɚ³¹，ʂʅ³³（七）ɕi³³（百）qʰuɑ³³ ndʐɑ³¹me³³tse³¹ɴu³³ndʐʅ³¹（棵），lɑ³³qʰɑ³¹ŋgu³³ndʐʅ³¹，pʰɚ³³ pʰe³¹ ʂʅ³³ ndzo³¹bɛ³¹（铺在桥上）
	me³³tse³¹	一种做法事用的草，长在江边，长得像竹子，开花像玉米		把九百根白柴和七百根画过的柴献给水龙。九棵草，九棵杨柳，用白麻布铺在桥上给水龙搭桥。
	lɑ³³qʰɑ³¹	杨柳		
	ɴgv³³	九		
	pʰuɚ³³	白		
	pʰe³¹	麻布		
	tʂʅ³³	牛奶		tʂʅ³³dʑi³¹tʂʅ³³kʰuɑ³³（碗）so³³（山峰）dʑi³¹so³³kʰuɑ³³ 干净的牛奶和山峰上干净的水。
	tʂʰuɑ³³	鹿		tʂʰuɑ³³tʂʰue³³i⁵⁵ʐuɑ³¹tʂʰue³³ʑi³¹tʂʰue³³pɑ³³tʂʰue³³ʐuɑ³¹（还债）ʁo³³dʑi³¹（大）niɚ³¹ʂʅ³³（眼花了）ze³³ndʐʅ³¹niɚ³¹qɑ³³
	i⁵⁵	羚羊		
	ʑi³¹	蛇		不小心杀了水龙的蛇和青蛙，给水龙还债。献给水龙的牲口、粮食太多，水龙看花眼了。
	pɑ³³	青蛙		

第三章 争伍经典文献选译 213

续表

字符	国际音标	直译	意译	全句大意
	tsʰue³³	还		（同上）
	ʁo³³	牲口		
	qɑ³³	把眼睛蒙住		
	ze³³	麦子	粮食	
	ȵiə³¹	眼睛		
	ʂu³³	水龙		

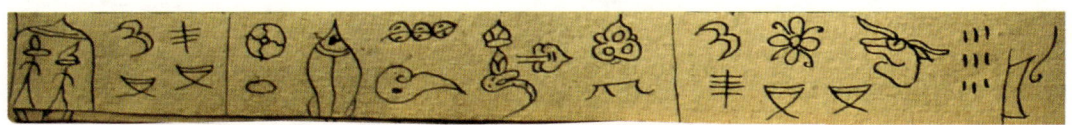

字符	国际音标	直译	意译	全句大意
	ĩ³³ta³¹	做法事的人家		i³³ta³¹ kʰu³³ lɛ³¹me³³（求命），zʅ³³lɛ³¹me³³（求寿） 做法事的这家人跟水龙求长寿。
	kʰu³³	属相	命	
	me³³	求		
	zʅ³³	草	寿	
	me³³	求		

续表

字符	国际音标	直译	意译	全句大意
	ȵi³³	太阳	西方	ȵi³³me³³ku³¹ ʂu³¹na³³ zu̩³¹na³³ tʂũã³¹na³¹ ndʐy³³ʂũã³¹ tʂũã³¹na³¹χu³³ ʂu³³na³¹zu̩³¹ na³¹ne³³ me³¹ɣɯ³³ne³³qɑ³¹ me³¹gə³¹（上）lɛ³³（向）ʂu³³（想）qɑ³¹ne³¹zɑ³¹mi³¹（下）lɛ³¹（向）tɕy³³（扔） 西方黑山、黑海中的水龙和飞龙，心里想着对人类好的事情，对人类不好的心向下扔。
	ku³¹	卷		
	tʂũã³¹na³¹ ndʐy³³ʂũã³¹	黑山		
	tʂũã³¹	黑色的宝珠		
	χu³³na³¹	海		
	ʂu³¹	水龙		
	ne³³	心		
	ɣɯ³³	宝珠	好（修饰珍贵的东西）	
	qɑ³¹	力量	好（修饰人、动物等有生命的东西）	
	kʰu³³	弓	命	kʰu³³lɛ³¹me³³，zɿ³³lɛ³¹me³³，ne³¹lɛ³¹me³³，ũã³¹lɛ³¹me³³ 求长寿，求吉祥。
	zɿ³³	草	寿	
	ũã³¹	想		
	me³³	求		
	me³³	求		ne³³mɛ³³ŋgv³³kʰu³¹tɕʰi³³lɛ³³pʰu³³ 打开九道吉门。
	ne³³	绵羊	吉	

续表

字符	国际音标	直译	意译	全句大意
川	ŋgv³³	就		（同上）
	kʰu³³	门	开门	
	qa³¹	挖		

第九页

字符	国际音标	直译	意译	全句大意
	uã³¹	绿色	祥	
	me³³	求		uã³¹me³³ʂʅ³³kʰu³¹tɕʰi³³lɛ³³pʰu³³
	ʂʅ³³	七		打开七道祥门。
	kʰu³³	门	开门	
	qa³¹	挖		

216　争伍东巴文献的发现、解读与研究

续表

字符	国际音标	直译	意译	全句大意
	ʂu³¹	水龙		
	uã³¹	绿松石	祥	
	ne³³	绵羊	吉	ʂu³³na³¹ʐu³³na³¹ne³¹lɛ³¹iə³³uã³¹lɛ³¹iə³³ne³³me³¹uã³¹me³¹lɛ³¹tʰu³³χo³³ 黑水龙给他们送了吉祥。
	kʰu³³	门		
	tʰu³³	木桶	有	

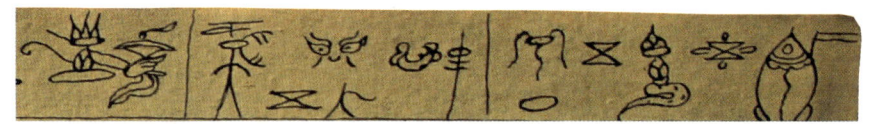

字符	国际音标	直译	意译	全句大意
	ri³³kʰə³³mbu³³mbu³³	做法事的东巴		
	gu³³pʰə˞³¹ndʐa³¹ɕi³¹	白头	白头偕老	
	ɕi³¹	黄色的		
	do³¹	眼睛	见	gu³³pʰu˞³¹ndʐa³¹ɕi³¹pʰu³³do³¹lv³³do³¹lɛ³³tʰu³³χo³¹ 白头到老，得到安康。
	lɛ³³	脱了	得到	
	pʰu³³	水葫芦	看见	
	lv³³	箭		

第三章　争伍经典文献选译　　217

续表

字符	国际音标	直译	意译	全句大意
	χo^{31}	水的源头		
	ku^{33}	鸡蛋	北方	
	ςi^{31}	黄色		$\chi o^{33} ku^{33} lo^{31} \underset{.}{s} u^{33} \varsigma i^{33} z\underset{.}{u}^{31} \varsigma i^{33} \chi \varepsilon^{31}$（金）$\varsigma i^{33} ndz\underset{.}{y}^{33} \underset{.}{s} u\tilde{a}^{31}$
	$\underset{.}{s} u^{33}$	水龙		北方的黄色水龙和飞龙在金黄色的高山上。
	ςi^{31}	金黄色		
	$ndz\underset{.}{y}^{33} \underset{.}{s} u\tilde{a}^{31}$	高山		

字符	国际音标	直译	意译	全句大意
	ςi^{31}	金黄色		
	$\chi u\text{ɯ}^{33}$	海		$k^h u^{33} ma^{33} lu^{31}$（够），$k^h u^{33} l\varepsilon^{31} me^{33}$, $z\underset{.}{\imath}^{33} ma^{33} lu^{31}$, $z\underset{.}{\imath}^{33} l\varepsilon^{31} me^{33}$, $ne^{31} ma^{33} lu^{31}$, $ne^{31} l\varepsilon^{31} me^{33}$, $u\tilde{a}^{31} ma^{33} lu^{31}$, $u\tilde{a}^{31} l\varepsilon^{31} me^{33}$
	$\underset{.}{s} u^{31}$	水龙		
	me^{33}		求	跟水龙求吉祥长寿。
	$k^h u^{33}$	公	命	

续表

字符	国际音标	直译	意译	全句大意
	zı³³	草	寿	
	ma³³	酥油，不		
	me³³	妈妈	请求	
	uã³¹	绿松石	祥	（同上）
	ne³¹	绵羊	吉	
	ma³³	酥油，不		
	me³³	妈妈	请求	

 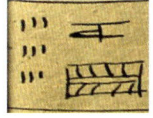

字符	国际音标	直译	意译	全句大意
	ri³³kʰə³³mbu³³mbu³³	做法事的东巴		
	mbə³¹	牦牛		ri³³kʰə³³mbu³³mbu³³ʐua³³ ʂua³³（高）ndzɿ³³tv³¹pɛ³³ʐua³³mu³³（老）ndzɿ³³gə³¹¹pɛ³³，mbə³¹pʰuə³¹（白的）ndzɿ³³tv³¹pɛ³³，mbə³¹na³¹（黑的）ndzɿ³³gə³¹¹pɛ³³
	tv³¹	千		
	gə³¹	万		把一千匹高马和一万匹老马，一千匹白牦牛和一万匹黑牦牛给水龙。
	ʐua³³	马		

续表

字符	国际音标	直译	意译	全句大意
	tv^{31}	千		（同上）
	$gə^{31}$	万		
	χu^{33}	银子		
	$ɦiẽ^{33}$	金子		
	q^hua^{33}	没画过的柴		$ɴu^{33}ɕi^{33}q^hua^{33}p^huɚ^{31}bɛ^{33}$, $ʂɿ^{33}ɕi^{33}q^hua^{33}ndzạ^{31}bɛ^{31}$ 把九百根白柴和七百根画过的柴献给水龙。
	$p^hɚ^{31}$	白的		
	sy^{31}	三		
	$ɕi^{31}$	百		
	$q^hua^{33}\ ndzạ^{31}$	花的柴块，写字画过		
	$me^{33}tse^{31}$	一种做法事用的草，长在江边，长得像竹子，开花像玉米		$me^{33}tse^{31}ɴu^{33}ndzɿ^{31}$（棵）$bɛ^{31}$, $la^{33}q^ha^{31}ŋgu^{33}\ ndzɿ^{31}bɛ^{31}$, $p^hɚ^{33}p^he^{31}\ ʂɿ^{33}ndzo^{31}bɛ^{31}$（铺在桥上） 九棵草，九棵杨柳，用白麻布铺在桥上给水龙搭桥。
	$la^{33}q^ha^{33}$	杨柳		
	$ɴgv^{33}$	九		
	$p^huɚ^{33}$	白		
	p^he^{31}	麻布		

字符	国际音标	直译	意译	全句大意
	tʂʅ³³	牛奶		tʂʅ³³dʑi³¹tʂʅ³³kʰua³³（碗）so³³（山峰）dʑi³¹so³³kʰua³³ 干净的牛奶和山峰上干净的水。
	zi³¹	蛇		
	pa³³	青蛙		
	ze³³	麦子	粮食	tʂʰua³³tsʰue³³i⁵⁵ʐuɑ³¹tsʰue³³zi³¹tsʰue³³pa³³tsʰue³³ʐuɑ³¹（还债）ɣo³³dʑi³¹（大）ȵiə³¹ʂʅ³³（眼花了）ze³³ndʐʅ³¹ȵiə³¹qɑ³³ 不小心杀了水龙的蛇和青蛙，给水龙还债。献给水龙的牲口、粮食太多，水龙看花眼了。
	ȵi³¹	眼睛		
	qɑ³³	把眼睛蒙住		
	ʂu³³	水龙		
	ri³³kʰə³³mbu³³mbu³³	做法事的东巴		
	kʰu³³pʰu³³	开门		ri³³kʰə³³mbu³³mbu³³ne³³me³³gv³³kʰu³³tɕʰi³³lɛ³³pʰu³³ua³³me³³ʂʅ³³kʰu³³tɕʰi³³lɛ³³pʰu³³ 做法事的东巴打开九道吉门，七道祥门。
	ŋgv³³	九		
	ʂu³³			
	ua³³	绿松石		
	me³³	吉利的		

字符	国际音标	直译	意译	全句大意
	ṣɿ³³	七		（同上）
	kʰu³³pʰu³³	开门		

字符	国际音标	直译	意译	全句大意
	gɯ³³pʰɚ³¹ndza³¹ɕi³¹	白头	白头偕老	
	pʰu³³	葫芦		
	lo³³	沟		gɯ³³pʰɚ³¹ndza³¹ɕi³¹ pʰu³³do³¹lv³³do³¹χo³¹（了），zɿ³³ṣɿ³¹（长寿）χa⁵⁵i⁵⁵χo³¹（了）
	do³¹	眼睛	见	
	zɿ³³	草		给人们白头偕老，长寿安康。
	ṣɿ³³	七		
	χa⁵⁵	饭	安康	
	tɕi³³ly³³ku³³	中间		
	ʂu³³	水龙		tɕi³³ly³³ku³³kʰu³³ma³³lu³¹（够），kʰu³³lɛ³¹me³³，zɿ³³ ma³³lu³¹，zɿ³³lɛ³¹ me³³，ne³¹ ma³³lu³¹，ne³¹lɛ³¹ me³³，uã³¹ ma³³ lu³¹，uã³¹ lɛ³¹ me³³
	kʰu³³	弓	命	
	zɿ³³	草	寿	

续表

字符	国际音标	直译	意译	全句大意
	ma³³	不		
	uã³¹	绿色的	吉	（同上）
	me³³		求	
	ri³³kʰə³³ mbu³³mbu³³	做法事的东巴		
	mbə³¹	牦牛		
	tv³¹	千		ri³³ kʰə³³ mbu³³ mbu³³ zua³³ ʂua³³（高）ndzɿ³³tv³¹pɛ³³ zua³³mu³³（老）ndzɿ³³ gə³¹¹ pɛ³³，mbə³¹ pʰuə³¹（白的）ndzɿ³³ tv³¹ pɛ³³，mbə³¹ na³¹（黑的）ndzɿ³³ gə³¹¹ pɛ³³
	gə³¹	万		把一千匹高马和一万匹老马，一千匹白牦牛和一万匹黑牦牛给水龙。
	zua³³	马		
	tv³¹	千		
	gə³¹	万		

第十页

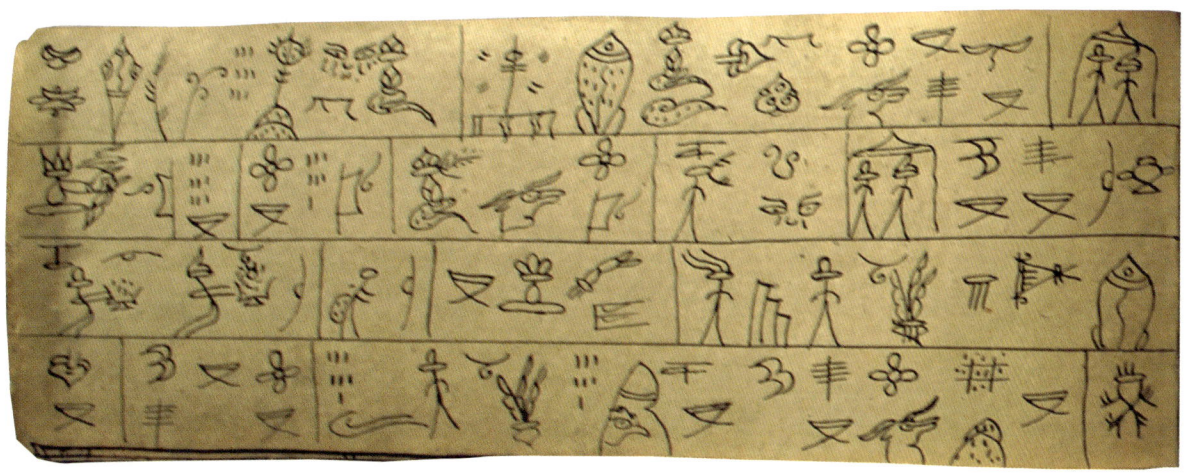

字符	国际音标	直译	意译	全句大意
	$q^hua^{33}\ ndz_a^{31}$	花的柴块，写字画过		
	ςi^{31}	百		
	$q^hua^{33}\ ndz_a^{31}$	花的柴块，写字画过		
	ηgu^{31}	银子		
	$\hbar\tilde{\varepsilon}^{31}$	金子		
	q^hua^{33}	没画过的柴		$\eta gu^{31}q^hua^{33}\hbar\varepsilon^{31}q^hua^{33}$ be^{31}, $me^{33}tse^{31}\eta gu^{33}\ ndz\eta^{31}$ $la^{33}\ q^ha^{31}\ \eta gu^{33}\ ndz\eta^{31}$, γo^{33} $ndz\eta^{33}\nu_ia^{31}s\eta^{33}ze^{33}ndz\eta^{31}$ $\nu_ia^{31}qa^{33}$
	$me^{33}tse^{31}$	一种做法事用的草，长在江边，长得像竹子，开花像玉米		金子银子做的柴块、粮食很多，让水龙眼睛都花了。
	$la^{33}q^ha^{33}$	杨柳		
	Ngv^{33}	九		
	$ndz\eta^{31}$		很多粮食	
	$\nu_i i^{31}s\eta^{33}$		眼花	
	qa^{33}		把眼睛蒙住	
	su^{31}	水龙		

字符	国际音标	直译	意译	全句大意
	$\chi\text{ə}^{31}$	海	花海	
	ne^{31}	心	想	
	$q\alpha^{33}$			
	$\gamma\text{ɯ}^{33}$		很好的	
	ua^{33}	绿松石	祥	
	ne^{33}	绵羊	吉	$tɕi^{33}ly^{33}ku^{33}tʂu\tilde{a}^{31}ndz\alpha^{31}$ $ndʐy^{31}ʂua^{31}tʂu\tilde{a}^{31}ndz\alpha^{31}\chi\text{ə}^{31},$ $ʂu^{31}ndz\alpha^{31}zu^{31}ndz\alpha^{31}ne^{31}me^{33}$ $\gamma\text{ɯ}^{33}ne^{33}q\alpha^{33}\ me^{33}gə^{31}lɛ^{33}ʂu^{33},$ $q\alpha^{33}ne^{31}z\alpha^{33}mi^{33}lɛ^{31}tɕy^{33}$
	me^{33}		求	住在花山花海里的水龙和飞龙，求吉祥送吉祥。
	$iə^{33}$	烟叶	送	
	$z̩^{33}$	草	寿	
	$tɕi^{33}ly^{33}ku^{33}$	中间		
	$ndʐy^{31}ndz\alpha^{31}$ $a^{33}ndz\alpha^{31}$	花山		
	$ʂu^{33}$	水龙		

续表

字符	国际音标	直译	意译	全句大意
	ĩ³³ta³¹	做法事的人家		
	ri³³kʰə³³mbu³³mbu³³	做法事的东巴		
	kʰu³³pʰu³³	开门		
	ŋgv³³	九		ri³³kʰə³³mbu³³mbu³³ne³³me³³gv³³kʰu³³tɕʰi³³lɛ³³pʰu³³ua³³me³³ʂʅ³³kʰu³³tɕʰi³³lɛ³³pʰu³³
	me³³			做法事的东巴打开九道吉门，七道祥门。
	ua³³	绿松石	吉祥的	
	me³³			
	ʂʅ³³	七		
	kʰu³³pʰu³³	开门		

字符	国际音标	直译	意译	全句大意
	pʰuɚ³³kʰu³³ne³³pʰuɚ³³	水龙在笑		
	ne³³	绵羊	吉祥	ʂu³³ndza³³zu³¹ndza³³pʰɚ³³kʰu³³ne³³pʰɚ³³ne³³kʰu³³tɕʰi³³lɛ³³pʰu³³uã³¹kʰu³³tɕʰi³³lɛ³³pʰu³³
	uã³¹	绿松石		笑着开龙王的吉祥门。
	kʰu³³pʰu³³	开门		

续表

字符	国际音标	直译	意译	全句大意
	gu³³pʰɚ³¹ndzạ³¹ɕi³¹	白头	白头偕老	
	pʰu³³	水葫芦		gu³³pʰɚ³¹ndzạ³¹ɕi³¹ pʰu³³ do³¹lv³³ do³¹ lɛ³³tʰu³³χo³¹ 白头到老，得到安康。
	do³¹	眼睛	见	
	ĩ³¹tɑ³¹	做法事那家人		
	kʰu³³	属	命	
	me³³	妈妈	请求	ĩ³¹tɑ³¹hu³³ma³³lu³¹kʰu³³lɛ³¹me³³zɿ³³ma³³lu³¹zɿ³¹lɛ³¹me³³ kʰu³³me³³kʰu³³tʂʅ³³zɿ³³me³³zɿ³³ tʂʅ³³χo³³（虚词） 做法事的这家人，寿命不够求寿命，求寿命得寿命。
	zɿ³³	草	寿	
	me³		求	
	ma³³		不	
	tʂʅ³³	大的、胖的	得到	
	tɕʰi³³	吊着		
	zo³³i³³be³¹ɕio³¹	男的拿着一碗面		zo³³i³³be³¹ɕio³¹tɕʰi³³ma³³bu³¹mi³³ma³¹ɕio³¹tɕʰi³³ma³³bu³¹ 男的没有带面，女的没有带酥油。
	ma³³	酥油	不	
	mi³³ma³¹ɕio³¹	女的拿着一碗酥油		

续表

字符	国际音标	直译	意译	全句大意
	tɕʰi³³	吊着		
	ma³³	不	没有带	
	bu³¹	（拿着）		（同上）
	ma³³	酥油		

字符	国际音标	直译	意译	全句大意
	me³³		求	
	ndy³¹	从前一个长寿的人		me³³la³¹qu³²ndɯ³¹tɕio³¹ 去求的话，龙王会给。
	gv³²	蒜	给	
	be³¹	量词"张"		
	gu³³		藏族	
	ndzu³¹	村庄		gu³³zu³¹zo³³tɕi³³ndʑio³¹ gv³³kə³³ndʑy³¹ne³³me³³ 有多少藏族儿女会去贡嘎雪山求。
	zo³³	儿子		
	tɕʰi³³	吊着	在	
	ndʑio³¹	菜		

续表

字符	国际音标	直译	意译	全句大意
	gv³³	大蒜		
	kə³³	犁	贡嘎雪山	
	ndʑy³¹	山		（同上）
	ne³³	心	去求	
	me³³	妈妈	求	

字符	国际音标	直译	意译	全句大意
	kʰu³³	属	命	
	zɿ³³	草	寿	
	me³³	妈妈	请求	kʰu³³lɛ³¹me³³zɿ³³lɛ³¹me³³ ne³³lɛ³¹me³³uã³¹lɛ³¹me³³ 求寿求命，求吉求祥。
	uã³¹	绿松石	吉	
	me³³	妈妈	请求	
	ʂɿ³³	七		ʂɿ³³lo³¹zo³³tɕʰi³³ndʑio³¹ ʂɿ³³ʔæ³¹pʰuɚ³³ne³³（虚词，去）me³³ 多少水洛儿女去求水洛神山。
	lo³¹	沟	水洛	
	zo³³	儿子		

字符	国际音标	直译	意译	全句大意
	tɕʰi³³	吊着	在	（同上）
	ndʑio³¹	菜		
	sʅ³³	七		
	a³¹	悬崖	水洛神山	
	pʰɚ³³	白的		
	me³³	妈妈	求	
	kʰu³³	属	命	kʰu³³lɛ³¹me³³zʅ³³lɛ³¹me³³ne³³lɛ³¹ me³³ uã³¹lɛ³¹me³³hə³¹lɛ³¹me³³ndzạ³³lɛ³¹me³³ 求寿求命求吉求祥求富求贵。
	zʅ³³	草	寿	
	me³³	妈妈	求	
	uã³¹	绿松石	祥	
	ne³³	绵羊		
	ndzạ³³	粮仓	富	
	hə³¹	粮食 ʁo³¹		
	me³³	求		

第十一页

字符	国际音标	直译	意译	全句大意
	mu³³	野人	木里	
	li³³	一种唧唧叫的秋虫		
	zo³³	酒罐	儿子	mu³³li³³zo³³tɕʰi³³ndʑio³¹be³¹tʂʅ³³tɕʰi³³ma³³bu³¹ma³³tʂʅ³³kʰua³³（碗）ma³¹bu³¹mu³³tʂʅ³³ʔæ³³ne³³me³³
	tɕʰi³³	吊着	在	木里儿女不用拿酥油和面去求木里神山也可以。
	ndʑio³¹	菜		
	zo³³i³³be³¹ɕio³¹	男的拿着一碗面	没有拿面	
	ma³³	不		

字符	国际音标	直译	意译	全句大意
	mi^{33}ma^{31}ɕio^{31}	女的拿着一碗酥油		（同上）
	ma^{33}	不	没有拿酥油	
	bu^{31}	（拿着）		
	mu^{33}	野人		
	tsɿ^{33}	捆着	木里地方的神山	
	a^{33}	山崖		
	k^{h}u^{33}	属	命	k^{h}u^{33}lɛ^{31}me^{33}zɿ^{33}lɛ^{31}me^{33}ne^{33}lɛ^{31}me^{33}uã^{31}lɛ^{31}me^{33}hə^{31}lɛ^{31}me^{33}ndzạ^{33}lɛ^{31}me^{33} 求寿求命求吉求祥求富求贵。
	me^{33}	妈妈	求	
	zɿ^{33}	草	寿	
	me^{33}	妈妈	求	
	uã^{31}	绿松石	祥	
	me^{33}	妈妈	求	
	ndzạ^{33}	粮仓	富	
	me^{33}	妈妈	求	

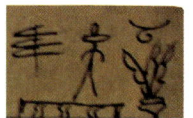

字符	国际音标	直译	意译	全句大意
	ho³¹	肋骨	盐源县	
	dy³¹	地		
	zo³³	儿子		
	tɕʰi³³	吊着	在	ho³¹dy³¹zo³³tɕʰi³³ndʑio³¹be³³ri³³ndʑy³¹ne³³me³³ 多少盐源儿女去求盐源神山。
	ndʑio³¹	菜		
	be³³ri³³ndʑy³¹	盐源神山		
	ne³³	心	去	
	me³³	妈妈	求	
	kʰu³³	属	命	
	zɿ³³	草	寿	
	uã³¹	绿松石	祥	kʰu³³lɛ³¹me³³zɿ³³lɛ³¹me³³ne³³lɛ³¹me³³uã³¹lɛ³¹me³³hə³¹lɛ³¹me³³ndʐa³³lɛ³¹me³³ 求寿求命求吉求祥求富求贵。
	me³³	妈妈	求	
	ndʐa³³	粮仓	富	
	me³³	妈妈	求	

第三章 争伍经典文献选译 233

字符	国际音标	直译	意译	全句大意
	lv^{33}	箭	永宁	
	ndy^{31}	地		
	zo^{33}	儿子		lv^{33}ndy^{31}zo^{33}tɕʰi^{33}ndʑio^{31} kə^{33}mu^{33}ndʐy^{31}ne^{33}me^{33}
	kə^{33}	犁		多少永宁儿女去求泸沽湖边的格木神山。
	mu^{33}	野人	泸沽湖边的格木神山	
	ndʐy^{31}	山		
	ne^{33}	心	去	
	me^{33}	妈妈	求	
	kʰu^{33}	属	命	
	zʅ^{33}	草	寿	kʰu^{33}lɛ^{31}me^{33}zʅ^{33}lɛ^{31}me^{33} ne^{33}lɛ^{31}me^{33}uã^{31}lɛ^{31}me^{33}hə^{31}lɛ^{31} me^{33}ndza^{33}lɛ^{31}me^{33}
	uã^{31}	绿松石	祥	求寿求命求吉求祥求富求贵。
	me^{33}	妈妈	求	
	ndza̱^{33}	粮仓	富	
	me^{33}	妈妈	求	

 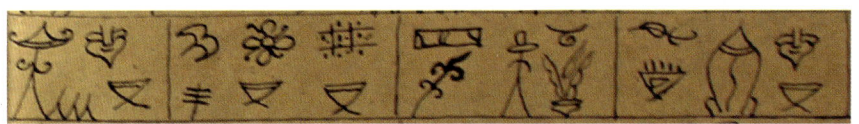

字符	国际音标	直译	意译	全句大意
△	ȵi³³	龙涎草做的药	中甸	
	i³³（dy³¹）	右边		
	zo³³	儿子		
	ndʑio³¹	菜	在	ȵi³³i³³zo³³tɕhi³³ndʑio³¹ze³¹min³³ndzy³¹ne³³me³³ 多少中甸儿女去求中甸神山。
	tɕhi³³	吊着		
	ze³¹	漂亮的	中甸神山	
	min³³	火苗		
	ne³³	心	去	
	me³³	妈妈	求	
	khu³³	属	命	khu³³lɛ³¹me³³zʅ³³lɛ³¹me³³ne³³lɛ³¹me³³uã³¹lɛ³¹me³³hə³¹lɛ³¹me³³ndʐa³³lɛ³¹me³³ 求寿求命求吉求祥求富求贵。
	me³³	妈妈	求	
	zʅ³³	草	寿	
	me³³	妈妈	求	

续表

字符	国际音标	直译	意译	全句大意
	uã³¹	绿松石	祥	（同上）
	me³³	妈妈	求	
	ndzą³³	粮仓	富	
	ruɑ³³	牛轭	中甸的一个乡"郎都"	ruɑ³³ du³¹ zo³³ tɕʰi³³ ndʑio³¹ za³³ tʰo³³ ndzỹ³¹ ne³³ me³³ 多少郎都儿女去求杂透山。
	du³¹	毒草		
	zo³³	儿子		
	tɕʰi³³	吊着	在	
	ndʑio³¹	菜		
	za³³	火星（行星）		
	tʰo³³	松	当地的一座神山	
	ndzỹ³¹	山		
	ne³³	心	去	
	me³³	妈妈	求	

字符	国际音标	直译	意译	全句大意
	zo³³i³³be³¹ɕio³¹	男的拿着一碗面		
	ma³³	不	没有拿面	be³¹tʂʅ³³tɕʰi³³ma³³bu³¹ma³¹tʂʅ³³kʰuɑ³³（碗）ma³¹bu³¹mu³³ 男的不拿面，女的不拿酥油。
	mi³³ma³¹ɕio³¹	女的拿着一碗酥油		
	ma³³	不	没有拿酥油	
	kʰu³³	属	命	
	zʅ³³	草	寿	
	uã³¹	绿松石	祥	kʰu³³lɛ³¹me³³zʅ³³lɛ³¹me³³ne³³lɛ³¹me³³uã³¹lɛ³¹me³³hə³¹lɛ³¹me³³ndzɑ³³lɛ³¹me³³ 求寿求命求吉求祥求富求贵。
	me³³	妈妈	求	
	ndzɑ³³	粮仓	富	
	me³³		求	
	sʅ³³	柴		sʅ³³i³³zo³³tɕʰi³³ndʑio³¹χua³³kə³³ndʐy³¹ne³³me³³ 多少斯伊儿女去求花柯山。
	i³¹	羚羊	稻城县的一个乡，在俄亚和香格里拉之间	
	zo³³	儿子		

续表

字符	国际音标	直译	意译	全句大意
	ndʑio³¹	菜	在	（同上）
	tɕʰi³³	吊着		
	χua³³	白寒鸡		
	kə³³	犁	当地神山	
	ndʐy³¹			
	ne³³	心	去	
	me³³		求	

字符	国际音标	直译	意译	全句大意
	kʰu³³	属	命	
	me³³		求	kʰu³³lɛ³¹me³³zɿ³³lɛ³¹me³³ne³³lɛ³¹me³³uã³¹lɛ³¹me³³hə³¹lɛ³¹me³³ndzạ³³lɛ³¹me³³ 求寿求命求吉求祥求富求贵。
	uã³¹	绿松石	祥	
	ndzạ³³	粮仓	富	
	me³³		求	

续表

字符	国际音标	直译	意译	全句大意
	çia³³	说	川滇交界的一个组,在中甸"郎都"附近	
	mbu³¹	猪		
	zo³³	儿子		
	tçʰi³³	吊着	在	çia³³ mbu³¹zo³³tçʰi³³ndʑio³¹ tçi³³hỹ³¹ ndʑy³¹ne³³me³³ 多少下堡儿女去求红土神山。
	ndʑio³¹	菜		
	tçi³³hỹ³¹	红土	红土神山	
	ndʑy³¹	山		
	ne³³	心	去	
	me³³		求	

第十二页

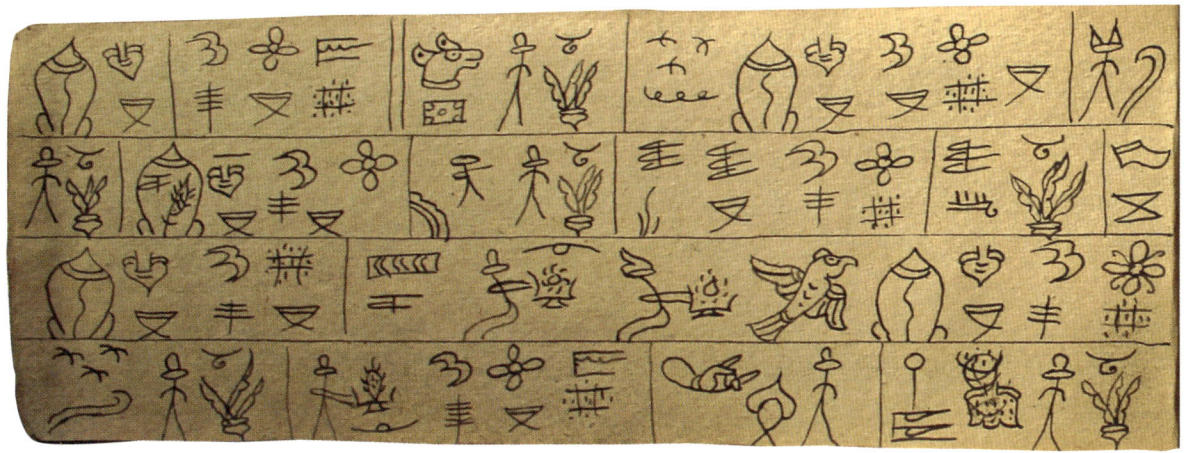

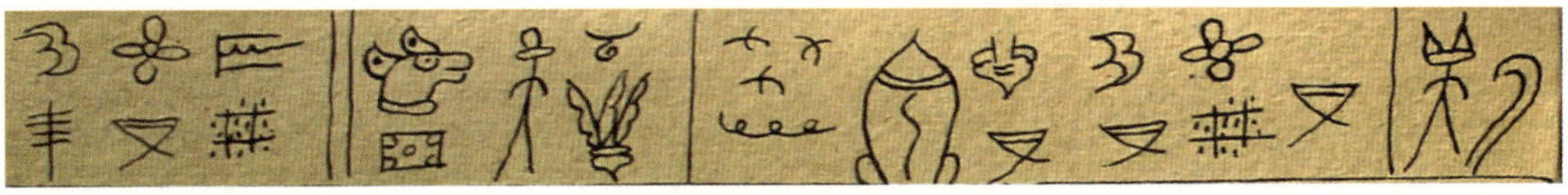

字符	国际音标	直译	意译	全句大意
	kʰu³³	属	命	kʰu³³lɛ³¹me³³zɿ³³lɛ³¹me³³ne³³lɛ³¹me³³uã³¹lɛ³¹me³³hə³¹me³³ndza³³lɛ³¹me³³ 求寿求命求吉求祥求富求贵。
	zɿ³³	草	寿	
	uã³¹	绿松石	祥	
	me³³	求		
	χə³³	牙齿	福	
	ndza³³	粮仓	富	
	gu³³	熊		木里依吉附近的哩郎乡。争伍在三水交叉处，一股水来自甘孜，一股水来自木里，两股水汇流，最终流入长江。此乡在来自木里的河边
	tɕiə³¹	架子		
	zo³³	儿子		
	tɕʰi³³	吊着		多少哩郎儿女去求北寨山。
	ndʑio³¹	菜	在	
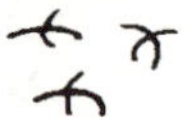	be³³	雪		当地的神山，在河对岸，很高。一边是悬崖，河在悬崖脚下，村子就在河边，山脚下
	tʂɛ³³	脏		
	ndʐy³¹	山		

续表

字符	国际音标	直译	意译	全句大意
	ne³³	心		
	me³³		求	
	kʰu³³	属	命	kʰu³³lɛ³¹me³³zɿ³³lɛ³¹me³³ne³³lɛ³¹me³³uã³¹lɛ³¹me³³hə³¹lɛ³¹me³³ndzɑ̠³³lɛ³¹me³³
	me³³		求	求寿求命求吉求祥求富贵。
	uã³¹	绿松石	祥	
	ndzɑ̠³³	粮仓	富	
	me³³		求	

字符	国际音标	直译	意译	全句大意
	tse³³	有两个角的妖怪		侬吉乡下的一个小组，在哩郎和侬吉的边界
	lo³³	沟		
	zo³³	儿子		多少哲沟儿女去求西坡山。
	tɕʰi³³	吊着	在	
	ndʑio³¹	菜		
	ɕi³³pʰɚ³¹ndʐʅ³¹		该地的神山	

续表

字符	国际音标	直译	意译	全句大意
	ne^{33}	心		$k^hu^{33}lɛ^{31}me^{33}z̩^{33}lɛ^{31}me^{33}$ $ne^{33}lɛ^{31}me^{33}uã^{31}lɛ^{31}me^{33}hə^{31}lɛ^{31}$ $me^{33}ndza^{33}$ 求寿求命求吉求祥求富求贵。
	me^{33}		求	
	k^hu^{33}	属	命	
	$z̩^{33}$	草	寿	
	$uã^{31}$	绿松石	祥	
	me^{33}		求	
	p^hi^{33}	山的下坡	依吉和水洛的交界，在依吉的北方	多少皮依儿女去求绕霍霍山。
	i^{33}	右		
	zo^{33}	儿子		
	$tɕ^hi^{33}$	吊着		
	$ndʑio^{31}$	菜	在	
	$z̩o^{31}$	草		
	$χo^{31}$	肋骨	当地的一座神山	
	$χo^{31}$	肋骨		

续表

字符	国际音标	直译	意译	全句大意
	me³³		求	
	kʰu³³	属	命	kʰu³³lɛ³¹me³³zɿ³³lɛ³¹me³³ne³³lɛ³¹me³³uɑ̃³¹lɛ³¹me³³hə³¹lɛ³¹me³³ndza³³
	zɿ³³	草	寿	求寿求命求吉求祥求富求贵。
	uɑ̃³¹	绿松石	祥	
	ndza³³	粮仓	富	

 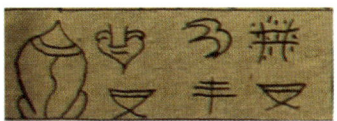

字符	国际音标	直译	意译	全句大意
	χo³¹	肋骨		
	so³¹	山峰	在依吉乡的对面的一个小组	
	tɕʰi³³	吊着		
	ndʑio³¹	菜	在	多少霍峰儿女去求伯西坡。
	bo³³	脚板		
	ɕi³¹	黄的	当地的一个大坡	
	ndʐy³¹	山		

第三章 争伍经典文献选译   243

续表

字符	国际音标	直译	意译	全句大意
	ne³³	心		
	me³³		求	
	kʰu³³	属	命	kʰu³³lɛ³¹me³³zɿ³³lɛ³¹me³³ne³³lɛ³¹me³³uã³¹lɛ³¹me³³hə³¹lɛ³¹me³³ndzɑ³³lɛ³¹me³³ 求寿求命求吉求祥求富求贵。
	zɿ³³	草	寿	
	ndzɑ³³	粮仓	富	
	me³³		求	

字符	国际音标	直译	意译	全句大意
	tɕi³³	土		麦洛村下的加渠组
	pʰuɚ³³	白的		
	zo³³i³³be³¹ɕio³¹		男人没有带面	tɕi³³pʰuɚ³³zo³³tɕʰi³¹ndʑio³¹be³¹tʂɿ³³tɕʰi³¹ma³³bu³¹ma³¹tʂɿ³³lɯ³³ma³¹bu³¹lo³¹tsu³³ndzɿ³¹ne³³me³³ 儿女不用拿酥油和面去求神山也可以。
	ma³³			
	mi³³ma³¹ɕio³¹		女人没有带酥油	
	ma³³			

续表

字符	国际音标	直译	意译	全句大意
	gən³³ndze³³	不		
	ndʑy³¹	山	当地的飞鹰山，有很多松树的山坡	
	ne³³	心		
	me³³		又	kʰu³³lɛ³¹me³³ʐɿ³³lɛ³¹me³³ne³³lɛ³¹me³³uɑ̃³¹lɛ³¹me³³hə³¹lɛ³¹me³³ndza³³lɛ³¹me³³
	kʰu³³	属	命	求寿求命求吉求祥求富求贵。
	ʐɿ³³	草	寿	
	uɑ̃³¹	绿松石	祥	
	ndza̠³³	粮仓	富	

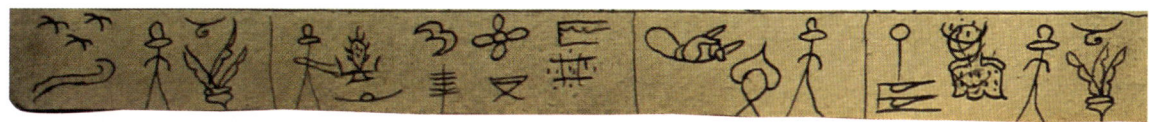

字符	国际音标	直译	意译	全句大意
	mbɛ³	雪		
	lo³¹	沟	麦洛村	
	zo³³	儿子		

续表

字符	国际音标	直译	意译	全句大意
	$tɕ^hi^{33}$	挂着	在	
	$ndzio^{31}$	菜		
	$zo^{33}i^{33}be^{31}ɕio^{31}$	男人没有带面		
	ma^{33}	不		
未画	$nɛ^{33}$	小香米（本地产，很小，黑白色，可以用来做米花糖）		
未画	ri^{31}	地	在麦洛村东边，比较高	
未画	$ndʐʅ^{31}$	山		
	k^hu^{33}	属	命	
	$zʅ^{33}$	草	寿	
	$uɑ̃^{31}$	绿松石	祥	
	me^{33}		求	
	$χə^{33}$	牙齿	福	
	$ndzɑ^{33}$	粮仓	富	
	la^{31}	手		俄亚乡卡瓦村下的一个组，在加渠的对面
	uor^{33}（o 卷舌）	头		

续表

字符	国际音标	直译	意译	全句大意
![zo]	zo^{33}	儿子		
未画	dz̩^{33}	强盗	当地的神山，以前有很多土匪强盗	
未画	mbu^{31}	坡	北方是水洛乡，东边是哩郎和依吉，西边是俄亚，南边是拉伯	
未画	ndzy^{31}	山		
![qo]	qo^{31}	针	俄亚乡下的一个小组，在争伍的西边	
![be]	be^{33}	张（量词）		
![zo]	zo^{33}	儿子		
![tchi]	tɕʰi^{33}	挂着	在	
![ndzio]	ndʑio^{31}	菜		

第十三页

字符	国际音标	直译	意译	全句大意
	be³¹	面		
	tʂʅ³³	肺		
	ma³³	酥油		
	bu³¹	带着		qo³¹be³³zo³³tɕʰi³³ndʑio³¹be³¹tʂʅ³³tɕʰi³³ma³³bu³¹ma³¹tʂʅ³³lɯ³³ma³¹bu³¹lo³¹tsu³³ndzy³¹ne³³me³³ 儿女不用拿酥油和面去求神山也可以。
	ndzʅ³³	一		
	ma³³		一坨酥油	
	lɯ³³	石头		
	ma³³			
	（多写的字）			
	lo³¹tsʰu³³	沟		
	ndzy³¹	山		kʰu³³lɛ³¹me³³zʅ³³lɛ³¹me³³ne³³lɛ³¹me³³uã³¹lɛ³¹me³³hə³¹lɛ³¹me³³ndza³³lɛ³¹me³³ 求寿求命求吉求祥求富求贵。
	ne³³	心		
	me³³		求	
	kʰu³³	属	命	

248　争伍东巴文献的发现、解读与研究

续表

字符	国际音标	直译	意译	全句大意
	zʅ³³	草	寿	
	uã³¹	绿松石	祥	
	me³³		求	（同上）
	ndzạ³³	粮仓	富	
	me³³		求	

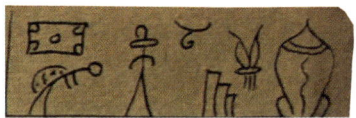 

字符	国际音标	直译	意译	全句大意
	ndʑiə³¹	架子		加波，争伍在坡上，此地在争伍下面
	bu³¹	带着		
	zo³³	儿子		kʰu³³lɛ³¹me³³zʅ³³lɛ³¹me³³ne³³lɛ³¹me³³uã³¹lɛ³¹me³³hə³¹lɛ³¹me³³ndzạ³³lɛ³¹me³³
	tɕʰi³³	挂着		求寿求命求吉求祥求富求贵。
	gv³³	大蒜		
	tsu³³	村庄		加波组，当地的神山
	ndzy³¹			

第三章 争伍经典文献选译 249

续表

字符	国际音标	直译	意译	全句大意
	ne³³	心		
	uã³¹	绿松石		
	me³³		求	
	ɣɯ³³	牙齿	福	（同上）
	ndʐa³³	粮仓	富	
	me³³		求	
	tse³³	打打火石的铁		
	ŋu³¹	银子	争伍	
	tɕʰi³¹	吊着		
	ndʑio³¹	菜	在	tse³³ŋu³¹zo³³tɕʰi³¹ndʑio³¹ zo³³i³³be³¹ɕio³¹kʰa³¹ma³¹bu³¹ mi³³ma³¹ɕio³¹kʰa³¹ma³¹bu³¹, uo³³（村）ɴa³¹（胸）lo³¹（沟）（此三字为神山名字） ne³³ me³³ 争伍儿女去求神山，不用带酥油和面也可以。
	zo³³i³³be³¹ɕio³¹	男的拿着一碗面		
	ma³³			
	mi³³ma³¹ɕio³¹	女的拿着一碗酥油		
	ma³³			

字符	国际音标	直译	意译	全句大意
	zo³³i³¹	男的左边		
	ba³¹	花		
	tsʰu³³	耕地工具铁三角尖口	插	zo³³i³¹ɴu³³ba³¹ʔæ³³（左）ne³³tsʰu³³mi³³i³¹（右）ʂɿ³¹ba³¹i⁵¹ne³³tsʰu³³
	mi³³i³¹	女的右边		男的左边插九朵花，女的右边插七朵花。
	ba³¹	花		
	tsʰu³³	耕地工具铁三角尖口		
	kʰu³³	属	命	
	zɿ³³	草	寿	
	me³³		求	kʰu³³lɛ³¹me³³zɿ³³lɛ³¹me³³ne³³lɛ³¹me³³uã³¹lɛ³¹me³³hə³¹lɛ³¹me³³ndʐa̠³³lɛ³¹me³³
	uã³¹	绿松石		求寿求命求吉求祥求富求贵。
	ndʐa̠³³	粮仓	富	
	χə³³	牙齿	福	
	me³³		求	

字符	国际音标	直译	意译	全句大意
	ndzu³¹	一个长寿的人		
	gv³³	大蒜	给	me³³la³¹（求）gv³³ndzu³¹be³¹me³³la³¹gv³³be³¹dʑio³¹
	be³¹	张		求什么不能不给。
	dʑio³¹	马鞭	钱	

字符	国际音标	直译	意译	全句大意
	me³³	妈妈	求	
	iə³³	烟叶	送	
	ndzu³¹	一个长寿的人	一定能	me³³la³¹ndzu³¹be³¹ 求什么就一定会送什么。
	be³¹	张		
	me³³		求	
	ba³¹	花	庄稼	
	ndy³¹	地		ndy³¹ba³¹lɛ³¹me³³ 求地里的庄稼。
	me³³	妈妈	求	

续表

字符	国际音标	直译	意译	全句大意
	zo³³	儿子		uo³³zo³³lɛ³¹me³³
	uo³³	村庄		求村庄里人口繁盛。
	qʰuɑ³¹	（两个角）牲口的圈		qʰuɑ³¹ne³¹lɛ³¹me³³
	ne³¹	牛（代表牲口）		求圈里的牲口好。
	me³³	妈妈	求	

字符	国际音标	直译	意译	全句大意
		无发音，表示章节的开始		
	pʰɚ³¹	白的		pʰɚ³¹be³¹mɯ³³ri³³mɯ³³ ɴu³³tsʰʅ³¹ɴu³³ndzʅ³¹（官）kʰu³³lɛ³¹me³³zʅ³³lɛ³¹me³³
	be³¹	张		在白色的天上，有九十九个水龙官，人们向他们求寿命。
	mɯ³³	天		
	ri³³mɯ³³ [1]	水龙		

---

[1] 对水龙的称呼之中，[ri³³mɯ³³] 是最尊敬的称呼，[ʂu³³] 是正常的称呼，[ʂu³³ɲi³³] 是贬义的称呼。亦可理解为 [ri³³mɯ³³] 是对人类好的水龙，[ʂu³³ɲi³³] 是对人类不好的水龙，[ʂu³³] 是统称。

续表

字符	国际音标	直译	意译	全句大意
	ɴu³³	九		（同上）
	me³³	求		
	me³³	求		
	ri³³kʰə³³mbu³³mbu³³	做法事的东巴		ri³³kʰə³³mbu³³ mbu³³ʐua³³ ʂua³³（高）ndzʅ³³ tv³¹pɛ³³ ʐua³³ mu³³（老）ndzʅ³³ gə³¹¹pɛ³³, mbə³¹pʰuɚ³¹（白的）ndzʅ³³ tv³¹pɛ³³, mbɚ³¹na³¹（黑的） ndzʅ³³ gə³¹¹pɛ³³ 把一千匹高马和一万匹老马，一千匹白牦牛和一万匹黑牦牛给水龙。
	tv³¹	千		
	pʰuɚ³¹	白的		
	gə³¹	万		
	qʰua³³	没画过的柴		
	pʰuɚ³¹	白的		ŋgu³³（九）ɕi³³（百） qʰua³³pʰuɚ³¹, ʂʅ³³（七）ɕi³³（百）qʰua³³ndza³¹, me³³tse³¹ ɴu³³ndzʅ³¹la³³qʰa³¹ɴu³³ndzʅ³¹ 把九百根白柴和七百根画过的柴，九棵草。九棵杨柳献给水龙。
	qʰua³³	花的柴块，写字画过		
	me³³tse³¹	一种做法事用的草，长在江边，长得像竹子，开花像玉米		
	la³³qʰa³¹	杨柳		
	ŋgv³³	九		
	ʐi³¹	蛇		ʐi³¹tsʰue³³pa³³tsʰue³³ʐua³¹（还债） 不小心杀了水龙的蛇和青蛙，给水龙还债。
	pa³³	青蛙		

字符	国际音标	直译	意译	全句大意
	tʂua³³	鹿		
	i³¹	羚羊		tʂua³³ i³¹ tsʰue³³ be³³ lɛ³³ zua³¹
	zua³¹	盛粮食的斗	还债	把羚羊和鹿画在柴块上还债。
	lɛ³³	脱了，松了		

第十四页

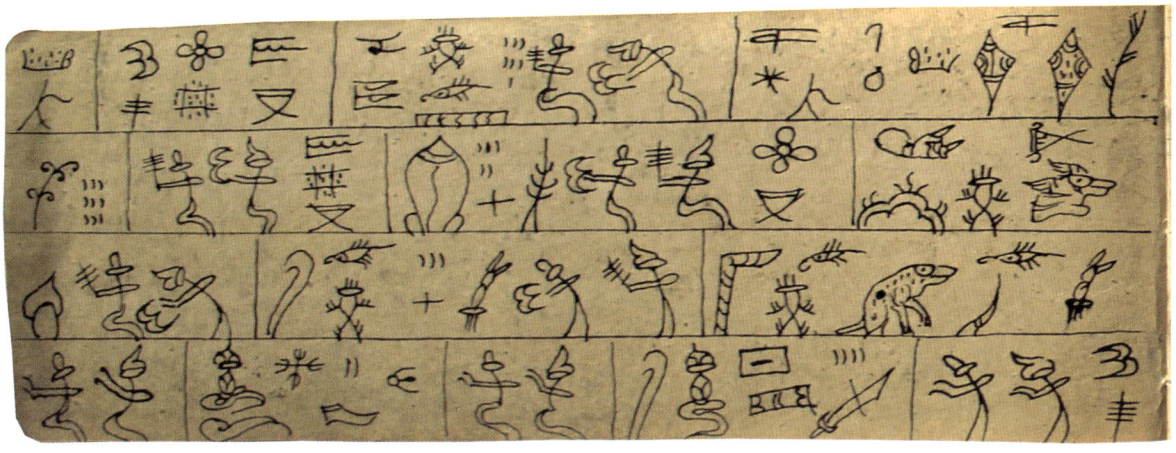

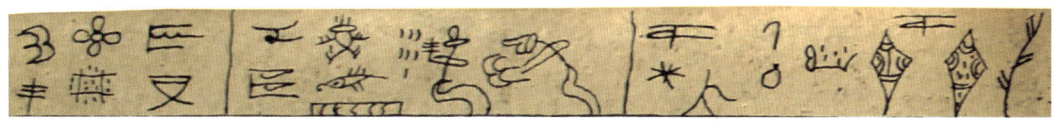 

字符	国际音标	直译	意译	全句大意
	kʰu³³	属	命	求寿命、富贵。
	zʅ³³	草	寿	

续表

字符	国际音标	直译	意译	全句大意
	uã³¹	绿松石		
	ndzạ³³	粮仓	富	
	χə³³	牙齿	福	（同上）
	me³³	妈妈	求	
	ṇa³¹	黑的		
	be³¹	张	黑的	
	mu³³	野人		
	ri³³	夏天晚上唧唧叫的昆虫	水龙的名字	ṇa³¹be³¹ndy³¹ri³³mu³³ ʂɻ̩³³tsʰɻ̩³¹ʂɻ̩³³ndzɻ̩³¹（官）kʰu³³ lɛ³¹me³³zɻ̩³³lɛ³¹me³³
	ndy³¹	地		黑的地上有七十七位水龙官，人们向他们求寿求命。
	ʂɻ̩³³	七		
	me³³	求寿		
	me³³	求命		
	pʰuɚ³¹	白的		ri³³kʰə³³mbu³³mbu³³ ʐua³³ʂua³³（高）ndzɻ̩³³tv³¹pɛ³³ ʐua³³mu³³（老）ndzɻ̩³³gə³¹ pɛ³³，mbə³¹pʰuɚ³¹（白的） ndzɻ̩³³tv³¹pɛ³³，mbə³¹na³¹（黑 的）ndzɻ̩³³gə³¹pɛ³³
	tv³¹	千		把一千匹高马和一万匹老马，一千匹白牦牛和一万匹黑牦牛给水龙。
	lɛ³³	脱了，松了		

续表

字符	国际音标	直译	意译	全句大意
	tʂʅ³³	大的，胖的		（同上）
	gə³¹	万		
	zua³¹	盛粮食的斗		
	qʰua³³	没画过的柴		
	pʰɚ³¹	白的		
	qʰua³³	花的柴块，写字画过		ŋgu³³（九）ɕi³³（百）qʰua³³pʰɚ³¹，ʂʅ³³（七）ɕi³³（百）qʰua³³ndza³¹，me³³tse³¹ɴu³³ndzɿ³¹la³³qʰa³¹ɴu³³ndzɿ³¹
	me³³tse³¹	一种做法事用的草，长在江边，长得像竹子，开花像玉米		把九百根白柴和七百根画过的柴，九棵草。九棵杨柳献给水龙。
	la³³qʰa³¹	杨柳		
	ɴgv³³	九		

字符	国际音标	直译	意译	全句大意
	me³³	求寿		
	me³³	求命		求寿命、富贵。
	χɚ³³	牙齿	福	

字符	国际音标	直译	意译	全句大意
	ndzạ³³	粮仓	富	（同上）
	me³³	妈妈	求	
	ndʐy³¹	山		
	ua³³	五		
	tsʰɿ³¹	十		
	ndzɿ³¹		官	ndʐy³¹ri³³mu³³ua³³tsʰɿ³¹ua³³ndzɿ³¹（官）kʰu³³lε³¹me³³zɿ³³lε³¹me³³ne³³lε³¹me³³uã³¹lε³¹me³³ 山上有五十五位水龙官，人们向他们求寿求命求吉求祥。
	me³³	求命		
	me³³	求寿		
	uã³¹	绿松石	吉	
	me³³	妈妈	求	

字符	国际音标	直译	意译	全句大意
	qo³¹	高山		qo³¹ri³³mu³³ qo³¹la³³kə⁵⁵bu³³，kʰu³³lε³¹me³³ zɿ³³lε³¹me³³ 高山上的水龙叫高拉格部，人们向他求寿求命。
	la³³	手		

续表

字符	国际音标	直译	意译	全句大意
	mu³³	野人	水龙	
	kə⁵⁵	犁		
	la³³	老虎	水龙名字	（同上）
	bu³³	锅		
	me³³	求寿		
	me³³	求命		
	lo³¹	沟		
	ri³³	唧唧叫的夏虫		
	mu³³	野人		
	su³³（u 舌位近 y）	三		lo³¹ri³³mu³³su³³tsʰɿ³¹su³³gv³¹kʰu³³lɛ³¹me³³zɿ³³lɛ³¹me³³
	tsʰɿ³¹	十		山上有三十三位水龙官，人们向他们求寿求命。
	gv³¹	大蒜	位	
	me³³	求命		
	me³³	求寿		

 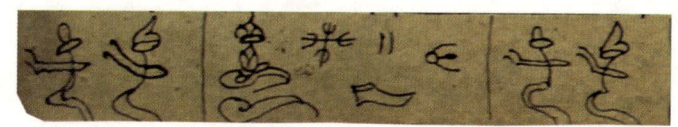

字符	国际音标	直译	意译	全句大意
	zo³³na³³	打猎时引诱野兽的陷阱		
	ri³³	唧唧叫的夏虫	水龙夫妻中女方	
	mu³³	野人		
	zo³³na³³	蜥蜴		zo³³na³³ri³³tɕʰi³³zo³³na³³ri³³mu³³gv³¹kʰɯ³³lɛ³¹me³³zɿ³³lɛ³¹me³³
	tɕʰi³³	刺	水龙夫妻中男方	
	ri³³	唧唧叫的夏虫		向水龙夫妻两位求寿求命。
	gv³¹	大蒜	位	
	me³³	求		
	me³³	求		
	ri³³mu³³	水龙	海里的水龙	
	χə³³	海		χə³³ri³³mu³³mbe³³kʰɯ³³ȵi³³qʰa³¹qʰa³¹kʰɯ³³lɛ³¹me³³zɿ³³lɛ³¹me³³
	mbe³³	雪花		
	kʰɯ³³	脚	海里水龙的名字	海里的水龙叫杯克尼卡卡,人们向他求寿求命。
	ȵi³³	二		
	qʰa³¹	苦的		

续表

字符	国际音标	直译	意译	全句大意
	me³³	求		（同上）
	me³³	求		

字符	国际音标	直译	意译	全句大意
	lo³³	沟	沟里的水龙	lo³³ri³³mu³³be³³ rua³¹ẓi³¹nda³³ 沟里的水龙叫北授义达。
	ri³³mu³³	水龙		
	be³³	称粮食的工具，有柄，一桶算两斤		
	rua³¹	牛轭	沟里的水龙的名字	
	ẓi³¹	四		
	nda³³	砍		
	me³³	求		kʰu³³lɛ³¹me³³ẓŋ³³ lɛ³¹me³³ne³³ lɛ³³me³³uã³¹lɛ³³ me³³ 人们向他求寿求命求吉求祥。
	me³³	求		
	kʰu³³	属	命	
	ẓŋ³³	草	寿	

第三章 争伍经典文献选译 261

续表

字符	国际音标	直译	意译	全句大意
	uɑ̃³¹	绿松石	吉	（同上）
	me³³	妈妈	求	

第十五页

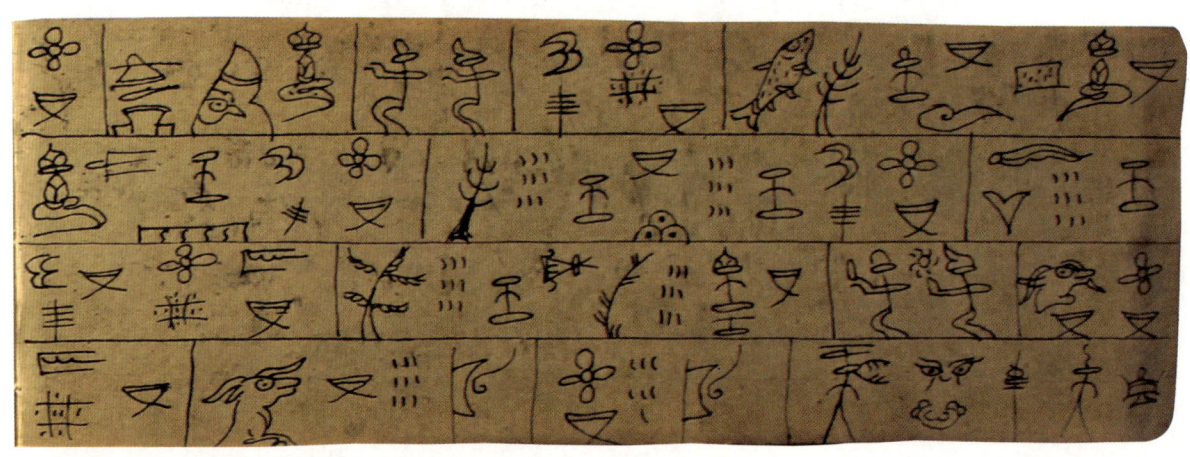

字符	国际音标	直译	意译	全句大意
	ty³³	打铁	水龙的名字	ty³³ri³³mu³³ʔæ³¹nə（轻声）ndʑy³¹（坐）me³³ 坐在山崖上的水龙名字叫度。
	ʔæ³¹	山崖		
	ri³³mu³³	水龙		

续表

字符	国际音标	直译	意译	全句大意
	me³³	求		
	me³³	求		
	kʰu³³	属	命	kʰu³³lɛ³¹me³³zɿ³³lɛ³¹me³³ne³³lɛ³³me³³uã³¹lɛ³¹me³³ χə³¹lɛ³¹me³³ndza³¹lɛ³¹me³³kʰu³³lɛ³¹me³³zɿ³³lɛ³¹me³³ne³³lɛ³³me³³uã³¹lɛ³¹me³³
	zɿ³³	草	寿	
	uã³¹	绿松石	吉	人们向他求寿求命求吉求祥。
	ndza³³	粮仓	富	
	me³³	妈妈	求	
	ȵi³³	鱼	水龙的名字	
	ndzɿ³¹	树		ȵi³³ri³³mu³³ndzɿ³¹ne³³ndʐy³¹me³³（虚词）
	ndʐy³¹	坐		坐在树上的水龙名字叫尼。
	me³³	求		
	χɯ³³	海		
	ʂu³¹	筛子		ʂu³¹ri³³mu³³χɯ³³ne³³ndʐy³¹me³³
	ri³³mu³³	水龙		坐在海里的水龙叫属。
	mẽ³³	求		

字符	国际音标	直译	意译	全句大意
	ri^{33}mu^{33}	水龙		
	sa^{31}	麻	水龙名撒达	sa^{31}dɑ^{33}ri^{33}mu^{33}ndy^{31}ne^{33}ndʐy^{31}
	ndʐy^{31}	坐		坐在地上的水龙叫撒达。
	ndy^{31}	地		
	kʰu^{33}	属	命	
	zๅ^{33}	草	寿	kʰu^{33}lɛ^{31}me^{33}zๅ^{33}lɛ^{31}me^{33}ne^{33}lɛ^{33}me^{33} uã^{31}lɛ^{33}me^{33}
	uã^{31}	绿松石	吉	人们向他求寿求命求吉求祥。
	me^{33}	妈妈	求	
	ndʐๅ^{33}na^{31}	黑树		
	ɴgv^{33}	九		ndʐๅ^{33}na^{31}ɴgv^{33}ndʐๅ^{33}（树）kʰɯ^{33}（下）ne^{33}ndʐy^{31}me^{33}
	ndʐy^{31}	坐		九棵黑树下坐了一个水龙。
	me^{33}	求		
	lɯ^{33}na^{31}	黑石头		lɯ^{33}na^{31}ɴgv^{33}lɯ^{33}kʰɯ^{33}（下）ne^{33}ndʐy^{31}me^{33}
	ɴgv^{33}	九		九颗黑石头下坐了一个水龙。

续表

字符	国际音标	直译	意译	全句大意
	ndʑy³¹	坐		（同上）
	kʰu³³	属	命	
	zɿ³³	草	寿	kʰu³³lɛ³¹me³³zɿ³³lɛ³¹me³³ne³³lɛ³³me³³uã³¹lɛ³³me³³
	uã³¹	绿松石	吉	人们向他求寿求命求吉求祥。
	me³³	妈妈	求	
	dʑi³¹	水	泉水	
	tsʰu³¹	锄地时锄头顶上的铁		dʑi³¹tsʰu³¹ŋgv³³huɑ³¹（条）kʰɯ³³（下）ne³³ndʑy³¹me³³
	ŋgv³³	九		九条泉下坐了一个水龙。
	ndʑy³¹	坐		

字符	国际音标	直译	意译	全句大意
	kʰu³³	属	命	
	zɿ³³	草	寿	kʰu³³lɛ³¹me³³zɿ³³lɛ³¹me³³ne³³lɛ³³me³³uã³¹lɛ³³me³³ 人们向他求寿求命求吉求祥。
	me³³	妈妈	求	

续表

字符	国际音标	直译	意译	全句大意
	uã^{31}	绿松石	吉	（同上）
	ndza^{33}	粮仓	富	
	χə^{33}	牙齿	福	
	me^{33}	妈妈	求	
	ndi^{33}li^{31}	有水的地方长出的一种野菜，春天三月至四月新长出的叶子可以吃		ndi^{33}li^{31}ɴgv^{33}kə^{33}kʰɯ^{33}（下）ne^{33}ndʐy^{31}me^{33}，me^{33}tsʰe^{31}ɴgv^{33}ndʐʅ^{33}（树）kʰɯ^{33}（下）ne^{33}tɕi^{33}ndʐy^{31}me^{33} 九根野草茎和九棵芦苇下坐着一个水龙。
	ɴgv^{33}	九		
	ndʐy^{31}	坐		
	kə^{33}	一根树枝		
	me^{33}tsʰe^{31}	河边长得像竹子一样的草		
	ɴgv^{33}	九		
	ndʐy^{31}	坐	所坐的地方	
	tɕi^{33}	吊着		
	me^{33}	求		

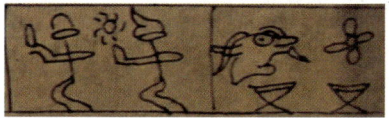 

字符	国际音标	直译	意译	全句大意
	me³³	带着酥油	求	
	me³³	带着面	求	
	ne³³	绵羊	吉	
	me³³		求	
	uɑ̃³¹	绿松石	吉	kʰu³³lɛ³¹me³³zŋ³³lɛ³¹me³³ne³³lɛ³³me³³uɑ̃³¹lɛ³³me³³ 人们向他求寿求命求吉求祥。
	me³³		求	
	χə³³	牙齿	福	
	ndzɑ̩³³	粮仓	富	
	me³³		求	
	ne³³	绵羊	吉	
	me³³	妈妈	结构助词"的"	ne³³me³³ɴgv³³kʰu³³pʰu³³ 打开九道吉门。
	ɴgv³³	九		
	kʰu³³pʰu³³	开门		

字符	国际音标	直译	意译	全句大意
	uã³¹	绿松石	祥	
	me³³		的	uã³¹me³¹ŋgv³³kʰu³³pʰu³³ 打开七道祥门。
	ʂʅ³³	七		
	kʰu³³pʰu³³	开门		
	ku³³pʰuɚ³¹ ndzɑ³¹ɕi³¹	白头到老		
	do³¹	眼睛		
	pʰu³³	水葫芦	看见好的，遇见好事	ku³³pʰuɚ³¹ndzɑ³¹ɕi³¹ pʰu³³do³¹ly³³do³¹ zʅ³³ʂʅ³¹χɑ³¹ i³³lɛ³³tʰu³³（到家）χo³¹（了） 白头到老、长寿安康、万事如意到家了。
	ly³³	箭		
	zʅ³³ʂʅ³¹	长寿		
	χɑ³¹	饭		
	i³³	羚羊	安康	
	kʰu³³	门	"了"（油米等汝卡用）	
	χo³¹	肋骨	"了"（纳西族用）	

第十六页

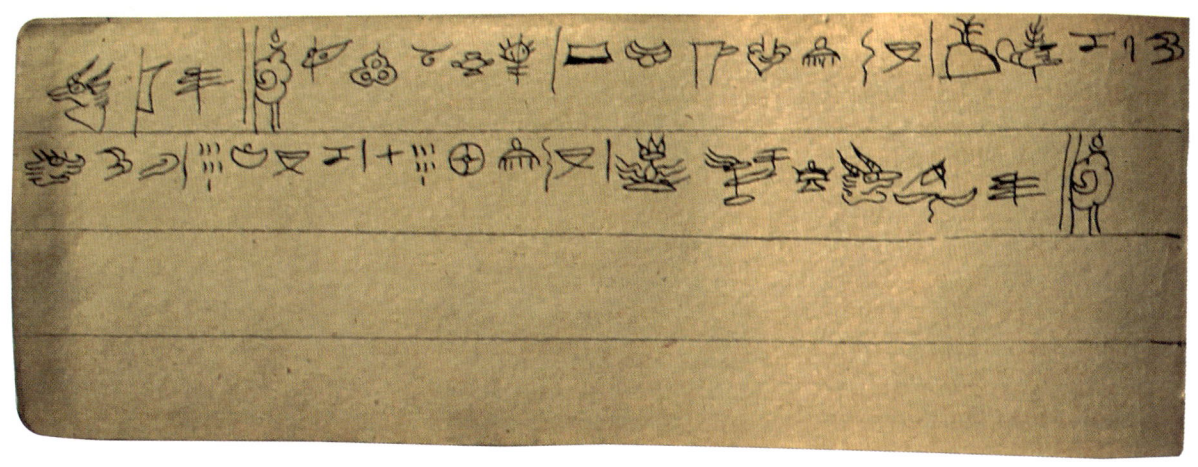

字符	国际音标	直译	意译	全句大意
	tʰi³¹	旗	经书	这册经书，争伍东巴所写的。
	ɣɯ³³	宝珠		
	tɕʰi³³	吊着	这	
	ndzʅ³³	—		
	tse³³	麦子	册	
	tse³³	打火的铁块	争伍	
	ɴu³³	银子		

续表

字符	国际音标	直译	意译	全句大意
	toŋ³¹pa³¹	东巴		
	ne³³	心		
	bə³³	梳子	写	（同上）
	sɛ³¹	线	虚词	
	mɛ³³		求	

字符	国际音标	直译	意译	全句大意
	mu³³to³¹	坡上长了松树	表示六十甲子	
	sɿ³³ne³³zu³³	握着柴	表示五行	
	nɑ³³	黑的	那	
	ndzɿ³¹	一		六十甲子转到了木的那一年（即1970年），属猪的那一年，七月十七日写的。
	kʰu³³	命	年	
	bu³¹	猪		
	kʰu³³	属		

续表

字符	国际音标	直译	意译	全句大意
	lo³¹	沟		
	sɿ³¹	七		
	hɛ³³	月	七月份	
	mɛ³¹ [1]	求		
	nɑ³³	黑的	那	
	tsʰe³¹	十		（同上）
	sɿ	七		
	ȵi³³	日		
	bə³³	梳子	写	
	sɛ³¹	线	的	
	mɛ³¹		了	

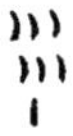

[1] 读 me 时是求的意思，读 mɛ 时是虚词了。

第三章　争伍经典文献选译　271

字符	国际音标	直译	意译	全句大意
	pv³¹	东巴	念	
	pʰa³¹	算		
	χa³³	饭		
	i³³	羚羊	安康	以后念这部经的东巴得到安康。
	iə³³	烟叶	送	
	χo³³	肋骨	虚词	
		（结束标志）		

汉语通译

一、人类与水龙分家的故事

在很久很久以前，开天辟地的时候，人类刚刚出现。人类的祖先和水龙的祖先是同父异母的兄弟。人类的祖先叫贝赤兹［be³³tʂʰɿ³¹tsɿ³³］，而水龙的祖先叫斯斯绕［sɿ³³sɿ³¹ʐo³³］。

贝赤兹是一个猎人，而斯斯绕则是野生动物的保护神，厌恶打猎。两个兄弟本来是在一起生活的，一同放牧、下地、修房建屋。贝赤兹是一个只会干活不会思考的人，当他去九座山、七条沟里干活的时候，斯斯绕趁机跟他分家了，带走了野生动物，还分开了高山和矮山、水田和旱田、山峰和山寨，带走了美丽富饶的山峰、高山、水田。

斯斯绕带走了无数的飞禽、猛兽，有蹄子的、有掌的、有鬃的、身上有漂亮花纹的，也不知带走了多少。他还带走了三种最漂亮的动物、三种最强壮的动物、三种速度最快的动物、三种最肥的动物。而贝赤兹得到的动物中，有喙的只得到了一只鸡，有爪子的只得到了一只狗，有鬃的只得到了一匹马。

过了一代，斯斯绕又回到了只会干活的贝赤兹家里，把北方的天空劈开一半、把南方的大地分成两半，人类和水龙从此不相见。

东巴神要和解两个兄弟的矛盾，大鹏神鸟和夏娜睹吉（贡嘎雪山三神之一）也参与了调解。他们不希望北方的天空和南方的大地分开，于是要求人类不要乱砍伐树木、不要撬山上的大石头。但是山寨的东西不够时，可以去山峰上获得；旱田的收获不够时，可以用水田；矮山地方不够时，可以去高山上垦地；家养的牲畜不够时，可以去猎野生动物。

二、敬水龙仪式

做法事的这家人有面粉，但是不能白白地撒在山上；母牛也有牛奶，但是不能浪费地洒在沟里；舀剩下的白米我也会来舀，切剩下的猪油我也会来切。

看星宿好的一天，地上长出了绿草，这是个好日子。太阳出来照在左边，月光洒满了右边的山坡。上边是青藏高原，会算属相的藏族算今天是好日子；下边有布鲁草原，会算月份的白族算这个月好；在中间有位于山崖和山沟之间的山寨，纳西族根据星星的位置算夜，这夜很好。

做法事的这家人向水龙求长寿、求吉祥、求富贵，这家的男男女女都在跟水龙祈求自己不足的。把一千匹高马和一万匹老马、一千匹白牦牛和一万匹黑牦牛献给水龙。把九百根白柴和七百根画过的柴献给水龙。九棵草，九棵杨柳，用白麻布铺在桥上给水龙搭桥。用金做柴块、用银做柴块、用绿松石做柴块、用黑宝珠做柴块。不小心杀了水龙的蛇和青蛙，给水龙还债。献给水龙的牲口、粮食太多，水龙看花眼了。做法事的这家人求命得命，求寿得寿，求吉得吉，求祥得祥，求富得富，求福得福，这些都能得到。

在东方，有海螺一样白的高山、悬崖，有海螺的海，水龙就住在东海里。白色的水龙和飞龙都坐在白色的山上，给人类的好心向上想，对人类不好的心向下扔。做法事的东巴打开九道吉门、七道祥门。开第一道门是天鹅和老鹰在守护，第二道门是豹子和老虎在守护，第三道门是鹿和羚羊在守护，第四道门是熊和野猪在守护，第五道门是麂子和獐子在守护，第六道门是野鸡和锦鸡在守护，第七道门是一个女人在守护，第九道门是一个男人在守护。东方的水龙和飞龙，送吉送祥，送富送贵，送寿送命。白头偕老，看见好的东西，遇见好的事情。

向南方的绿色的水龙和飞龙求寿命求吉祥，把一千匹高马和一万匹老马，一千匹白牦牛和一万匹黑牦牛给水龙。把九百根白柴和七百根画过的柴献给水龙。九棵草，九棵杨柳，用白麻布铺在桥上给水龙搭桥。用金子、银子、绿松石、黑宝珠还债。在绿色的山、绿色的海那里住着的水龙和飞龙，心里想着对人类好的事情，给人类的好心向上想，对人类不好的心像水一样向下扔。做法事的东巴打开七道祥门。人们求吉祥富贵，绿色的水龙和飞龙就送吉祥富贵，水龙给人们白头偕老、长寿安康。

西方的黑色的水龙和飞龙，命不够求命，寿不够求寿，吉不够求吉，祥不够求祥，富不够求富。把一千匹高马和一万匹老马、一千匹白牦牛和一万匹黑牦牛给水龙。把九百根白柴和七百根画过的柴献给水龙。九棵草，九棵杨柳，用白麻布铺在桥上给水龙搭桥。不小心杀了水龙的蛇和青蛙，给水龙还债。献给水龙的牲口、粮食太多，水龙看花眼了。做法事的这家人跟水龙求长寿，西方黑山、黑海中的水龙和飞龙，心里想着对人类好的事情，对人类不好的心向下扔。打开九道吉门，打开七道祥门。黑水龙给他们送了吉祥。

北方的黄色水龙和飞龙在金黄色的高山上。跟水龙求吉祥长寿，把一千匹高马和一万匹老马，一千匹白牦牛和一万匹黑牦牛给水龙。把九百根白柴和七百根画过的柴献给水龙。九棵草、九棵杨柳，用白麻布铺在桥上给水龙搭桥。杀了水龙的蛇和青蛙，给水龙还债。献给水龙的牲口粮食太多，水龙看花眼了。做法事的东巴打开九道吉门、七道祥门。给人们白头偕老，长寿安康。金子银子做的柴块、粮食很多，让水龙眼睛都花了。

（后略。）

（本节调查整理人：张琰）

（二）《敬水龙经》配图（甲阿若藏）

争伍村纳西人在三、四月份花开时节举行敬水龙仪式，请求水龙保佑做法事的人家人畜兴旺。其中第七册《请水龙经》[ndʑi²⁴kʰuɑ³³iəu³³ɣi³³] 的内容是，东巴用各种牲畜和法器请求来自四方的水龙帮助做法事。在进行这一法事时，东巴会拿出四幅图进行配合，图中的内容即为献给水龙的供奉。

这套图为争伍村甲阿若东巴所藏，是甲阿若东巴于2010年新作的，作画工具是从永宁买来的水彩笔和油纸。图的内容也由甲阿若东巴讲解。

第一幅

图符			
国际音标	quɑ⁵⁵	kɑ⁵⁵nɑ⁵⁵mei⁵⁵	χuɑ⁵⁵
讲解	天鹅	天上的鹰	沟里的白汉鸡
图符			
国际音标	fu⁵⁵	a⁵⁵kɛ³¹	ko⁵⁵po⁵⁵
讲解	松树里的草拨鸡	大鹦鹉	布谷鸟
图符			
国际音标	nqə³³ʐɿ³³		
讲解	小鹦鹉		

第二幅

图符			
国际音标	sə³¹mei⁵⁵quɑ⁵⁵tɕi⁵⁵	tʂʰua³³bv³¹	tʂʰua³³mei³³
讲解	高山崖羊	公马鹿	母马鹿
图符			
国际音标	ɣɿ³³	sei³¹	li⁵⁵
讲解	山鹿	崖羊	獐子
图符			
国际音标	tɕʰi³¹	lo³¹	
讲解	公麂子	母麂子	

第三幅

图符			
国际音标	mbv³³bv³¹	mbv³³mei	iəu³¹
讲解	公牦牛	母牦牛	绵羊
图符			
国际音标	tsʰʅ³³	ɣũ³¹	ʐuɑ³¹quo³¹
讲解	山羊	黄牛	公马
图符			
国际音标	ʐuɑ³¹mən³³	po³¹	
讲解	母马	猪	

第四幅

图符			
国际音标	noŋ³¹bv³³	bv³¹tɕi³³	na³³ku⁵⁵
讲解	东巴的头饰	东巴的佩带	招魂鼓
图符			
国际音标	dʑi³¹bv³³	ti³³ɕə³¹	tsa³³rla³¹
讲解	招魂铃，拿在手下，用来叫水龙	招魂铃，戴在手上，用来叫水龙	招魂铃，戴在手上，用来叫水龙
图符			
国际音标	xan⁵⁵ɕi³³zu̥³¹ʂua³³		ua³³χan³¹tɕi³³mei³³
讲解	北方的黄山，水龙住的地方		送给四方水龙的华服
图符			
国际音标	qu³³mo³¹	mba³³la³³	rli⁵⁵mie⁵⁵
讲解	帽子	纳西民族华美的衣裳	弓

278　争伍东巴文献的发现、解读与研究

续表

图符			
国际音标	rli⁵⁵si⁵⁵	na³¹tʂu³³	i⁵⁵tʰi⁵⁵
讲解	箭筒	枪	剑
图符			
国际音标	ɕu³³mi³³tɕi³¹kʰua³³	ma³¹mi³³	mba³³mba³³
讲解	香炉	酥油灯	牡丹花
图符			
国际音标	Nna³³ti³³	bv³¹qʰua⁵⁵	qʰɑ⁵⁵tʂuɑ⁵⁵
讲解	供炉，中间是喊魂杖，炉里装着粮食	喊魂海螺	喊魂杖
图符			
国际音标	rli⁵⁵si⁵⁵	zaŋ²⁴ma³³la³¹	tsʰoŋ³¹zɑ³³
讲解	喊魂杖	香炉，供于菩萨面前，祈求菩萨保佑牲口	象牙

（本节调查整理人：夏津京）

三 《平安经》解读

（一）《中平安经》之《人类的来历》（克若里藏）解读

生根持有叔叔克若里老东巴的《中平安经》共42册（其中包括可用于做小平安仪式的若干册），用于东巴做中平安仪式和小平安仪式。经书内容丰富，包括仪式程序、敬神驱鬼、神话传说等内容。此处精选精译第十四册经书《措布图瓦美》（《人类的来历》）。

本册经书是纳西族关于天地、人类、族群起源的神话传说，以及纳西族祖先措扎立俄[tsʰo³¹za³¹li³¹ɣə⁵⁵]的有趣故事。

封面

字符	国际音标	直译	意译	全句大意
	tsʰo³¹	人类	.	人类的来历
	mbv³³	创		
	tʰu³³	到		
	uã³¹	五		

续表

字符	国际音标	直译	意译	全句大意
ᚼ	me³³	虚词		（同上）

第一页

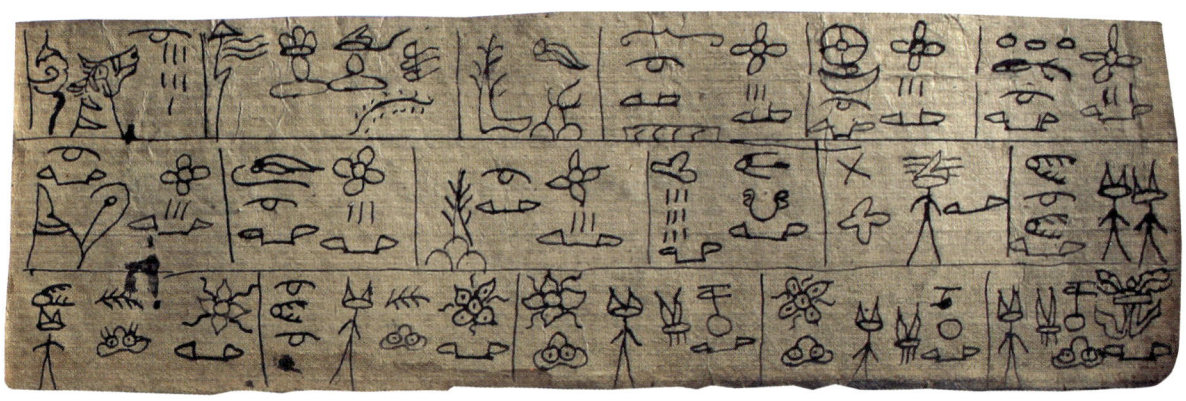

字符	国际音标	直译	意译	全句大意
	（开始符号）			
	la³³	虎		la³³ma³³ʂɿ³³ a³³（虚词）ȵi³³（日子）很久以前。
	ma³³	酥油	很久以前	
	ʂɿ³³	七		
	mɯ³³		古	
	tʂʰɿ⁵⁵		代	mɯ³³ri⁵⁵（虚词）tʂʰɿ³³ kv³³（头）dʑi³¹ 从最初的古代时说起。
	dʑi³¹	水	时	

第三章 争伍经典文献选译 281

续表

字符	国际音标	直译	意译	全句大意
	ndzʯ^{31}	神	男神	
	se^{31}	神	女神	ndzʯ^{31}se^{31}χo^{31}kv^{33}（头）dʑi^{31}
	χo^{31}		动静	天地间有神的动静。
	dʑi^{31}	水	时	
	sɿ^{33}	木		
	ndʑi^{33}	走		sɿ^{33} pu^{33}（会）ndʑi^{33} kv^{33}
	dʑi^{31}	水	时代	（虚词）dʑi^{31}，lu^{33} ŋgɯ^{33}（能）ta^{33} kv^{33}（虚词）dʑi^{31}
	lu^{33}	石		木头会走路，石头能说话的时代。
	ta^{33}		说	
	mɯ^{33}	天		
	ma^{33}	酥油	不	
	tʰu^{33}	水桶	出现	mɯ^{33}ne^{31}（和）dy^{31} ma^{33}tʰu^{33}tʂɿ^{33}（那）dzɿ^{31}（一）dʑi^{31}（时代），mɯ^{33}
	dy^{31}	地		uã^{31}dy^{31}uã^{31}su^{33}sy^{31}（种）tʰu^{33} 没有天地的那时代，出现了三种天地的影子。
	uã^{31}	绿松石	影子	
	su^{33}	三		

续表

字符	国际音标	直译	意译	全句大意
	tʰu³³	水桶	出现	（同上）
	bi³³	日		
	lɛ³¹	月		
	ma³³	酥油	没有	bi³³nɛ³¹（和）lɛ³¹ ma³³ tʰu³³ tʂʰɿ³³（那）dzɿ³¹（一）dʑi³¹（时代），bi³³uɑ̃³¹lɛ³¹ uɑ̃³¹su³³sy³¹（种）tʰu³³
	tʰu³³	水桶	出现	
	uɑ̃³¹	绿松石	影子	没有日月的那时代，出现三种日月的影子。
	su³³	三		
	tʰu³³	水桶	出现	
	kɯ³¹	星星		
	za³¹	火星		
	ma³³	酥油	没有	kɯ³¹nɛ³¹（和）za³¹ma³³ tʰu³³tʂʰɿ³³（那）dzɿ³¹（一）dʑi³¹（时代），kɯ³¹uɑ̃³¹ za³¹uɑ̃³¹su³³sy³¹（种）tʰu³³
	tʰu³³	水桶	出现	
	uɑ̃³¹	绿松石	影子	没有星星和火星的那时代，出现三种星星火星的影子。
	su³³	三		
	tʰu³³	水桶	出现	

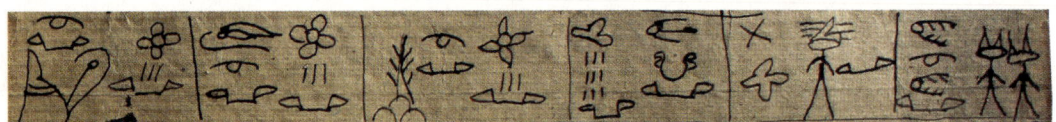

字符	国际音标	直译	意译	全句大意
◠	mɑ³³	酥油	没有	
◠	tʰu³³	水桶	出现	
◠	ndzu̱³¹	山		ndzu̱³¹ne³¹（和）lo³¹ mɑ³³tʰu³³tʂʰʅ³³（那）dzʅ³¹（一）dʑi³¹（时代），ndzu̱³¹ uã³¹lo³¹uã³¹su³³sy³¹（种）tʰu³³ 没有山和沟的那时代，出现了三种山和沟的影子。
◠	lo³¹	沟		
◠	uã³¹	绿松石	影子	
///	su³³	三		
◠	tʰu³³	水桶	出现	
◠	dʑi³¹	水		
◠	qɑ³³	水渠		
◠	mɑ³³	酥油	没有	dʑi³¹ne³¹（和）qɑ³³mɑ³³ tʰu³³tʂʰʅ³³（那）dzʅ³¹（一）dʑi³¹（时代），dʑi³¹uã³¹ qɑ³³uã³¹su³³sy³¹（种）tʰu³³ 没有水和渠的那时代，出现了三种水和渠的影子。
◠	tʰu³³	水桶	出现	
◠	uã³¹	绿松石	影子	
///	su³³	三		
◠	tʰu³³	水桶	出现	

续表

字符	国际音标	直译	意译	全句大意
	sɿ³³	木		sɿ³³ne³¹（和）lu³³ mɑ³³ tʰu³³ tʂʰɿ³³（那）dzɿ³¹（一）dʑi³¹（时代），sɿ³³ uã³¹lu³³ uã³¹ su³³sy³¹（种）tʰu³³ 没有树木和石头的那时代，出现了三种树木和石头的影子。
	lu³³	石		
	mɑ³³	酥油	没有	
	tʰu³³	水桶	出现	
	uã³¹	绿松石	影子	
	su³³	三		
	tʰu³³	水桶	出现	
	sy³¹		种	
	ŋgv³³	九		ŋgv³¹sy³¹ɑ³³pʰu³³tʰu³³ 出现九种老爷爷的影子。
	tʰu³³	水桶	出现	
	ɑ³³	啊	爷爷（天地出现之前的男神）	
	pʰu³³	葫芦		
	tʰu³³	水桶	（多写，无义）	
	tsʰe³¹	十		出现十种老奶奶的影子。
	sy³¹		种	

续表

字符	国际音标	直译	意译	全句大意
	a³³dɿ³³	奶奶	天地出现之前的女神	（同上）
	tʰu³³	水桶	出现	
	gɯ³¹	咬牙	真	
	ma³³	酥油	没有	
	gɯ³¹	咬牙	真	gɯ³¹ma³³gɯ³¹tʰu³³tsɛ³¹ma³³tsɛ³¹tʰu³³ 出现真的和假的，像和不像的。
	tʰu³³	水桶	出现	
	tsɛ³¹	魔鬼	像	
	tsɛ³¹	魔鬼	像	

字符	国际音标	直译	意译	全句大意
	gɯ³¹	咬牙	真	
	tsɛ³¹	魔鬼	像	gɯ³¹tsɛ³¹ne³¹pu⁵⁵pa³³be³³uã³¹hã³¹（绿）mbu³¹（光）ru³³（发）la³³（线）me³³（虚词）tʰu³³ 真的和像的变成了一个会发光的绿松石。
	pu⁵⁵	草	变化	
	pa³³	青蛙		
	uã³¹	绿松石		

续表

字符	国际音标	直译	意译	全句大意
	t^hu^{33}	水桶	出现	（同上）
	ma^{33}	酥油	不	
	$gɯ^{31}$	咬牙	真	
	ma^{33}	酥油	没有	
	na^{31}	黑		$ma^{33}gɯ^{31}ma^{33}tsɛ^{31}pu^{55}$ $pa^{33}be^{33}uã^{31}\ hã^{31}\ na^{31}\ ru^{33}$ （发）la^{33}（线）me^{33}（虚词）t^hu^{33}
	$tsɛ^{31}$	像		假的和不像的变成了一个会发光的黑色的绿松石。
	pu^{55}	草	变化	
	pa^{33}	青蛙		
	$uã^{31}$	绿松石	发光的绿松石	
	t^hu^{33}	水桶	出现	
	$uã^{31}$	绿松石		$uã^{31}hã^{31}$（绿）mbu^{31}（光）ru^{33}（发）la^{33}（线）$pu^{55}pa^{33}be^{33}$（做）$tsɛ^{31}kv^{33}$ $p^hɚ^{33}ru^{33}$（发）la^{33}（线）me^{33} t^hu^{33}
	pa^{33}	青蛙	变化	
	$tsɛ^{31}$	魔鬼	像	发光的绿松石会变化，变成了一个白色蛋。
	kv^{33}	蒜		
	$p^hɚ^{33}$	白		

第三章 争伍经典文献选译 287

续表

字符	国际音标	直译	意译	全句大意
	（无读音）	蛋		（同上）
	tʰu³³	水桶	出现	
	uã³¹	绿松石	发光的绿松石	uã³¹hã³¹（绿）mbu³¹（光）ru³³（发）la³³（线）pu⁵⁵pa³³be³³（做）tsɛ³¹kv³³（虚词）na³¹ru³³（发）la³³（线）me³³tʰu³³ 发光的黑色绿松石会变化，变成了一个黑色蛋。
	pa³³	青蛙	变化	
	tsɛ³¹	魔鬼	像	
	kv³³	蒜		
	na³¹	黑		
	（无读音）	蛋		tsɛ³¹kv³³pʰɚ³³ru³³（发）la³³（线）me³³（虚词）pu⁵⁵pa³³be³³（做）i³³gv³¹a³¹kə³³tʰu³³ 白蛋变成了一个神，叫依古阿戈。
	tʰu³³	水桶	出现	
	tsɛ³¹	魔鬼	像	
	kv³³	蒜		
	pʰɚ³³	白		
	pa³³	青蛙	变化	
	i³³gv³¹a³¹kə³³	依古阿戈	（神名）	
	tʰu³³	水桶	出现	

第二页

字符	国际音标	直译	意译	全句大意
	tsɛ^{31}	魔鬼	像	tsɛ^{31}kv^{33}na^{31}ru^{33}（发）la^{33}（线）me^{33}（虚词）pu^{55}pa^{33}be^{33}（做）i^{33}gv^{31}dʐ^{31}na^{33}tʰu^{33} 黑蛋变成了一个妖，叫依古支纳。
	kv^{33}	蒜		
	na^{31}	黑		
	pa^{33}	青蛙	变化	
	i^{33}gv^{31}dʐ^{31}na^{33}	依古支纳	（妖名）	
	tʰu^{33}	水桶	出现	
	i^{33}gv^{31}a^{31}kə^{33}	依古阿戈	（神名）	i^{33}gv^{31}a^{31}kə^{33}pu^{55}pa^{33}be^{33}（做）kv^{33}pʰɚ^{33}dʐ^{31}ly^{33}（个）tʰu^{33} 依古阿戈变化成一个白蛋。
	pa^{33}	青蛙	变化	
	kv^{33}pʰɚ^{33}	白蛋		

续表

字符	国际音标	直译	意译	全句大意
	dzɿ³¹	一		（同上）
	tʰu³³	水桶	出现	
	kv³³pʰɚ³³	白蛋		kv³³pʰɚ³³ pu⁵⁵pɑ³³be³³（做）ndʑe³¹pʰɚ³³ dzɿ³¹me³³（虚词）tʰu³³ 白蛋变成一只白鸟。
	dzɿ³¹	一		
	pɑ³³	青蛙	变化	
	dzɿ³¹	一		
	tʰu³³	水桶	出现	
	ndʑe³¹pʰɚ³³	白鸟		
	（误写）			
	mi³³	火	名字	mi³³tsu³³kv³³（会）ma³³（无）dʑu³¹（有）ȵu³³mi³³ ȵu³³le³¹（虚词）tsu³³，hɑ̃³¹ ɣɯ³³iu³¹ndʑe³¹ma³³mi³³be³³ 没有人给它取名字，它给自己取名为寒俄育子玛。
	tsu³³		取	
	（无义）			
	hẽ³¹	神		
	ɣɯ³³	宝珠		寒俄育子玛（神名）
	iu³¹	羊		
	（ndʑe³¹）ma³³	酥油		

续表

字符	国际音标	直译	意译	全句大意
	mi³³	火	名字	（同上）
	be³³	挖地	做	
	ndʑe³¹	鸟	飞	
	ma³³	酥油	不	
	ly³³	箭		ndʑe³¹ndʑe³¹ma³³ȵi³¹（会）ly³³pu³³（带）tsu³³（插），ma³³ȵi³¹kʰua³³pu³³kɯ³³（穿）ma³³ȵi³¹
	kʰua³³	盔甲		神鸟有翅膀但不会飞，带着箭不会插，带着盔甲不会穿。
	ly³³	箭	（重写）	
	kʰua³³	盔甲	（重写）	

字符	国际音标	直译	意译	全句大意
	mɯ³³	天		ʂua³¹ʂua³¹（高高）su³³ndʑy³¹ne³¹，mɯ³³tʰu³³kɯ³¹（星）ma³³ʂua³¹（高）；hỹ³¹hỹ³¹（矮矮）su³³ndʑy³¹ne³¹，dy³¹dʑu³¹（有）kuə³³（草）ma³³（不）gɯ³¹（生长）。tɕi³³pʰɚ³³（白）kv³³kʰɚ³³be³³（做），ʐuɘ³³hã³¹su³³pa³³（捆）ndʐ³³（带），kv³³pʰɚ³³ŋgv³³dʑu³³（种）tʰu³³
	kɯ³¹	星		
	ʂua³¹ʂua³¹ndʑy³¹ne³¹, hỹ³¹hỹ³¹ndʑy³¹ne³¹	高高地飞，矮矮地飞		
	dy³¹	地		高高地飞了三次，有天没有星；矮矮地飞了三次，有地没有草。把三捆绿草放在背笼里，下了九种蛋。
	tɕi³¹	云		

续表

字符	国际音标	直译	意译	全句大意
	su³³	三		
	kv³³（蛋）；kʰə³³（背篼）；zuə³³（草）[1]			（同上）
	pʰə̇			
	ŋgv³³			
	tʰu³³	水桶	出现	
	kv³³	蛋		dzɿ³¹（一）ʥu³³（种）kv³³pʰə̇³³ne³¹（和）ndzɿ³¹tʰu³³xɯ³³（虚词），dzɿ³¹（一）ʥu³³（种）kv³³ NGɑ³³ u³¹tʰu³³xɯ³³（虚词） 一种蛋变成了菩萨和神力，一种蛋变成了胜利和仆人。
	pʰə̇³³	白	菩萨	
	ndzɿ³¹	神力		
	tʰu³³	水桶	出现	
	NGɑ³³	旗子	胜利	
	kv³³	蛋		
	u³¹	火炉	仆人	
	tʰu³³	水桶	出现	

---

[1] 此为组合图案，鸟脚下的弧线代表背篼，弧线里的草状图案代表草，鸟脚下的圆形图案代表蛋。

续表

字符	国际音标	直译	意译	全句大意
	kv³³	蛋		
	kv³³	蒜	智者	dzʅ³¹（一）dʑu³³（种）kv³³kv³³ne³¹（和）sʅ³³tʰu³³ xɯ³³（虚词）
	sʅ³³	木	匠人	一种蛋变成了智者和匠人。
	tʰu³³	水桶	出现	
	kv³³	蛋		
	ŋ³³	量	会丈量的人	dzʅ³¹（一）dʑu³³（种）kv³³ŋ³³ ne³¹（和）tɕʰə³¹ tʰu³³ xɯ³³（虚词）
	tɕʰə³¹	粘	会设计的人	一种蛋变成了会丈量和会设计的人。
	tʰu³³	水桶	出现	
	ndʑŋ³³	权力	官员	
	tʰu³³	水桶	出现	zʅ³¹（一）dʑu³³（种）kv³³ ndʑŋ³³ ne³¹（和）ndzʅ³¹ tʰu³³ xɯ³³（虚词）
	kv³³	蛋		一种蛋变成了官员和知识分子。
	ndzʅ³¹	卷	知识分子	
	tʰu³³	水桶	出现	

字符	国际音标	直译	意译	全句大意
	pe³³		道士	
	kv³³	蛋		dzɿ³¹（一）ʥu³³（种）kv³³pe³³pʰɑ³¹ tʰu³³ xɯ³³（虚词）
	tʰu³³	水桶	出现	一种蛋变成了道士和算卦的人。
	pʰɑ³¹		算卦的人	
	kv³³	蛋		
	pʰɚ³³	白		
	nɑ³¹	黑	形形色色不同的人	
	tʰu³³	水桶	出现	dzɿ³¹（一）ʥu³³（种）kv³³pʰɚ³³ne³¹（和）nɑ³¹ tʰu³³ xɯ³³，dzɿ³¹（一）ʥu³³（种）kv³³bə³³ʁo³³ tʰu³³ xɯ³³
	kv³³	蛋		一种蛋变成了形形色色、各种不同的人。
	bə³³	脚板		
	ʁo³³	粮食	各种不同的人	
	tʰu³³	水桶	出现	

续表

字符	国际音标	直译	意译	全句大意
(字符)	tʂʰʅ³³（那）ŋgu³¹（后）dzʅ³¹（一）tʂʰʅ³³（代）kv³³（虚词）tʂʰʅ⁵⁵	又过了一代		
(字符)	i³³gv³¹tʂʅ³¹na³³	依古支纳	（妖名）	
(字符)	pa³³	青蛙	变化	
(字符)	kv³³	蛋	黑蛋	
	na³¹	黑		
(字符)	dzʅ³¹	一		tʂʰʅ⁵⁵ŋgu³¹dzʅ³¹tʂʰʅ⁵⁵kv³³，i³³gv³¹tʂʅ³¹na³³ pu³³pa³³ be³³kv³³na³¹dzʅ³¹ly³³（个）tʰu³³，ndʑe³¹na³¹dzʅ³¹me³³（虚词）tʰu³³，ʂu³¹xɯ³³tɕi⁵⁵ fiã³¹na³¹（书和吉安纳，妖的名字）lɛ³¹（虚词）mi³³（名字）be³³
(字符)	tʰu³³	水桶	出现	
(字符)	ndʑe³¹	鸟	黑鸟	又过了一代，依古支纳变成了一个黑色的蛋，蛋变成了一只黑鸟，名叫书和吉安纳。
	na³¹	黑		
(字符)	dzʅ³¹	一		
(字符)	tʰu³³	水桶	出现	
(字符)	ʂu³¹	属	（阴间一种妖的名字）	
(字符)	mi³³	火	名字	
(字符)	be³³	锄地	做	

第三章 争伍经典文献选译

字符	国际音标	直译	意译	全句大意
	kv³³	蛋	黑鸟下黑蛋	
	nɑ³¹	黑		kv³³nɑ³¹ŋgv³³dzu³³ŋgv³³ 黑鸟下了九种黑蛋。
	ŋgv³³	九		
	dzu³³	冰	种	

第三页

字符	国际音标	直译	意译	全句大意
	dv³¹	魔鬼	一种特别大的恶魔	dzɿ³¹（一）dzu³³（种）kv³³dv³¹tsa³¹tʰu³³xɯ³³（虚词） 一种蛋变成了特别大的恶魔和妖。
	tsa³¹	妖		
	tʰu³³	水桶	出现	

续表

字符	国际音标	直译	意译	全句大意
	kv³³	蛋		
	tsʰu³³	鬼		dzɿ³¹（一）ʥu³³（种）kv³³tsʰu³³ne³¹（和）ȵi³³ tʰu³³xɯ³³（虚词） 一种蛋变成了鬼和怪物。
	kv³³	蛋		
	ȵi³³	鱼	怪物	
	tʰu³³	水桶	出现	
	kv³³	蛋		
	tʂɿ³¹	拦	凶死的人变成的鬼	dzɿ³¹（一）ʥu³³（种）kv³³tʂɿ³¹ne³¹（和）la³³ tʰu³³xɯ³³（虚词） 一种蛋变成了凶死鬼和动物妖。
	kv³³	蛋		
	la³³	虎	动物死后变成的妖	
	tʰu³³	水桶	出现	
	tɕu⁵⁵tɕʰu³¹	佛珠		
	tʂʰɿ⁵⁵	代	时代	tɕu⁵⁵tɕʰu³¹qa³³（前）dzɿ³¹（一）tʂʰɿ⁵⁵ pʰɚ³³la³³ŋgv³³be³³ ŋgv³³mɯ³³tʰu³³ma³³ tʂɿ³³tɿ³³（稳） 前一代九个菩萨做了一个不稳的天。
	pʰɚ³³	白		
	pʰɚ³³	白		
			一种菩萨	
	la³³	神		

字符	国际音标	直译	意译	全句大意
	mɯ³³	天		（同上）
	tʰu³³	水桶	（虚词）	
	mɑ³³	酥油	不	
	lɑ³³	虎	女神	lɑ³³mi³³ʂɿ³³be³³（做）kv³³（虚词）dy³¹kʰu⁵⁵mɑ³³ iə³³iə³³（稳） 七个女神做了一个不稳的地。
	mi³³	女人		
	ʂɿ³³	七		
	dy³¹	地		
	kʰu³³	门	造	
	mɑ³³	酥油	不	
	mɯ³³	天		mɯ³³ŋgv³³ri³³dy³¹ȵu³³ȵu⁵⁵（冒）tʰu³³ 天上打雷，地里冒出空气。
	ŋgv³³	雷		
	ri³³	空气		
	dy³¹	地		
	tʰu³³	水桶	出现	

续表

字符	国际音标	直译	意译	全句大意
	pʰɚ³³	白	菩萨造	
	la³³be³³	神造		
	ŋgv³³	九		pʰɚ³³la³³ŋgv³³be³³ŋgv³³mɯ³³tʰu³³mɯ³³bu⁵⁵（虚词）ne³¹（虚词），la³³mi³³ʂʅ³³be³³kv³³dy³¹kʰu⁵⁵nɚ³¹bu⁵⁵（虚词）ne³¹（虚词）
	tʰu³³	水桶	（虚词）	
	mi³³be³³	女造	女神造	
	ʂʅ³³	七		九个菩萨创造天，七个女神创造地。
	kʰu³³	门	造	
	dy³¹	地		
	ɳɚ³¹	眼睛		

字符	国际音标	直译	意译	全句大意
	ȵi³³（me³³）	日		ȵi³³me³³tʰu³³dv³¹pʰɚ³³to³³ʐʅ³³tsʰu⁵⁵，i³¹tɕʰi⁵⁵mi⁵⁵uɑ̃³¹hɑ̃³¹to³³ʐʅ³³tsʰu⁵⁵，ȵi³³me³³ kv³³tʂʰuɑ³¹na³¹ to³³ʐʅ³³ tsʰu⁵⁵，χo³¹kv³³ lo³¹ hɑ̃³¹ɕi³³ to³³ ʐʅ³³tsʰu⁵⁵
	tʰu³³	水桶	东方	
	dv³¹pʰɚ³³	海螺		东方立着海螺的柱子，南方立着绿松石的柱子，西方立着黑珠的柱子，北方立着金子的柱子。

第三章　争伍经典文献选译

续表

字符	国际音标	直译	意译	全句大意
	to^{33}z̞^{33}	柱子		
	i^{31}（tɕʰi^{55}mi^{31}）	水尾	南方	
	uã^{31}to^{33}z̞^{33}	绿松石柱子	立着绿松石的柱子	
	ȵi^{33}（me^{33}）	日		（同上）
	kv^{33}	蛋	西方	
	tʂʰua^{31}na^{31}to^{33}z̞^{33}	黑珠柱子	立着黑珠的柱子	
	χo^{31}（kv^{33}lo^{31}）	水源头	北方	
	hã^{31}ɕi^{33}to^{33}z̞^{33}	黄金柱子	立着黄金的柱子	
	tɕi^{31}	土		
	kv^{33}[1]	蛋	四方的中央	
	to^{33}z̞^{33}[2]	柱子		tɕi^{31}ly^{33}kv^{33}ʂu^{33}pʰɚ^{33}to^{33}z̞^{33}tʂʰu^{55}，pʰɚ^{33}la^{33}ŋgv^{33}be^{33}ŋgv^{33}mɯ^{33}tʰu^{33}tʂ̩ʰ^{55}tʂ̩^{55}be^{33}
	ʂu^{33}pʰɚ^{33}	白铁		中间立着白铁的柱子。九个菩萨把天做稳当了。
	pʰɚ^{33}	白	菩萨	
	la^{33}	神		

---

[1] 四个圆圈代表 kv^{33}。
[2] 两条竖线代表 to^{33}z̞^{33}。

续表

字符	国际音标	直译	意译	全句大意
	mɯ³³			
	tʰu³³	水桶	（虚词）	
	ŋgv³³	九		（同上）
	tʂʰɿ⁵⁵		稳当	
	tʂʰɿ⁵⁵			
	(lɑ³³)mi³³	女	女神	
	ʂɿ³³	七		
	be³³	锄地	做	
	kʰu⁵⁵	门	造	lɑ³³mi³³ʂɿ³³be³³kv³³（虚词）dy³¹kʰu⁵⁵iə⁵⁵iə⁵⁵be³³ 七个女神把地做稳当了。
	dy³¹	地		
	iə³³			
	iə³³		稳当	
	hɑ̃³¹ɕi³³	黄金		
	lu³³	石头		hɑ̃³¹ɕi³³lu³³me³³dy³¹ne³¹（和）tɕi³³ 黄金的石头放在地上。
	dy³¹	地		

第三章　争伍经典文献选译　301

续表

字符	国际音标	直译	意译	全句大意
	tɕi³³	剪羊毛的工具	放	（同上）
	（tʂʰɿ⁵⁵ŋgu³¹dzɿ³¹）tʂʰɿ⁵⁵（kv³³）	那	又过了一代	
	hɛ̃³¹	神	寒俄育玛（神名）	tʂʰɿ³³（那）ŋgu³¹（后）dzɿ³¹（一）tʂʰɿ⁵⁵（代）kv³³（虚词），hã³¹ɣɯ³³iu³¹ndʑe³¹ ma³³kv³³ma³³dzɿ³¹ ly³³（种）tʂʰɿ³³（那） 又过了一代，神鸟寒俄育玛生下了最后一种蛋。
	ɣɯ³³	宝珠		
	（iu³¹）ndʑe³¹	鸟		
	mɑ³³	酥油		
	kv³³	蛋		
	mɑ³³	尾巴	最后	
	dzɿ³¹	一		

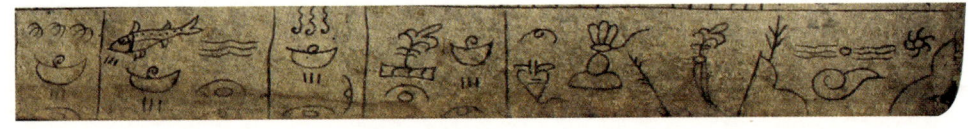

字符	国际音标	直译	意译	全句大意
	tsʰu³³ / mbe³³	雪		tsʰu³³su³³hɛ̃³³mbe³³（雪）ne³¹（和）su³³χɑ⁵⁵（夜）bv³¹（孵），kv³³（蛋）bv³¹tʰu³³（出现）ma³³（没）rua³¹（虚词） 冬三月的雪孵蛋三夜，没有孵出来。
	su³³	三		
	hɛ̃³³	月亮		
	bv³¹	孵		

续表

字符	国际音标	直译	意译	全句大意
	ɲi³³	鱼	春	
	su³³	三		
	hɛ̃³³	月		ɲi³³su³³hɛ̃³³hã⁵⁵ne³¹（和）su³³χa⁵⁵（夜）bv³¹，kv³³（蛋）bv³¹tʰu³³（出现）ma³³（没）rua³¹（虚词）
	su³³	三		春三月的风孵蛋三夜，也没有孵出来。
	hã⁵⁵	风		
	bv³¹	孵		
	bv³¹	孵		
	ʑiu³¹/ xɯ³¹	雨水		
	hɛ̃³³	月		ʑiu³¹su³³ hɛ̃³³ xɯ³¹ne³¹（和）su³³ χa⁵⁵bv³¹，kv³³（蛋）bv³¹tʰu³³（出现）ma³³（没）rua³¹（虚词）
	su³³	三		夏三月的雨孵蛋三夜，也没有孵出来。
	bv³¹	孵		
	ma³³	酥油	没有	
	tɕʰy³³	秋		tɕʰy³³su³³hɛ̃³³tɕi³¹ne³¹su³³χa⁵⁵bv³¹，kv³³（蛋）bv³¹tʰu³³（出现）ma³³（没）rua³¹（虚词）
	su³³	三		秋三月的泥土孵蛋三夜，没有孵出来。
	hɛ̃³³	月		

续表

字符	国际音标	直译	意译	全句大意
	tɕi^{31}	泥土		（同上）
	bv^{31}	孵		
	ma^{33}	酥油	没有	
	ma^{33}	酥油	生气	
	xɯ^{31}	心		
	ndzu^{31}	神	神把蛋扔到河里去	ma^{33}xɯ^{31}ndzu^{31} ma^{33}xɯ^{31}，ndzu^{31}mu^{55} tʰu^{55}pe^{33}（抛）kv^{33}zu^{31}（拿）dʑi^{31}ne^{31}（虚词）la^{33} 神很生气，用拐杖把蛋抛进水里。
	mu^{55}tʰu^{55}	拐杖		
[1]	kv^{33}	蛋		
	dʑi^{31}	水		
	la^{33}	花		
	ndzu^{31}	山	看不到山，无边无际的	ndzu^{31}sɿ^{55}lɛ^{31}（虚词）ma^{33}（不）do^{31}（看见）dʑi^{31}ne^{31}pu^{33}（拿）xɯ^{55}ne^{31}ku^{31}（给）；hã^{55}ne^{31}（虚词）xɯ^{55}kv^{33}（虚词）tsɛ^{55}，xɯ^{55}ne^{31}（虚词）kv^{33}kv^{33}（虚词）tsɛ^{55}，kv^{33}zu^{31}ɦiã^{31}ne^{31}（虚词）la^{55} 水把蛋带到无边无际的海里；风摇动海，海摇动蛋，把蛋甩到悬崖上。
	sɿ^{55}	木		
	hã^{55}	风		
	kv^{33}	蛋		

---

[1] 拐杖末端有一个圆圈，代表蛋。图片模糊，不易看清。

字符	国际音标	直译	意译	全句大意
	xɯ⁵⁵	海		（同上）
	tsɛ⁵⁵	荡漾		

第四页

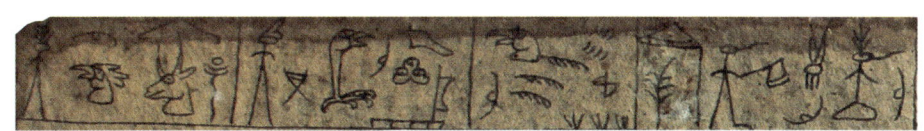

字符	国际音标	直译	意译	全句大意
	ɑ³³sʅ³¹	爸爸		ɑ³³sʅ³¹kv³³i³¹（虚词）ɕu⁵⁵（鸡冠）ʐu³¹（生长）ri³³（虚词）tɕə³³（虚词）mi³³（虚词），ɕu⁵⁵（鸡冠）sʅ⁵⁵（虚词）lɛ³¹（虚词）mɑ³³zu³¹（生长）xɯ³¹（去），kʰuɑ³³ʐu³¹（生长）mv³³tv⁵⁵xɯ³¹（去） 父亲长着鸡冠，孩子却不长鸡冠，长着顶天的牛角。
	kv³³	头	长着鸡冠的头	
	mɑ³³	酥油	不	
	mv³³	天		
	kʰuɑ³³	角		

续表

字符	国际音标	直译	意译	全句大意
	tv^{55}	顶，抵		（同上）
	ɑ^{33}	妈妈	妈妈	ɑ^{33}me^{33}kʰɯ^{55}i^{31}（虚词）tɕi^{31}ʐu^{31}（生长）ri^{33}（虚词）tɕə^{33}（虚词）mi^{33}（虚词），tɕi^{31}sʅ^{55}（虚词）lɛ^{31}（虚词）mɑ^{33}ʐu^{31}（生长），bə^{33}sʅ^{55}（虚词）lɛ^{31}（虚词）ʐu^{31}（生长）xɯ^{31}（去），bə^{33}pɑ^{31}dy^{31}kʰu^{55}xɯ^{31}（去）

妈妈长着爪子，孩子却不长爪子，而长着蹄子，犁地去了。 |
	me^{33}	母		^
	tɕi^{31}	爪子		^
	mɑ^{33}	酥油	不	^
	bə^{33}	蹄子	宽	^
	pɑ^{31}	青蛙		^
	kʰu^{55}	门	犁	^
	dy^{31}	地		^
	nuɑ^{31}	羽毛		kv^{33}（身体）i^{31}（虚词）nuɑ^{31}ʐu^{31}（生长）ri^{33}（虚词）tɕə^{33}（虚词）mi^{33}（虚词），nuɑ^{31}sʅ^{55}（虚词）lɛ^{31}（虚词）mɑ^{31}ʐu^{31}（生长），fu^{33}sʅ^{55}（虚词）lɛ^{31}（虚词）ʐu^{31}xɯ^{31}（去）

（父母）身体长着羽毛，孩子却不长羽毛，长出了牛毛。 |
	mɑ^{33}	酥油	不	^
	ʐu^{31}	草	生长	^
	fu^{33}	毛	牛毛	^

续表

字符	国际音标	直译	意译	全句大意
[1]	dʑi³¹	房子	房后	dʑi³¹tʰo³¹kv³³dʑu³¹（在，有）do³¹（见），kv³³la³³（虚词）ma³³kv³³（会）tsɿ³³（虚词），sɿ³³la³³ma³³sɿ³³tsɿ³³（虚词） 房后有智者，智者不知道这是什么，有知识的人也不知道这是什么。
	tʰo³¹	松树		
	kv³³	蒜	会，智者	
	ma³³	酥油	不	
	（无音）			
	sɿ³³	木	有知识的人	
	ma³³	酥油		

字符	国际音标	直译	意译	全句大意
	χo³¹（kv³³χo³¹lo³¹）	肋骨	北方	χo³¹kv³³χo³¹lo³¹dy³¹，ndʑu³¹mbe³³mbe³³ndʑu³³，dʑi³¹（一）ndʑu³³（量词）dʑɿ³¹（一）mba³¹；i³¹tɕʰi⁵⁵i³¹mi³³dy³¹，se³¹³³tʰi³³ne³¹（虚词）hã⁵⁵（切）dʑɿ³¹（一）hã⁵⁵（切）dʑɿ³¹（一）。ŋ³³ne³¹（虚词）kʰua³³（拟声词）muɯ³³ŋgv³³，ri³³ri⁵⁵（虚词）kv³³（一样）ɕi⁵⁵muɯ³³（天）ɕuɯ⁵⁵kʰua³³hã³¹（绿色） 北方的神斧头砍这头牛，砍一刀，吼一声；南方的神刀切它，切一刀，叫一声。牛哞哞叫，叫声像天雷一样，舌头像彩虹一样。
	dy³¹	地		
	ndʑu³¹	神	神斧头	
	mbe³³mbe³³	斧头		
	mba³¹	吼叫		

---

[1] 外面的方框图案代表房子，房内的树形图案代表松树。

续表

字符	国际音标	直译	意译	全句大意
	i^{31}（$tɕ^hi^{55}i^{31}mi^{33}dy^{31}$）	水尾	南方	（同上）
	se^{31}	神	神刀	
	$i^{33}t^hi^{33}$	刀		
	$ŋ^{33}$	哞哞叫		
	$mɯ^{33}ŋgv^{33}$	天雷		
	$ɕi^{55}$	舌头		
	$ɕu^{55}$（$mɯ^{33}ɕu^{55}k^huɑ^{33}hã^{31}$）	颜色	彩虹	
	kv^{33}	头		$kv^{33}i^{31}mɯ^{33}kɯ^{33}xɯ^{31}$, $ɣɯ^{55}dy^{31}kɯ^{55}xɯ^{31}$ 它的头有秽气，影响了天；它的皮有秽气，影响了地。
	$mɯ^{33}$	天		
	$kɯ^{33}$	胆	秽气	
	$ɣɯ^{55}$	皮		
	dy^{31}	地		
	$kɯ^{33}$	胆	秽气	

续表

字符	国际音标	直译	意译	全句大意
	tṣʰɿ³³	肺		
	bi³³	太阳		
	kɯ³³	胆	秽气	
	sɿ³³	肝		
	lɛ³³	月亮		
	kɯ³³	胆	秽气	
	ɦuã³³	骨头		tṣʰɿ³³bi³³ kɯ³³，sɿ³³lɛ³³ kɯ³³；ɦuã³³lu³³kɯ³³，ɕi³³tɕi³³ kɯ³³，ʂa³³dʑi³¹kɯ³³，bu³³zu̯ə⁵⁵ kɯ³³；maˬ³³ndʑɿ³¹kɯ³³，fu³³zu̯³¹ kɯ³³xɯ³¹
	lu³³	石头		肺的秽气影响了太阳，肝的秽气影响了月亮；骨头的秽气影响了石头，肉的秽气影响了土；血的秽气影响了水，肠的秽气影响了路；尾巴的秽气影响了树，皮毛的秽气影响了草。
	ɕi³³	肉		
	tɕi³³	土		
	kɯ³³	胆	秽气	
	ʂa³³	血		
	dʑi³¹	水		
	kɯ³³	胆	秽气	
	bu³³	肠子		

续表

字符	国际音标	直译	意译	全句大意
	kɯ³³	胆	秽气	
	zʮə⁵⁵	路		
	ma³³	尾巴		
	ndʑŋ³¹	树		（同上）
	fu³³	皮毛		
	zʮ³¹	草		
	kɯ³³	胆	秽气	

字符	国际音标	直译	意译	全句大意
	kʰuɑ³³mu⁵⁵	身体	上半身	
	χo³¹（kv³³lo³¹）	水源头	北方	kʰuɑ³³mu⁵⁵gə³¹（上）ndʑŋ³³lo³¹（半）χo³¹kv³³lo³¹ndzʮ³¹kɯ³³xɯ³¹ 上半身的秽气影响到了北方神。
	ndzʮ³¹	神		
	kɯ³³	胆	秽气	

续表

字符	国际音标	直译	意译	全句大意
	$k^hua^{33}mu^{55}$	身体	下半身	
	i^{31}（$tɕ^hi^{33}mi^{31}$）	水尾	南方	$k^hua^{33}mu^{55}mi^{33}$（下）$ndʑoŋ^{33}lo^{31}$（半）$i^{31}tɕ^hi^{33}mi^{31}$ $se^{31}kɯ^{33}xɯ^{31}$
	se^{31}	女神		下半身的秽气影响到了南方神。
	$kɯ^{33}$	胆	秽气	
	$ɦã^{55}$	左		
	$χo^{31}$	肋骨		$ɦã^{55}χo^{31}mu^{31}kɯ^{33}xɯ^{31}$
	mu^{31}	牛		左边肋骨的秽气影响到了牛。
	$kɯ^{33}$	胆	秽气	
	i^{31}	右		
	$χo^{31}$	肋骨		$i^{31}χo^{31}tʂ^hu^{33}kɯ^{33}xɯ^{31}$
	$tʂ^hu^{33}$	马		右边肋骨的秽气影响到了马。
	$kɯ^{33}$	胆	秽气	
	$ndʑe^{31}$	飞		$ndʑe^{31}kv^{33}$（会）$lɛ^{31}$（虚词）$ndʑe^{31}ȵi^{31}$（能），$ly^{33}pu^{55}$（带）$lɛ^{31}$（虚词）tsu^{33}（插）$ȵi^{31}$，$k^hua^{33}pu^{55}lɛ^{31}$（虚词）$kɯ^{33}$（穿）$ȵi^{31}$（能）
	ly^{33}	箭		
	k^hua^{33}	盔甲		神鸟有翅膀会飞了，带着箭会插了，带着盔甲会穿了。

第三章 争伍经典文献选译　311

续表

字符	国际音标	直译	意译	全句大意
	tʂʰɿ⁵⁵	代	又过了一代	
	zu³¹		出现	tʂʰɿ³³gu³¹dzɿ³¹tʂʰɿ⁵⁵gu³¹, dʑɿ³³zu³¹dʑɿ³³tsʰo³¹ ndzu³¹ŋguə³³（交流）
	dʑɿ³³	早期的人类（像人不像狗）		又过了一代，出现了一种早期的人类和大象一样的动物，他们互相交流。
	tsʰo³¹	大象	早期的人类和大象一样的动物互相交流	
	ndzu³¹ŋguə³³	交流		

第五页

字符	国际音标	直译	意译	全句大意
	kv³³	蒜	匠人和智者互相交流	kv³³ne³¹（和）sɿ³³ndzu³¹ŋguə³³（交流）
	sɿ³³	木		匠人和智者互相交流。

续表

字符	国际音标	直译	意译	全句大意
𛰃	ndʑu³¹ŋguə³³	交流		（同上）
𛰄	ŋ³³	量	会量的人和会设计的人交流	会量的人和会设计的人互相交流。
	tɕʰə⁵⁵	设计		
	ndʑu³¹ŋguə³³	交流		
𛰅	pv³¹	道士	道士和算卦的人交流	pv³¹ne³¹（和）pʰa³¹ndʑu³¹ŋguə³³（交流）道士和算卦的人互相交流。
𛰆	pʰa³¹	算卦的人		
𛰃	ndʑu³¹ŋguə³³	交流		
𛰇	ʐua³³rua⁵⁵ndʐu³¹	地球，世界		ʐua³³rua⁵⁵ndʐu³¹tsʰu⁵⁵ndza⁵⁵（要）tsŋ³³ma³³tsʰu⁵⁵ɲi³³（行）ma³³ri³³（虚词）mu³³（虚词）tsŋ³³ 说要建造世界，不建不行。
𛰈	tsʰu⁵⁵	建造		
𛰉	ma³³	酥油	不	
𛰊	tsŋ³³	捆	（虚词）	
𛰋	lu³³	黑石头	带着三种黑矿石，三种黑土	lu³³na³¹su³³lu³³，tɕi³³na³¹su³³tʂʰŋ³³（虚词）pu⁵⁵，ŋv³¹hã³¹i³³（虚词）sa³³（虚词）pu⁵⁵，uã³¹tʂʰua³¹i³³（虚词）kʰua³¹pu⁵⁵ 带着三种黑矿石，三种黑土，带着金银珠宝。
𛰌	su³³	三		
𛰍	tɕi³³na³¹	黑土		
𛰎	pu⁵⁵	带着，拿着		

续表

字符	国际音标	直译	意译	全句大意
	ŋv³¹	银子		
	hã³¹	金子		
	pu⁵⁵	带着，拿着	带着金银珠宝	（同上）
	uã³¹	绿松石		
	tʂʰuɑ³¹	珠子		
	kʰuɑ³¹	角	（虚词）	
	bv³¹pʰɚ³³	白海螺	拿着白海螺	
	pu⁵⁵	带着，拿着		
	dzɿ³¹pʰɑ³³	刀	一面	
	ŋv³¹	银子		bv³¹pʰɚ³³i³³（虚词）sɑ³³（虚词）pu⁵⁵，dzɿ³¹pʰɑ³³ŋv³¹hã³¹ne³¹（虚词）be³³，dzɿ³¹pʰɑ³³uɑ³¹tʂʰuɑ³³ne³¹（虚词）tʂʰu⁵⁵
	hã³¹	金子		
	be³³	锄地	建造	带着白海螺，建造了一面是金银，一面是绿松石和珠宝的世界。
	uã³¹	宝石		
	tʂʰuɑ³¹	珠子		
	tʂʰu⁵⁵	建造		

字符	国际音标	直译	意译	全句大意
	dʑŋ³³zŋ³¹lɑ³³ŋ³³dy³¹	人们待的地方		
	tɑ³¹	箱子		
	pu⁵⁵	草		
	ŋgv³³tso³³	九种		
	tɕhi³³	刺	放	
	ŋgv³³	九		dʑŋ³³zŋ³¹lɑ³³rŋ³³dy³¹，tɑ³¹pu⁵⁵ŋgv³³tso³³tɕhi³³，tɑ³³ŋgv³³lu³³tɕhi³³，dʑɑ³³ʁɑ³³uã³¹pv⁵⁵tɕhi³³
	lu³³	石头		人待的地方放了九箱不同植物的种子，放了九种不同的食物，放了五种不同的人种。
	dʑɑ³³	架子		
	ʁɑ³³	（无义）	人种	
	uã³¹	五		
	pv⁵⁵		种	
	tɕhi³³	刺	放	

续表

字符	国际音标	直译	意译	全句大意
	bv³³pʰɚ³³sɿ³³ŋgɯ⁵⁵	雄狮		
	tɕʰi³³	刺	放	
	hã³¹ɕi³¹tsʰo³³zɿ³³	大象		
	tɕʰi³³	刺	放	
	dʐa³¹ʁa³³na³¹pu³³	一种近神的人		bv³³pʰɚ³³sɿ³³ŋgɯ⁵⁵tɕʰi³³，hã³¹ɕi³¹tsʰo³³zɿ³³tɕʰi³³，dʐa³¹ʁa³³na³¹pu⁵⁵tɕʰi³³，ndʐu³¹na³³ʐua³³rua⁵⁵ndʐu³¹kv³³mɯ³³tv³³xɯ³¹，kʰɯ⁵⁵dy³¹tv³³xɯ³¹，dy³¹dzɿ³¹（大）ma³³i³³u³³（震）
	ndʐu³¹na³³ʐua³³rua⁵⁵ndʐu³¹	地球，世界		
	mɯ³³	天	世界的头顶着天	
	tv³³	顶着		
	kʰɯ⁵⁵	脚		放了狮子和大象，放了一种接近神的人，世界的头顶着天，脚震撼大地。
	dy³¹	地	脚震撼大地	
	tv³³	顶着		
	mɑ³³	酥油	不	

续表

字符	国际音标	直译	意译	全句大意
〰〰〰	ndzɿ³³	露水	三滴露水	ndzɿ³³ru³¹su³³tʂʰuə⁵⁵ne³¹（虚词），ʥu³³ʥu³³su³³kʰua³¹（虚词）tv³³；ʥu³³ʥu³³su³³kʰua³¹ne³¹（虚词），tɕi³³na³¹su³³tʂʰɿ³³tv³³；tɕi³³na³¹su³³tʂʰɿ³³ne³¹（虚词），pu⁵⁵ri³³su³³ndʑɿ³³（棵）tv³³ 三滴露水顶着三条冰，三条冰顶着三种黑土，三种黑土顶着三棵竹子。
〰〰〰	ru³¹			
(图)	tv³³	顶着		
∧∧∧	ʥu³³ʥu³³	冰	三条冰顶着三种黑土	
ııı	su³³	三		
(图)	tɕi³³na³¹	黑土		
(图)	tʂʰɿ³³	肺	种	
(图)	tɕi³³na³¹	黑土		
(图)	pu³³ri³³	一种竹子	三种黑土顶着三棵竹子	
)))	su³³	三		

字符	国际音标	直译	意译	全句大意
(图)	pu³³ri³³	竹子		pu³³ri³³su³³ndʑɿ³³（棵）ne³¹，qa³³tsɿ³³su³³ndʑɿ³³（棵）tv³³，qa³³tsɿ³³su³³ndʑɿ³³（棵）ne³¹（虚词） 三棵竹子顶着三棵葛孜。
⋂	qa³³	力	一种植物	
⊄	tsɿ³³	捆		

续表

字符	国际音标	直译	意译	全句大意
	tv^{33}	顶着		（同上）
	su^{33}	三		
	$t^ho^{33}p^hə^{33}$	白松	三棵白松	$t^ho^{33}p^hə^{33}su^{33}ndʑŋ^{33}$（棵）$tv^{33}$，$t^ho^{33}p^hə^{33}su^{33}ndʑŋ^{33}ne^{31}$（虚词）三棵葛孜顶着三棵白松。
	su^{33}	三		
	tv^{33}	顶着		
	$ri^{33}ndʑŋ^{33}$	白坡树	三棵白坡树	$ri^{33}ndʑŋ^{33}\ su^{33}ndʑŋ^{33}$（棵）$tv^{33}$，$ri^{33}ndʑŋ^{33}\ su^{33}ndʑŋ^{33}$（棵）$ne^{31}$（虚词）三棵白松顶着三棵白坡树。
	su^{33}	三		
	tv^{33}	顶着		
	$ɕu^{55}hã^{31}$	绿柏树	三棵绿柏树	$ɕu^{55}hã^{31}\ su^{33}ndʑŋ^{33}$（棵）$tv^{33}$，$ɕu^{55}hã^{31}\ su^{33}ndʑŋ^{33}$（棵）$ne^{31}$（虚词）三棵白坡树顶着三棵绿柏树。
	su^{33}	三		
	tv^{33}	顶着		
	$fiã^{31}ʂuɑ^{31}$	高悬崖	三座高悬崖	$fiã^{31}ʂuɑ^{31}su^{33}fiã^{31}tv^{33}$，$fiã^{31}ʂuɑ^{31}\ su^{33}fiã^{31}\ ne^{31}$（虚词）三棵绿柏树顶着三座高悬崖。
	su^{33}	三		
	tv^{33}	顶着		
	$ndʐu^{31}nɑ^{31}\ su^{33}$	三座黑山		

续表

字符	国际音标	直译	意译	全句大意
	tv³³	顶着		（同上）
	mɯ³³	天		
	zua³³rua⁵⁵ndzu³¹（不念出来）	世界	头顶着天	
	tv³³	顶着		kv³³（头）mɯ³³tv³³xɯ³¹（虚词），kʰɯ⁵⁵dy³¹（地）tv³³xɯ³¹（虚词），dy³¹（地）dzɿ³¹（大）ma³³i³³u³³
	kʰɯ⁵⁵	脚		头顶着天，脚震撼着地。
	ma³³	酥油	不	
	i³³u³³	震		
	mi³³	火		
	la³³	手		
	ba³¹	花		mi³³i⁵⁵la³³（虚词）ba³¹bu³¹，la³³ba³¹kv³³ba³¹bu³³
	bu³¹	猪	多	用火烤手，手会做工。
	kv³³	蒜	会	

第三章　争伍经典文献选译　319

第六页

字符	国际音标	直译	意译	全句大意
	pʰɚ³³	白	做拐杖的植物	pʰɚ³³pu⁵⁵li³³ma³³bu³¹，ndzʅ³¹se³¹qa³³dzʅ³¹bu³³ 做拐杖的植物特别多，神的力量大得很多。
	pu⁵⁵	草		
	li³³ma³³	拐杖		
	bu³¹	猪	多	
	ndzʅ³¹	神	男神	
	se³¹	神	女神	
	qa³³	力	力量	
	dzʅ³¹		大	
	bu³³	猪	多	

续表

字符	国际音标	直译	意译	全句大意
	bv³³pʰɚ³³sɿ³³ŋɯ⁵⁵	雄狮		
	hã³¹ɕi³¹tsʰo³³zɿ³³	大象		bv³³pʰɚ³³sɿ³³ŋɯ⁵⁵bu³³, hã³¹ɕi³¹tsʰo³³zɿ³³bu³³, dʑa³¹ʁa³³na³¹pu³³bu³¹
	dʑa³¹ʁa³³na³¹pu³³	早期的人类		狮子、大象和人类都很多。
	bu³¹	猪	多	
	kv³³	头	头顶着天	
	mɯ³³	天		
	bu³¹	猪	多	kv³³ne³¹mɯ³³bu³¹xɯ³¹, kʰɯ⁵⁵ne³¹dy³¹bu³³xɯ³¹, dy³¹dʐɿ³¹ma³³i⁵⁵u⁵⁵
	dy³¹	地		头顶着天，脚踏着地，大地不震。
	ma³³	酥油	不	
	i⁵⁵u⁵⁵	震		
	ndʐu³¹na³¹zua³³rua⁵⁵	黑山，世界		
	kv³³	头		ndʐu³¹na³¹zua³³rua⁵⁵kv³³, a³¹so³³tɕi³³gɯ³³tʰu³³, tse³³ri⁵⁵pʰɚ³³me³³tʰu³³, pa³³rua⁵⁵dʐɿ³¹pu⁵⁵tʰi³³ma³³na³¹
	a³¹	（无义）	刚才	世界上下了一阵云，出现了一种白鸟，它的嗉子没有一点黑的。
	so³³	山峰		
	gɯ³³	牙	下	

第三章 争伍经典文献选译　321

续表

字符	国际音标	直译	意译	全句大意
	tʰu³³	水桶	出现	
	tse³³ri⁵⁵	鸟		
	pʰɚ³³	白		
	pa³³rua⁵⁵（鸟脖子处的黑点）	鸟的嗓子		（同上）
	pu⁵⁵	草	种	
	ma³³	酥油	不	
	na³¹	黑		
	（未读出）	水桶	出现	

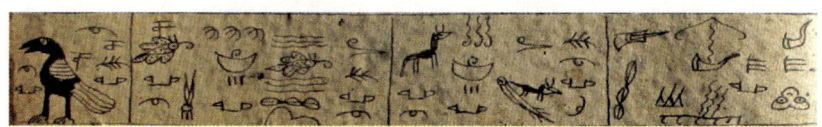

字符	国际音标	直译	意译	全句大意
	la³³qa³³na³¹	黑乌鸦		
	tʰu³³	水桶	出现	la³³qa³³na³¹tʰu³³, ndv³³tsʰe³³dzʅ³¹（一）pu⁵⁵（根）tʰi³¹ma³³pʰɚ³³
	ndv³³tsʰe³³（乌鸦身上的翅膀）	翅膀		出现了一只黑乌鸦，翅膀上没有一点白色。
	pu⁵⁵	草	根（量词）	

续表

字符	国际音标	直译	意译	全句大意
	mɑ³³	酥油	不	
	pʰɚ³³	白		（同上）
	（多写）			
	（多写）			
	pʰe³³li³¹	蝴蝶	白蝴蝶	
	pʰɚ³³	白		
	tʰu³³	水桶	出现	
	mɑ³³	酥油	不会	pʰe³³li³¹pʰɚ³³me³³tʰu³³, pʰe³³li³¹tʰu³³mɑ³³kv³³, tʰu³³su³³hɛ̃³³ne³¹tʰu³³, tsʰu³³hɑ̃⁵⁵ pʰɚ³³me³³pu⁵⁵, tɕʰu³³tɕʰu³³mbu³¹lɛ³¹ɕə⁵⁵, pʰɚ³³pu⁵⁵tʰu³³mɑ³³ruɑ³¹
	kv³³	蒜		
	tsʰu³³	雪	冬	出现了一种白蝴蝶，[宣布世界都是白的（好的），]蝴蝶不会生，生在了冬三月，冬风把它吹到了陡坡上，它所说的实现不了。
	su³³	三		
	hɛ̃³³	月		
	tʰu³³	水桶	出生	
	hɑ̃⁵⁵	风	风把蝴蝶带走	
	tɕʰu³³tɕʰu³³	珠子	陡的	

续表

字符	国际音标	直译	意译	全句大意
	mbu^{31}	坡		
	ɕə^{55}	说	去	
	pu^{55}	带		（同上）
	tʰu^{33}	水桶	出现	
	ma^{33}	酥油	不	
	tʂʰua^{31}uã^{33}na^{31}	黑蚂蚁		
	tʰu^{33}	水桶	出现	
	ma^{33}	酥油	不	
	ʑiu^{31}	雨	夏	tʂʰua^{31}uã^{33}na^{31}tʰu^{33}, tʂʰua^{31}uã^{33}tʰu^{33}ma^{33}kv^{33}, ʑiu^{31}su^{33}hẽ^{33}tʰu^{33}, ʑiu^{31}dʑi^{31}dzɿ^{31}ne^{31}pu^{33}lɛ^{31}ɕə^{55}, na^{31}pu^{33}tʰu^{33}ma^{33}rua^{31}
	su^{55}	三		出现了一种黑蚂蚁，[宣布世界都是黑的（不好的），]蚂蚁不会生，生在了夏三月，洪水把它冲走，它所说的实现不了。
	hẽ^{33}	月		
	tʰu^{33}	水桶	出现	
	ʑiu^{31}dʑi^{31}	夏雨	夏天的洪水把蚂蚁带走	
	pu^{55}	草	带	
	ɕə^{55}	说	去	

续表

字符	国际音标	直译	意译	全句大意
	ma³³	酥油	不	（同上）
	tʰu³³	水桶	出现	
	ma³³	酥油	不	
	tɕu⁵⁵	锥子	以前	tɕu⁵⁵tɕʰu³³mɯ³³kʰua³³kv³³（虚词）tʰu³³，mi³³sa³³kv³³（虚词）tʰu³³，kʰua³³sa³³ne³¹（虚词）pu⁵⁵pa³³be³³（做）

以前天上出现了动静，地上冒出了空气，声音和空气发生了变化。 |
	tɕʰu³³	珠子		
	mɯ³³	天	天上有声音	
	kʰua³³	角		
	tʰu³³	水桶	出现	
	mi³³	火	下面	
	sa³³	空气		
	无音	地上冒出了空气		
	kʰua³³	牛角	声音	
	sa³³	空气		
	(pu⁵⁵) pa³³	青蛙	变化	

字符	国际音标	直译	意译	全句大意
〰〰〰	ndzɿ³³	露水		ndzɿ³³pʰɚ³³su³³tʂʰuə³³（滴）tʰu³³pu⁵⁵pɑ³³be³³ 变成了三滴露水。
	pʰɚ³³	白		
⫶⫶⫶	su³³	三		
	tʰu³³	水桶	出现	
	(pu⁵⁵)pɑ³³	青蛙		
	be³³	锄地	做	
	xɯ⁵⁵	海		xɯ⁵⁵ɕi³¹su³³xɯ⁵⁵tʰu³³ 变成了三个黄色的海。
	ɕi³¹	黄色		
⫶⫶⫶	su³³	三		
	tʰu³³	水桶	（虚词）	
	xɯ⁵⁵	海		xɯ⁵⁵ɕi³¹xɯ⁵⁵ŋgu³¹tʰu³³，xɯ⁵⁵ŋgu³¹mɯ³³ŋgu³¹ tʰu³³，mɯ³³ŋgu³¹tsʰu³³tsʰu³³tʰu³³ 黄色的海变大，变成天一样大的海，天变成海一样的颜色。
	ɕi³¹	黄色		
	ŋgu³¹	大		
	tʰu³³	水桶	出现	

续表

字符	国际音标	直译	意译	全句大意
	xɯ⁵⁵	海		
	ŋgu³¹	大		
	mɯ³³	天		
	ŋgu³¹	大		（同上）
	tʰu³³	水桶	（虚词）	
	tsʰu³³	鬼		
	tsʰu³³	鬼	互相赐	
	tsʰu³³iu³¹		一代人	
	tʰu³³	水桶	出现	tsʰu³³tsʰu³³（一代人）tsʰu³³iu³¹tʰu³³，tsʰu³³iu³¹tɕu³¹iu³¹tʰu³³
	tɕu³¹（iu³¹）	鸡叫	下一代人	一代代人类出现。
	tʰu³³	水桶	出现	
	tsʰu³³iu³¹		一代人	
	dʐŋ³³iu³¹		下一代人	
	tʰu³³	水桶	出现	tsʰu³³iu³¹dʐŋ³³iu³¹tʰu³³，dzŋ³³iu³¹tsʰo³¹iu³¹tʰu³³ 下一代人出现。
	tsʰo³¹iu³¹		下一代人	
	tʰu³³	水桶	出现	

第七页

字符	国际音标	直译	意译	全句大意
	tsʰo³¹za³³	大象	措扎立俄（人名）	tsʰo³¹za³³ri³³ɣɯ³³tʰu³³ 出现了一个人，叫措扎立俄。
	ri³³	虫		
	tʰu³³	水桶	出现	
	ri³³ɣɯ³³	虫子	措扎立俄的弟兄	ri³³ɣɯ³³uã³¹be³³（做）kv³³（虚词）tʰi³³（那）ne³¹（虚词）tʰu³³ 出现了措扎立俄的五个弟兄。
	uã³¹	五		
	tʰu³³	水桶	出现	
	tɕu³¹	姐妹	姐妹	tɕu³¹mi³³ʂɿ³³me³³hɛ̃³¹lɑ³³（虚词）tʰi³³（那）ne³¹（虚词）tʰu³³ 出现了七个姐妹。
	mi³³	火		
	ʂɿ³³	七		

续表

字符	国际音标	直译	意译	全句大意
	me³³		（虚词）	
	hẽ³¹		神	（同上）
	tʰu³³	水桶	出现	
	ri³³ɣɯ³³	虫	措扎立俄的弟兄	ri³³ɣɯ³³uã³¹be³³（虚词）kv³³（虚词）fiã³¹la³³tʂɿ³³ma³³dʑu³¹（有）be³³gu³³fiã³¹tʂɿ³³（打架）xɯ³¹（虚词）
	uã³¹	五		
	fiã³¹（la³³tʂɿ³³）	打架		措扎立俄五个弟兄没有敌人，他们就互相作对。
	ma³³	酥油	没有敌人	
	tʂʰua³³	六		
	me³³		（虚词）	tɕu³¹mi³³（姐妹）tʂʰua³³me³³（虚词）hẽ³¹（神）ndʑu³¹la³³（虚词）kua³³（虚词）ma³³dʑu³¹（有）me³³hỹ³¹（姐妹）bu³¹tɕʰə³³（秽气）xɯ³¹（虚词）
	ndʑu³¹	情		
	ma³³	酥油		兄弟姐妹间恋爱结婚，有秽气。
	bu³¹	猪	恋爱	
	mɯ³³	天		mɯ³³tɕʰə³³dy³¹ tɕʰə³³bi³³ tɕʰə³³lɛ³³tɕʰə³³kɯ³¹tɕʰə³³za³¹tɕʰə³³ndʑu³¹tɕʰə³³lo³¹tɕʰə³³
	tɕʰə³³	秽气		秽气影响了天、地、日、月、星、火星、山、沟等。
	dy³¹	地		

字符	国际音标	直译	意译	全句大意
〰️	tɕʰə³³	秽气		
⊗	bi³³	太阳		
⌣	lɛ³³	月亮		
ᴗᴗᴗ	tɕʰə³³	秽气		
∘∘∘	kɯ³¹	星星		（同上）
ᴗᴗᴗ	tɕʰə³³	秽气		
～	zɑ³¹	火星		
ᵒᵒ	tɕʰə³³	秽气		
⟁	ndzʅ³¹	山		
⟊	lo³¹	沟		

字符	国际音标	直译	意译	全句大意
⫼	su³³	三		su³³χɑ⁵⁵i³³（虚词）so³³kv³³（虚词）sʅ³³kv³³（虚词）dʑi³¹dzʅ³¹（大）xɯ³¹（虚词），zʅ³³（豹子）lɑ³³tsɑ⁵⁵mɑ³³tʰɑ³³
⌒	χɑ⁵⁵	夜晚		
ᴡᴡᴡ	so³³	山峰	早晨	过了三个晚上，河水涨出来，老虎和豹子游不了了。

续表

字符	国际音标	直译	意译	全句大意
	dʑi³¹	水		
	lɑ³³	老虎	老虎游泳	（同上）
	tsɑ⁵⁵	游		
	mɑ³³	酥油	做不了	
	tʰɑ³³	小塔		
	sɿ³³	木	（虚词）	
	dʑi³¹	水		sɿ³³kv³³（虚词）dʑi³¹dzɿ³¹（大）xɯ³¹（虚词），ʂu³³ȵi³¹ne³¹（虚词）ndzɿ³³（有）mɑ³³tʰɑ³³
	ʂu³³	水獭		水獭和鱼也游不了。
	ȵi³³	鱼		
	mɑ³³	酥油	做不了	
	tʰɑ³³	小塔		
	ri³³	虫	措扎立俄	tsʰo³¹zɑ³³ri³³ɣɯ³³（措扎立俄）ʐu³³（工作）be³³tsʰɿ³³tʂʰɿ³³（那）ȵi³³（天），tʰo³³tɕu⁵⁵iu³¹pʰɚ³³ru³³，ru³³be³³ȵi³³χo³¹
	ɣɯ³³			措扎立俄来干活的那一天，在松林里放羊，自己等待。
	be³³	锄地	干活	
	tsʰɿ³³	羊肩胛骨	来	

第三章 争伍经典文献选译 331

续表

字符	国际音标	直译	意译	全句大意
	t^ho^{33}	松树	松林	（同上）
	$tɕu^{55}$	锥子		
	iu^{31}	羊		
	$p^hə^{33}$	白		
	ru^{33}	放		
	$χo^{31}$	肋骨	（虚词）	
	be^{33}	锄地	干活	
	$ndʑη^{31}$	树		$ʐu^{33}$（工作）$be^{33}tʂ^hη^{33}$（来）$tʂ^hη^{33}$（那）$ȵi^{33}$（天），$ndʑη^{31}kv^{33}$ $huã^{33}p^hə^{33}$ $χa^{55}$，$χa^{55}be^{33}ȵi^{33}$（自己）$χo^{31}$
	$huã^{31}$	野鸡	白色的野鸡站在树上	
	$p^hə^{33}$	白		
	$χa^{55}$	站		措扎立俄来干活的那天，树上停着一只鸟，措扎立俄不会干活，待在那里。
	$χa^{55}$	站		
	$χo^{31}$	肋骨	（虚词）	
	$tsη^{33}$	捆		

续表

字符	国际音标	直译	意译	全句大意
	be^{33}	锄地	干活	
	ma^{33}	酥油	不	z̦u^{33}be^{33}ma^{33}kv^{33}me^{33}（虚词），tʂh a^{33}uã^{33}na^{31}khɯ^{55}（向）so^{33}（学）
	kv^{33}	蒜	会	
	tʂh a^{33}uã^{33}na^{31}	黑蚂蚁		他不会干活，就跟黑蚂蚁学。
	so^{33}	山峰	学	

字符	国际音标	直译	意译	全句大意
	ru^{33}（be^{33}）	放	放羊	
	ma^{33}	酥油	不	
	kv^{33}	蒜	会	ru^{33}be^{33}ma^{33}kv^{33}me^{33}（虚词），phe^{33}li^{31}phɚ^{31}khɯ^{55}（向）so^{33}
	phe^{33}li^{31}	蝴蝶		他不会放羊，就跟白蝴蝶学。
	phɚ^{33}	白		
	so^{33}	山峰	学	

第三章 争伍经典文献选译 333

续表

字符	国际音标	直译	意译	全句大意
	ri³³ɣɯ³³kʰuɑ³³tɕi³³	立俄夸吉（措扎立俄的一个弟兄）		
	mu³¹	牛	立俄夸吉用牛犁地	ri³³ɣɯ³³kʰuɑ³³tɕi³³mu³¹ri³³mɑ³³kv³³me³³（虚词）
	ri³³	犁		立俄夸吉不会用牛犁地。
	mɑ³³	酥油	不	
	kv³³	蒜	会	
	kv³³	蛋		
	tv³³	千		
	pʰɚ³³（kv³³kv³³）	白	白头发	
	ndzʉ³¹	神		kv³³tv³³pʰɚ³³kv³³kv³³ndzʉ³¹i³¹（和）se³¹kʰɯ³³（向）lɛ³¹（虚词）so³³（学）xɯ³¹（去），bu³¹dv³³（肚子）kʰɯ⁵⁵（脚）pʰɚ³³（白）kʰɯ³³（放）ȵi³³ndzʉ³¹hũ³¹tse³³pʰu⁵⁵（翻）
	se³¹	神		立俄夸吉白天耕地，晚上白头发的神放猪把地拱回去了，不让立俄夸吉学耕地。
	xɯ³¹	牙	去	
	bu³¹	猪		
	ȵi³³	日	拱	
	hũ³¹	晚		

续表

字符	国际音标	直译	意译	全句大意
	ri³³ɣɯ³³kʰuɑ³³tɕi³³	立俄夸吉		
	hũ³¹	晚		
	tʂu³¹	用绳子逮		ri³³ɣɯ³³kʰuɑ³³tɕi³³hũ³¹i³¹（虚词）lɛ³¹（虚词）tʂu³¹lɛ³¹（虚词），tʂu³¹lɛ³¹mɑ³³ndʐɿ³³
	mɑ³³	酥油	不	立俄夸吉晚上去逮猪，逮不住。
	ndʐɿ³³	推羊毛的工具	困住	
	bu³¹（不读出来）	猪		

第八页

字符	国际音标	直译	意译	全句大意
	ri³³ɣɯ³³kʰuɑ³³tɕi³³（不读出来）	立俄夸吉		
	so³³	山峰	学	ri³³ɣɯ³³kʰuɑ³³tɕi³³so³¹（虚词）i³¹（虚词）lɛ³³ly³³xɯ³¹（去），lɛ³³ly³³lɛ³¹（虚词）mɑ³³do³¹
	lɛ³³	月亮		
	ly³³	看见		立俄夸吉早上去看猪，看不见猪。
	mɑ³³	酥油	不	
	bu³¹（不读出来）	猪		
	dv³³	犁		dv³³zu³¹ ndzu³¹ne³¹（虚词）lɑ³³（虚词），tsʰu⁵⁵zu³¹se³¹ne³¹（虚词）lɑ³³（虚词）
	ndzu³¹	神		
	tsʰu⁵⁵	铧口		立俄夸吉把铧口扔在神的身上，把他们打倒了。
	se³¹	神		
	ndzu³¹	神	男神喊叫	ndzu³¹ɻ̍³¹mɯ³³mi³³xɯ³¹（去），se³¹tɻ̍³¹dy³¹mi³³xɯ³¹（去）。ŋv³¹pʰɚ³³ku³¹mu³¹ŋɯ³³lɛ³¹（虚词）dʑu³¹（有），hã³¹ɕi³¹mu⁵⁵tʰu⁵⁵kʰe³³lɛ³¹（虚词）dʑu³¹（有）
	ɻ̍³¹	喊		
	mɯ³³	天		神喊叫的声音传到了天上，女神喊叫的声音传到地下。银帽子裂开了，金拐杖断开了。
	mi³³	火	听	

续表

字符	国际音标	直译	意译	全句大意
	se³¹	神	女神喊叫	
	ŋ̍³¹	喊		
	dy³¹	地		
	mi³³	火	下	
	ŋv̩³¹	银子		（同上）
	ku³¹mu³¹	帽子	银帽子裂开	
	ŋgɯ³³	裂开		
	hã³¹ɕi³¹	黄金		
	mu⁵⁵tʰu⁵⁵	拐杖	黄金拐杖断开	
	kʰe³³	断		
	tsʰo³¹za³³ri³³ɣɯ³³	措扎立俄	措扎立俄对神说	tsʰo³¹za³³ri³³ɣɯ³³lɛ³¹（虚词）ɕə³³me³³（虚词），ndzu³¹me³³（虚词）z̩³¹a⁵⁵（虚词）ndza³³ mu³³tsɿ³³（虚词）？a³³pʰu³³（神爷爷）lɛ³¹（虚词）ɕə³³me³³（虚词），ndzu³¹me³³（虚词）z̩³¹ma³³ndza³³mu³³tsɿ³³（虚词）
	ɕə³³	说		
	ndzu³¹	神		
	z̩³¹	缝		措扎立俄对神爷爷说，要不要把你的伤口缝起来？神爷爷说，不用缝了。
	ndza³³		需要	

续表

字符	国际音标	直译	意译	全句大意
ᵓ	ma³³	酥油	不	（同上）
ӓ	ndʐa³³		需要	

字符	国际音标	直译	意译	全句大意
👤	a³³pʰu³³	爷爷	神爷爷	a³³pʰu³³ lɛ³¹（虚词）ɕə³³（说）me³³（虚词），su³³ʑiu³¹（句）ȵu³³（自己）ta³³χo³¹（让），su³³tʰu³³ȵu³³ ndʑi³³χo³¹（让） 神爷爷说，让我说三句，让我走三步。
⦀	su³³	三		
⊟	ta³³	箱子	说	
⦀	su³³	三		
👤	a³³pʰu³³（不读出来）	爷爷	神爷爷跑	ȵu³³（自己）pʰu³¹ȵu³³（自己）ri³³la³³（虚词）ma³³do³¹（看见） 神爷爷说完就跑掉不见了。
	pʰu³¹	跑		
🐛	ri³³	虫	（虚词）	
ᵓ	ma³³	酥油	不	
👤	a³³pʰu³³	爷爷	神爷爷说	a³³pʰu³³ lɛ³¹（虚词）ɕə³³（说）me³³（虚词），ri³³ɣɯ³³uã³¹ be³³（虚词）kv³³（虚词）fiã³¹la³³tʂʅ³³（敌人）ma³³dʑu³¹（有），be³³kv³³fiã³¹tʂʅ³³xɯ³¹（去） 神爷爷说，立俄五兄弟没有敌人，他们就互相打架作对。
	ɕə³³	说		
🐛	ri³³ɣɯ³³	立俄		

字符	国际音标	直译	意译	全句大意
	uã³¹	五		
	hã³¹（la³³tʂʅ³³）	打架		（同上）
	ma³³	酥油	不	
	tʂʰua³³	六	六个姐妹	
	me³³		（虚词）	tɕu³¹mi³³（姐妹）tʂʰa³³me³³ hã³¹hɛ̃³¹ndʑu³¹la³³（虚词）kua³³（恋）ma³³dʑu³¹（有）mi³³hỹ³¹（姐妹）bu³¹tɕʰə³³（秽气）xɯ³¹（虚词）
	(hɛ̃³¹)ndʑu³¹		情	
	ma³³	酥油	没有	没有人跟这些姐妹相恋，她们就跟兄弟相恋，有秽气。
	hɛ̃³¹	神	女人	
	bu³¹		情	
	mɯ³³	天		
	tɕʰə³³	秽气		mɯ³³tɕʰə³³dy³¹tɕʰə³³bi³³tɕʰə³³lɛ³¹tɕʰə³³kɯ³¹tɕʰə³³za³³ tɕʰə³³ndzu̩³¹tɕʰə³³lo³¹tɕʰə³³xɯ³¹（虚词）
	dy³¹	地		
	tɕʰə³³	秽气		秽气影响了天、地、日、月、星、火星、山、沟等。
	bi³³	太阳		
	lɛ³¹	月亮		

续表

字符	国际音标	直译	意译	全句大意
○○○	kɯ³¹	星		
	za³¹	火星		
	ndʐu³¹	山		（同上）
	tɕʰə³³	秽气		
	lo³¹	沟		
	tɕʰə³³	秽气		

字符	国际音标	直译	意译	全句大意
川	su³³	三		su³³χa⁵⁵i³³（虚词）so³³kv³³（虚词），ndʐu³¹mi³³ʂʅ³³（树）ʂu³³（无），lo³¹mi³¹dʑi³¹ʂʅ³³（满）tʰu³³。tsʰo³³za³¹ri³³ɣɯ³³le³¹（虚词）ɕə³³（说）me³³（虚词），sy⁵⁵be³³da³¹mu³³tsŋ³³?
	χa⁵⁵	夜晚		
	so³³	峰	早晨	
[1]	ndʐu³¹	山		过了三个晚上，山上没有树了，沟里的水都满出来了。措扎立俄说：怎么办?
	mi³³		（方位介词）	

---

[1] 黑点表示"mi³³"。

续表

字符	国际音标	直译	意译	全句大意
	lo³¹	沟		
	dʑi³¹	水		
	tʰu³³	水桶	（虚词）	（同上）
	tsʰo³¹za³³ri³³ɣɯ³³	措扎立俄		
	sy⁵⁵	麦芒	（虚词）	
	（不读出来）			
	ɑ³³pʰu³³	爷爷	神爷爷说	
	ɕə³³	说		
	pɑ³¹	劝		ɑ³³pʰu³³lɛ³¹（虚词）ɕə³³me³³（虚词）：pɑ³¹ɣɯ³³zo³³mɑ³³ɕi³³
	ɣɯ³³	好	会劝架的人	神爷爷说：你是会劝架的人，你不会死。
	zo³³	儿子		
	mɑ³³	不	不会死	
	ɕi³³	死		

字符	国际音标	直译	意译	全句大意
	ⁿgo³³	马		
	tɕʰu³¹	骑	骑马	ⁿgo³³tɕʰu³¹ kʰua³³ ma³³ ŋɯ³³（裂）让人骑的马，蹄子不会裂开。
	kʰua³³	蹄子		
	ma³³	酥油	不	
	ɣɯ³³	宝珠	好的	
	be³³	挖地	做	
	le³¹	獐子	（虚词）	ɣɯ³³ be³³ le³¹mi³³ tʰa³³ 做好事的会忘掉。
	mi³³	火	忘	
	tʰa³³	塔	（虚词）	
	kʰua³³		不好的	
	be³³	挖地	做	
	mi³³	火	忘	kʰua³³ be³³ mi³³ ma³³ tʰa³³ 做坏事的不会忘。
	ma³³	酥油	不	
	tʰa³³	塔	（虚词）	

第九页

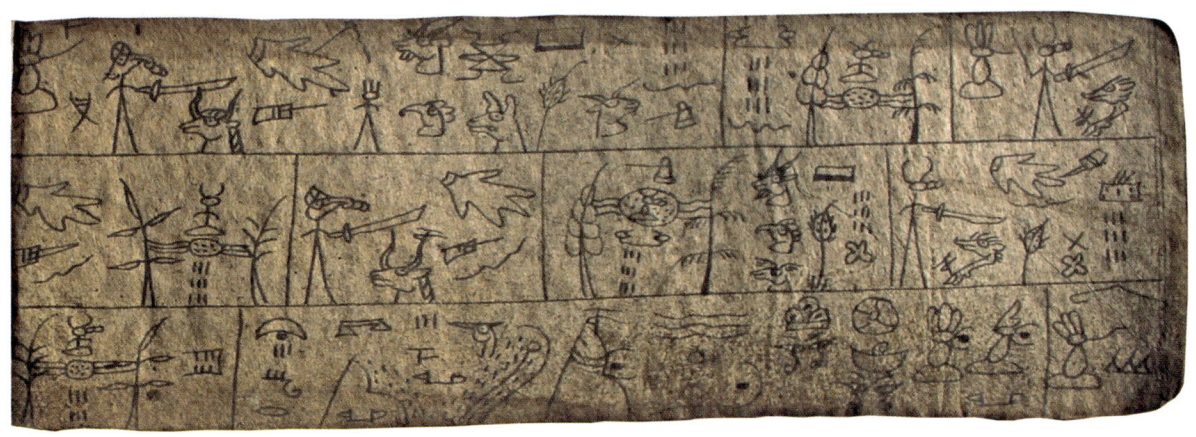

字符	国际音标	直译	意译	全句大意
	ɑ³³pʰu³³	爷爷	神爷爷说	
	ɕə³³	说		
	me³³		（虚词）	ɑ³³pʰu³³lɛ³¹（虚词）ɕə³³ me³³：mbv³¹ɣɯ⁵⁵ndʐʅ³³（湿）dv³¹（虚词）ɕi³³（扒），tɕu⁵⁵tsʰu³¹kʰɯ³¹bv⁵⁵zu³¹（缝），hã³¹tsʰʅ⁵⁵tʰo³³，hã³¹ɦã³³tsʅ³¹，hã³¹kʰɯ⁵⁵ɲi³³，tse³³mi³³（打火的工具）ɕi³³ ɻ̍³³kʰu³¹（里面）ne³¹（虚词）kʰu³³（装）ɕu³¹bɑ³¹ŋgv³³ kʰɯ³³（根）be³³……
	mbv³¹	牦牛	把牦牛皮扒下来	
	ɣɯ⁵⁵	皮		
	tɕu⁵⁵	锥子	细锥子	神爷爷说：杀一条牦牛，把皮扒下来，用细锥子和粗线把皮缝起来，把金小羊、金小鸡、金小狗、打火的工具、各种粮食的种子装在里面，找九根铁链……
	tsʰu³¹	细的		
	kʰɯ³¹	线	粗线	
	bv⁵⁵	粗的		

续表

字符	国际音标	直译	意译	全句大意
	hã³¹	金子	金的	
	tsʰɿ⁵⁵	山羊	小山羊	
	tʰo³³	小的		
	hiã³³	鸡	小鸡	
	tsɿ³¹	小的		
	kʰɯ⁵⁵	狗	小狗	
	ȵi³³	小的		
	tse³³	打铁的工具	种	（同上）
	ɕi³³	粮食	粮食的种子	
	ŋ³³	种子		
	ne³¹	绵羊	（虚词）	
	ɕu³¹	铁的	铁链	
	ba³¹	链子		
	ŋgv³³	九		
	be³³	挖地	做	

续表

字符	国际音标	直译	意译	全句大意
	fiã³¹	铜	铜链子	
	ba³¹	链子		fiã³¹ba³¹ŋgv³³kʰɯ³³（根）be³³（做），ŋgv³³mba³¹（条）ɕu³¹ne³¹（虚词）pʰa³³，ŋgv³³mba³¹ri³³ne³¹（虚词）pʰa³³
	ŋgv³³	九		
	ɕu³¹	柏树		把牛皮袋用九条铜链子拴在柏树上，九条铁链子拴在白坡树上。
[1]	pʰa³³	拴	拴在柏树和白坡树上	
	ri³³	白坡树		
	ri³³ɣɯ³³kʰuɑ³³tɕi³³	立俄夸吉		
	ɑ³³pʰu³³	爷爷	神爷爷说	ri³³ɣɯ³³kʰuɑ³³tɕi³³tʂʰɿ⁵⁵（他），ɑ³³pʰu³³le³¹（虚词）ɕə³³me³³（虚词）：bu³¹ɣɯ⁵⁵ndzɿ³¹（湿）dv³¹（虚词）ɕi³¹（扒），tɕu⁵⁵bv³³kʰɯ³¹tsʰu³¹zɿ³¹（缝），ŋgv³³mba³¹（条）tʰo³³ne³¹（虚词）pʰa³³，ŋgv³³mba³¹（条）mbu³¹ne³¹（虚词）pʰa³³
	ɕə³³	说		
	bu³¹	猪	把猪皮扒下来	
	ɣɯ⁵⁵	皮		立俄夸吉（去问神爷爷），神爷爷说：把猪皮扒下来，用粗锥子和细线缝起来，（把它）用九条麻线拴在松树上，用九条麻线拴在青冈树上。
	tɕu⁵⁵	锥子	粗锥子	
	bv⁵⁵	粗的		

---

[1] 中间的人形图案代表立俄夸吉，此处没有说出来。

续表

字符	国际音标	直译	意译	全句大意
～	$k^hɯ^{31}$	线	细线	（同上）
	ts^hu^{31}	细的		
[1]	$ŋgv^{33}$	九	（把猪皮）用九条麻线拴在松树上，用九条麻线拴在青冈树上	
	t^ho^{33}	松树		
	p^ha^{33}	拴		
	mbu^{31}	青冈树		

字符	国际音标	直译	意译	全句大意
	$ri^{33}ɣɯ^{33}k^hua^{33}tɕi^{33}$	立俄夸吉	立俄夸吉扒下牦牛的皮	$ri^{33}ɣɯ^{33}k^hua^{33}tɕi^{33}mbv^{31}ɣɯ^{55}ndzʅ^{31}$（湿）$dv^{31}$（虚词）$ɕi^{33}$（扒），$tɕu^{55}ts^hu^{31}k^hɯ^{31}bv^{55}zʅ^{31}$（缝） 立俄夸吉把牦牛的皮扒下来，（把牦牛皮）用细锥子和粗线缝起来。
	mbv^{31}	牦牛		
	$ɣɯ^{55}$	皮		
	$tɕu^{55}$	锥子	细锥子	
	ts^hu^{31}	细的		

---

[1] 中间的人形图案代表立俄夸吉，此处没有说出来。

续表

字符	国际音标	直译	意译	全句大意
	kʰɯ³¹	线	粗线	（同上）
	bv⁵⁵	粗的		
	ɦã³¹	铜	把九根铜链子、铁链子分别拴在柏树上、白坡树上	ɦã³¹ba³¹ŋgv³³kʰɯ³³be³³，ŋgv³³mba³¹（条）ɕu³¹ne³¹（虚词）pʰa³³，ŋgv³³mba³¹ri³³ne³¹（虚词）pʰa³³，ɦã³¹（金的）tsʰɿ⁵⁵tʰo³³，ɦã³¹ɦã³³tsɿ³¹，ɦã³¹（金的）kʰɯ⁵⁵ȵi³³，tse³³mi³³（打火的工具）ɕi³³ɻ̩³³kʰu³¹（里面）ne³¹（虚词）kʰɯ³³（装）
	ba³¹	链子		
	ŋgv³³	九		
	ɕu³¹	柏树		
	pʰa³³	拴		
	ri³³	白坡树		
	pʰa³³	拴		
	tsʰɿ⁵⁵	山羊	（金）小山羊	做九根铜链子，（把牦牛皮用）九条（铜链子）拴在白坡树上，九条（铁链子）拴在白坡树上，把金小羊、金小鸡、金小狗、打火的工具、各种粮食的种子装在里面。
	tʰo³³	小的		
	ɦã³³	鸡	（金）小鸡	
	tsɿ³¹	小的		
	kʰɯ⁵⁵	狗	（金）小狗	
	ȵi³³	小的		

续表

字符	国际音标	直译	意译	全句大意
	tse^{33}	打铁的工具	种	
	ɕi^{33}	粮食	粮食种子	（同上）
	ŋ^{33}	种子		
	ŋgv^{33}	九		
	sy^{31}（不读出来）		种	
	ri^{33}ɣɯ^{33}kʰuɑ^{33}tɕi^{33}	立俄夸吉	立俄夸吉扒猪皮	ri^{33}ɣɯ^{33}kʰuɑ^{33}tɕi^{33} bu^{31}ɣɯ^{55}ndʐɿ^{31}（湿）dv^{31}（虚词）ɕi^{33}（扒），tɕu^{55}bv^{33} kʰɯ^{31}tsʰu^{31} zɿ^{31}（缝），ŋgv^{33} mba^{31}（条）tʰo^{33} ne^{31}（虚词）pʰa^{33}，ŋgv^{33}mba^{31}（条）mbu^{31} xɯ^{31} 立俄夸吉把猪皮扒下来，用粗锥子和细线缝起来，（把它）用九条麻线拴在松树上，用九条麻线拴在青冈树上。
	bu^{31}	猪		
	ɣɯ^{55}	皮		
	tɕu^{55}	锥子	粗锥子	
	bv^{55}	粗的		
	kʰɯ^{31}	线	细线	
	tsʰu^{31}	细的		
	（不读出来）	九	九种	
	（不读出来）			
	（不读出来）		粮食种子	

续表

字符	国际音标	直译	意译	全句大意
✕				（同上）
🗒				
🌲	ŋgv³³	九	（把猪皮）用九条麻线拴在松树、青冈树上	
	tʰo³³	松树		
	pʰa³³	拴		
	mbu³¹	青冈树		
🦷	xɯ³¹	牙齿		

字符	国际音标	直译	意译	全句大意
⫶	su³³	三	早晨	su³³χɑ⁵⁵ i³¹（虚词）so³³kv³³, gə³¹i³¹（虚词）ndʐu³¹ mi³³ɕa⁵⁵tʰu³³, lo³¹ mi³³kuɑ³³kuɑ³¹ tʰu³³, ndʐu³¹ pʰɚ³³kʰu⁵⁵（口）qʰɑ³³ tʰu³³, lo³¹nɑ³¹hã⁵⁵kɯ⁵⁵tʰu³³, lu³³ nɑ³¹ɳə³¹ŋv³¹ tʰu³³, bi³¹ lɛ³¹ɳə³¹ŋv³¹ tʰu³³, ndʐu³¹ se³¹kʰu⁵⁵（口）qʰɑ³¹ tʰu³³ 三天后，山里的树没了，黑沟里涨水了，白山哭了，黑沟起风了，黑石头哭了，日月哭了，神哭了。
⌒	χɑ⁵⁵	夜晚		
	so³³	峰		
○	kv³³	蛋		
	gə³¹	上		

续表

字符	国际音标	直译	意译	全句大意
 [1]	ndzɯ³¹	山	山里	
	mi³³	（方位介词）		
	ɕə⁵⁵	满		
	tʰu³³	水桶	（虚词）	
 [2]	lo³¹	沟	沟里	
	mi³³	（方位介词）		
	kuɑ³³kuɑ³¹	天鹅	动静	（同上）
	tʰu³³	水桶	（虚词）	
	ndzɯ³¹	山		
	pʰə³³	白	白山哭	
	qʰɑ³³	哭		
	lo³¹	沟	黑沟	
	nɑ³¹	黑		
	hã⁵⁵	风		

---

[1][2] 黑点表示"mi³³"。

续表

字符	国际音标	直译	意译	全句大意
	gv⁵⁵	蛋	呻吟	
	lu³³	石头	黑石头	
	nɑ³¹	黑		
	ŋə³¹ŋv³¹	哭		
	bi³³	日		
	lɛ³¹	月		（同上）
	ŋə³¹ŋv³¹	哭		
	ndzʮ³¹	（男）神	男神哭	
	se³¹	（女）神	女神哭	
	qʰɑ³¹	哭		
	tʰu³³	水桶	（虚词）	
	ndzʮ³¹	神	神叫	
	ɻ³³	叫		ndzʮ³¹ɻ³³mɯ³³mi³³xɯ³¹（虚词）天听见了神的哭叫。
	mɯ³³	天		
	mi³³	火	听见	

第三章 争伍经典文献选译 351

第十页

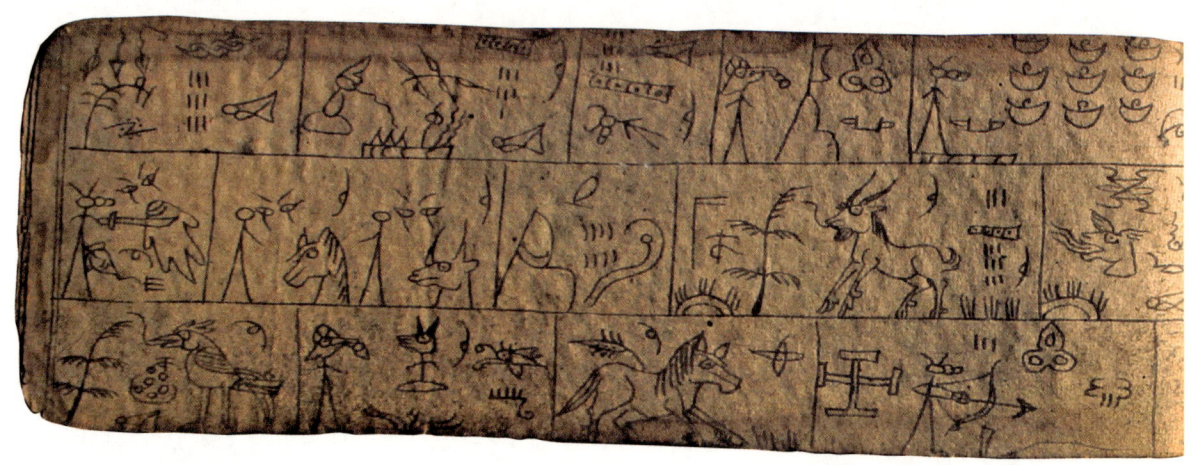

字符	国际音标	直译	意译	全句大意
(松树图)	tʰo³³	松树	白松	tʰo³³pʰɚ³³mɯ³³ne³¹（和）ŋgv³³, tɕi³¹pʰɚ³³（白）ŋgv³³ ty⁵⁵（层）kua⁵⁵（间）dʑɛ³¹（哪里）tɕʰy⁵⁵ χɯ³¹（虚词）ma³³do³¹（见） 拴着麻绳的松树被雷劈开了，消失在九层云中间，不见了。
	pʰɚ³³	白		
(天雷图)	mɯ³³	天	天雷	
	ŋgv³³	雷		
(云图)	tɕi³¹	云		
(九图)	ŋgv³³	九		
(羊肩胛骨图)	tɕʰy⁵⁵	羊肩胛骨	掉，消失	
(酥油图)	ma³³	酥油	不	

续表

字符	国际音标	直译	意译	全句大意
	se³¹	（女）神	女神哭叫	
	ɻ̍³¹	叫		
	dy³¹	地		
	mi³³	火	听见	
	mbu³¹	青冈树		se³¹ɻ̍³¹dy³¹ mi³³ xɯ³¹（虚词），mbu³¹ hỹ³¹（红）ri³³ ne³¹（虚词）mbv³¹，tɕi³³nɑ³¹ʂɻ̍³³ ty⁵⁵（虚词）kuɑ³³（虚词）dʑɛ³¹（哪里）tɕʰy⁵⁵ xɯ³¹（虚词）mɑ³³ do³¹（见） 地听到了女神的哭叫声，大地炸开了红色的青冈树，消失在七层黑土里面，不见了。
	ri³³	大地		
	mbv³¹	炸		
	tɕi³³	土	黑土	
	nɑ³¹	黑		
	ʂɻ̍³³	七		
	tɕʰy⁵⁵	羊肩胛骨	掉，消失	
	mɑ³³	酥油	不	
	ri³³ɣɯ³³ kʰuɑ³³tɕi³³	立俄夸吉		ri³³ɣɯ³³kʰuɑ³³tɕi³³ tɕi³³nɑ³¹ŋgv³³ ty⁵⁵（虚词）kuɑ³³（虚词）dʑɛ³¹（哪里）tɕʰy⁵⁵ xɯ³¹（虚词）mɑ³³ do³¹（见） 立俄夸吉消失在九层黑土里，不见了。
	tɕi³³	土	黑土	
	nɑ³¹	黑		

续表

字符	国际音标	直译	意译	全句大意
	ŋgv³³	九		
	tɕʰy⁵⁵	羊肩胛骨	掉，消失	（同上）
	ma³³	酥油	不	
	tsʰo³¹za³³ ri³³ɣɯ³³	措扎立俄		
	ri³³	土坡	高土坡	tsʰo³¹za³³ri³³ɣɯ³³ ri³³ʂuɑ³¹ɣɯ³³ ne³¹（虚词）tʰu³³ i³¹（梦）mu³³（做） 措扎立俄梦见他到了一个高土坡上。
	ʂuɑ³¹	高		
	ɣɯ³³	珠宝	好	
	tʰu³³	水桶	（虚词）	
	hɛ̃³³	月亮	九个月亮	hɛ̃³³ me³³（虚词）ŋgv³³ ly³³（看）dʑu³³（虚词）me³³（虚词）dy³¹ ne³¹（虚词）tʰu³³ i³¹（梦）mu³³（做），n̠i³³me³³（虚词）tsʰe³¹ ly³³（看）dʑu³³（虚词）me³³（虚词）dy³¹tʰu³³ i³¹（梦）mu³³（做） 梦见自己到了一个有九个月亮的地方，梦见自己到了一个有十个太阳的地方。（梦见自己到了一个有九个月亮、十个太阳的地方。）
	ŋgv³³	九		
	dy³¹	大地		
	tʰu³³	水桶	（虚词）	
	n̠i³³	二	太阳	
	tsʰe³¹	十		

字符	国际音标	直译	意译	全句大意
	ɣɯ³³	皮	（措扎立俄）剖开牛皮	
	pʰu⁵⁵	剖		mbv³¹（牛）ɣɯ⁵⁵ ndʐʅ³³（扒）dv³¹（虚词）pʰu⁵⁵ lɛ³¹（虚词）dʐʅ³¹（一）ly³³ ne³¹
	dʐʅ³¹	大	一	
	ly³³	看		措扎立俄用刀把牛皮剖开一看。
	ne³¹	心	（虚词）	
	fiã⁵⁵i³¹	左边		
	ᴺGo³³	马	赛马	
	mba³¹	赛		fiã⁵⁵i³¹ᴺGo³³mba³¹sa³³（地方）ma³³ɖu³¹（有，存在动词），i³¹i³¹mu³¹ri³³sa³³（地方）ma³³ɖu³¹（有，存在动词）
	ma³³	酥油	不	
	（不读出来）	看见	有	左边赛马的平原没有了，右边耕牛的平原没有了。
	i³¹i³¹	右边		
	mu³³	牛	耕牛	
	ri³³	耕		

续表

字符	国际音标	直译	意译	全句大意
	ma^{33}	酥油	不	（同上）
	（不读出来）	看见	有	
	ndʐu^{31}	山		ndʐu^{31}tsu^{31} lɛ^{31}（虚词）dʑu^{33}（有，存在动词），lo^{31}χo^{55}lɛ^{31}（虚词）dʑu^{33}（有，存在动词） 有山高高地立着，有很深的沟。
	tsu^{31}	立		
	lo^{31}	沟		
	χo^{55}	八	深	
	qo^{31}	高山		
	ʂua^{31}	高		
	pʰə^{33}	白		qo^{31}ʂua^{31}qo^{31} kv^{33}（虚词）pʰə^{33}，qo^{31}ʂua^{31}ri^{33} ndʐŋ^{31}（树）kʰɯ^{33}（下），hã^{31}（金的）tʂʅ^{55}tʰo^{33} ne^{31}（虚词）mba^{31}，zuə^{33}hã^{31}su^{33} pa^{33}（棵）tʂʅ^{55}（它），tɕi^{33}na^{31} ŋgv^{33} ty^{55}（虚词）kua^{33}（虚词）dʑɛ^{31}（哪里）tɕʰy^{55}（消失）xɯ^{31}（虚词）ma^{33}do^{31}（见） 高山上白坡树下，金小羊在叫，它本来有三棵草，都消失在九层黑土中不见了。
	ri^{33}	白坡树		
	tʂʰʅ^{55}	羊		
	tʰo^{33}	小	（金的）小羊叫	
	mba^{31}	叫		
	zuə^{33}	草	绿草	
	hã^{31}	绿		

续表

字符	国际音标	直译	意译	全句大意
川	su³³	三		（同上）
▭	tɕi³³	土	黑土	
	na³¹	黑		
⫶⫶	ŋgv³³	九		
)	ma³³	酥油	不	
⌒	qo³¹	高山		
≋	hã³¹	金		qo³¹ʂua³¹（高）qo³¹kv³³（虚词）pʰɚ³³，hã³¹（金）kʰɯ⁵⁵ɲi³³ne³¹（虚词）ru³³，nua³³tɕʰi³¹su³³（三）kʰua³³dʑu³³（有），tɕi³³（土）na³¹（黑）ŋgv³³（酒）ty⁵⁵（虚词）kua³³（虚词）dʑɛ³¹（哪里）tɕʰy⁵⁵（消失）xɯ³¹（虚词）ma³³（不）do³¹（见）
	kʰɯ⁵⁵	狗		
⛤	ɲi³³	小		
	ru³³	叫		
⌇	nua³³tɕʰi³¹	奶		高山上的金小狗在叫，它本来有三碗奶，都消失在九层黑土中不见了。
⌒	kʰua³³	碗		
◁	tɕʰy⁵⁵	羊肩胛骨	掉	

字符	国际音标	直译	意译	全句大意
	ri³³	白坡树		
	fiã³³	鸡		
	tsɿ³¹	小		qo³¹（高山）ʂua³¹（高）qo³¹（高山）kv³³（虚词）pʰɚ³³，qo³¹（高山）ʂua³¹（高）ri³³ ndʑɿ³¹（树）kʰɯ³³（下），hã³¹（金）fiã³³tsɿ³¹ ne³¹（虚词）tɕu³¹，tʂhua³³pʰɚ³³ su³³（三）ndʐua³³dʑu³³（有），tɕi³³（土）na³¹（黑）ŋgv³³（酒）ty⁵⁵（虚词）kua³³（虚词）dʑɛ³¹（哪里）tɕʰy⁵⁵（消失）xɯ³¹（虚词）ma³³ do³¹（见） 高山上的白坡树下，金小鸡在叫，它本来有三塘白米，都消失在九层黑土中不见了。
	tɕu³¹	叫		
	tʂhua³³	米		
[1]	pʰɚ³³	白		
	ndʐua³³	塘		
	tɕʰy⁵⁵	羊肩胛骨	掉	
	ma³³	酥油	不	
	tsʰo³¹za³³ ri³³ɣɯ³³	措扎立俄	措扎立俄	tsʰo³¹za³³ri³³ ɣɯ³³zo³³dʐɿ³³ ma³³（不）ndʑu³¹（住）me³³（虚词）dy³¹，mbv³³ɿ³³ ɕi³³（养）su³³（虚词）sua³¹ 措扎立俄所到之处没人住，蚊子密密麻麻。
	zo³³	儿子		
	dʑɿ³³	人		
	ma³³	酥油	不	

---

[1] 圆形图案表示米。半圆弧线表示塘。

续表

字符	国际音标	直译	意译	全句大意
	dy^{31}	地	地方	（同上）
	mbv^{31}ŋ^{33}	蚊子		
	suɑ^{31}	密密麻麻		
	ᴎɢo^{33}	马		ᴎɢo^{33}mɑ^{33}ɕi^{33} me^{33}（虚词）dy^{31}（地方），zuə^{33}hã^{31}mbu^{31}ri^{33}lɑ^{33}（深深的） 不养马的地方，长了深深的绿草。
	mɑ^{33}	酥油	不	
	ɕi^{33}	谷子	养	
	zuə^{33}	草		
	hã^{31}	绿松石	绿色	
	（无音）	（无义）	（无义）	k^{h}a^{33}ŋgu^{31}zi^{31}pu^{33}ne^{31}（虚词）lu^{33} lɑ^{33}（虚词）to^{33}pu^{33}ne^{31}（虚词） 措扎立俄走得无聊，就把箭射出去，走过去把箭捡起来，再射出去。把石头扔在山坡上，走过去捡起石头，再扔出去。
	k^{h}a^{33}	射	射箭	
	ŋgu^{31}	箭		
[1]	zi^{31}	四		
	pu^{55}	蒸锅	送	
	lu^{33}	石头		
	to^{33}	坡		

---

[1] 应当是四条竖线，此处误写。

第十一页

字符	国际音标	直译	意译	全句大意
✿	dzɿ³¹	大	一	dzɿ³¹（有）la³¹（虚词）dzɿ³¹ni³³，tsʰo³¹za³³ri³³ɣɯ³³ zo³³qo³¹ʂua³¹qo³¹ kv³³（虚词）pʰɚ³³，qo³¹ʂua³¹ri³³ ndʐɿ³¹（树）kʰɯ³³（下），mɯ³³ kʰv³¹ly³³uã³¹tʰu³³ 有一天，高山上的白坡树下，冒出来箭把一样粗的火烟。
⊕	ȵi³³	太阳	天	
𤣩	tsʰo³¹za³³ri³³ɣɯ³³	措扎立俄	措扎立俄	
	zo³³	儿子		
⩙	qo³¹	高山		
⌐	ʂua³¹	高		
⊤	pʰɚ³³	白		
🌱	ri³³	白坡树		

续表

字符	国际音标	直译	意译	全句大意
	mɯ³³	天		（同上）
	kʰv³¹	冒		
	ly³³uã³¹	箭把儿		
	tʰu³³	水桶	出现	
	ɑ³³pʰu³³	爷爷	神爷爷说	
	çə³³	说		
	me³³		（虚词）	ɑ³³pʰu³³lɛ³¹（虚词）çə³³ me³³，dʐŋ³³zu³¹lɑ³³ŋ³³dy³¹，dʐŋ³³tɕʰy³³ tsʰo³¹tɕʰy³³tɕu⁵⁵mɑ³³ ri³³（虚词）mu³³（虚词）tsŋ³³
	dʐŋ³³	人		神爷爷说：人类住的地方，人种不能发展了。
	zu³¹lɑ³³ŋ³³dy³¹	人住的地方		
	tɕʰy³³	溪	种	
	tsʰo³¹	象	人类	
	tɕu⁵⁵	锥子	发展	
	mɑ³³	酥油	不	
	tsŋ³³	捆	（虚词）	

续表

字符	国际音标	直译	意译	全句大意
	pʰu³³	爷爷	爷爷做人偶	pʰu³³tv³³ŋgv³³ʥu³¹（个）tsʰu⁵⁵ 神爷爷砍了树枝做成九个人偶，插在地上。
	tv³³	鬼		
	ŋgv³³	九		
	tsʰu⁵⁵	插		
	tsʰo³¹za³³ri³³ɣɯ³³	措扎立俄	措扎立俄	tsʰo³¹za³³ri³³ɣɯ³³zo³³su³³χɑ⁵⁵le³¹（虚词）mɑ³³kv³³（虚词），kʰu³³ʥu³¹（有）tɑ³³mɑ³³kv³³，nə³¹ʥu³¹（有）ly³³mɑ³³kv³³，kʰɯ⁵⁵（脚）ʥu³¹（有）nʥi³¹（走）mɑ³³kv³³ 措扎立俄过了不到三晚去看，（这些人偶）有嘴不会说，有眼不会看，有脚不会走，（变成了野人）。
	zo³³	儿子		
	su³³	三		
	χɑ⁵⁵	晚		
	mɑ³³	酥油	不	
	kʰu³³	嘴		
	tɑ³³	说		
	mɑ³³	酥油	不	
	kv³³	蒜	会	
	nə³¹	眼		

字符	国际音标	直译	意译	全句大意
⫼	su^{33}	三		
	χa^{55}	夜晚		
	so^{33}	峰	早晨	
	kv^{33}	蛋	（虚词）	
	mu^{33}	野人		$su^{33}\chi a^{55}i^{31}so^{33}kv^{33}$, $mu^{33}bi^{33}ndzu^{31}ne^{31}bi^{33}$, $ndzu^{31}ne^{31}ts^h\varepsilon^{55}mu^{33}ts^h\varepsilon^{55}$, $mu^{33}sy^{55}ndzu^{31}ne^{31}sy^{55}$
	bi^{33}	太阳		三天后，神把木偶野人砍死。
	$ndzu^{31}$	神		
	$t^h\varepsilon^{55}$	盐	砍死，除掉	
	mu^{33}	野人		
	sy^{55}	麦芒	杀	
	$dzɿ^{31}$	一		
	$dʑu^{33}$	对	一对（木偶）	$dzɿ^{31}dʑu^{33}dʑi^{31}ne^{31}$（虚词）$ku^{33}$
	$dʑi^{31}$	水		把一对木偶扔到水里。
	ku^{33}	扔		

第三章　争伍经典文献选译　363

续表

字符	国际音标	直译	意译	全句大意
	dy³¹	地		
	ŋə³¹	眼		dzʅ³¹（一）dʑu³³（对）dy³¹ ne³¹（虚词）ku³³（扔），ŋə³¹mu³³kʰuɑ³³ hã³¹ kv³³（虚词）
	mu³³	野人		
	kʰuɑ³³	角		一对扔到地里，变成了绿野人。
	hã³¹	绿松石	绿	
	dzʅ³¹	一	一对（野人）	
	dʑu³³	对		dzʅ³¹dʑu³³ɦã³¹ne³¹ku³³（扔），ɦã³¹mu³³mbu³³kv³³（虚词）xɯ³¹（去）
	ɦã³¹	悬崖		
	mu³³	野人		一对扔到悬崖里，变成了会发声的野人。
	mbu³³	声音	发出声音	
	bi³³	森林	把木偶扔到森林里	
	tsʰo³³	人类		dzʅ³¹（一）dʑu³³（对）ne³¹（虚词）ku³³（扔）tsʰo³³pʰu⁵⁵mu³³
	pʰu⁵⁵	葫芦	大猩猩一样的野人	
	mu³³	野人		一对扔到森林里，变成了大猩猩一样的野人。

字符	国际音标	直译	意译	全句大意
	tsʰo³¹za³³ri³³ɣɯ³³	措扎立俄	措扎立俄说	tsʰo³¹za³³ri³³ɣɯ³³ lε³¹（虚词）çə³³me³³，a³³kʰə³³ru⁵⁵la³³mbu³¹（对去世父亲的称呼）ndʑu³¹çu³¹ be³³（去）mu³³（虚词）tsɿ³³（虚词）

措扎立俄对神爷爷说：我去世的爸爸没有给我伙伴，我要去找伙伴。 |
	çə³³	说		
	me³³		（虚词）	
	a³¹	啊		
	kʰə³³	背篼	亡父	
	mbu³¹	山坡		
	ndʑu³¹	伙伴		
	çu³¹	斧头	找	
	tçi⁵⁵	剪刀		lε³¹tçi⁵⁵tv³³ndʑɿ³³ mbu³¹（对去世母亲的称呼）bu³¹çu³¹χo³¹mu³³（虚词）tsɿ³³（虚词）

我去世的妈妈没有给我妻子，我要去找妻子。 |
	tv³³	千	亡母	
	mbu³¹	山坡		
	bu³¹	猪	妻子	
	çu³¹	斧头	找	
	χo³¹	肋骨	（虚词）	

第三章　争伍经典文献选译　365

字符	国际音标	直译	意译	全句大意
	ɑ³³pʰu³³	爷爷	神爷爷说	ɑ³³pʰu³³lɛ³¹（虚词）çə³³me³³，mɯ³³ʂuɑ³¹（高）kɯ³¹ɦã³¹（悬崖）kʰuɑ³³（洞）mɯ⁵⁵mi³³ȵə³¹tsu³¹ȵə³¹ndʐɿ³¹ȵi³¹kv³³（个）ndʑu³¹（有） 神爷爷说：天边的岩洞里有两个仙女，一个眼睛是竖着的，一个眼睛是横着的。
	çə³³	说		
	me³³		（虚词）	
	mɯ³³	天		
	kɯ³¹	星星		
	mi³³	女人	眼睛竖着的仙女	
	ȵə³¹	眼		
	tsu³¹	竖着		
	ȵə³¹	眼	眼睛横着的仙女	
	ndʐɿ³¹	横着		
	ȵi³¹	二		
	ȵə³¹	眼	眼睛竖着的仙女	ȵə³¹tsu³¹ ndv³³tsʰe³³（漂亮）ze³³me³³ ndʑu³¹（有），ȵə³¹ndʐɿ³¹ ndv³³tsʰe³³（漂亮）ze³³me³³ ndʑu³¹（有） 眼睛竖着的仙女很漂亮，眼睛横着的仙女不漂亮。
	tsu³¹	竖着		
	ze³³	花	美丽	
	ȵə³¹	眼	眼睛横着的仙女	
	ndʐɿ³¹	横着		

续表

字符	国际音标	直译	意译	全句大意
	uã³¹	绿松石	不漂亮	
	me³³		虚词	（同上）
	uã³¹（不发音，为多写）	绿松石		
	ɲə³¹	眼	眼睛竖着的仙女	
	tsu³¹	竖着		ɲə³¹tsu³¹ndv³³tsʰe³³（漂亮）ze³³（美丽）me³³（虚词）kʰv³³mɑ³³ndzu̩³¹（虚词） 你不能偷那个漂亮的眼睛竖着的仙女。
	ndv³³	翅膀	漂亮	
	kʰv³³	镰刀	偷	
	mɑ³³	酥油	不	

第十二页

字符	国际音标	直译	意译	全句大意
	ȵə³¹	眼	眼睛横着的仙女	ȵə³¹ndʐʅ³¹ ndv³³tsʰe³³（漂亮）uã³¹（不漂亮）me³³（虚词）kʰv³³ ndza³¹（虚词）tsʅ³³（虚词） 可以偷那个不漂亮的眼睛横着的仙女。
	ndʐʅ³¹	横着		
	ndv³³	翅膀	漂亮	
	kʰv³³	镰刀	偷	
	tsʰo³¹za³³ri³³ɣɯ³³	措扎立俄	措扎立俄	tsʰo³¹ za³³ri³³ɣɯ³³zo³³ȵə³¹dʑə³¹ma³³ze³³ly³³ 措扎立俄看哪个漂亮，哪个不漂亮。
	zo³³	儿子		
	ȵə³¹dʑə³¹	眼睛		
	ma³³	酥油	不	
	ze³³	花	美丽	
	ly³³	看见		
	tsʰo³¹za³³ri³³ɣɯ³³	措扎立俄	措扎立俄	tsʰo³¹za³³ri³³ɣɯ³³zo³³ ȵə³¹ ndʐʅ³¹ ndv³³tsʰe³³（漂亮）uã³¹（不漂亮）me³³（虚词）lɛ³¹（虚词）ma³³ kʰv³³（偷） 措扎立俄不偷不漂亮的。
	zo³³	儿子		
	ȵə³¹	眼	眼睛横着的仙女	
	ndʐʅ³¹	横着		

续表

字符	国际音标	直译	意译	全句大意
	ndv^{33}	翅膀	漂亮	（同上）
	mɑ^{33}	酥油	不	
	tsʰo^{31}za^{33}ri^{33}ɣɯ^{33}	措扎立俄	措扎立俄	
	zo^{33}	儿子		
	ȵə^{31}	眼	眼睛竖着的仙女	tsʰo^{31} za^{33}ri^{33}ɣɯ^{33}zo^{33} ȵə^{31}tsu^{31} ndv^{33}tsʰe^{33}（漂亮）ze^{33}（美丽）me^{33}（虚词）kʰv^{33}（偷）le^{31}（虚词）tsʰɿ^{33} 措扎立俄偷了漂亮的。
	tsu^{31}	竖着		
	ndv^{33}	翅膀	漂亮	
	tsʰɿ^{33}	羊肩胛骨	来	
	ȵi^{33}	二	两人成一家	ȵi^{31}kv^{33}dzɿ^{31}dʑi^{31}be^{33}（成为），dzɿ^{31}ʂu^{33}tʰu^{33} me^{33} zi̠^{31}ne^{31}（和）pɑ^{33}，tʰo^{33}ne^{31}（和）mbu^{31}。dzɿ^{31}ʂu^{33} tʰu^{33}me^{33}gv^{31} ne^{31}（和）bu^{31}，zu̠^{31}ne^{31}（和）fiã^{33}ʂu^{33}tʰu^{33} 两个人成了一家，生了一胎，生了蛇和青蛙，松和青冈。第二胎生了熊和猪，猴和鸡。
	kv^{33}	个（人）		
	dzɿ^{31}	一		
	dʑi^{33}	家		
	dzɿ^{31}	一		
	ʂu^{33}	骰子	胎	
	tʰu^{33}	水桶	产生	

续表

字符	国际音标	直译	意译	全句大意
	me^{33}		（虚词）	
	ʐi^{31}	蛇		
	pɑ^{33}	青蛙		
[1]	tʰo^{33}	松树	松树和青冈树	（同上）
	mbu^{31}	青冈树		
	ʂu^{33}	骰子	胎	
	gv^{31}	熊		
	bu^{31}	猪		
	zu̱^{31}	猴		
	hã^{33}	鸡		

[1] 左边的树枝图案代表松树，右边代表青冈树。

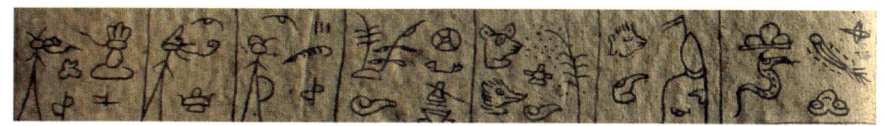

字符	国际音标	直译	意译	全句大意
	tsʰo³¹za³³ri³³ɣɯ³³	措扎立俄	措扎立俄说	
	ɕə³³	说		
	sy⁵⁵	麦芒	（虚词）	
	tsʅ³³	捆	（虚词）	
	ɑ³³pʰu³³	爷爷	神爷爷说	tsʰo³¹za³³ri³³ɣɯ³³ lɛ³¹（虚词）ɕə³³ me³³（说），ɑ³³pʰu³³sy⁵⁵ be³³（做）dɑ³¹（虚词）mu³³tsʅ³³（怎么办）？ɑ³³pʰu³³ lɛ³¹（虚词）ɕə³³ me³³（说）：pu³¹ me³³（虚词）mi³³pu³¹χɑ⁵⁵，zo³³ i³¹（虚词）ɕə³³（说）mɑ³³su³³，su³³kʰv⁵⁵ zo³³ʑiu³¹ tsʅ³³（虚词）
	ɕə³³	说		
	pu³¹	口干		
	mi³³	女人		
	χɑ⁵⁵	饭	（虚词）	措扎立俄说：爷爷，怎么办？神爷爷说：不听老人言，吃亏在眼前。
	mɑ³³	酥油	镰刀	
	su³³	三		
	kʰv⁵⁵	镰刀	年	
	zo³³	儿子		
	ʑiu³¹	饿		

第三章 争伍经典文献选译 · 371

续表

字符	国际音标	直译	意译	全句大意
	tsɿ³³	捆	（虚词）	（同上）
	tʰo³³	松树	松树和青冈树	
	mbu³¹	青冈树		
	ndzɿ³³	池塘	错	tʰo³³ne³¹（和）mbu³¹ndzɿ³³me³³（虚词）ȵi³³me³³tʰu³³ne³¹（虚词）ty⁵⁵ 你做错了。要把松树和青冈树扔到东方。
	ȵi³³（me³³）	太阳	东方	
	tʰu³³	水桶		
	ty⁵⁵	打	丢	
	gv³¹	熊		gv³¹ne³¹（和）bu³¹ndzɿ³³me³³（虚词）bi³³dzɿ³¹bu³¹（虚词）ne³¹（虚词）ty⁵⁵（扔） 把熊和猪扔到大森林里去。
	bu³¹	猪		
	ndzɿ³³	池塘	错	
	bi³³	森林	大森林	
	dzɿ³¹	大		
	zu³¹	猴		zu³¹ne³¹（和）fiã³¹ndzɿ³³（错）me³³（虚词），fiã³¹ʂua³¹kʰua³³ne³¹（虚词）ty⁵⁵（扔） 把猴和鸡扔到山崖下。
	fiã³¹	鸡		

续表

字符	国际音标	直译	意译	全句大意
	ɦã³¹	悬崖		
	ʂuɑ³¹	高	高悬崖	（同上）
	kʰuɑ³³	角	洞	
	ʑi³¹	蛇		
	lu³³	石头		
	pɑ³³	青蛙		ʑi³¹ ndʐɿ³³（错）lu³³ qɑ³³（前）ty⁵⁵（扔），pɑ³³ndʐɿ³³ uã³¹（后）dʑi³¹mɑ³³
	uã³¹	绿松石	后	把蛇扔到石头前，把青蛙扔到水尾。
	dʑi³¹	水	水尾	
	mɑ³³	尾		

字符	国际音标	直译	意译	全句大意
	tʂuɑ³¹	男	男人射箭	
	sɿ³³	箭		tʂuɑ³¹ re³³（虚词）sɿ³³ne³¹（虚词）qʰɑ³³（射）lɛ³¹sy⁵⁵
	lɛ³¹	（一种植物）	（虚词）	男的用箭射死蛇和青蛙。
	sy⁵⁵	麦芒	杀	

字符	国际音标	直译	意译	全句大意
	mbu³³	女	女的用扫把	mbu³³ba³³ku³¹ ba³³（扫）lɛ³¹（虚词）sy⁵⁵ 女的用扫把杀死蛇和青蛙。
	ba³³ku³¹	扫把		
	sy⁵⁵	麦芒	杀	
	（不读出来）	蛇		
	mu³³mi³³	仙女	眼睛竖着的仙女	mu³³mi³³ȵə³³tsu³¹mɯ³³ ne³¹（虚词）gə³¹lɛ³¹（虚词）pu⁵⁵（送） 把竖着眼睛的仙女送上天去。
	ȵə³³	眼		
	tsu³¹	竖着		
	mɯ³³	天		
	gə³¹	上		
	tʂʰʅ³³ŋgu³¹dzʅ³¹ tʂʰʅ⁵⁵kv³³		又过了一代	tʂʰʅ³³（那）ŋgu³¹（后）dzʅ³¹（一）tʂʰʅ⁵⁵（代）kv³³（虚词），tsʰo³¹za³³ri³³ɣɯ³³ zo³³dʑʅ³³ʅ³¹la³³ri³³dy³¹ ndʑu³¹（伙伴）ɕu³¹，mɯ³³lɛ³¹（虚词）xɯ³¹tsʰɛ³³xɯ³¹bu³¹ mu³³mi³³（仙女），bu³¹ɕu³¹dy³¹lɛ³³（虚词）tsʰ³³ 又过了一代，措扎立俄从人类生活的地方到天上神住的地方，找相伴的妻子茶赫布姆咪，仙女为了找夫君而下凡。
	tsʰo³¹za³³ri³³ɣɯ³³	措扎立俄		
	zo³³	儿子		
	dʑʅ³³ʅ³¹la³³ri³³dy³¹	人类生活的地方		
	ɕu³¹	铁	妻子	
	（多写）			

续表

字符	国际音标	直译	意译	全句大意
	muɯ³³	天	措扎立俄到天上神住的地方，找妻子茶赫布姆咪	（同上）
	xuɯ³¹	去		
	tsʰɛ³³（xuɯ³¹buɯ³¹ muɯ³³mi³³）	树叶（仙女名字茶赫布姆咪）		
	（不读出来）		仙女下凡	
	bu³¹	猪	妻子	
	ɕu³¹	铁	妻子	
	dy³¹	地		
	tsʰɿ³³	羊肩胛骨	来	

第十三页

字符	国际音标	直译	意译	全句大意
	nɑ³¹	天地间		pʰɚ³³（白）nɑ³³ndɑ³³qɑ³¹ tɕu⁵⁵ȵi³¹ ne³¹（和）tɕʰu³¹qo³¹ pu⁵⁵ 男女在天地间相遇。
	ndɑ³³qɑ³¹	（一种树）		^
	ȵi³¹	女		^
	tɕʰu³¹	男		^
	qo³¹	针	相遇	^
	pu⁵⁵	蒸锅		^
	quɑ³³	天鹅	（措扎立俄）骑着白天鹅	quɑ³³pʰɚ³³ndv³³ ne³¹（虚词）tɕu⁵⁵hẽ³¹mɯ³³ gə³¹（上）kʰu⁵⁵tʰu³³ （措扎立俄）骑着白天鹅到了天上神间。
	pʰɚ³³	白		
	ndv³³	翅膀		
	tɕu⁵⁵	骑		
	hẽ³¹	神		
	mɯ³³	天		
	kʰu⁵⁵	门	（虚词）	
	tʰu³³	水桶	到	

续表

字符	国际音标	直译	意译	全句大意
	dʑi³¹	房子		
	ŋgv³³	九	措扎立俄坐在有九个房间的房子里，头上扛着竹背篼	
	mu³³ɕi³³kʰə³³	竹背篼		dʑi³¹dy³¹（间）ŋgv³³tʂua⁵⁵（间）bv³¹（无义），mu³³ɕi³³kʰə³³bu³¹（下）ru³³（扛）。kʰv⁵⁵i³¹（虚词）bv³³kʰɯ⁵⁵kʰɯ⁵⁵，be³³（去）lɛ³¹（虚词）so³³dɑ³³ndʐ̩³¹
	kʰv⁵⁵	夜		
	bv³³	绵羊		（仙女把措扎立俄带到天上，但不敢告诉她父亲。）措扎立俄就坐在有九个房间的房子里，头上扛着竹背篼。仙女的父亲早晨去放羊，羊惊吓了措扎立俄。
	kʰɯ⁵⁵kʰɯ⁵⁵	放		
	so³³	清早		
	dɑ³³ndʐ̩³³	害怕		
	tsʰo³³	人类		
	sɑ³³	气味		tsʰo³³sɑ³³lu³³（无义）ne³¹（虚词）pʰu⁵⁵，dʑy³³lɑ³¹ɑ³³pʰu³³ ɴGɑ³¹ʂ̩³³（磨）ne³¹（虚词）
	pʰu⁵⁵	葫芦	闻	
	dʑy³³lɑ³¹ɑ³³pʰu³³	老丈人	老丈人磨剑	（老丈人）闻到了人类的气味，老丈人就开始磨剑。
	ɴGɑ³¹	剑		

字符	国际音标	直译	意译	全句大意
	tsʰɛ³³xɯ³³bu³¹mu³³mi³³	茶赫布姆咪	（仙女的名字）	
	ɕə³³	说		tsʰɛ³³xɯ³³bu³¹ mu³³mi³³ lɛ³¹（说）ɕə³³me³³：ɴɢa³¹ sɿ³³（磨）sy⁵⁵be³³（做）sɿ³³ muɿ³³tsɿ³³
	me³³		（虚词）	
	sy⁵⁵	麦芒	为什么（疑问助词）	茶赫布姆咪说：你为什么要磨剑？
	(mu³³)tsɿ³³	捆	为什么（疑问助词）	
	tsʰɛ³³xɯ³³bu³¹mu³³mi³³	茶赫布姆咪	茶赫布姆咪说	
	ɕə³³	说		tsʰɛ³³xɯ³³bu³¹ mu³³mi³³ lɛ³¹（说）ɕə³³me³³（虚词）：ɴɢa³¹ sɿ³³（磨）ne³¹（虚词）mɑ³³iə³¹
	ɴɢa³¹	剑		
	mɑ³³	酥油	不	茶赫布姆咪说：不要磨剑。
	iə³¹	烟草	要	
			（不说出来）	
	dʐɿ³³zɿ³¹la³³ri³³dy³¹	人类生活的地方		dʐɿ³³zɿ³¹la³³ri³³dy³¹mɑ³³ kʰə⁵⁵u³¹mɑ³³ pʰu³¹（跑）；lu³³ tsʰɿ³³（热）mba³³ mbə³¹（跑）xɯ³¹（去）
	mɑ³³	酥油	不	人住的地方如果不辛苦，下人不会跑；如果没有热石，蜜蜂不会跑。
	kʰə⁵⁵	辛苦		

续表

字符	国际音标	直译	意译	全句大意
	u³¹	下人	下人跑	
	lu³³	石头		（同上）
	mba³³	蜜蜂		
	qo³¹	高山		
	ri³³ndʐɿ³¹	白坡树		
	bə³³u³¹	下人		qo³¹ʂua³¹（高）ri³³ndʐɿ³³ kʰɯ³¹（下），bə³³u³¹tɕʰu³³ dzɿ³¹se³¹iə³¹（虚词）tsɿ³³ 高山的白坡树下，找到了一个下人。
	tɕʰu³³	珠子	这边	
	dzɿ³¹	大	得到	
	se³¹	丝	（虚词）	
	tsɿ³³	捆	了	

字符	国际音标	直译	意译	全句大意
	ɲi³³	太阳		ɲi³³tʰu³³pu⁵⁵（无义）ly³³tɕʰi³³tʂɿ³¹（做）a³³bə³¹（疑问词后缀）
	tʰu³³	水桶	有	有太阳的时候，他可以守庄稼吗？

续表

字符	国际音标	直译	意译	全句大意
	ly³³	粮食		（同上）
	tɕʰi³³	守		
	xɯ³¹	雨		
	dʑi³¹	水	引水	xɯ³¹ gɯ³³（下）pu⁵⁵（无义）dʑi³¹ɕi⁵⁵dzɿ³¹se³¹tsɿ³³ 下雨的时候找到了一个引水的人。
	ɕi⁵⁵	谷子		
	dzɿ³¹	大	找到了	
	se³¹	丝		
	tsɿ³³	捆		
	dʑy³³la³¹a³³pʰu³³	老丈人		dʑy³³la³¹a³³pʰu³³ le³¹（虚词）ɕə³³（说）me³³（虚词）：a³³gɯ³¹a³³tʂa³³tsɿ³³? 老丈人说：真的吗？不会假吧？
	gɯ³¹	牙齿	真的	
	（a³³）tʂa³³	唐卡	真的	
	tsɿ³³	捆	（虚词）	
	（不读出来）			
	ŋgv³³	九		ŋgv³³dʑi³¹tʂʰɿ⁵⁵（洗）pʰɚ³³ dzɿ³¹（无义）qo³³qo³³ be³³（做） 措扎立俄在九条水里洗得白白的。
	dʑi³¹	水		

续表

字符	国际音标	直译	意译	全句大意
	tʂʰʅ⁵⁵	洗		
	pʰɚ³³	白		（同上）
	qo³³qo³³	白白的		
	ŋgv³³	九		
	mɑ³³	酥油	不	
	huã³¹ (dzʅ³¹zʅ³³zɑ̠³³be³³)	发光	又滑又发光	
	（不读出来）	措扎立俄		
	（不读出来）	措扎立俄		ŋgv³³ tʂʰʅ⁵⁵（把）mɑ³³ ne³¹（虚词）mɑ³³（擦），huã³¹ dzʅ³¹zʅ³³zɑ̠³³be³³。NGa³¹ tʰɑ⁵⁵（利，快）ŋgv³³ kʰɯ³³（把）ŋgv³³ne³¹（虚词）ʂu³³ iə³¹qo³¹ lɛ³¹（虚词）tʰu³³ nə³¹（了）
	NGa³¹	剑		
	ŋgv³³	九		措扎立俄用九把酥油擦身体，又滑又发光。踩着九把剑的刃回到家里。
	ʂu³³	迎		
	iə³¹	烟草		
	qo³¹	针	屋里	
	tʰu³³	水桶	到	

第三章 争伍经典文献选译 381

第十四页

字符	国际音标	直译	意译	全句大意
	iə³¹	烟草		
	qo³¹	针	措扎立俄回到屋里	
	tʰu³³	水桶		iə³¹qo³¹lɛ³¹tʰu³³ȵə³¹（了），mɯ³³ȵi³³la³³ȵi³³ʂa³³ma³³tʰu³³（出）
	mɯ³³ȵi³³	脚趾	脚趾出血	措扎立俄到了屋里头，手指和脚趾都没出血。
	la³³ȵi³³（ʂa³³）	手指	手指出血	
	ma³³	酥油	不	
	dʑy³³la³¹a³¹pʰu³³	老丈人		dʑy³³la³¹a³¹pʰu³³lɛ³¹（虚词）ɕə³³（说）me³³（虚词）：a³³kʰə⁵⁵lu³³lɛ³¹mbu³¹ʂɿ³³ndʐɿ³³dʑy³¹ma³³kv³³（虚词）
	（不说出来）	仙女	老丈人对仙女说	老丈人说：我这个父亲的神力没有这个儿子的神力大。

续表

字符	国际音标	直译	意译	全句大意
	ɑ³³	啊		
	kʰə⁵⁵（lu³³lɛ³¹）	辛苦	父亲的自称	
	mbu³¹	坡		
	sɿ³³	父亲		
	ndzɿ³³	神力	父亲的神力	（同上）
	dzɿ³¹	大		
	zo³³	儿子		
	dzɿ³¹	大		
	mɑ³³	酥油	不，没有	
	me³³	女	母亲	
	me³³			
	ndzɿ³³	神力		me³³ndzɿ³³dzɿ³¹mi³³ndzɿ³³dzɿ³¹mɑ³³kv³³（虚词）
	dzɿ³¹	大		母亲的神力没有女儿的神力大。
	mi³³	女	女儿	
	mi³³	火		

字符	国际音标	直译	意译	全句大意
	ndzʅ³³	神力		
	ma³³	酥油	不，没有	（同上）
	（多写）			
	ne³¹	心	措扎立俄心想	
	ma³³	酥油		ne³³me³³（虚词）ma³³sɑ³³ sɑ³³ dzʅ³³（虚词）ʂu³³
	sɑ³³（sɑ³³）	气	心虚	措扎立俄心虚。
	ʂu³³	骰子		
	dzʅ³¹	一		
	lɑ³³	手	（虚词）	
	ȵi³³	太阳	天	dzʅ³¹lɑ³³dzʅ³¹ȵi³³ kv³³（虚词），tsʰo³¹za³³ri³³ɣɯ³³ lɛ³¹（虚词）ɕɔ³³（说）me³³（虚词）：dʑy³³lɑ³¹ɑ³³pʰu³³ no³¹（你）mi³³ ŋɑ³¹（我）iə³¹
	tsʰo³¹za³³ri³³ɣɯ³³	措扎立俄	措扎立俄说	有一天，措扎立俄说：老丈人，把你的女儿送给我吧。
	dʑy³³lɑ³¹ɑ³³pʰu³³	老丈人		
	mi³³	女儿		
	iə³¹	烟草	送，给	

字符	国际音标	直译	意译	全句大意
	mi³³	女儿	女儿	ŋa³¹（我的）mi³³ no³¹（你）ma³³iə³¹ （老丈人说：）我的女儿不送给你。
	mi³³	火		
	ma³³	酥油	不	
	iə³¹	烟草	送，给	
	tʰo³³	松林		tʰo³³qo³¹la³³me³³dʑi³¹dʑi³¹tʂʅ⁵⁵lo³¹ma³³ʑi³³。dy³¹kv³³pu³³qʰa⁵⁵ndʑɿ³³ zuə³³tʂʰʅ⁵⁵（代）lo³¹（虚词）ma³³ʑi³³（有） 松林里的水夏天会来，冬天就没有了，所以不算水。地里的草冬天就死了，不算是草。
	qo³¹	高山		
	dʑi³¹	水		
	ma³³	酥油	不	
	dy³¹	地		
	pu³³qʰa⁵⁵ndʑɿ³³	（一种草）		
	zuə³³	草		
	ma³³	酥油	不	
	（多写）			

续表

字符	国际音标	直译	意译	全句大意
	ri^{33}na^{31}ndʑɿ^{33}	白坡树		qo^{31}（高山）ʂua^{31}（高）ri^{33}na^{31}ndʑɿ^{33}ndʑɿ^{33} tʂʰɿ^{55}（代）lo^{31}（虚词）ma^{33} zi^{33}（有） 高山上的白坡树很高，但它是空心的，不算树。
	ndʑɿ^{33}	树		
	ma^{33}	酥油	不	
	dʑɿ^{33}	早期的人类，像人不像狗	人类是黑的	dʑɿ^{33}kʰɯ^{55}na^{31}sa^{33} zo^{33}（儿子）dʑɿ^{33} tʂʰɿ^{55}（代）lo^{31}（虚词）ma^{33} zi^{33}（有） 人类是黑的，不算人。
	kʰɯ^{55}	狗		
	na^{31}	黑		
	sa^{55}	空气		
	dʑɿ^{33}	早期的人类，像人不像狗		
	ma^{33}	酥油	不	
	fiã^{31}	打架		tsʰo^{31}za^{33}ri^{33}ɣɯ^{33}（措扎立俄）le^{31}（虚词）ɕə^{33}（说）me^{33}（虚词）：fiã^{31}lə^{31}ɕi^{55}（死）ma^{33} ku^{33}（会）mu^{33}tsɿ^{33}（虚词） 措扎立俄说：打架我不会死。
	ma^{33}	酥油	不	
	（不说出来）	措扎立俄		
	dʑy^{33}la^{31}a^{33}pʰu^{33}	老丈人		dʑy^{33}la^{31}a^{33}pʰu^{33}lɛ^{31}（虚词）ɕə^{33}（说）me^{33}（虚词）：kʰə^{33}be^{33}ndʑu^{31}（妻子）ɕu^{31}（找），dzɿ^{31}（一）ȵi^{33}（天）ŋgv^{33}ɕi^{31}tsʰɿ^{33}ndza^{33}（要）tsɿ^{33}（虚词）。ŋgv^{33} ȵi^{33}（天）dzɿ^{31}（一）ɕi^{31}tsʰɿ^{33} ma^{33} tʰa^{33}, 老丈人说：你真要找妻子，一天要砍九座山的树。（措扎立俄说：）九天都砍不完一座山，
	kʰə^{33}	背篼		
	be^{33}	锄地	做	
	ŋgv^{33}	九		

续表

字符	国际音标	直译	意译	全句大意
⛰	ɕi³¹	山		
✿	dzɿ³¹	大		
🪓	tsʰɿ³³	砍	砍树	（同上）
👁	mɑ³³	酥油	不能	
🗼	tʰɑ³³	塔		

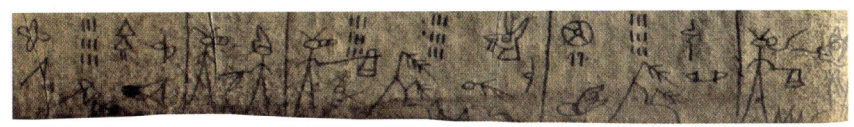

字符	国际音标	直译	意译	全句大意
⫯⫯⫯	ŋgv³³	九		
✿	sy⁵⁵	麦芒	怎么	
⚒	be³³	锄地		dzɿ³¹（一）ɲi³³（天）ŋgv³³ɕi³¹（开发）sy⁵⁵be³³tsʰɿ³³tʰɑ³³se³¹（虚词）mu³³（虚词）tsɿ³³？
🪓	tsʰɿ³³	砍	砍树	
🐑	tsʰɿ³³	羊肩胛骨		一天怎么能砍完九座山的树？
🗼	tʰɑ³³	塔	能	
⟡	tsɿ³³	捆	（虚词）	

字符	国际音标	直译	意译	全句大意
	tsʰɛ³³xɯ³³bu³¹mu³³mi³³	茶赫布姆咪	茶赫布姆咪对措扎立俄说	
	ŋgv³³	九		
	pu⁵⁵	拿		tsʰɛ³³xɯ³³bu³¹mu³³mi³³lɛ³¹（说）ɕə³³me³³（虚词）：mbe³³（斧头）tʰɑ³³（虚词）ŋgv³³kʰɯ³¹（把）pu⁵⁵ŋgv³³ɕi³¹tʂha³¹（底）ne³¹（虚词）tɕi³³mbu³¹tʰo³¹（后）lɛ³¹ʑi⁵⁵hũ⁵⁵（去） 茶赫布姆咪说：把九把斧头拿去放在九座山下，你去坡后睡觉。
	ŋgv³³	九		
	ɕi³¹	山		
	tɕi³³	剪羊毛的工具	放	
	mbu³¹	山坡		
	lɛ³¹	獐子	（虚词）	
	ʑi⁵⁵	睡		
	（多写）			
	ȵi³³	二		
	ȵi³³	太阳	第二天早上	
	lɑ³³（mɯ³³su³³）	手		ȵi³³ȵi³³lɑ³³mɯ³³su³³，ŋgv³³ɕi³¹tsʰl̩³³lɛ³¹se³¹ 第二天早上，九座山的树都砍完了。
	ŋgv³³	九		
	ɕi³¹	山		

续表

字符	国际音标	直译	意译	全句大意
	se³¹	丝	完	
	（不读出来）			（同上）
	tsʰo³¹za³³ri³³ɣɯ³³	措扎立俄	措扎立俄说	tsʰo³¹za³³ri³³ɣɯ³³ lɛ³¹（虚词）ɕə³³（说）me³³（虚词）：no³¹（你的）mi³³ ŋa³¹（我）iə³¹（送）da³¹（虚词）mu³³（虚词）tsɿ³³（虚词）？
	mi³³	火	女儿	
	dʑy³³la³¹a³³pʰu³³	老丈人	老丈人说	措扎立俄说：你的女儿能嫁给我吗？

第十五页

字符	国际音标	直译	意译	全句大意
	mi³³	女儿		dʑy³³la³¹a³³pʰu³³ lɛ³¹（虚词）ɕə³³（说）me³³（虚词），ŋa³¹（我的）mi³³ no³¹（你）ma³³（不）iə³¹（送）mu³³（虚词）tsɿ³³
	iə³¹	烟草	送	
	ma³³	酥油	不	老丈人说：我的女儿不嫁给你。

续表

字符	国际音标	直译	意译	全句大意
	tsɿ³³	捆	（虚词）	（同上）
	ŋgv³³	九		
	çi³¹	山		
	pʰu⁵⁵	撒	撒种，种粮食	dzɿ³¹ ɲi³³（天）ŋgv³³çi³¹pʰu⁵⁵。dzɿ³¹ɲi³³ŋgv³³çi³¹pʰu⁵⁵mɑ³³tʰɑ³³ 你要一天种完九座山的粮食。（揩扎立俄说：）一天不能种完九座山。
	dzɿ³¹	一		
	mɑ³³	酥油	不	
	tʰɑ³³	塔	能	
	ŋgv³³	九		
	çi³¹	山		
	sy⁵⁵	麦芒	怎么	dzɿ³¹（一）ɲi³³（天）ŋgv³³çi³¹sy⁵⁵be³³pʰu⁵⁵tʰɑ³³ se³¹（虚词）mu³³（虚词）tsɿ³³ 我九天都种不完一座山。
	be³³	锄地		
	pʰu⁵⁵	撒	撒种，种粮食	
	tʰɑ³³	塔	能	
	tsɿ³³	捆	（虚词）	

续表

字符	国际音标	直译	意译	全句大意
	（不读出来）	措扎立俄	茶赫布姆咪对措扎立俄说	
	tsʰɛ³³xɯ³³bu³¹mu³³mi³³	茶赫布姆咪		
	ȵi³³	二		
	ȵi³³	日		
	lɑ³³	手	（虚词）	
	rŋ³³	种子		tsʰɛ³³xɯ³³bu³¹mu³³mi³³lɛ³¹（虚词）ɕə³³（说）me³³（虚词）：ȵi³³ȵi³³lɑ³³mɯ³³（天）su³³（虚词），rŋ³³ŋgv³³sy⁵⁵（种子）pʰu⁵⁵，ŋgv³¹ɕi³¹ tʂha³³ ne³¹（虚词）tɕi³³，ɕi³¹pʰu⁵⁵ɕi³¹lɛ³¹se³¹
	ŋgv³¹	九		
	ɕi³¹	山		
	pʰu⁵⁵	撒		茶赫布姆咪对措扎立俄说：第二天早上，你拿着九种粮食放在九座山下，然后去睡觉、然后山就种完了。
	ɕi³¹	谷子		
	tʂha³³	鹿	低	
	tɕi³³	剪羊毛的工具	放	
	lɛ³¹	脱	（虚词）	
	se³¹	丝	（虚词）	
	tʰu³³	（多写）		

字符	国际音标	直译	意译	全句大意
	tsʰo³¹za³³ri³³ɣɯ³³	措扎立俄	措扎立俄说	tsʰo³¹za³³ri³³ɣɯ³³ lɛ³¹（虚词）ɕə³³（说）me³³（虚词）：no³¹（你的）mi³³ ŋa³¹（我）iə³¹da³¹（虚词）mu³³（虚词）tsɿ³³（虚词）？dʐy³³la³¹a³³pʰu³³ lɛ³¹（虚词）ɕə³³（说）me³³（虚词）：ŋa³¹（我的）mi³³ no³¹（你）ma³³iə³¹mu³³（虚词）tsɿ³³（虚词）
	iə³¹	烟草	送	
	dʐy³³la³¹a³³pʰu³³	老丈人	老丈人说	
	mi³³	火	女儿	
	ma³³	酥油	不	措扎立俄说：你的女儿能嫁给我吗？老丈人说：我的女儿不嫁给你。
	su³³	羊毛	收割	
	ŋgv³³	九		
	dzɿ³¹	一		dzɿ³¹ɲi³³（天）ŋgv³³ɕi³¹su³³ ndza³³（要）tsɿ³³（虚词）。ŋgv³³ɲi³³dzɿ³¹ɕi³¹su³³ ma³³ tʰa³³
	ɕi³¹	山		
	su³³	羊毛	收割	一天要收完九座山的粮食。（措扎立俄说：）一天收不完九座山。
	ma³³	酥油	不	
	tʰa³³	塔	能够	
	ŋgv³³	九		dzɿ³¹（一）ɲi³³（天）ŋgv³³ɕi³¹sy⁵⁵be³³？su³³tʰa³³ se³¹（虚词）mu³³（虚词）tsɿ³³
	ɕi³¹	山		一天怎么能收完九座山呢？九天都收不完一座山。

续表

字符	国际音标	直译	意译	全句大意
	sy⁵⁵	麦芒	怎么	（同上）
	be³³	锄地		
	su³³	羊毛	收割	
	tʰɑ³³	塔	能够	
	tsʅ³³	捆	（虚词）	

字符	国际音标	直译	意译	全句大意
	（不读出来）	措扎立俄	茶赫布姆咪对措扎立俄说	tsʰɛ³³xɯ³³bu³¹mu³³mi³³lɛ³¹（虚词）ɕə³³（说）me³³（虚词）：ȵi³³ȵi³³lɑ³³mɯ³³（天）su³³（虚词），ndɑ³¹dʑu³¹ŋgv³³（九）kʰu³³（条）pu⁵⁵，ŋgv³³（九）ɕi³¹tʂʰɑ³³（低）ne³¹（虚词）tɕi³³，ɕi³¹su³³ɕi³¹lɛ³¹ dzʅ³¹（完成）

茶赫布姆咪对措扎立俄说：第二天早上，把工具放在九座山下，然后去睡觉。粮食就收完了。|
	tsʰɛ³³xɯ³³bu³¹mu³³mi³³	茶赫布姆咪		
	ȵi³³	二		
	ȵi³³	日		
	lɑ³³	手		
	ndzʅ³¹dʑu³¹	工具		
	pu⁵⁵	拿		

续表

字符	国际音标	直译	意译	全句大意
	çi³¹	山		（同上）
	tçi³³	剪羊毛的工具		
	su³³	羊毛		
	çi³¹	粮食		çi³¹su³³çi³¹lɛ³¹ tʰu³³se³¹ 粮食就收完。
	lɛ³¹	脱	（虚词）	
	tʰu³³	水桶	（虚词）	
	se³¹	丝	完	

[1]

字符	国际音标	直译	意译	全句大意
	tsʰo³¹za³³ri³³ɣɯ³³	措扎立俄	措扎立俄说	tsʰo³¹za³³ri³³ɣɯ³³ lɛ³¹（虚词）çə³³（说）me³³（虚词）：no³¹（你的）mi³³ ŋa³¹（我）iə³¹da³¹（虚词）mu³³（虚词）tsʅ³³（虚词）？dʑy³³la³¹a³³pʰu³³ lɛ³¹（虚词）çə³³（说）me³³（虚词）：ŋa³¹（我的）mi³³ no³¹（你）ma³³iə³¹mu³³（虚词）tsʅ³³（虚词） 措扎立俄说：你的女儿能嫁给我吗？老丈人说：我的女儿不嫁给你。
	iə³¹	烟草	送	
	dʑy³³la³¹a³³pʰu³³	老丈人	老丈人说	
	mi³³	火	女儿	
	ma³³	酥油	不	

[1] 本部分未解读。

第十六页

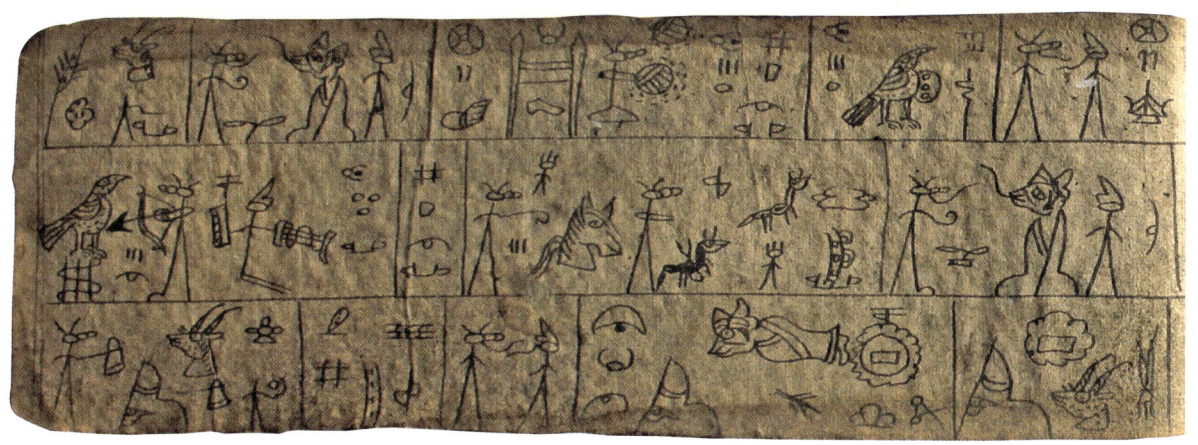

字符	国际音标	直译	意译	全句大意
୨୨	ɲi³³	二		ɲi³³ɲi³³la³³ mɯ³³（天）su³³（虚词），bə³³mu³³la³³ʂɿ³³kʰua³³，ŋ³³tɕi⁵⁵ŋ³³pʰe³³ne³¹（虚词），a³³kʰa³³su³³ly³³（个）ŋgu³¹pʰɛ³³ma³³tʰu³³ 第二天早上，在架子下面扬麦子，老丈人数他的麦子，（他说）少了三个半苦荞。
⊕	ɲi³³	日		
	la³³	手	（虚词）	
	bə³³（mu³³la³³ʂɿ³³）	脚	筛麦子的架子	
	kʰua³³	角		
	ŋ³³tɕi⁵⁵ŋ³³pʰe³³	扬麦子		
	a³³（kʰa³³）	啊	苦荞	
|||	su³³	三		
ο	ly³³	个		

续表

字符	国际音标	直译	意译	全句大意
	ŋgu³¹	大	一半	（同上）
	pʰɛ³³	半		
	mɑ³³	酥油	不	
	tʰu³³	水桶	到	
	ɑ³³（kʰɑ³³）	啊	苦荞	ɑ³³kʰɑ³³su³³ly³³ tʂʰʅ³³（那）ɣɯ³³xɯ³¹ruɑ³³ ne³¹（虚词）ʑi³³（有）xɯ³¹se³¹ 那三个苦荞在鸽子的嗉子里。
	su³³	三		
	ly³³	个		
	ɣɯ³³xɯ³¹	鸽子		
	ruɑ³³	嗉子		
	xɯ³¹	牙齿	（虚词）	
	se³¹	丝	（虚词）	
	（不读出来）	措扎立俄		tsʰɛ³³xɯ³³bu³¹ mu³³mi³³ lɛ³¹（虚词）ɕə³³（说）me³³（虚词）：n̠i³³n̠i³³lɑ³³ mɯ³³（天）su³³（虚词）…… 茶赫布姆咪对措扎立俄说：第二天早上……
	tsʰɛ³³xɯ³³bu³¹ mu³³mi³³	茶赫布姆咪	茶赫布姆咪说	
	n̠i³³	二		
	n̠i³³	日		

续表

字符	国际音标	直译	意译	全句大意
	la³³		（虚词）	（同上）

字符	国际音标	直译	意译	全句大意
	ɣɯ³³xɯ³¹	鸽子		ɣɯ³³xɯ³¹ma³³ mba³³（虚词）kʰua³¹ ne³¹（虚词）χa³³（坐），qʰaˑ³³ be³³（做）su³³ χo³³χo³³（对准），tsʰɛ³³xɯ³³bu³¹ mu³³mi³³ ɕu³¹（铁）pʰɚ³³ ta³¹me³³（打麻布的工具）pu⁵⁵ la³³me³³tʰo³¹（胳膊肘）ne³¹（虚词）ndʐua³³（捣）qʰa³³ be³³（做）ndʐɿ³³（射中）lɛ³³（虚词）xɯ³¹ a³³kʰa³³ su³³ ly³³（个）tɕʰi³³（虚词）lɛ³³（虚词）tʰu³³ 鸽子坐在围栏上，措扎立俄把箭对准鸽子，比了三次都不敢射，仙女伸胳膊肘，用打麻布的工具捣了一下，就射中了鸽子，把三颗粮食都找到了。
	ma³³	酥油	（虚词）	
	kʰua³¹	围栏		
	qʰaˑ³³	射		
	su³³	三		
	tsʰɛ³³xɯ³³bu³¹ mu³³mi³³	茶赫布姆咪	茶赫布姆咪用打麻布的工具	
	pʰɚ³³	白		
	ta³³me³³	打麻布的工具		
	pu⁵⁵	拿		
	a³³（kʰa³³）	啊	苦荞	
	su³³	三	三个	
	tʰu³³	水桶	出现	

续表

字符	国际音标	直译	意译	全句大意
	ŋgu³¹	大		
	pʰɛ³³	半	一半	ŋgu³¹pʰɛ³³ tɕʰu³³（虚词）mɑ³³tʰu³³
	su³³	三	三个	还有一半没找到。
	tʰu³³	水桶	出现	
	tʂʰuɑ³¹uã³³	蚂蚁		
	tsʰo³¹zɑ³³ri³³ ɣɯ³³zo³³	措扎立俄		
	ʐuɑ³¹mɑ³³	马尾		tʂʰuɑ³¹uã³³ tʂʰɿ³³（那）ne³¹（虚词）ʑi³¹（背面），tsʰo³¹zɑ³³ri³³ ɣɯ³³zo³³ʐuɑ³¹mɑ³³ kʰɯ³³（腰）tsʰu³³ pu⁵⁵（拿），tʂʰuɑ³¹uã³³tʂʰɿ³³（那）ne³¹（虚词）tsɿ³³，tʂʰuɑ³¹uã³³tʂʰɿ³³（那）bv³³ tʂʰɿ³³（那）tsʰu³³me³³（虚词），pu³³ri⁵⁵ɕu³¹mu³¹ tʰu³³
	tsʰu³³	鬼	细	
	tʂʰuɑ³¹uã³³	蚂蚁		
	tsɿ³³	捆		半颗粮食在蚂蚁的身上，措扎立俄拿马尾的细线扎住蚂蚁的腰，蚂蚁的一部分腰就变细了，留给人类一个传说。
	bv⁵⁵	粗		
	tsʰu³³	鬼	细	
	pu³³ri⁵⁵ɕu³¹mu³¹	传说	出现一个传说	
	tʰu³³	水桶		

续表

字符	国际音标	直译	意译	全句大意
	tsʰo³¹za³³ri³³ɣɯ³³	措扎立俄	措扎立俄说	tsʰo³¹za³³ri³³ɣɯ³³ lɛ³¹（虚词）ɕə³³（说）me³³（虚词）：no³¹（你的）mi³³ ŋa³¹（我）iə³¹da³¹（虚词）mu³³（虚词）tsʅ³³（虚词）？ dʑy³³la³¹ɑ³³pʰu³³ lɛ³¹（虚词）ɕə³³（说）me³³（虚词）：ŋa³¹（我的）mi³³ no³¹（你）ma³³iə³¹mu³³（虚词）tsʅ³³（虚词） 措扎立俄说：你的女儿能嫁给我吗？老丈人说：我的女儿不嫁给你。
	iə³¹	烟草	送	
	dʑy³³la³¹ɑ³³pʰu³³	老丈人	老丈人说	
	mi³³	女儿		
	mɑ³³	酥油	不	

字符	国际音标	直译	意译	全句大意
	ɦã³¹	山崖		
	se³¹	崖羊		
	ɕu³¹	斧头	找	ɦã³¹ i³³（虚词）se³¹ɕu³¹ dzʅ³¹ dʑu³¹, ȵu³³ŋgu³¹be³³ ndʑa³³tsʅ³³ 去山崖里打猎，跟我走。
	dzʅ³¹	大	一	
	dʑu³¹	马鞭	次	
	ȵu³³	立着	自己	
	ŋgu³¹	大	后	

续表

字符	国际音标	直译	意译	全句大意
	be^{33}	走		
	ndza̱^{33}	推羊毛的工具		（同上）
	tsʅ^{33}	捆	（虚词）	
	（不读出来）	措扎立俄	茶赫布姆咪对措扎立俄说	tsʰɛ^{33}xɯ^{33}bu^{31}mu^{33}mi^{33}lɛ^{31}（虚词）ɕə^{33}（说）me^{33}（虚词）：hũ^{33}mu^{33} hũ^{33}tsʰɛ^{33}kʰua^{33}，a^{33}pʰu^{33}ʑi^{31} mu^{33}ʑi^{33}ma^{33}tʂʅ^{33}tsʰu^{33}lɛ^{33}ɦã^{31}ne^{31}ku^{55}（掉）。sʅ^{33}ndv^{33}pe^{31} pʰɚ^{33}lu^{33} a^{33}pʰu^{33} kʰɯ^{33}（脚）ma^{33}（下）tɕi^{33}tʂʰu^{33} lɛ^{33}（虚词）ɦã^{31}ne^{31}（虚词）ku^{55}（掉）茶赫布姆咪对措扎立俄说：晚上的时候，我父亲晚上是睡不着，会用脚把你踢到悬崖下。措扎立俄把铺盖卷进木桶里假装是自己睡在老丈人的脚下，老丈人把木桶踢到了悬崖下。
	tsʰɛ^{33}xɯ^{33}bu^{31}mu^{33}mi^{33}	茶赫布姆咪		
	hũ^{33}	晚	晚上	
	kʰua^{33}	角		
	a^{33}pʰu^{33}	老丈人		
	tsʰu^{33}	踢		
	ma^{33}	酥油	不	
	ɦã^{31}	悬崖		
	sʅ^{33}ndv^{33}	木桶	铺盖卷进木桶	
	pe^{31}	卷		
	pʰɚ^{33}	白		

续表

字符	国际音标	直译	意译	全句大意
	lu³³	石头	捆	（同上）
	tɕi³³	剪羊毛的工具	放	
	sɿ³³ndv³³	木桶		sɿ³³ndv³³pe³¹pʰɚ³³ lu³³（捆），fiã³¹se³¹xɯ³¹kv³³ lɛ³¹（虚词）ty⁵⁵（打） 木桶掉到悬崖下，打在一个崖羊的头上。
	pe³¹	卷		
	fiã³¹	山崖		
	se³¹	崖羊		
	kv⁵⁵	蒜	头	

第十七页

字符	国际音标	直译	意译	全句大意
	se^{31}	崖羊		
	$kuə^{55}$	背	立俄背着崖羊	
	$ri^{33}ɣɯ^{33}$	立俄		
	tv^{33}	千	近	
	$ʑi^{33}$	路		
	$xɯ^{31}$	走		$se^{31}ɕi^{33}gu^{31}lɛ^{31}kuə^{55}$, $ri^{33}ɣɯ^{33}tv^{33}ʑi^{33}lo^{31}ne^{31}xɯ^{33}$, $ɑ^{33}pʰu^{33}xɯ^{31}ʑi^{33}lo^{31}ne^{31}xm^{31}$
	$ɑ^{33}pʰu^{33}$	老丈人		立俄背着羊，走近路。老丈人绕了远路。
	$ʑi^{33}$	路	老丈人绕路	
	$xɯ^{31}$	走		
	$mɑ^{33}$	酥油	不	
	$tɕʰu^{33}$	珠子	快	
	$tʰu^{33}$	水桶	到	$lɛ^{31}tʰu^{33}ri^{33}ɣɯ^{33}tɕʰu^{33}$, $se^{31}ɕi^{33}tʂuɑ^{33}ne^{31}tɕi^{33}$, $ɑ^{33}pʰu^{33}ku^{33}i^{31}$（下午）$bv^{33}tʰu^{33}$, $bv^{33}ʂʅ^{33}be^{33}$（做）$dɑ^{31}$（虚词）$tsʅ^{33}$（虚词）
	$ri^{33}ɣɯ^{33}$	立俄		立俄比老丈人先到家，（他告诉老丈人）他把羊肉放在房间里了，下午有客人到，就用羊肉招待客人吧。
	$tɕʰu^{33}$	珠子	快	

402　争伍东巴文献的发现、解读与研究

续表

字符	国际音标	直译	意译	全句大意
	se³¹	崖羊		
	çi³³	肉	羊肉在房间里	
	tʂua³³	间		
	a³³pʰu³³	老丈人		（同上）
	bv³³	客人		
	tʰu³³	水桶	到	
	ʂɿ³³	悬崖里流出的水	迎接	

字符	国际音标	直译	意译	全句大意
	se³¹	崖羊		
	çu³¹	斧头	找	
	se³¹se³¹	丝	（虚词）	se³¹çu³¹se³¹lɛ³¹tʰu³³ 找到了羊肉。
	lɛ³¹	脱	（虚词）	
	tʰu³³	水桶	到	

续表

字符	国际音标	直译	意译	全句大意
	tsʰo³¹za³³ri³³ɣɯ³³	措扎立俄	措扎立俄说	tsʰo³¹za³³ri³³ɣɯ³³ lɛ³¹（虚词）ɕə³³（说）me³³（虚词）：no³¹（你的）mi³³（女儿）ŋa³¹（我）iə³¹dɑ³¹（虚词）mu³³（虚词）tsʅ³³（虚词）？dʑy³³lɑ³¹ɑ³³pʰu³³ lɛ³¹（虚词）ɕə³³（说）me³³（虚词）：ŋa³¹（我的）mi³³（女儿）no³¹（你）ma³³iə³¹mu³³（虚词）tsʅ³³（虚词） 措扎立俄说：你的女儿能嫁给我吗？老丈人说：我的女儿不嫁给你。
	iə³¹	烟草	送	
	dʑy³³lɑ³¹ɑ³³pʰu³³	老丈人	老丈人说	
	ma³³	酥油	不	

字符	国际音标	直译	意译	全句大意
	dʑi³¹	水		dʑi³¹ȵi³³ɕu³¹be³³ ndza³³（要）tsʅ³³ 你要到水里去找鱼。
	ȵi³³	鱼		
	ɕu³¹	斧头	找	
	be³³	面	去	
	tsʅ³³	捆	（虚词）	

续表

字符	国际音标	直译	意译	全句大意
	（不读出来）	措扎立俄	茶赫布姆咪对措扎立俄说	
	tsʰɛ³³xɯ³³bu³¹ mu³³mi³³	茶赫布姆咪		
	hũ³³	晚	晚上	
	kʰua³³	角		
	ɑ³³pʰu³³	老丈人		tsʰɛ³³xɯ³³bu³¹ mu³³mi³³ lɛ³¹（虚词）ɕə³³（说）me³³（虚词）：hũ³³mu³³hũ³³tsʰɛ³³ kʰua³³, ɑ³³pʰu³³ʑi³¹ mu³³ʑi³³ ma³³tʂ̩³³, tsʰu³³lɛ³³dʑi³¹ ne³¹ku⁵⁵（掉）。lu³³na³¹ pe³¹ pʰɚ³³lu³³ɑ³³pʰu³³kʰɯ³³（脚）ma³³（下）tɕi³³ tsʰu³³ lɛ³³（虚词）dʑi³¹ne³¹（虚词）ku⁵⁵（掉）
	tsʰu³³	踢		
	ma³³	酥油	不	
	dʑi³¹	水		
	lu³³	石头	铺盖卷进黑石头	茶赫布姆咪对措扎立俄说：晚上的时候，我父亲晚上是睡不着，会用脚把你踢到悬崖下。措扎立俄把铺盖卷进木桶里假装是自己睡在老丈人的脚下，老丈人把木桶踢到了悬崖下。
	pe³¹	卷		
	lu³³	捆		
	lu³³na³¹	黑石头		
	tɕi³³	剪羊毛的工具	放	
	dʑi³¹	水		
	ȵi³³	鱼		

续表

字符	国际音标	直译	意译	全句大意
	ȵi³³	鱼		
	kuə⁵⁵	背	立俄背着鱼	
	ri³³ɣɯ³³	立俄		
	tv³³	千	近	
	ʑi³³	路		ȵi³³ɕi³³gu³¹lɛ³¹kuə⁵⁵，ri³³ɣɯ³³tv³³ʑi³³lo³¹ne³¹ xɯ³³。ɑ³³pʰu³³xɯ³¹ʑi³¹lo³¹ne³¹ xm³¹
	xɯ³¹	走		立俄背着鱼，走近路。老丈人绕了远路。
	ɑ³³pʰu³³	老丈人		
	ʑi³³	路	老丈人绕路	
	xɯ³¹	走		
	mɑ³³	酥油	不	
	tɕʰu³³	珠子	快	
	tʰu³³	水桶	到	
	ri³³ɣɯ³³	立俄		lɛ³¹（虚词）tʰu³³ri³³ɣɯ³³ tɕʰu³³
	tɕʰu³³	珠子	快	立俄先到家了。

字符	国际音标	直译	意译	全句大意
	ȵi³³	鱼		鱼肉在房间里
	tʂua³³	间		ȵi³³ ɕi³³（肉）tʂua³³ne³¹ tɕi³³, a³³pʰu³³ ku³³i³¹（下午）bv³³tʰu³³, bv³³ʂʅ³³ be³³（做）da³¹（虚词）tsʅ³³（虚词） （告诉老丈人）他把鱼肉放在房间里了，下午有客人到，就用鱼肉招待客人吧。
	a³³pʰu³³	老丈人		
	bv³³	客人		
	tʰu³³	水桶	到	
	ʂʅ³³	悬崖里流出的水	迎接	
	tsʰo³¹za³³ri³³ɣɯ³³	措扎立俄	措扎立俄说	tsʰo³¹za³³ri³³ɣɯ³³ lɛ³¹（虚词）ɕə³³（说）me³³（虚词）：no³¹（你的）mi³³ ŋa³¹（我）iə³¹da³¹（虚词）mu³³（虚词）tsʅ³³（虚词）？ dʑy³³la³¹a³³pʰu³³ lɛ³¹（虚词）ɕə³³（说）me³³（虚词）：ŋa³¹（我的）mi³³ no³¹（你）ma³³iə³¹mu³³（虚词）tsʅ³³（虚词） 措扎立俄说：你的女儿能嫁给我吗？老丈人说：我的女儿不嫁给你。
	iə³¹	烟草	送	
	dʑy³³la³¹a³³pʰu³³	老丈人	老丈人说	
	mi³³	女儿		
	ma³³	酥油	不	

续表

字符	国际音标	直译	意译	全句大意
	$k^h \partial^{33}$	背篼	下人	
	be^{33}	锄地	做	$k^h\partial^{33}be^{33}no^{31}$（你）$lu^{33}$ se^{31}（虚词）$dza^{31}be^{33}no^{31}$（你）$ma^{33}lu^{33}$
	dza^{31}	旗子	强大	（老丈人说：）你做下人倒是够了，但不够强大。
	ma^{33}	酥油	不	
	lu^{33}	石头	（虚词）	
	la^{33}	虎	虎奶	$la^{33}ȵi^{33}su^{33}$ $tʂ^hu\partial^{33}$（滴）$tʂ^hua^{31}$ $ndza^{33}$（要）$tsɿ^{33}$（虚词）
	$ȵi^{33}$	奶		你要去挤三滴老虎的奶。
	su^{33}	三		
	$tʂ^hua^{31}$	挤	措扎立俄挤（虎奶）	
	be^{33}	锄地	做	
	kv^{33}	卷		be^{33} $lɛ^{31}$（虚词）kv^{33} ma^{33}（不）$ȵi^{33}$（能），$dʑy^{31}$ $lɛ^{31}$（虚词）zu^{31}（紧）ma^{33}（不）$ȵi^{33}$（能）
	$dʑy^{31}$ ($lɛ^{31}zu^{31}ma^{33}$)	搓	搓不紧，搞不定	（立俄说：）我无法做到，这个难题我搞不定。
	$ȵi^{33}$	二		

第十八页

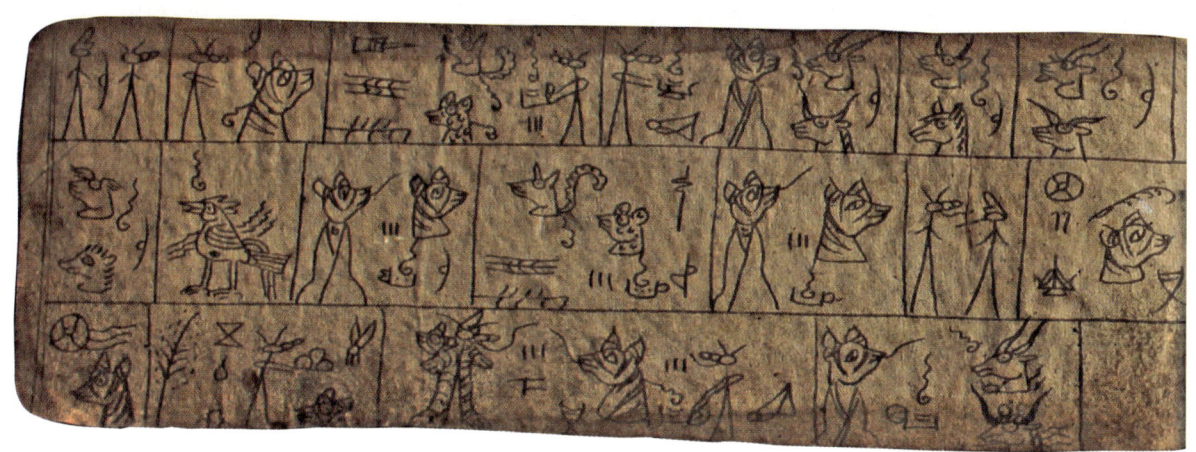

字符	国际音标	直译	意译	全句大意
	tʂua³¹	男		tʂua³¹mbu³³ma³³ndʑu³³ŋguə³³（说话） 立俄和仙女都被难住了，他们没有说话。
	mbu³³	女		
	ma³³	酥油	不	
	la³³	虎	虎奶	la³³ȵi³³lɛ³¹（虚词）ma³³tʂʰua³¹ 不挤虎奶。
	ȵi³³	奶		
	ma³³	酥油	不	
	tʂʰua³¹	挤	措扎立俄挤（虎奶）	

续表

字符	国际音标	直译	意译	全句大意
	ndzɑ³³	荒地	荒地	
	ri³³	地		
	tɕu⁵⁵	锥子	界	
	ndzɑ³³	狐狸	狐狸奶	ndzɑ³³ri³³ kʰɯ³³（田）ri³³tɕu⁵⁵, ndzɑ³³n̠i³³dv³¹n̠i³³su³³ tʂʰuɑ³³（滴）tʂʰuɑ³¹ 在荒地和田地间，挤出了三滴狐狸奶和野猫奶。
	n̠i³³	奶		
	dv³¹	野猫	野猫奶	
	n̠i³³	奶		
	su³³	三		
	tʂʰuɑ³¹	挤	措扎立俄挤奶	
	pu⁵⁵	拿	拿回来	pu⁵⁵ lɛ³¹（虚词）tsʰʅ³³, dʑy³³lɑ³¹ɑ³³pʰu³³ ne³¹（虚词）ndʑu³¹ ne³¹（和）mbə³¹ ke³¹（上面）tɕi³³, ndʑu³¹ ne³¹（和）mbə³¹ mɑ³³ndzʅ³³（吓倒） （立俄把狐狸和野猫的奶）带回来，老丈人把奶洒在犏牛和牦牛的头上，犏牛和牦牛没有被吓倒。
	tsʰʅ³³	羊肩胛骨		
	dʑy³³lɑ³¹ɑ³³pʰu³³	老丈人		
	ndʑu³¹	犏牛		
	mbə³¹	牦牛		
	tɕi³³	洒		

410　争伍东巴文献的发现、解读与研究

续表

字符	国际音标	直译	意译	全句大意
	ma³³	酥油	不	（同上）
	ɣɯ³³	牛		
	ʐua³¹	马		ɣɯ³³ne³¹（和）ʐua³¹ke³¹tɕi³³，ɣɯ³³ne³¹（和）ʐua³¹ma³³ndʐ̩³³（吓倒）
	tɕi³³	洒		洒在牛和马的头上，牛和马没有被吓倒。
	ma³³	酥油	不	
	tsʰ̩³³	山羊		
	iu³¹	绵羊		tsʰ̩³³ne³¹（和）iu³¹ke³¹tɕi³³，tsʰ̩³³ne³¹（和）iu³¹ma³³ndʐ̩³³（吓倒）
	tɕi³³	洒		洒在山羊和绵羊的头上，山羊和绵羊没有被吓倒。
	ma³³	酥油	不	

字符	国际音标	直译	意译	全句大意
	kʰɯ⁵⁵	狗		
	bu³¹	猪		kʰɯ⁵⁵ne³¹（和）bu³¹ke³¹tɕi³³，kʰɯ⁵⁵ne³¹（和）bu³¹ma³³ndʐ̩³³（吓倒）
	tɕi³³	洒		洒在狗和猪的头上，狗和猪没有被吓倒。
	ma³³	酥油	不	

续表

字符	国际音标	直译	意译	全句大意
	tɕi³³	洒		
	fiã³¹	鸡	黑鸡被吓倒	fiã³¹na³¹ke³¹（身上）ne³¹（虚词）tɕi³³, fiã³¹na³¹ndʐʅ³¹le³¹（虚词）xɯ³¹（虚词） 洒在黑鸡的头上，黑鸡被吓倒了。
	na³¹	黑		
	ndʐʅ³¹	吓倒		
	dʑy³³la³¹a³³pʰu³³	老丈人	老丈人说	dʑy³³la³¹a³³pʰu³³ lɛ³¹（虚词）ɕə³³（说）me³³（虚词）：la³³n̠i³³su³³tʂʰuə³³（滴）tɕʰi³³（这）ma³³ŋu⁵⁵（是） 老丈人说：这不是三滴虎奶。
	la³³	虎	虎奶	
	n̠i³³	奶		
	su³³	三		
	ma³³	酥油	不	
	ndʐa³³	荒地	荒地	ndʐa³³ri³³ kʰɯ³³（田）ri³³ tɕu⁵⁵（界），ndʐa³³n̠i³³dv³¹ n̠i³³su³³tʂʰuə³³（滴）ŋu⁵⁵（是）se³¹tsʅ³³ 这是荒地和田地间，三滴狐狸奶和野猫奶。
	ri³³	地		
	ndʐa³³	狐狸	狐狸奶	
	n̠i³³	奶		
	dv³¹	野猫	野猫奶	
	n̠i³³	奶		

续表

字符	国际音标	直译	意译	全句大意
	su³³	三		
	se³¹	丝	（虚词）	（同上）
	tsʅ³³	捆	（虚词）	
	（不读出来）		老丈人说	
	la³³	虎	虎奶	la³³ȵi³³su³³ tʂʰuə³³（滴）tʂʰua³¹（挤）ndza³³（要）tsʅ³³ 你要去挤三滴虎奶。
	ȵi³³	奶		
	su³³	三		
	（不读出来）	措扎立俄	茶赫布姆咪对措扎立俄说	
	tsʰɛ³³xɯ³³bu³¹mu³³mi³³	茶赫布姆咪		
	ȵi³³	二		tsʰɛ³³xɯ³³bu³¹mu³³mi³³ lɛ³¹（虚词）ɕo³³（说）me³³（虚词）：ȵi³³ȵi³³ la³³（虚词）mɯ³³（天）su³³，la³³me³³ da³¹ pʰu⁵⁵（乘凉）ndʑu³¹，la³³zo³³ mba³¹tsʅ³³dʑi³¹ 茶赫布姆咪对措扎立俄说：第二天早上，母虎在阴凉的地方乘凉，虎仔在太阳晒到的地方那一时候。
	ȵi³³	日		
	su³³	魂	早上	
	la³³	虎	母虎	
	me³³	母		
	da³¹	镰刀	阴凉的地方	

续表

字符	国际音标	直译	意译	全句大意
	lɑ³³	虎	虎仔	（同上）
	zo³³	儿子		
	mbɑ³¹	太阳晒到的地方		

字符	国际音标	直译	意译	全句大意
	bi³¹	森林		bi³¹ɕi⁵⁵ kʰɯ³³（虚词）kə³¹lu³³lɑ³³zo³³kv³³ lɛ³¹（虚词）ty⁵⁵ 在森林里拿光滑的石头打在虎仔的头上，把它打死。
	ɕi⁵⁵		（虚词）	
	kə³¹	圆的		
	lu³³	石头		
	lɑ³³	虎	虎仔	
	zo³³	儿子		
	kv³³	蒜	头	
	ty⁵⁵	打		

414　　争伍东巴文献的发现、解读与研究

续表

字符	国际音标	直译	意译	全句大意
	la^{33}	虎	虎皮	
	ɣɯ^{33}	皮		
	su^{33}	三		
	ɕə^{33}		呼唤	
	me^{33}		（虚词）	la^{33}ɣɯ^{33} dʑi^{31}（衣）me^{33} mu^{33}（穿），su^{33}zju^{31}（声）ɕə^{33}la^{33}ɲi^{33} su^{33}tʂhuɑ^{33}（滴）tʂhuɑ^{33}lɛ^{31}（虚词）tsʰ ɿ^{33}
	la^{33}	虎	虎奶	你穿着虎仔的皮，呼唤妈妈三声，挤完奶就回来。立俄就这么做了。
	ɲi^{33}	奶		
	su^{33}	三		
	tʂhuɑ^{31}	挤	措扎立俄挤（奶）	
	tsʰ ɿ^{33}	羊肩胛骨	回来	
	dʑy^{33}la^{31}ɑ^{33}pʰu^{33}	老丈人		
	ndʑu^{31}	犏牛		dʑy^{33}la^{31}ɑ^{33}pʰu^{33} ne^{31}（虚词）ndʑu^{31} ne^{31}（和）mbɚ^{31} ke^{31}（身上）tɕi^{33}。ndʑu^{31} ne^{31}（和）mbɚ^{31}ndʐ ɿ^{31}xɯ^{31}（虚词）
	tɕi^{33}	洒	把奶洒在犏牛牦牛身上	
	mbɚ^{31}	牦牛		老丈人把奶洒在犏牛和牦牛的头上。犏牛和牦牛被吓倒了。
	ndʐ ɿ^{31}	吓倒	犏牛牦牛被吓倒	

第十九页

字符	国际音标	直译	意译	全句大意
	ɣɯ³³	牛	把奶洒在牛马身上	ɣɯ³³ne³¹（和）ʐuɑ³¹ke³¹（身上）tɕi³³，ɣɯ³³ne³¹（和）ʐuɑ³¹ndʐ̩³¹xɯ³¹（虚词）
	tɕi³³	洒		
	ʐuɑ³¹	马	牛马被吓倒	把奶洒在牛和马的身上，牛和马被吓倒了。
	ndʐ̩³¹	吓倒		
	tsʰ̩³³	山羊	把奶洒在山羊绵羊身上	tsʰ̩³³ne³¹（和）iu³¹ke³¹（身上）tɕi³³，tsʰ̩³³ne³¹（和）iu³¹ndʐ̩³¹xɯ³¹（虚词）
	tɕi³³	洒		
	iu³¹	绵羊	山羊绵羊被吓倒	把奶洒在山羊和绵羊身上，山羊和绵羊被吓倒了。
	ndʐ̩³¹	吓倒		

续表

字符	国际音标	直译	意译	全句大意
	$kʰɯ^{55}$	狗	把奶洒在狗猪身上	$kʰɯ^{55}ne^{31}$（和）bu^{31} ke^{31}（身上）$tɕi^{33}$，$kʰɯ^{55}ne^{31}$（和）$bu^{31}ndʐʅ^{31}xɯ^{31}$（虚词）
	$tɕi^{33}$	洒		
	bu^{31}	猪	狗猪被吓倒	把奶洒在狗和猪身上，狗和猪被吓倒了。
	$ndʐʅ^{31}$	吓倒		
	$ɦiã^{31}$	鸡	黑鸡	$ɦiã^{31}na^{31}ke^{31}$（身上）$ne^{31}tɕi^{33}$，$ɦiã^{31}na^{31}ma^{33}ndʐʅ^{33}$（吓倒）
	na^{31}	黑		
	$tɕi^{33}$	洒		把奶洒在黑鸡身上，黑鸡没有被吓倒。
	ma^{33}	酥油	不	
	$dʑu^{33}la^{31}a^{33}pʰu^{33}$	老丈人		
	$ɕə^{33}$	说		
	me^{33}		（虚词）	$dʑu^{33}la^{31}a^{33}pʰu^{33}le^{31}$（虚词）$ɕə^{33}me^{33}$，$la^{33}ȵi^{33}su^{33}$ $tʂʰuə^{33}$（滴）$ŋu^{55}$（是）se^{31} $tsʅ^{33}$
	la^{33}	虎	虎奶	老丈人说：这是三滴虎奶。
	$ȵi^{33}$	奶		
	su^{33}	三		
	se^{31}	丝	（虚词）	

续表

字符	国际音标	直译	意译	全句大意
	tsɿ³³	捆	（虚词）	（同上）
	be³³	锄地		zu³³（工作）be³³ tsʰɿ³³（来）tʂʰɿ³³（那）ȵi³³（天），ndʑɿ³¹ kv³³（树梢）huã³³ pʰɚ³³（白色）χɑ⁵⁵，χɑ⁵⁵ be³³ȵi³³ χo³¹（等待）tsɿ³³
	ndʑɿ³¹	树		
	huã³³	野鸡	野鸡站着	措扎立俄来干活的那一天，树上停着一只鸟，措扎立俄不会干活，待在那里。
	χɑ⁵⁵	站		
	ȵi³³	月亮	天	

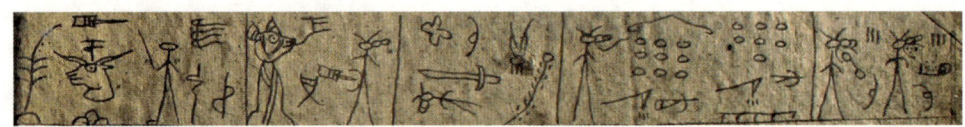

字符	国际音标	直译	意译	全句大意
	tʰo³³	松树	松林	tsʰo³¹za³³ri³³ɣɯ³³tʰo³³tɕu⁵⁵ iu³¹pʰɚ³³lu³³be³³ ȵi³³（天）χo³¹se³¹tsɿ³³
	tɕu⁵⁵	锥子		
	iu³¹	绵羊		
	pʰɚ³³	白	措扎立俄放羊	措扎立俄来干活的那一天，在松林里放羊，自己等待。
	lu³³	石头		
	χo³¹	肋骨	等待	

续表

字符	国际音标	直译	意译	全句大意
	se³¹	丝	（虚词）	（同上）
	tsɿ³³	捆	（虚词）	
	dʑu³³la³¹a³³pʰu³³	老丈人		dʑu³³la³¹a³³pʰu³³ lɛ³¹（虚词）ɕə³³me³³：no³¹（你）tɕʰu³³sy⁵⁵（谁）tɕʰu³³tsɿ³³（虚词）？ 老丈人说：你是什么人？
	ɕə³³	说		
	me³³		（虚词）	
	tɕʰu³³	扎	你是谁	
	sy⁵⁵	麦芒	杀	tsʰo³¹za³³ri³³ɣɯ³³（措扎立俄）lɛ³¹（虚词）ɕə⁵⁵（说）me³³（虚词）：sy⁵⁵lɛ³¹（虚词）ɕi³³ma³³kv³³me³³（虚词）tɕʰy³³ŋu⁵⁵（是）tsɿ³³（虚词） 措扎立俄说：我是那种杀不死的人。
	（不读出来）		杀	
	ɕi³³	死		
	ma³³	酥油	不	
	kv³³	蒜	会	
	tɕʰy³³	种		
	mɯ³³	天		mɯ³³be³³ŋgv³³tɕʰy³³dy³¹be³³ʂɿ³³tɕʰy³³tsɿ³³（虚词） 我是九种神天的人之一，七种神地的人之一。
	be³³	锄地		
	ŋgv³³	九		

续表

字符	国际音标	直译	意译	全句大意
	tɕʰy³³	种		（同上）
	dy³¹	地		
	be³³	锄地		
	ʂɿ³³	七		
	tɕʰy³³	种		
	uã³¹	骨头		uã³¹ i³¹（虚词）su³³ tʂɿ⁵⁵（根）dzɿ³¹（一）qʰa³³（咬）be³³（做）ɦiã³¹（卡住）ma³³ kv³³（会），be³³su³³pe⁵⁵ dzɿ³¹（一）ma³³ be³³（做）pʰa³³（噎住）ma³³ kv³³（会） 我是三根骨头一起吃而不会卡住的那种人，是三桶糌粑一起吃不会噎住的那种人。
	su³³	三		
	ma³³	酥油	不	
	ma³³	吃		
	su³³	三		
	pe³³	桶		
	ma³³	酥油	不	

字符	国际音标	直译	意译	全句大意
	ndzu³¹	山		
	ndʑʅ³³	吃	吃山喝海	ndzu³¹ndʑʅ³³gɯ³³（饱）mɑ³³kv³³, xɯ⁵⁵tʂʰʅ³³ kuɑ³¹（醉）mɑ³³kv³³ me³³tʂʰu³³（那种人）
	xɯ⁵⁵	海		
	tʂʰʅ³³	喝		我是吃山不会饱，喝海不会醉的那种人。
	mɑ³³	酥油	不	
	kv³³	蒜	会	
	tsʰo³¹zɑ³³ri³³ɣɯ³³	措扎立俄	措扎立俄说	tsʰo³¹zɑ³³ri³³ɣɯ³³ lɛ³¹（虚词）ɕə³³（说）me³³（虚词）: no³¹（你的）mi³³ ŋɑ³¹（我）iə³¹ mu³³（虚词）tsʅ³³（虚词）?
	mi³³	女儿		
	iə³¹	烟草	送	措扎立俄说：把你的女儿嫁给我好吗？
	（不读出来）	老丈人		
	dʑy³³lɑ³¹ɑ³³pʰu³³	老丈人	老丈人说	dʑy³³lɑ³¹ɑ³³pʰu³³ lɛ³¹（虚词）ɕə³³me³³: ndʐu³¹ɕu³³tʂʰʅ³³bu³¹pʰu⁵⁵
	ɕə³³	说		
	me³³		（虚词）	老丈人说：你要娶我女儿，带来了什么订金？
	ndʑu³¹	神		

续表

字符	国际音标	直译	意译	全句大意
	ɕu³¹	斧头	找	
	tsʰɿ³³	羊肩胛骨	来	
	bu³¹	猪	妻子	
	pʰu⁵⁵	葫芦	钱	（同上）
	sy⁵⁵	麦芒	什么	
	tsʰɿ³³	羊肩胛骨	来	
	tsʰo³¹za³³ri³³ɣɯ³³	措扎立俄		
	ɕə³³	说		
	me³³		（虚词）	
	mɯ³³	天		tsʰo³¹za³³ri³³ɣɯ³³ lɛ³¹（虚词）ɕə³³（说）me³³：mɯ³³ ʂuɑ³³kɯ³¹tsʰu⁵⁵tsʰu⁵⁵ŋv³¹hã³¹ pu⁵⁵mɑ³³ tʰɑ³³（能）
	ʂuɑ³³	高		措扎立俄说：天上的星很高很高，金银太重，我上天时带不了。
	kɯ³¹	星星		
	tsʰu⁵⁵	铧口	重	
	ŋv³¹	银		
	hã³¹	金		
	pu⁵⁵	带		

续表

字符	国际音标	直译	意译	全句大意
	ma³³	酥油	不	（同上）

第二十页

字符	国际音标	直译	意译	全句大意
	dy³¹	地		
	ʐuə³³	草		
	tsʰu⁵⁵	铧口	重	dy³¹ dzŋ³¹（大）ʐuə³³tsʰu³³ tɕʰu³³ɣɯ³³iu³¹χo³¹ma³³tʰa²² 天地之间离得太远，牛羊吃不上来。
	ɣɯ³³	牛		
	iu³¹	绵羊		
	χo³¹	肋骨	吃（牲口）	

续表

字符	国际音标	直译	意译	全句大意
	ma^{33}	酥油	不	（同上）
	tʰa^{33}	塔	能	
	ȵi^{33}	太阳	白天	ȵi^{33}la^{33}kʰə^{33}ɕu^{31} ne^{31}（虚词）ndʐu^{31}，bu^{31}pʰu^{55}ʐua^{31} 白天我做你们家的下人，作为我娶妻的订金。
	la^{33}	手		
	kʰə^{33}	背篼	下人	
	ɕu^{31}	斧头	找	
	ndʐu^{31}	伙伴		
	bu^{31}	猪	妻子	
	pʰu^{55}	葫芦	钱	
	ʐua^{31}	装粮食的量筒	债	
	kə^{33}na^{31}	老鹰		kə^{33}na^{31} ɕi^{31}（肉）tɕʰu^{33} be^{33}（去），bu^{31}pʰu^{55}ʐua^{31} 我的手脚跟天上飞的鹰一样快，作为我娶妻的订金。
	tɕʰu^{33}	珠子	快	
	bu^{31}	猪	妻子	
	ʐua^{31}	装粮食的量筒	债	

续表

字符	国际音标	直译	意译	全句大意
	ŋgv³¹	九		dzɿ³¹（一）n̠i³³（天）ŋgv³¹ɕi³¹tsʰɿ³³，dzɿ³¹（一）n̠i³³（天）ŋgv³¹ɕi³¹mbɚ³¹，bu³¹pʰu⁵⁵zua³¹ 一天砍了九座山，一天烧了九座山，作为娶妻的订金。
	ɕi³¹	山		
	tsʰɿ³³	砍		
	mbɚ³¹	烧		
	zua³¹	装粮食的量筒	债	

字符	国际音标	直译	意译	全句大意
	ɕi³¹	山	播种	dzɿ³¹（一）n̠i³³（天）ŋgv³¹ɕi³¹pʰu⁵⁵，dzɿ³¹（一）n̠i³³（天）ŋgv³¹ɕi³¹su³³，bu³¹pʰu⁵⁵zua³¹ 一天种了九座山，一天收了九座山，作为娶妻的订金。
	pʰu⁵⁵	葫芦		
	su³³	收割		
	ndzu³¹	伙伴		
	zua³¹	装粮食的量筒	债	
	ɦã³¹	悬崖		ɦã³¹se³¹ɕu³¹，dʑi³¹n̠i³³ɕu³¹ne³¹（虚词）dʑu³¹（伙伴）bu³¹（妻子）pʰu⁵⁵（钱）zua³¹ 打了羊和鱼，可以作为娶妻的订金。
	se³¹	崖羊		

第三章 争伍经典文献选译 425

续表

字符	国际音标	直译	意译	全句大意
	ɕu³¹	斧头	找	（同上）
	dʑi³¹	水		
	ɲi³³	鱼		
	ɕu³¹	斧头	找	
	ʐuɑ³¹	装粮食的量筒	债	
	dzɑ³¹	旗子	强大	dzɑ³¹be³³lɑ³³ɲi³³su³³tʂʰuə³³（滴）tʂhuɑ³¹, ndʑu³¹bu³¹pʰu⁵⁵ʐuɑ³¹ 我足够强大，挤了三滴虎奶，可以作为娶妻的订金。
	be³³	锄地	做	
	lɑ³³	虎	虎奶	
	ɲi³³	奶		
	su³³	三		
	tʂʰuɑ³¹	挤		
	ʐuɑ³¹	装粮食的量筒	债	
	ɑ³³	啊	昨晚	ɑ³³hũ³¹dzu³¹ne³¹ɕə³³（说）zɿ³³mi³³ tɕʰu³³（虚词） tʂɑ⁵⁵（虚词）se³¹（虚词），se³¹ne³¹（虚词）ne³¹（虚词）ɕə³³（说）me³³kʰuɑ³³hẽ³¹tsʰɿ³³zu³¹（虚词）se³¹（虚词） 昨晚神爷爷说的怎么娶妻我都记住了，女神说的我都听见了。
	hũ³¹	晚上		
	dzu³¹	神		

续表

字符	国际音标	直译	意译	全句大意
	zʅ³³	刀	记住	（同上）
	mi³³	火		
	se³¹	女神		
	me³³		（虚词）	
	kʰuɑ³³	角		
	hɛ̃³¹	耳朵		
	tsʰʅ³³	羊肩胛骨	听见	
	se³¹	丝		

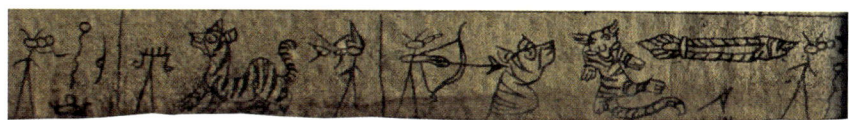

字符	国际音标	直译	意译	全句大意
	tʂuɑ³¹	男		tʂuɑ³¹ɣɯ³³（措扎立俄）tʂʰy³³mɑ³³dzʅ³¹ 立俄没有服装。
	tʂʰy³³	早饭	衣服	
	mɑ³³	酥油	不	
	dzʅ³¹	大	有	

第三章 争伍经典文献选译　427

续表

字符	国际音标	直译	意译	全句大意
	（不读出来）	大	有	
	lɑ³³	老虎		lɑ³³do³¹mbu³³ ne³¹（虚词）do³¹ 女的看见了老虎。
	do³¹	看见	女的看见	
	mbu³³	女		
	lɑ³³	老虎		
	qʰaˑ³³	射	男人射老虎	
	tʂuɑ³¹	男		lɑ³³qʰaˑ³³tʂuɑ³¹ ne³¹（虚词）qʰaˑ³³，lɑ³³ɣɯ³³lɑ³³tɑ³³be³³，ᴺGɑ³³me³³mɑ³³tʂʰɿ³³be³³，tʂuɑ³¹ɣɯ³³（措扎立俄）dzɿ³¹ tɕy³³（虚词）dzɿ³¹ 男的用箭射虎，做成了虎皮衣服，做成了虎皮箭盒，男的有了服装。
	lɑ³³ɣɯ³³lɑ³³tɑ³³	虎皮（衣）		
	ᴺGɑ³³me³³mɑ³³tʂʰɿ³³	虎皮箭盒子		
	be³³	锄地	做	
	tʂuɑ³¹	男		
	dzɿ³¹	大	有	

第二十一页

字符	国际音标	直译	意译	全句大意
	mbu³¹	女		
	tʂʰy³³	早饭	衣服	mbu³¹ɣɯ³³（措扎立俄）tʂʰy³³mɑ³³dʐɿ³¹ 仙女没有服装。
	mɑ³³	酥油	不	
	tʂʰu³³	花和泥	秋	tʂʰu³³su³³hɛ̃³¹tʂʰu³³, mu³³qo³¹lɛ³¹（虚词）ndo³³tɕi³³ tʰɑ³³（羊）pv³³（羊）tʰɑ³³tʂʰɿ³³, uɑ̃³¹kɯ³¹（斤）mbv³³pʰɹ³³be³³, tʂʰe³¹kɯ³¹（斤）dʑi³³me³³be³³, dʐɿ³¹kɯ³¹（斤）ku³¹mu³¹be³³, kɯ³¹pʰu⁵⁵（半）mbv³¹kɑ³³be³³
	su³³	三		
	hɛ̃³¹	月亮		
	mu³³	羊		秋三月的时候，用锋利的剪刀剪下高山上绵羊的毛，五斤做了白披风，十斤做了大衣，一斤做了帽子，半斤做了腰带。
	qo³¹	高山		
	ndo³³	尾巴	上	

续表

字符	国际音标	直译	意译	全句大意
	tɕi³³	箭羊毛的工具		
	tshʅ³³	盐	箭	
	uã³¹	五		
	mbv³³	披风		
	pʰɚ³³	白		
	tshe³¹	十		（同上）
	dʑi³³me³³	大衣		
	be³³	锄地	做	
	dzʅ³¹	一		
	ku³¹mu³¹	帽子		
	mbv³³kɑ³³	腰带		
	ŋv³¹	银		ŋv³¹dʑi³³hã³¹dʑi³³uã³¹dʑi³³ tʂhua³¹dʑi³³bə³³dʑi³³tʰi³³dʑi³³ be³³（做），mbu³¹ɣɯ³³（人）tɕhu³³dzʅ³¹ se³¹（虚词）
	dʑi³³	衣服		做了银衣服、金衣服、绿松石衣服、珠子衣服、花衣服、旗衣服，女人得到了服装。
	hã³¹	金		
	dʑi³³	衣服		

续表

字符	国际音标	直译	意译	全句大意
	uã³¹	绿松石		
	tʂʰuɑ³¹	珠子		
	bə³³	脚	花	
	tʰi³³	旗		（同上）
	mbu³¹	女		
	tɕʰu³³	悬崖上流下来的水	服装	
	dzʅ³¹	大	得到	

字符	国际音标	直译	意译	全句大意
	ŋv³¹	银		
	kʰuɑ³³	碗		dʑy³³lɑ³¹a³³pʰu³³（老丈人）ne³¹（虚词）ŋv³¹kʰuɑ³³ŋgv³³ ly³³（个）iə³¹（送），hã³¹kʰuɑ³³ʂʅ³³ ly³³（个）iə³¹（送），uã³¹kʰuɑ³³ ŋgv³³ ly³³（个）iə³¹（送），tʂʰuɑ³³ kʰuɑ³³ʂʅ³³ ly³³（个）iə³¹（送）
	ŋgv³³	九		
	hã³¹	金		老丈人送了九个银碗、七个金碗、九个绿松石碗、九个黑珠碗。
	kʰuɑ³³	碗		

第三章 争伍经典文献选译 431

续表

字符	国际音标	直译	意译	全句大意
	ʂɿ³³	七		
	uã³¹	绿松石		
	kʰuɑ³³	碗		
	ŋgv³³	九		（同上）
	tʂʰuɑ³¹	珠子		
	kʰuɑ³³	碗		
	ʂɿ³³	七		
	ŋgv³³	九		
	pv³¹	指示		ŋgv³³ no³¹（种）pv³¹ kv³³（个）dʑu³³ 给了九种指示。
	dʑu³³	冰	给	
	ʂɿ³³	七		ʂɿ³³ no³¹（种）pʰɑ³³ kv³³（个）dʑu³³（给） 给了七种卦象。
	pʰɑ³³	卦象		
	tʰo³³	松树	（虚词）	so³³（无义）tʰo³³ zɑ³¹ tsɿ³³ ɣɯ³³ 给了算火星的经。
	zɑ³¹	火星		
	tsɿ³³	捆	算	

字符	国际音标	直译	意译	全句大意
	ɣɯ³³	宝石	好的经书	（同上）
	（多写）			
	ȵi³³	鱼	日	ȵi³³lɛ³¹χɑ⁵⁵tsɿ³³ɣɯ³³ 给了算日夜的经。
	lɛ³¹	獐子	（虚词）	
	χɑ⁵⁵	夜		
	tsɿ³³	捆	算	
	ɣɯ³³	宝石	好的经书	
	dzu³³	多	天神	dzu³³lɑ³³tsʰe³³tsɿ³³ɣɯ³³ me³³（虚词）iə³¹（送） 给了算天神和彩虹的经书。
	lɑ³³	手		
	tsʰe³³	彩虹		
	tsɿ³³	捆	算	
	ɣɯ³³	宝石	好的经书	
	ri³³	耕	耕牛	ri³³ɣɯ³³ŋgv³³u³¹（条）iə³¹ 送了九条耕牛。
	ɣɯ³³	牛		
	ŋgv³³	九		

续表

字符	国际音标	直译	意译	全句大意
	iə³¹	烟草	送	（同上）

字符	国际音标	直译	意译	全句大意
	kə³¹	犁田的工具	母牛	ri³³ɣɯ³³ŋgv³³ u³¹（条）iə³¹ 送了七条母牛。
	ɣɯ³³	牛		
	ʂʅ³³	七		
	ndʐa³³	骑	骑的马	ndʐa³³ʐuɑ³³ŋgv³³ pʰu⁵⁵（匹）iə³¹（送） 送了九匹骑的马。
	ʐuɑ³¹	马		
	ŋgv³³	九		
	tɕi³³	剪羊毛的工具	驮货物的马	tɕi³³ʐuɑ³¹ʂʅ³³ pʰu⁵⁵（匹）iə³¹（送） 送了七匹驮货物的马。
	ʐuɑ³¹	马		
	ʂʅ³³	七		

续表

字符	国际音标	直译	意译	全句大意
	（不读出来）			
	ȵi³³	日	天	
	mɑ³³	酥油	不	ȵi³³（二）ȵi³³ lɑ³³（虚词）mɯ³³（天）su³³（虚词），mɑ³³iə³¹sy⁵⁵mɑ³³dʑu³³
	iə³¹	烟草	送	第二天早上，把能给的都给了。
	sy⁵⁵	麦芒	（虚词）	
	dʑu³³	有		
	ne³¹	羊		
	me³³		牲口	
	ŋgv³³	九		ne³¹me³³ŋgv³³tʂʰu³³iə³¹ 给了九种牲口。
	tʂʰu³³	一种植物	种	
	iə³¹	烟草	送	
	huã⁵⁵li³³	猫		
	tʂʰu³³	一种植物	种	huã⁵⁵li³³tʂʰu³³mɑ³³iə³³ 没有送猫。
	mɑ³³	酥油	不	
	iə³¹	烟草	送	

第三章 争伍经典文献选译 435

第二十二页

字符	国际音标	直译	意译	全句大意
	huã⁵⁵li³³	猫		huã⁵⁵li³³ne³¹ qo³³tʰo³¹（后面）ne³¹tʃʰɿ³³ 猫跟在牲口的后面来了。
	ne³¹	羊	（虚词）	
	tsʰɿ³³	羊肩胛骨	来	
	dze³³	麦子		dze³³ mi³³（种子）ɕi³³ ŋ³³（种）iə³¹kʰv³³tv³¹ ŋ³³（种）mɑ³³iə³¹ 他给了各种粮食的种子，没有给芝麻的种子。
	ɕi³³	百		
	iə³¹	烟草	送	
	kʰv³³tv³¹	芝麻		
	mɑ³³	酥油	不	

续表

字符	国际音标	直译	意译	全句大意
	$k^hv^{33}tv^{31}$	芝麻		$k^hv^{33}tv^{31}tɕi^{31}$ $tɕu^{33}$ kv^{33}（虚词），$tɕi^{31}$ $qo^{33}t^ho^{31}$（后面）ne^{31}（虚词）mbe^{33} $lɛ^{31}$（虚词）$tsʅ^{33}$ 芝麻的种子混合在粮食中来了。
	$tɕi^{31}$	粮食		
	$tɕu^{33}$	混合		
	mbe^{33}	雪	（虚词）	
	$tsʅ^{33}$	羊肩胛骨	来	
	$ts^ho^{31}za^{33}ri^{33}ɣɯ^{33}$	措扎立俄		$ts^ho^{31}za^{33}ri^{33}ɣɯ^{33}k^hɯ^{55}$ $p^hɚ^{33}$（白）$ŋgu^{31}$（后）ma^{33} $ʂʅ^{33}$，$k^hu^{31}be^{33}ma^{33}tsʅ^{33}qa^{33}$；$k^hɯ^{55}$ $p^hɚ^{33}$（白）$ŋgu^{31}$（后）ne^{31}（虚词）$ʂʅ^{33}$，$k^hu^{31}be^{33}$ $tsʅ^{33}$（虚词）$qa^{33}be^{33}$ 没有牵狗的话，不分内人和外人；牵着狗，就能区分内人和外人。
	$k^hɯ^{55}$	狗		
	ma^{33}	酥油	不	
	$ʂʅ^{33}$	牵		
	k^hu^{31}	内		
	be^{33}	外		
	ma^{33}	酥油	不	
	qa^{33}	区分		

第三章 争伍经典文献选译　437

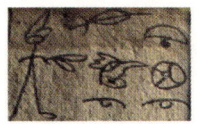

字符	国际音标	直译	意译	全句大意
	tsʰɛ³³xɯ³¹bu³¹mu³³mi³³	茶赫布姆咪		
	ɦiã³¹	鸡	黑鸡	
	nɑ³¹	黑		
	mɑ³³	酥油	不	
	n̠i³³	日	白天	
	hũ⁵⁵	黑夜		tsʰɛ³³xɯ³¹bu³¹mu³³mi³³ ɦiã³ nɑ³ lɛ³¹（虚词）mɑ³³pu⁵⁵（拿），n̠i³³hũ⁵⁵mɑ³³dzu̠³³mbv³³（区分）；ɦiã³¹nɑ³¹lɑ³³pʰu⁵⁵（虚词）ty⁵⁵，n̠i³³hũ⁵⁵dzu̠³³mbv³³be³³（虚词）lɛ³¹（虚词）tsʰl̩³³（来）
	mɑ³³	酥油	不	没有带鸡的话，不分白天和黑夜；如果带着鸡，就能分白天和黑夜。
	ɦiã³¹	鸡	手里拿着黑鸡	
	nɑ³¹	黑		
	lɑ³³	手		
	ty⁵⁵	拿着		
	n̠i³³	日	区分白天和黑夜	
	hũ⁵⁵	黑夜		
	dzu̠³³mbv³³	区分		

续表

字符	国际音标	直译	意译	全句大意
	tsʰɿ³³	羊肩胛骨	来	（同上）
	ndzɿ³³	露水	露水	
	dʑi³¹	水		
	la³³	手	措扎立俄拿着	ndzɿ³³dʑi³¹la³³ pʰu⁵⁵（虚词）ty⁵⁵，lɛ³¹uã³¹ma³³ qʰaˑ⁵⁵（照），tɕʰi³³ lɛ³¹（虚词）tsʰɿ³³ 带着露水，不照月光，觉得冷。
	ty⁵⁵	拿着		
	lɛ³¹	月	月光	
	uã³¹	光		
	ma³³	酥油	不	
	tɕʰi³³	刺	冷	
	tsʰɿ³³	羊肩胛骨	来	
	ɕu³³	香	措扎立俄手里拿着香油火把	ɕu³³ma³³ mi³³ tʰu³³（火把）pu⁵⁵，bi³³uã³¹ma³³ qʰaˑ⁵⁵（照），tsʰɿ³³ lɛ³¹（虚词）tsʰɿ³³（来） 拿着香油火把，不照阳光，就觉得热起来了。
	ma³³	酥油		
	mi³³	火		
	pu⁵⁵	拿		

续表

字符	国际音标	直译	意译	全句大意
	bi^{33}	日	日光	（同上）
	uã^{31}	光		
	mɑ^{33}	酥油	不	
	tsʰɿ^{33}	羊肩胛骨	热	
	tsʰo^{31}	人	人从天上下来	tsʰo^{31}mbɚ^{33}muɯ^{33}ne^{31}（虚词）mbɚ^{33}，zy^{31}ly^{33}kv^{33}（虚词）ne^{31}（虚词）tʰu^{33} 二人下凡来，到了一个星球上。
	mbɚ^{33}	路		
	muɯ^{33}	天		
	zy^{31}	花椒	星星	
	lu^{33}	石头		
	tʰu^{33}	水桶	到	
	zy^{31}	花椒	岛	zy^{31}lu^{33}kv^{33}ne^{31}mbɚ^{33}，zy^{31}kʰuɑ^{33}mbu^{31}ne^{31}tʰu^{33} 从星球上下来，到了一个岛上。（走错路了。）
	mbu^{31}	绝户		
	tʰu^{33}	水桶	到	
	（不读出来）			

字符	国际音标	直译	意译	全句大意
⫶⫶⫶	su³³	三		
	ȵi³³	日		
	mbe³³	雪		
	pʰɚ³³	白	天下雪	su³³ȵi³³mbe³³pʰɚ³³gɯ³³，su³³χɑ³³mbe³³pʰɚ³³gɯ³³
	gɯ³³	下		下了三天白雪，下了三夜白雪。
⫶⫶⫶	su³³	三		
	χɑ⁵⁵	夜		
	gɯ³³	咬牙	下	
	se³¹	崖羊	浑水	
	dʑi³¹	水		
⫶⫶⫶	su³³	三		se³¹dʑi³¹se³¹su³³ɕə³³，dʑi³¹ndʑi³¹（浑水）ɕu³¹mɑ³³ȵi³³
	ɕə³³	下	（水）色	看水很浑浊，不能找到下凡的路。
	ɕu³¹	斧头	清澈	
	mɑ³³	酥油	不	

续表

字符	国际音标	直译	意译	全句大意
	ȵi³³	二	能	（同上）
	so³³	峰		
	ʂua³¹	高		
	mɯ³³	天		
	tɕi³¹	云		so³³ʂua³³so³³mɯ³³mɯ³³, tɕi³¹ kv³³（头）gɯ³¹ma³³ ȵi³³ 高山上的云不散，看不到地上的世界。
	gɯ³¹	咬牙	散	
	ma³³	酥油	不	
	ȵi³³	二	能	
	ndʑi³³	走	走路	
	ʐuə⁵⁵	路		
	ma³³	酥油	不	ndʑi³³ be³³（做）ʐuə⁵⁵ ma³³ dʐʅ³¹, kv³³be³³（渡河）ndʐo³¹ ma³³ dʐʅ³¹ 想走路找不到路，想渡河没有桥。
	dʐʅ³¹	大	有	
	ndʐo³¹	桥		
	ma³³	酥油	不	
	dʐʅ³¹	大	有	

第二十三页

字符	国际音标	直译	意译	全句大意
	tsʰo³¹za³³ri³³ ɣɯ³³zo³³	措扎立俄		
	nə³¹	眼睛		tsʰo³¹za³³ri³³ɣɯ³³zo³³nə³¹i³¹（虚词）mi³³（火）ndo³¹kv³³（虚词），ɕi³³mɯ³³ɕu³³kʰuɑ³³hẽ³¹
	ndo³¹	尾巴	燃烧	
	ɕi³³	舌头		立俄生气了，眼睛冒火，舌头像彩虹一样。
	mɯ³³ɕu³³kʰuɑ³³hẽ³¹	彩虹		
	tʰo³³	松树		
	zɑ³¹	火星	火星	
	tsʅ³³	捆	算	so³³（虚词）tʰo³³zɑ³¹tsʅ³³ɣɯ³³ 算星星。
	ɣɯ³³	宝石	经书	
	（不读出来）			

第三章 争伍经典文献选译

续表

字符	国际音标	直译	意译	全句大意
	dzu³¹	多	神	dzu³¹la³³tsʰe³³tsɿ³³ɣɯ³³ 算神和彩虹。
	la³³	手		
	tsʰe³³	彩虹		
	tsɿ³³	捆	算	
	ɣɯ³³	宝石	经书	
	（不读出来）			ȵi³³（日）lɛ³¹（月）χɑ⁵⁵tsɿ³³ɣɯ³³ 算日月。
	χɑ⁵⁵	夜		
	tsɿ³³	捆	算	
	ɣɯ³³	宝石	经书	
	ɣɯ³³	牛		ɣɯ³³hỹ³¹mɑ³³dʑe³³ɕu³¹be³³（做）lɛ³¹（虚词）pu⁵⁵ 拿着红牛的酥油和三桶面。
	hỹ³¹	红		
	mɑ³³	酥油		
	dʑe³³	麦子		
	ɕu³¹	斧头	干净的	
	pu⁵⁵	拿		
	（不读出来）	三桶		

字符	国际音标	直译	意译	全句大意
	ndzu̥³¹	山		
	lo³¹	水沟		
	ʂu³³	水龙		
	tɕʰu³³	水珠		ndzu̥³¹lo³¹ʂu³³tɕʰu³³pɑ³³be³³ 敬山神水神，敬水龙。
	pɑ³³	青蛙	烧香	
	be³³	锄地		
	（无义）			
	so³³	峰		
	ʂuɑ³¹	高		
	mɯ³³	天		so³³ʂuɑ³¹so³³mɯ³³mɯ³³tɕi³¹kv³³（虚词）lɛ³¹（虚词）gɯ³¹n̥i³³ 高山上的云散了。
	tɕi³¹	云		
	gɯ³¹	咬牙	散	
	n̥i³³	二	（虚词）	

续表

字符	国际音标	直译	意译	全句大意
	se³¹	崖羊	浑水	se³¹dʑi³³se³¹ sɿ³³（虚词）çə³³（清澈）dʑi³³ndzɿ³¹（浑水）çu³¹ɲi³³

浑水变清澈了。 |
	dʑi³³	水		
	çu³¹	斧头	干净的	
	ɲi³³	二	（虚词）	
	ndʑi³³	走	走路	ndʑi³³ be³³（做）ʐuə⁵⁵ le³¹（虚词）dzɿ³¹，kv³³（虚词）be³³（渡河）ndzo³¹ le³¹（虚词）dzɿ³¹

找到下凡的路，找到渡河的桥了。 |
	ʐuə⁵⁵	路		
	dzɿ³¹	大	有	
	ndzo³¹	桥		
	dzɿ³¹	一	有	
	bu³¹	猪	四只脚是白色的黑猪	bu³¹na³¹ru³³ kʰɯ⁵⁵（脚）pʰɚ³³，ri³³pu³³ri³³mu³³ dzɿ³³（献）

拿一只四只脚是白色的黑猪，敬献给祖先。 |
	na³¹	黑		
	ru³³	四		
	pʰɚ³³	白		
	ri³³	虫子	祖宗	
	pu³³	念	敬	

续表

字符	国际音标	直译	意译	全句大意
	mu³³	筛子		（同上）
	（不读出来）			

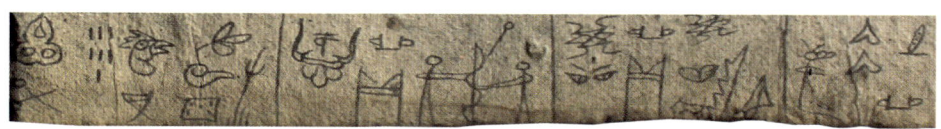

字符	国际音标	直译	意译	全句大意
	ɣɯ³³	宝石		
	tɕi³³	剪羊毛的工具		
	ʂʅ³³	七	一种特别大的母鸡	
	hĩã³¹	鸡		
	me³³	母		ɣɯ³³tɕi³³ʂʅ³³hĩã³¹me³³zu³³ pu³³zu³³ndzʅ³³su³³ 拿大母鸡献给祖先认错。
	zu³³	柳叶	女祖先	
	pu³³	念	敬	
	ndzʅ³³	水塘		
	su³³	骰子	认错	

第三章 争伍经典文献选译　447

续表

字符	国际音标	直译	意译	全句大意
	ŋv³¹	银		
	pʰɚ³³	白	白银	
	kʰuɑ³³	角		ŋv³¹pʰɚ³³kʰuɑ³³ ʥu³¹（有）uə³³ ne³¹（虚词）tʰu³³, ŋv³¹pʰɚ³³i³¹tɕi⁵⁵tv³³ le³¹（虚词）tsʰɹ̩³³（来）
	uə³³	村子		到了一个白银一样的村庄，在那里荡了一会儿白银做的秋千。
	tʰu³³	水桶	到	
	i³¹tɕi⁵⁵	秋千	荡秋千	
	tv³³	荡		
	hã³¹ɕi³¹	黄金		
	ȵə³¹	眼睛		
	uə³³	村子		hã³¹ɕi³¹ȵə³¹ ʥu³¹（有）uə³³tʰu³³, hã³¹ɕi³¹li⁵⁵ʥi³¹zɑ³¹ le³¹（虚词）tsʰɹ̩³³
	tʰu³³	水桶	到	到了个黄金的村子，爬下了一个黄金梯子。
	hã³¹ɕi³¹	黄金		
	li⁵⁵ʥi³¹	梯子		
	zɑ³¹	下		
	tsʰɹ̩³³	羊肩胛骨	来	

续表

字符	国际音标	直译	意译	全句大意
	（不读出来）	措扎立俄		tsʰu³³tsʰu³³ɲu³¹ ne³¹（虚词）tʰu³³ 到了一座铧口一样立着的山里。
	tsʰu³³	铧口	铧口一样的山	
	tsʰu³³	铧口		
	ɲu³¹	立		
	tʰu³³	水桶	到	

第二十四页

字符	国际音标	直译	意译	全句大意
	su³³	三		su³³kuɑ³³ kv³³（虚词）ne³¹（虚词）tʰu³³，dʑi³¹kuɑ³³ kv³³（虚词）ne³¹（虚词）tʰu³³ 经过了一个有三个灶的地方，经过了一个有水灶的地方。
	kuɑ³³	灶		
	tʰu³³	水桶	到	

第三章　争伍经典文献选译　　449

续表

字符	国际音标	直译	意译	全句大意
	dʑi³¹	水		（同上）
	kuɑ³³	灶		
	tʰu³³	水桶	到	
	zy³¹	花椒	星球	zy³¹lu³³ kv³³（虚词）ne³¹（虚词）tʰu³³ 转回到原来的星球上。
	lu³³	石头		
	kv³³	蒜	（虚词）	
	tʰu³³	水桶	到	
	zy³¹	花椒	岛	zy³¹kʰuɑ³³mbu³¹ kv³³（虚词）ne³¹（虚词）tʰu³³ 又转回了原来那个岛上。
	kʰuɑ³³	角		
	mbu³¹	绝户		
	tʰu³³	水桶	到	
	tʰo³¹	松树	水源头	tʰo³¹dʑi³¹kv³³ ne³¹（虚词）tʰu³³ 到了一个水源头的地方。
	dʑi³¹	水		
	kv³³	蒜	（虚词）	
	tʰu³³	水桶	到	

续表

字符	国际音标	直译	意译	全句大意
	na³¹	黑		na³¹dʑi³¹ma³³ne³¹tʰu³³ 顺流而下到水尾。
	dʑi³¹	水		
	ma³³	尾		
	tʰu³³		顺流而下到	
	na³¹	黑	原来有人住而现在没人住的房子	na³¹mu³³ mbe³³（虚词）tv⁵⁵（虚词）dzŋ³¹（一）ne³¹（虚词）tʰu³³ 经过一座原来有人住而现在没人住的房子。
	mu³³	房子		
	tʰu³³	经过		

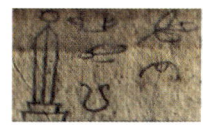 

字符	国际音标	直译	意译	全句大意
	ndzu̜³¹na³¹zu̜³³rua⁵⁵ndzu̜³¹	世界		ndzu̜³¹na³¹zu̜³³rua⁵⁵ndzu̜³¹kv³³ne³¹（虚词）tʰu³³，a³³pʰu³³ma³³zu̜³¹ta³³（虚词）tso⁵⁵ba³¹la³¹mu³¹（穿），ku³³mu³¹tʂɿ³¹tʂɿ⁵⁵ᴺGa³¹，kʰua³¹tʰu³³la³³be³³dzŋ³¹（一）tʂʰua³³ŋgv³³pv³¹（桶）i³³（虚词）me³³（虚词）gə³¹lɛ³¹ri³³ 再经过世界的顶端，遇到一个陌生的老爷爷，穿着丝绸衣服，老爷爷的帽子裂开了，把它缝起来的时候，一种叫夸图拉贝的牲口逃脱了。这种牲口挤一次奶就能得九桶奶。
	kv³³	头		
	tʰu³³	水桶	到	
	a³³	阿	老爷爷	
	pʰu³³	葫芦		

第三章 争伍经典文献选译 451

续表

字符	国际音标	直译	意译	全句大意
	ma^{33}	酥油	陌生人	（同上）
	z̧u^{31}	柳叶		
	tso^{55}	壁虎	丝绸衣服	
	ba^{31}la^{31}	衣服		
	ku^{33}mu^{31}	帽子		
	tʂɿ^{31}tʂɿ^{55}NGa^{31}	裂开		
	kʰuɑ^{31}tʰu^{33} lɑ^{33}be^{33}	夸图拉贝	一种非人间的牲口	
	tʂʰuɑ^{33}	挤		
	ŋgv^{33}	九		
	gə^{31}	上		
	lɛ^{31}		（虚词）	
	ri^{33}	虫	逃脱	
	ri^{33}	虫	逃脱	tʂʰɿ^{33}（那）ri^{33}me^{33}ma^{33}ŋ^{31}（是），mu^{33}zɿ^{33}kʰuɑ^{33}ruɑ^{31}kʰuɑ^{33}ndzɿ^{33}（咒）gə^{31}lɛ^{31}tv^{55} 这个牲口不是逃脱的，是一个妖魔咒了他们，牲口替他们顶咒了。
	me^{33}		（虚词）	
	ma^{33}	酥油	不	

续表

字符	国际音标	直译	意译	全句大意
	mu^{33}ʐŋ^{33} kʰuɑ^{33}ruɑ^{31}	木兹夸拉	一种妖魔	（同上）
	kʰuɑ^{33}	角	咒	
	tv^{55}	顶		

字符	国际音标	直译	意译	全句大意
	ɑ^{33}dʐŋ^{33}	奶奶	陌生人	ɑ^{33}dʐŋ^{33}mɑ^{3}ʐu^{31}lɑ^{33}tɕi^{31} bə^{33}tʰu^{55}, qɑ^{55}qɑ^{55}dzŋ^{31}（一）tʂŋ^{33}（柞）NGɑ^{31} 遇到了一个陌生老奶奶，她的衣服裂开了一柞。
	mɑ^{33}	酥油		
	ʐu^{31}	柳叶		
	lɑ^{33}	手	一种麻布	
	tɕi^{31}	鹰爪		
	bə^{33}	脚		
	tʰu^{55}	踩		
	qɑ^{55}qɑ^{55}	女人穿的衣服		
	NGɑ^{31}	裂		

字符	国际音标	直译	意译	全句大意
	ɕi³³	谷子		
	pʰɚ³³	白	白谷子	
	tɕi³¹	鹰爪	柞	ɕi³³pʰɚ³³ la³³（手）tɕi³¹qʰa³³ra³³dzɿ³¹tɕi³¹（颗）ʂɿ³³pə³¹（碗）zi³³（有）me³³gə³¹（虚词）lɛ³¹（虚词）ri³³
	qʰa³³ra³³	谷子坠在麦秆上		缝她的衣服的时候，丢了一种谷子，这种谷子一颗能收七碗粮食。
	dzɿ³¹	一	一颗	
	ʂɿ³³		七	
	me³³		（虚词）	
	ri³³	虫子		
	mu³³zɿ³³kʰua³³rua³¹	木兹夸拉	一种妖魔	tʂʰɿ³³（那）ri³³（逃脱）me³³（虚词）ma³³（不）ŋu³¹（是）mu³³zɿ³³kʰua³³rua³¹，kʰua³³ndzɿ³³（咒）gə³¹（上）lɛ³¹（虚词）tv⁵⁵
	tv⁵⁵	顶		那个牲口不是逃脱的，是妖魔木兹夸拉咒了他们，鹿角替他们顶咒了。
	ndzu³¹na³¹ʐua³³rua⁵⁵ndzu³¹	世界		
	kv³³	头		ndzu³¹na³¹ʐua³³rua⁵⁵ndzu³¹kv³³，tʂʰua³³kʰua³³ʂɿ³³me³¹tv⁵⁵
	tʂʰua³³	鹿		世界的顶端，长长的鹿角顶着咒。
	kʰua³³	角		

续表

字符	国际音标	直译	意译	全句大意
	ʂʅ³³	七	长	（同上）
	tv⁵⁵	顶		
	ʐua³³rua³³tʂʰʅ³³	山腰		ʐua³³rua³³tʂʰʅ³³qua³³qe³³ʂʅ³³ne³¹（虚词）tv⁵⁵ 山腰有长脖子的天鹅顶着咒。
	qua³³qe³³	长脖子的天鹅		
	tv⁵⁵	顶		

第二十五页

字符	国际音标	直译	意译	全句大意
	ʐua³³rua³³	山	山脚	ʐua³³rua³³kʰɯ⁵⁵huã³³kʰɯ⁵⁵hỹ³¹ne³¹（虚词）tv⁵⁵ 山脚下有红脚鸡顶着咒。
	kʰɯ⁵⁵	脚		

续表

字符	国际音标	直译	意译	全句大意
	huã³³	鸡	红脚鸡顶咒	（同上）
	kʰɯ⁵⁵	脚		
	hỹ³¹	红		
	tv⁵⁵	顶		
	qo³¹	高山		qo³¹ gv³³（顶）pʰɚ³³ bv³³ tʰɑ³³me³³（虚词）ne³¹（虚词）tv⁵⁵ 高山上有绵羊顶着咒。
	pʰɚ³³	白		
	bv³³	绵羊		
	tʰɑ³³	塔		
	tv⁵⁵	顶		
	tso³¹za³¹ri³³ ɣɯ³³zo³¹	措扎立俄		tso³¹za³³li³³ɣɯ³³ zo³¹ mɯ³³（天）ŋgu³¹ mɯ³³（天）ʂu³³be³³ 立俄做仪式敬天。
	（不读出来）			
	ŋgu³¹	病		
	ʂu³³	柏香		
	be³³	锄地	做	

续表

字符	国际音标	直译	意译	全句大意
	ᴺGɑ³³	旗子	祖先	
	（不读出来）			
	ŋgu³¹	病		ᴺGɑ³³ŋgu³¹ᴺGɑ³³ʂu³³be³³ 做祭祖仪式。
	ʂu³³	柏香		
	be³³	锄地	做	
	kuɑ³³pʰɚ³³zo³¹tɕi³³	幺儿		
	ŋgu³¹	病		mɯ³³（天）kʰu³³（门）tʰu³³（间）kuɑ³³pʰɚ³³zo³¹tɕi³³ŋgu³¹，dy³¹（地）kʰu³³（门）tʰu³³（间）mba³³nɑ³¹mi³³tɕi⁵⁵tsʰʅ³³
	dy³¹	地		天上的幺儿病了，地上的幺女病了。
	mba³³nɑ³¹mi³³tɕi⁵⁵	幺女		
	tsʰʅ³³	盐	病	

字符	国际音标	直译	意译	全句大意
	sʅ³³	木	知道	sʅ³³me³³tsʰu³¹sy⁵⁵ pu³³sy⁵⁵ndʐa³³（需要）mɑ³³do³¹（见）
	me³³		（虚词）	认得的鬼中，不知道该送哪一个好。

续表

字符	国际音标	直译	意译	全句大意
	tsʰu³¹	鬼		（同上）
	sy⁵⁵	麦芒	哪一个	
	pu³³	念	送	
	ma³³	酥油	不	
	do³¹	见		do³¹me³³bɚ³³sy⁵⁵lo³¹ndza³³（需要）ma³³do³¹ 见到的客人中，不知道该迎哪一个好。
	me³³		（虚词）	
	bɚ³³	客人		
	sy⁵⁵	麦芒	哪一个	
	lo³¹	麂子	迎	
	ma³³	酥油	不	
	ɑ³³	阿		阿诺玛布（东巴的名字）
	no³³	面偶		ɑ³³no³³ma³³pu³³ŋgv³¹dʐu³¹pu³³ 九个叫阿诺玛布的东巴念经。
	ma³³	酥油		
	pu³³	念		
	ŋgv³¹	九		

续表

字符	国际音标	直译	意译	全句大意
	dʑu³¹	东巴		（同上）
	pu³³	念		
	i³¹i³³	右边		
	mɑ³³	酥油	依依玛布	
	pu³³	念		i³¹i³³mɑ³³pu³³ʂɿ³³no³³pu³³ 七个叫依依玛布的东巴念经。
	ʂɿ³³	七		
	no³³	面偶		
	pu³³	念		
	ndv³³	翅膀		
	tv³³	千		
	pu³³	念		ndv³³ dʑu³¹（有）dzɿ³¹（一）tv³³pu³³kʰuɑ³³ dʑu³¹（有）dzɿ³¹ɕi³³pu³³，pu³³lɛ³¹（虚词）kʰuɑ³³ mɑ³³ ȵi³³（能） 杀了一千只有翅膀的动物和一百只有角的动物，念经做仪式，病还是不好。
	kʰuɑ³³	角		
	ɕi³³	百		
	pu³³	念		
	mɑ³³	酥油	不	

字符	国际音标	直译	意译	全句大意
	tʂʰuɑ³¹uã³³	蚂蚁		
	çi³³	百		
	ʂa³³	血		tʂʰuɑ³¹uã³³dzɿ³¹çi³³ sy⁵⁵（杀），ʂa³³dzɿ³¹tʂʰuə³³（滴）mɑ³³tʰu³³
	dzɿ³¹	一		杀了一百只蚂蚁，血一滴也没有。
	mɑ³³	酥油	不	
	tʰu³³	水桶	出现	
	pʰe⁵⁵li³¹	蝴蝶		
	dzɿ³¹	一		
	tv³³	千		pʰe⁵⁵li³¹dzɿ³¹tv³³sy⁵⁵，ʂa³³dzɿ³¹tʂʰuə³³（滴）mɑ³³tʰu³³
	ʂa³³	血		杀了一千只蝴蝶，血一滴也没有。
	mɑ³³	酥油	不	
	tʰu³³	水桶	出现	

续表

字符	国际音标	直译	意译	全句大意
	pu³³	念		
	ŋgv³¹	九		pu³³su³³（做法事用的一种树枝，可以做人的替死鬼）ŋgv³¹dʑa³¹（对）mi³³ne³¹（虚词）tsʰu⁵⁵（插）ʂa³³lɛ³¹（虚词）iə³³（给）ma³³ȵi³³mu³³zɿ³³kʰua³³rua³¹。kʰua³³ndzɿ³³（咒）gə³¹（上）lɛ³¹（虚词）tv⁵⁵
	mi³³	火	女儿	
	ʂa³³	血		
	ma³³	酥油	不	做法事的时候，把九对树枝插在一个地方，牲口杀光了，杀的蚂蚁和蝴蝶又没有血，就没法给做替死鬼的树枝敬血了。妖魔就来咒人类。
	mu³³zɿ³³kʰua³³rua³¹	妖魔		
	tv⁵⁵	顶		
	ndzu³¹	神		
	lu³³	石头		
	ŋgv³¹	九		ndzu³¹lu³³ŋgv³¹dʑa³³（对）mi³³ne³¹（虚词）tsʰu⁵⁵ndzu³¹lu³³ŋgv³¹kua³³lɛ³¹（虚词）mbɚ³¹（洒）ma³³ȵi³³（能）mu³³zɿ³³kʰua³³rua³³，kʰua³³ndzɿ³³（咒）gə³¹（上）lɛ³¹（虚词）tv⁵⁵
	mi³³	火	女儿	
	tsʰu⁵⁵	铧口	立	
	ndzu³¹	神		立着九对石头代替神，没有粮食洒在石头上敬神，妖魔就来咒人类。
	kua³³			
	ma³³	酥油	不	

第三章 争伍经典文献选译 461

续表

字符	国际音标	直译	意译	全句大意
	mu³³ʐɿ³³ kʰuɑ³³ruɑ³¹	妖魔		（同上）
	tv⁵⁵	顶		

第二十六页

字符	国际音标	直译	意译	全句大意
	tsʰo³¹za³³li³³ɣɯ³³	措扎立俄		tsʰo³³za³³li³³ɣɯ³³ ɣɯ³³（那）dzɿ³¹（一）tʂʅ³³，ɣɯ³³ xɯ³¹su³³zo³³zɿ³¹ 措扎立俄那一代，生了三个儿子。
	tʂʅ³³	代	那一代	
	ɣɯ³³xɯ³¹	鸽子		
	su³³	三		
	zo³³	儿子		

续表

字符	国际音标	直译	意译	全句大意
	kv³³dʑu³¹	藏族		zo³³（儿子）dzɿ³¹（大）kv³³dʑu³¹ kv³³（成为），tsʰɛ³³iə³¹kv³³ 大儿子成为藏族，变成树叶一样多。
	tsʰɛ³³	树叶		
	iə³¹	烟草	树叶一样多	
	kv³³	蛋		
	zo³³	儿子		
	tɕi³³	剪羊毛的工具	幺	zo³³tɕi³³li³³bv³³kv³³，NGa³¹kʰɯ⁵⁵（下）tsʰɛ³³iə³¹kv³³（虚词） 幺儿成为汉族，像盔甲上的铁片那么多。
	li³³bv³³	汉族		
	NGa³¹	盔甲		
	tsʰɛ³³	片	一样多	
	iə³¹	烟草		
	ly⁵⁵	中		ly⁵⁵nɑ³¹hĩ⁵⁵ kv³³（虚词），mɯ³³bv³¹（天下）kɯ³¹iə³¹kv³³（虚词） 二儿子变成纳西族，像天下的星星那么多。
	nɑ³¹hĩ⁵⁵	纳西族		
	mɯ³³	天		
	kɯ³¹	星星		
	iə³¹	烟草	多	

续表

字符	国际音标	直译	意译	全句大意
	k^hua^{33}	角	源远流长	$k^hua^{33}zi^{33}h\tilde{\epsilon}^{31}x\mu^{31}$（虚词），$dzi^{31}zi^{33}ndz\gamma^{33}s\gamma^{55}$（满），$kv^{33}be^{33}\chi o^{31}$ 源远流长，细水长流汇成海，千秋万代。
	zi^{33}	流		
	$h\tilde{\epsilon}^{31}$	耳朵	细水长流汇成海	
	dzi^{31}	水		
	$ndz\gamma^{33}$	大海		
	kv^{33}	蛋	千秋万代	
	be^{33}	锄地		
	χo^{31}	肋骨		

字符	国际音标	直译	意译	全句大意
	bi^{33}	太阳	今天	$bi^{33}t^hu^{33}ma^{33}ts^h\gamma^{33}\eta i^{33}$, $i^{33}nda^{31}tc^hi^{33}$（那）$dz\gamma^{31}$（一）dzi^{31}（家），$tc^ho^{31}za^{33}li^{33}\gamma\mu^{33}\gamma\mu^{33}x\mu^{31}$（鸽子）$su^{33}zo^{33}tc^hy^{33}tc^hi^{31}kv^{33}ma^{33}kv^{33}$ 今天，做法事的这一家，是立俄和他三个儿子的后人。
	t^hu^{33}	水桶		
	ma^{33}	酥油		
	ηi^{33}	二		
	$i^{33}nda^{31}$	做法事的那家		

续表

字符	国际音标	直译	意译	全句大意
	tsʰo³¹za³³li³³ɣɯ³³	措扎立俄		
	xɯ³¹	牙齿	鸽子	
	su³³	三		
	zo³³	儿子		（同上）
	tɕʰy³³tɕʰi³¹	种		
	kv³³	蛋	后人	
	ma³³	尾巴		
	tɕi³¹	云	勤快的人	
	ri³³kʰɯ⁵⁵pu³³mbv³¹		做法事的东巴的自称	
	tʂʰuɑ³³	米	白米	ze³³tɕi³¹bu³³iu³¹（比较勤快的人）tʂɿ³¹（派），ri³³kʰɯ⁵⁵pu³³mbv³¹ndy⁵⁵（请），dʑe³³i³¹（和）tʂʰuɑ³³pʰɚ³³kuɑ³³（献）lɛ³¹（虚词）ŋo⁵⁵（菩萨），ŋv³¹hã³¹uã³¹tʂʰuɑ³¹iə³¹tɑ³³iə³¹
	pʰɚ³³	白		
	ŋv³¹	银		派一个比较勤快的人，请做法事的东巴，把麦子、白米献给菩萨，把金银珠宝献给神。
	hã³¹	金		
	uã³¹	绿松石		
	tʂʰuɑ³¹	珠子		

字符	国际音标	直译	意译	全句大意
	tɑ³³	箱子	献	
	iə³¹	烟草		（同上）
	（不念出来）	念	献	
	sɿ³¹	树		
	uã³¹	骨头		
	ŋgv³¹	九		
	sy⁵⁵	麦芒	种	sɿ³¹uã³¹ŋgv³³sy⁵⁵pʰu⁵⁵tv³³be³³（做），dʑe³³mi⁵⁵（虚词）ɕi³³ŋ³³ȵə³¹mi³³be³³（做） 把九种植物做成木偶替死鬼，十种粮食做成面偶替死鬼。
	pʰu⁵⁵tv³³	替死鬼		
	dʑe³³	麦子		
	ɕi³³	十		
	ŋ³³	种子		
	ȵə³¹mi³³	面偶做成的替死鬼		
	ne³¹	绵羊		牲口	ne³¹me³³ŋgv³³tɕʰu³³ tse³¹le³¹（虚词）tɕʰy⁵⁵ 杀了九种牲口，送给鬼。
	me³³			
	ŋgv³¹	九		

续表

字符	国际音标	直译	意译	全句大意
	tʰu³³	一种不能喝的水	种	
	tse³¹	鬼	杀	（同上）
	tɕʰy⁵⁵	羊肩胛骨	送	

字符	国际音标	直译	意译	全句大意
	mɯ³³	天		
	zu³¹	跟人类作对的鬼		mɯ³³ bv³¹（下）zu³¹ ma³³（不）tʂʅ³³（起），ma³³lu⁵⁵uã³¹ ma³³（不）tʂʅ³³（起），uã³¹ lɛ³¹（虚词）zʅ³¹
	（不读出来）	压住		天下没有生妖魔鬼怪的时候，做法事把它们提前压掉。酥油里面没有产生骨头的时候，先把骨头压掉。
	ma³³lu⁵⁵	酥油	酥油里的骨头	
	uã³¹	骨头		
	zʅ³¹	压住		
	to³³	做木偶的树枝		to³³kʰɯ⁵⁵zu³¹zʅ³¹tɕʰu³³me³³，lɛ³¹（虚词）ne³¹ lɛ³¹（虚词）uã³¹lɛ³¹（虚词）xɯ³¹ lɛ³¹（虚词）ndza³³χo³¹（虚词）
	kʰɯ⁵⁵	脚		做平安仪式压住鬼，就是好的。
	zu³¹	鬼		

续表

字符	国际音标	直译	意译	全句大意
	ʐʅ³¹	压住		（同上）
	tɕʰu³³	珠子		
	me³³		（虚词）	
	ne³¹	绵羊	好	
	uã³¹	绿松石		
	xɯ³¹	牙齿	幸	
	ndzɿ³³	福		
	mɑ³³	酥油	不	mɑ³³ŋgu³¹mɑ³³tsʰʅ³³mɑ³³tɕi³³mɑ³³mbe³³，kʰuɑ³³ʑi³³hẽ³¹xɯ³¹（虚词）dʑi³¹ʑi³³ndzɿ³¹ʂʅ⁵⁵（满）kv³³（虚词）be³³（做）χo³¹（虚词） 不病不痛，不惧不怕，细水长流汇成海，千秋万代。
	ŋgu³¹	大	病	
	tɕi³³	剪羊毛的工具	害怕	
	mbe³³	雪		
	kʰuɑ³³	角	源远流长	
	ʑi³³	流		
	hẽ³¹	耳朵		
	dʑi³¹	水	细水长流汇成海	
	ndzɿ³¹	大海		

第二十七页

字符	国际音标	直译	意译	全句大意
	$hã^{31}$	金		
	ts^ho^{31}	人类		
	$dʑy^{33}$	发展		mi^{55}（虚词）$hã^{31} ts^ho^{31} dʑy^{33} kv^{33} be^{33} χo^{31}$
	kv^{33}	蛋		子孙满堂，马到成功。
	be^{33}	锄地	千秋万代	
	$χo^{31}$	肋骨		

【故事大意】

创世纪的故事

一、创造天地的故事

很久以前，从最初的古代说起。天地间有神的动静，那是木头会走路，石头能说话的时代。没有天地的那时代，出现了三种天地的影子。没有日月的那时代，出现三种日月的影子。没有星星和火星的那时代，出现三种星星火星的影子。没有山和沟的那时代，出现了三种山和沟的影子。没有水和渠的那时代，出现了三种水和渠的影子。没有树木和石头的那时代，出现了三种树木和石头的影子。出现九种老爷爷的影子，出现十种老奶奶的影子。出现真的和假的，像和不像的。真的和像的变成了一个会发光的绿松石。假的和不像的变成了一个会发光的黑色的绿松石。发光的绿松石会变化，变成了一个白色蛋。发光的黑色绿松石会变化，变成了一个黑色蛋。白蛋变成了一个神，叫依古阿戈。黑蛋变成了一个妖，叫依古支纳。依古阿戈变化成一个白蛋，白蛋变成一只白鸟。没有人给它取名字，它给自己取名为寒俄育子玛。神鸟有翅膀但不会飞，带着箭不会插，带着盔甲不会穿。高高地飞了三次，有天没有星；矮矮地飞了三次，有地没有草。把三捆绿草放在背筐里，下了九种蛋。一种蛋变成了菩萨和神力，一种蛋变成了胜利和仆人，一种蛋变成了智者和匠人，一种蛋变成了会丈量和会设计的人，一种蛋变成了官员和知识分子，一种蛋变成了道士和算卦的人，一种蛋变成了形形色色、各种不同的人。

又过了一代，依古支纳变成了一个黑色的蛋，蛋变成了一只黑鸟，名叫书和吉安纳。黑鸟下了九种黑蛋，一种蛋变成了特别大的恶魔和妖，一种蛋变成了鬼和怪物，一种蛋变成了凶死鬼和动物妖。前一代九个菩萨做了一个不稳的天，七个女神做了一个不稳的地。天上打雷，地里冒出空气。九个菩萨创造天，七个女神创造地。东方立着海螺的柱子，南方立着绿松石的柱子，西方立着黑珠的柱子，北方立着金子的柱子，中间立着白铁的柱子。九个菩萨把天做稳当了。七个女神把地做稳当了。黄金的石头放在地上。

又过了一代，神鸟寒俄育玛生下了最后一种蛋。冬三月的雪孵蛋三夜，没有孵出来。春三月的风孵蛋三夜，也没有孵出来。夏三月的雨孵蛋三夜，也没有孵出来。秋三月的泥土孵蛋三夜，没有孵出来。神很生气，用拐杖把蛋抛进水里。水把蛋带到无边无际的海里，风摇动海，海摇动蛋，把蛋甩到悬崖上。父亲长着鸡冠，孩子却不长鸡冠，长着顶天的牛角。妈妈长着爪子，孩子却不长爪子，而长着蹄子，犁地去了。父母的身体长着羽毛，孩子却不长羽毛，长出了牛毛。房后有智者，智者不知道这是什么，有知识的人也不知道这是什么。北方的神斧头砍这头牛，砍一刀，吼一声；南方的神刀切它，切一刀，叫一声。牛哞哞叫，叫声像天雷一样，舌头像彩虹一样。它的头有秽气，影响了天；它的皮有秽气，影响了地。肺的秽气影响了太阳，肝的秽气影响了月亮，骨头的秽气影响了石头，肉的秽气影响了土，血的秽气影响了水，肠的秽气影响了路，尾巴的秽气影响了树，皮毛的秽气影响了草。上半身的秽气影响到了北方神，下半身的秽气影响到了南方神，左边肋骨的秽气影响到了牛，右边肋骨的秽气影响到了马。神鸟有翅膀会飞了，带着箭会插了，带着盔甲会穿了。

又过了一代，出现了一种早期人类和大象一样的动物。他们互相交流。匠人和智者互相交流，会量的人和会设计的人互相交流，道士和算卦的人互相交流，说要建造世界，不建不行。带着三种黑矿石，三种黑土，带着金银珠宝。带着白海螺，建造了一面是金银，一面是绿松石和珠宝的世界。人待的地方放了九箱不同植物的种子，还放了九种不同的食物，放了五种不同的人种。放了狮子和大象，放了一种接近神的人，世界的头顶着天，脚震撼大地。三滴露水顶着三条冰，三条冰顶着三种黑土，三种黑土顶着三棵竹子。三棵竹子顶着三棵葛孜，三棵葛孜顶着三棵白松，三棵白松顶着三棵白坡树，三棵白坡树顶着三棵绿柏树，三棵绿柏树顶着三座高悬崖。世界的头顶着天，脚震撼地。用火烤手，手会做工。做拐杖的植物特别多，神的力量大得很多。狮子、大象和人类都很多。头顶着天，脚踏着地，地不震。世界上下了一阵云，出现了一种白鸟，它的嗉子没有一点黑的。出现了一只黑乌鸦，翅膀上没有一点白色。出现了一种白蝴蝶，宣布世界都是白的（好的）。蝴蝶不会生，生在了冬三月，冬风把它吹到了陡坡上，它所说的实现不了。出现了一种黑蚂蚁，宣布世界都是黑的（不好的）。蚂蚁不会生，生在了夏三月，洪水把它冲走，它所说的实现不了。

二、人类的来历

以前天上出现了动静，地上冒出了空气，声音和空气发生了变化，变成了三滴露水。变成了三个黄色的海，黄色的海变大，变成天一样大的海，天变成海一样的颜色。一代代人类出现，下一代人出现。出现了一个人，叫措扎立俄。出现了措扎立俄的五个弟兄，出现了七个姐妹。措扎立俄五个弟兄没有敌人，他们就互相作对。兄弟姐妹间恋爱结婚，有秽气。秽气影响了天、地、日、月、星、火星、山、沟等。过了三个晚上，河水涨出来，老虎和豹子游不了了。水獭和鱼也游不了。措扎立俄来干活的那一天，在松林里放羊，自己等待。树上停着一只鸟，措扎立俄不会干活，待在那里。他不会干活，就跟黑蚂蚁学。他不会放羊，就跟白蝴蝶学。立俄夸吉（措扎立俄的一个弟兄）不会用牛犁地。立俄夸吉白天耕地，晚上白头发的神放猪把地拱回去了，不让立俄夸吉学耕地。立俄夸吉晚上去逮猪，逮不住。立俄夸吉早上去看猪，看不见猪。立俄夸吉把铧口扔在神的身上，把他们打倒了。神喊叫的声音传到了天上，女神喊叫的声音传到地下。银帽子裂开了，金拐杖断开了。措扎立俄对神爷爷说："要不要把你的伤口缝起来？"神爷爷说："不用缝了。让我说三句，让我走三步。"神爷爷说完就跑掉了。神爷爷说："立俄兄弟没有敌人，他们就互相作对。没有人跟这些姐妹相恋，她们就跟兄弟相恋，有秽气。秽气影响了天、地、日、月、星、火星、山、沟等。会有这样的灾祸：山上没有树了，沟里的水都满出来了。"措扎立俄说："怎么办？"神爷爷说："你是会劝架的人，你不会死。让人骑的马，蹄子不会裂开，做好事的会忘掉，做坏事的不会忘。杀一条牦牛，把皮扒下来，用细锥子和粗线把皮缝起来，把金小羊、金小鸡、金小狗、打火的工具、各种粮食的种子装在里面，找九根铁链。把牛皮袋用九条铜链子拴在柏树上，九条铁链子拴在白坡树上。"

立俄夸吉去问神爷爷，神爷爷说："把猪皮扒下来，用粗锥子和细线缝起来，把它用九条麻线拴在松树上，用九条麻线拴在青冈树上。"立俄夸吉把牦牛的皮扒下来，把牦牛皮用细锥子和粗线缝起来。做九根铜链子，把牦牛皮用九条铜链子拴在白坡树上，九条铁链子拴在白坡树上，把金小羊、金小鸡、金小狗、打火的工具、各种粮食的种子装在里面。立俄夸吉把猪皮扒下来，用粗锥子和细线缝起来，把猪皮用九条麻线拴在松树上，用九条麻线拴在青冈树上。

三天后，山里的树没了，黑沟里涨水了，白山哭了，黑沟起风了，黑石头哭了，日月哭了，神哭了。天听到了神哭叫的声音。拴着麻绳的松树被雷劈开了，消失在九层云中间，不见了。地听到了女神的哭叫声，大地炸开了红色的青冈树，消失在七层黑土里面，不见了。立俄夸吉消失在九层黑土里。措扎立俄梦见他到了一个高土坡上，梦见自己到了一个有九个月亮、十个太阳的地方。他用刀把牛皮剖开一看，左边赛马的平原没有了，右边耕牛的平原没有了。山高高地立着，沟很深。高山上的金小羊在叫，它说本来有三棵绿草，都消失在九层黑土中不见了。高山上的金小狗在叫，本来它有三碗奶，都消失在九层黑土中不见了。高山上的金小鸡在叫，本来它有三塘白米，都消失在九层黑土中不见了。经过的地方没有人住，蚊子密密麻麻。不养马的地方长了深深的绿草。措扎立俄走得无聊，就把箭射出去，走过去把箭捡起来，再射出去。把石头扔在山坡上，走过去捡起石头，再扔出去。有一天，高山的白坡树下冒出来箭把一样粗的火烟。神爷爷说："人类住的地方，人种不能发展了。"神爷爷砍了树枝做成九个人偶，插在地上。措扎立俄过了不到三天去看，这些人偶有嘴不会说，有眼不会看，有脚不会走，变成了野人。三天后，神把木偶野人砍死。把一对木偶扔到了水里。一对扔到地里，变成了绿野人。一对扔到悬崖里，变成了会发声的野人。一对扔到森林里，变成了大猩猩一样的野人。

措扎立俄对神爷爷说："我去世的爸爸没有给我伙伴，我要去找伙伴。我去世的妈妈没有给我妻子，我要去找妻子。"神爷爷说："天边的岩洞里有两个仙女，一个眼睛是竖着的，一个眼睛是横着的。眼睛竖着的那个很漂亮，眼睛横着的那个不漂亮。你不能偷那个漂亮的眼睛竖着的仙女，可以偷那个不漂亮的眼睛横着的仙女。"措扎立俄看哪个漂亮，哪个不漂亮，他不偷不漂亮的，而是偷了漂亮的，两个人成家了。第一胎生了蛇和青蛙，松和青冈。第二胎生了熊和猪，猴和鸡。措扎立俄说："爷爷，怎么办？"神爷爷说："不听老人言，吃亏在眼前。你做错了。要把松树和青冈树扔到东方，把熊和猪扔到大森林里去，把猴和鸡扔到山崖下，把蛇扔到石头前，把青蛙扔到水尾。"男的用箭射死蛇和青蛙，女的用扫把杀死蛇和青蛙。把竖着眼睛的仙女送上天去。又过了一代，措扎立俄从人类生活的地方到天上神住的地方，找相伴的妻子茶赫布姆咪，仙女为了找夫君而下凡。男女在天地间相遇，骑着白天鹅到了神间。仙女把措扎立俄带到天上，但不敢告诉她父亲，措扎立俄就坐在有九个房间的房子里，头上扛着竹背箩。她的父亲早晨去放羊的时候，羊惊吓了措扎立俄。老丈人闻到了人类的气味，就磨剑。仙女说："你为什么要磨剑？"老丈人说："我闻到了人类的气味，就磨剑。"仙女说："不要磨剑。人住的地方如果不辛苦，下人不会跑；如果没有热石，蜜蜂不会跑。我在高山的树下找到了一个下人，有太阳的时候，他可以守庄稼吗？下雨的时候找到了一个引水的人。"老丈人说："真的吗？不会假吧？"措扎立俄在九条水里洗得白白的，用九把酥油擦身体，又滑又发光。踩着九把剑的刃回到家里。到了屋里头，措扎立俄的手指和脚趾都没出血。老丈人说:"我这个父亲的神力没有这个儿子的神力大,母亲的神力没有女儿的神力大。"措扎立俄有点心虚。

　　有一天,措扎立俄说:"老丈人,把你的女儿送给我吧。"老丈人说:"我的女儿不送给你。松林里的水夏天会来,冬天就没有了,所以不算水。地里的草冬天就死了,不算是草。高山上的白坡树很高,但它是空心的,不算树。人类是黑的,不算人。"措扎立俄说:"打架我不会死。"老丈人说:"你真要找妻子,一天要砍九座山的树。"措扎立俄说:"九天砍不完一座山,一天怎么能砍完九座山的树?"仙女说:"把九把斧头拿去放在九座山下,你去坡后睡觉。"第二天九座山的树都砍完了。措扎立俄说:"把你的女儿嫁给我好吗?"老丈人说:"我的女儿不嫁给你。你要一天烧完九座山。"措扎立俄说:"一天怎么能烧完九座山呢?九天都烧不完一座山。"仙女说:"第二天早上你把火油和火把放在山下,然后去睡觉。"然后山就烧完了。措扎立俄说:"把你的女儿嫁给我好吗?"老丈人说:"我的女儿不嫁给你。你要一天种完九座山的粮食。"措扎立俄说:"一天怎么能种完九座山呢?九天都种不完一座山。"仙女说:"第二天早上你拿着九种粮食放在九座山下,然后去睡觉。"然后山就种完了。措扎立俄说:"把你的女儿嫁给我好吗?"老丈人说:"我的女儿不嫁给你。你一天要收完九座山的粮食。"措扎立俄说:"一天怎么能收完九座山呢?九天都收不完一座山。"仙女说:"你把工具放在九座山下,然后去睡觉。"粮食就收完了。措扎立俄说:"把你的女儿嫁给我好吗?"老丈人说:"我的女儿不嫁给你。"第二天早上在架子下面扬麦子,老丈人数他的麦子,说:"少了三个半苦荞。"那三个苦荞在鸽子的嗉子里。第二天早上,鸽子坐在围栏上,措扎立俄把箭对准鸽子,比了三次都不敢射,仙女伸胳膊肘,用打麻布的工具捣了一下,就射中了鸽子,把三颗粮食都找到了。还有一半没找到,半颗粮食在蚂蚁的身上,措扎立俄拿马尾的细线扎住蚂蚁的腰,蚂蚁的一部分腰就变细了,留给人类一个传说。

　　措扎立俄说:"把你的女儿嫁给我好吗?"老丈人说:"我的女儿不嫁给你。跟我走,去山崖里打猎。"仙女对措扎立俄说:"你要小心,我父亲晚上睡不着,会用脚把你踢到悬崖下。"措扎立俄把铺盖卷进木桶里假装是自己睡在老丈人的脚下,老丈人把木桶踢到了悬崖下。木桶掉到悬崖下,打在一个崖羊的头上。立俄背着羊走近路,老丈人绕了远路。立俄比老丈人先到家,他跟老丈人说羊肉放在房间里了,你就用羊肉招待客人吧。老丈人回家,果然找到了羊肉。措扎立俄说:"把你的女儿嫁给我好吗?"老丈人说:"我的女儿不嫁给你。你要到水里去找鱼。"仙女对措扎立俄说:"你要小心,我父亲晚上睡不着,会用脚把你踢到水里。"措扎立俄把铺盖卷进黑石头里假装是自己睡在老丈人的脚下,老丈人把黑石头踢到了水里。黑石头掉到水里,打在一群鱼的头上。立俄背着鱼走近路,老丈人绕了远路。立俄比老丈人先到家,他跟老丈人说鱼肉放在房间里了,你就用鱼肉招待客人吧。措扎立俄说:"把你的女儿嫁给我好吗?"老丈人说:"我的女儿不嫁给你。你做下人倒是够了,但不够强大。你要去挤三滴老虎的奶。"措扎立俄说:"我无法做到,这个难题我搞不定。"仙女和立俄都被难住了,他们没有说话。他们没有挤老虎的奶,在荒地和田地间,挤出了三滴狐狸奶和野猫奶。立俄把狐狸和野猫的奶带回来,老丈人把奶洒在犏牛和牦牛的头上,它们没有被吓倒。洒在牛和马的头上,它们也没有被吓倒。洒在山羊和绵羊的头上,它们也没有被吓倒。洒在狗和猪的头上，它们也没有被吓倒。洒在黑鸡的头上，黑鸡被吓倒了。老丈人说："这不是老虎的奶，这是荒地和田地间狐狸和野猫的奶。你要去挤三滴老虎的奶。"仙女对措扎立俄说："第二天早上母虎在阴凉的地方，老虎仔在太阳晒到的地方那一时候，你在森林里拿光滑的石头打在虎仔的头上，把它打死。你穿着虎仔的皮，呼唤妈妈三声，挤完奶就回来。"措扎立俄这么做了。老丈人把奶洒在犏牛和牦牛的头上，它们被吓倒了。洒在牛和马的身上，它们被吓倒了。洒在山羊和绵羊的头上，它们被吓倒了。洒在狗和猪的头上，它们也被吓倒了。洒在黑鸡的头上，黑鸡没有被吓倒。老丈人说："这的确是三滴虎奶。"措扎立俄回忆他在人间的经历，他来干活的那一天，在松林里放羊，自己等待。老丈人以为他是很厉害的神人，问道："你是什么人？"立俄说："我是那种杀不死的人。我是九种神天的人之一，七种神地的人之一。我是三根骨头一起吃而不会卡住的那种人；是三桶糌粑一起吃不会噎住的那种人。我是吃山不会饱，喝海不会醉的那种人。把你的女儿嫁给我好吗？"老丈人说："你要娶我女儿，带来了什么订金？"措扎立俄说："天上的星很高很高，金银太重，我上天时带不了。天地之间离得太远，牛羊吃不上来。白天我做你们家的下人，作为我娶妻的订金。我的手脚跟天上飞的鹰一样快，可以作为娶妻的订金。一天砍了九座山，一天烧了九座山，可以作为娶妻的订金。一天种了九座山，一天收了九座山，可以作为娶妻的订金。打了羊和鱼，可以作为娶妻的订金。我足够强大，挤了三滴虎奶，可以作为娶妻的订金。昨晚神爷爷说的怎么娶妻我都记住了，女神说的我都听见了。"老丈人就同意了。

措扎立俄没有结婚的衣服，仙女看见了虎，措扎立俄用箭射虎，做成了虎皮衣服和虎皮箭盒，他就有了新衣服。仙女没有结婚的衣服，秋三月的时候，用锋利的剪刀剪下高山上绵羊的毛，五斤做了白披风，十斤做了大衣，一斤做了帽子，半斤做了腰带。做了银衣服，金衣服，绿松石衣服，珠子衣服，花衣服，旗衣服，女人就得到了新衣服。老丈人送了九个银碗，七个金碗，九个玉石的碗，九个黑珠碗，给了九种指示和七种卦象，给了算火星的经和算日夜的经，给了算天神和彩虹的经书。还送了九条耕牛，七条母牛，九匹骑的马，七匹驮的马。第二天早上，把能给的都给了，给了九种牲口，没有给猫，猫跟在牲口的后面来了。老丈人给了各种粮食的种子，没有给芝麻的种子，芝麻的种子混合在粮食中来了。没有牵狗的话，不分内人和外人；牵着狗，就能区分内人和外人。没有带鸡的话，不分白天和黑夜；带着鸡就能分白天和黑夜。带着露水，不照月光，觉得冷；拿着香油火把，不照阳光，就觉得热起来了。

夫妇从天上下凡，到了一个星球上，走错路了，到了一个岛上。下了三天三夜的雪，看水很浑浊，不能找到下凡的路。高山上的云不散，看不到地上的世界。想走路找不到路，想渡河没有桥。立俄生气了，眼睛冒火，舌头像彩虹一样。算星星，算神和彩虹，算日月，拿着红牛的酥油和三桶面，敬山神水神，敬水龙。于是高山上的云散了，浑水变清澈了，找到下凡的路，找到渡河的桥了。拿一只四只脚是白色的黑猪，敬献给祖先。拿大母鸡献给祖先认错。到了一个白银一样的村庄，在那里荡了一会儿白银做的秋千。到了个黄金的村子，爬下了一个黄金梯子。到了一座铧口一样立着的山里，经过了一个有三个灶的地方，经过了一个有水灶的地方，转回到原来的星球上，又转回到原来那个岛上，到了一个水源头的地方，顺流而下到水尾。经过一座原来有人住而现在没人住的房子，再经过世界的顶端，遇到一个陌生的老爷爷，老爷爷的帽子裂开了，把它缝起来的时候一种叫夸图拉贝的牲口逃脱了。这种牲口挤一次奶就能得九桶奶。这个牲口不是自己逃脱的，是一个妖魔咒了他们，牲口替他们顶咒了。遇到了一个陌生老奶奶，她的衣服裂开了一柞。缝她的衣服的时候，丢了一种谷子，这种谷子一颗能收七碗粮食。这个牲口不是逃脱的，是一个妖魔咒了他们，鹿角替他们顶咒了。世界的顶端，长长的鹿角顶着咒。山腰有长脖子的天鹅顶着咒，山脚下有红脚鸡顶着咒，高山上有绵羊顶着咒。

立俄做仪式敬天，做祭祖仪式。天上的幺儿病了，地上的幺女病了。认得的鬼中，不知道该送哪一个好。见到的客人中，不知道该迎哪一个好。九个叫阿诺玛布的东巴念经，七个叫依依玛布的东巴念经。杀了一千只有翅膀的动物和一百只有角的动物，念经做仪式，病还是不好。杀了一百只蚂蚁，血一滴也没有。杀了一千只蝴蝶，血一滴也没有。做法事的时候，把九对树枝插在一个地方，牲口杀光了，杀的蚂蚁和蝴蝶又没有血，就没法给做替死鬼的树枝敬血了。妖魔就来咒人类。立着九对石头代替神，没有粮食洒在石头上敬神，妖魔就来咒人类。

立俄那一代，生了三个儿子。大儿子成为藏族，变成树叶那么多。幺儿成为汉族，像盔甲上的铁片那么多。二儿子变成纳西族，像天下的星星那么多。祝愿人们源远流长，细水长流汇成海，千秋万代。今天，做法事的这一家是立俄和他三个儿子的后人。派一个比较勤快的人去请做法事的东巴，把麦子、白米、金银珠宝献给神。把九种植物做成木偶替死鬼，十种粮食做成面偶替死鬼。杀了九种牲口，送给鬼。天下没有生妖魔鬼怪的时候，做法事把它们提前压掉。酥油里面没有产生骨头的时候，先把骨头压掉。做平安仪式就变成了好的。祝愿大家吉祥如意，幸福安康，不病不痛，不惧不怕，子孙满堂，马到成功。

（本节记录整理人：张琰）